中山大学出版社30周年社庆丛书

书缘书镜
——中山大学出版社30年出版成果汇编

1983—2013

中山大学出版社社庆图书编委会 ◎ 编

中山大学出版社
SUN YAT-SEN UNIVERSITY PRESS
·广州·

版权所有　翻印必究

图书在版编目（CIP）数据

书缘书镜：中山大学出版社30年出版成果汇编 / 中山大学出版社社庆图书编委会编．—广州：中山大学出版社，2014.10

（中山大学出版社30周年社庆丛书）

ISBN 978-7-306-05066-3

Ⅰ. ①书… Ⅱ. ①中… Ⅲ. ①中山大学出版社—出版发行目录—1983～2013　Ⅳ. ①Z852.7

中国版本图书馆CIP数据核字（2014）第244558号

出 版 人：	徐　劲
策划编辑：	嵇春霞
责任编辑：	嵇春霞　丘力芬
封面设计：	曾　斌
版式设计：	曾　斌
责任校对：	刘学谦
责任技编：	何雅涛
出版发行：	中山大学出版社
电　　话：	编辑部 020-84110283，84111996，84111997，84113349
	发行部 020-84111998，84111981，84111160
地　　址：	广州市新港西路135号
邮　　编：	510275　　传真：020-84036565
网　　址：	http://www.zsup.com.cn　　E-mail: zdcbs@mail.sysu.edu.cn
印 刷 者：	虎彩印艺股份有限公司
规　　格：	787mm×1092mm　1/16　24.25印张　554千字
版次印次：	2014年10月第1版　2014年10月第1次印刷
定　　价：	68.00元

如发现本书因印装质量影响阅读，请与出版社发行部联系调换

社庆图书编委会

主　任　徐　劲

副主任　周建华

编　委　（按姓氏笔画排序）

王尔新　李　文　刘学谦　邹岚萍

张学勤　曹巩华　嵇春霞

　　30年流光岁月，掩隐多少往事。俗话说：一树一菩提，一人一世界。编撰和出版《中山大学出版社30周年社庆丛书》（共3本，即《那些年，那些人》《书里书外》《书缘书镜》）的初衷，是希望将个人的故事变成集体的记忆，将碎片的印象变为时空的胶片；同时，更是希望能藉此传承出版社自身的优良文化，并激励出版社的后来人。

　　三书成稿后，同事们嘱我写序，并要我谈谈对出版业和出版社的感受与想法，算是命题作文。众意难违，作为出版"新兵"，我既然不能拂了诸君的心意，只能姑且谈点粗浅的看法，权充序言。

　　"出版业是极具创新、创意、创造等鲜明特点的文化产业，同时还肩负文化传播和文化传承的使命。"这是我对出版产业的基本判断。经过30多年的改革开放，我国已进入全盛时期，综合国力全面增强，国际地位显著提升。在这种大环境下，中华文化的国际传播、中华文化走出去的总体战略被提到了重要的议事日程。而与改革开放同步的是30多年的出版产业格局的变化、产业链的变革，也同样面临着如何整合、创新发展和参与国际竞争的新问题。很显然，未来出版人的国际视野将成为出版社发展的关键所在。

　　近期经过调研，中山大学出版社提出了"服务大学""服务社会"和"大学出版社应该是大学学科建设窗口"的建社理念；提出了"一流大学应该有一流的出版社"的建社目标，包括管理一流、产品一流、效益一流；提出"专业化战略"与建立"战略合作伙伴"的发展思路。围绕可持续发展、产业拓展、精品项目、转型升级、数字出版等问题和思路，目前，我们出版社还在积极调研和探索中。当然，国内许多高校出版社已经积累了不少成功经验，值得我们学习或借鉴；国际上剑桥大学和东京大学出版社的模式也都有可参照的地方。

　　中山大学出版社目前的核心工作之一，就是制定本社5年发展规划，这同时也是一个提炼发展方向和凝聚人心的过程。此外，将学校的资源转变为产业资源、着力编辑队伍和发行队伍的人才建设、实现现代企业治理等也成为我社进一步发展的重要举措。

两大"并存"是我近期的最大感受：一是文化性和商业性并存。大学出版社有其特殊性，这也是为什么我社提出建社理念会包括"服务大学"和"大学出版社应该是大学学科建设窗口"的原因所在，这是大学出版社存在的意义之一；同时，出版社又是企业，生存与发展是内在的需求，社会效益与经济效益理当结合，但目前这两者的脱节甚至矛盾现象仍相当严重。二是机遇与挑战并存。中小型出版社都面临缺资金、缺规模、缺人才的窘境，在书业市场竞争中受多重挤压，作者流失、图书市场占有率低的问题十分突出。在与出版集团、民营文化公司的竞争中，不少出版社沦落为书号的提供者，这些现象是令人心痛的。能否走"专业化""战略合作伙伴"的道路，我认为这是值得思索和探寻的问题。总体而言，有恰当的定位、有合适的发展模式、有优质的人才队伍，大学出版社才可能拥有良好的发展空间。

当然，建设一流的大学出版社还需要良好的企业文化作为支撑。我近日在学校拜访专家教授时，在某著名学者办公室见到一副集句对联：立乎其大；和而不同。上、下联分别出自《孟子》和《论语》，上联可解读为对人大度、做人大方、做事大气，下联可解读为各美其美、美人之美、美美与共、世界大同。我深以为然！愿与出版社同仁和读者诸君共勉。

藉此机会，感谢在过去 30 年来为中大出版社呕心沥血、作出卓越贡献的前辈们，感谢正在为中大出版社再造辉煌而一起努力前行、不懈耕耘的同仁们，更要感谢为编撰和出版这套丛书付出艰辛劳动的同事们！

徐 劲

2014 年 10 月 13 日于红楼 343 号

为庆祝中山大学出版社成立30周年，经社委会研究决定，拟出版《中山大学出版社30周年社庆丛书》，《书缘书镜——中山大学出版社30年出版成果汇编》即为其中的一本。现将本书的资料来源与体例编排简介如下。

一、资料来源

1. 图书资料

（1）总编办高惠贞提供的《中山大学出版社出版成果汇编》（1983—1993年），原编务室孙新章、总编办丘力芬提供的"出版社图书信息登记表"，丘力芬提供的历年图书在版编目（CIP）数据资料、历年获奖图书和入选国家级重点项目登记资料，总编办潘汉民提供的档案室样书。

（2）营销中心梁惠芳、张卞超提供的"中山大学出版社可供书目"。

（3）出版科何雅涛提供的"2004年至2013年出版统计表"。

2. 封面资料

（1）图书封面设计人员方楚娟、朱霭华、孔丽红、贾萌、曹巩华、林绵华、曾斌，相关编辑，以及营销中心张卞超等提供的图书封面。

（2）本书版式设计、封面设计曾斌从网上收集的图书封面，总编办潘汉民提供的档案室样书封面。

二、体例编排

本书共分上下两篇：上篇　30年出版成果择录回眸；下篇　30年出版成果简表。

上篇　30年出版成果择录回眸。本篇包括"精彩的掠影"（1983年至2003年）、"辉煌的印记"（2004年至2013年）两个板块。其中，"精彩的掠影"部分，由于1983年至2003年的20年出版的图书，本社分别于1993年出版了《中山大学出版社出版成果汇编》（1983—1993年）、2003年出版了《中山大学出版社出版成果汇编》·Ⅱ（1993—2003年），因此本书收集的只是本社出版的第一第二本图书、1983年至2003年出版的少数获奖图书以及本社首个重点项目图书;"辉煌的印记"包括"厚重的学术　精品的文化"(学术著作与一般图书)、"人心要向学　导航在教材"(包括教辅、教参)、"阅读重原创　品味在经典"(作品)三个方面的内容,主要是对2004年至2013年出版的图书按类略择若干,选取的书目以最新版本为准(少数特殊情况除外)。上篇原则上按类以出版时间先后为序编排,分别从书名、作者、书号、中图法分类("精彩的掠影"无此项)、定价、开本、出版时间、责任编辑、封面设计、责任技编("精彩的掠影"无此项)以及图书简介(内文省略此标题)几个方面介绍图书信息,图文并茂,以见我社图书特色之一斑。另外,在本篇,特别介绍了中国行政管理学的奠基之作、夏书章教授主编的《行政管理学》。

下篇　30年出版成果简表。本表收录的为上篇未列出的图书,内容包括书号、书名、作者、出版时间、定价、责任编辑,以出版时间先后为序编排,以见我社图书出版之大端。

根据上下篇的图书统计,本社30年共出版了4858种图书,其中的"历届获奖图书与重点项目"见本社2014年10月出版的《书里书外》。

编　者

2014年6月

目 录
CONTENTS

上篇　30 年出版成果择录回眸

精彩的掠影（1983 年至 2003 年）/ 2
◆ 本社出版的第一、第二本图书 / 2
◆ 获奖图书举隅 / 2
　📕 图书奖 / 2
　📕 封面设计奖 / 13
◆ 本社出版的首个重点项目图书 / 15

中国行政管理学的奠基之作：独领风骚，引领未来 / 16
　　行政管理学 / 16

辉煌的印记（2004 年至 2013 年）/ 17
◆ 厚重的学术　精品的文化 / 17
　一、高端的项目　一流的成果 / 17
　　国家重点图书出版规划项目图书 / 17
　　国家出版基金资助项目图书 / 26

　二、系列的著作　连贯的学术 / 28
　　教学研究与实践系列 / 28
　　古文字与出土文献研究丛书 / 29
　　中山大学 80 周年校庆丛书 / 30
　　中山大学杰出人文学者文库 / 31
　　中山大学年鉴 / 32
　　艺术史研究 / 33
　　民本书系 / 34
　　民商法学家系列 / 35
　　中国科学哲学论丛 / 36
　　因特虎丛书 / 37
　　广州：文化与生活方式丛书 / 38

书缘书镜
——中山大学出版社30年出版成果汇编

现代企业自主创新丛书 / 39
黄埔军校史研究丛书 / 41
岭南学丛书 / 42
社会热点关键词丛书 / 44
岭南学 / 45
孙中山基金会丛书 / 46
侵权法报告 / 47
智者股道系列 / 49
疯狂英语·历年精华选集 / 50
岭南濒危剧种研究丛书 / 51
蓝光中弘扬国学丛书 / 53
当代港澳研究 / 54
营销管理系列丛书 / 55
中华胜景智慧行系列 / 56
南海历史文化系列丛书 / 57
一霖儒家道义研究系列 / 58
韩国学论文集 / 58
华侨华人研究丛书 / 59
经典悦读 / 60
宋代文谭丛书 / 61
中山大学名医谈病系列丛书 / 62
海洋小百科全书 / 63
广东青年发展现代农业实用
技能丛书 / 64
廉政理论与实践丛书·廉政研
究学术系列 / 67
中国非物质文化遗产研究丛书 / 68

三、十年板凳冷　一本见精神 / 69

语言·文学 / 69
历史学 / 72
哲学 / 75
人类学·社会学 / 78
政治科学·行政管理学 / 81
法学 / 84
出版·传媒 / 86
教育 / 87
经济·管理 / 92
医学·药学 / 98
年谱 / 101
文化 / 102
其他 / 104

◆ 人心要向学　导航在教材（教辅、教参）/ 105

普通高等教育"十一五"国家级规划教材 / 105
普通高等教育"十二五"国家级规划教材 / 107
法学 / 108
政治科学·行政管理学 / 113
经济·管理 / 114
语言·文学 / 134
哲学 / 137
人类学 / 139
传媒 / 140
写作 / 146
心理学 / 149
礼仪 / 151
计算机 / 152

目 录
CONTENTS

物理科学与工程技术 / 155
化学 / 158
生物生态学 / 159
医学·药学 / 160
外语 / 164
高等数学 / 173
大学语文 / 174
大学体育 / 175
入学教育与职业规划 / 176
成人相关考试辅导教材 / 179
中小学·幼儿园教参、教辅 / 182

◆ **阅读重原创　　品味在经典** / 195

中外名著选 / 195
叶启芳传 / 196
黄道婆传奇 / 196
紧急状态 / 196
曾为梅花醉如泥——我这大半生 / 196
馀事集——中华当代教授诗词选 / 196
"零时"起爆——罗布泊的回忆 / 197
梁羽生作品集 / 197
英雄的孤独谁能懂 / 199
中国商人 / 199
古龙精品集 / 199
对庐诗文集 / 200
朱的传 / 200
罗布泊之歌 / 200
老大回——三代人在美国的传奇 / 200

书缘书镜
——中山大学出版社 30 年出版成果汇编

下篇　30 年出版成果简表

1984 年 / 202
1985 年 / 202
1986 年 / 204
1987 年 / 205
1988 年 / 208
1989 年 / 211
1990 年 / 215
1991 年 / 219
1992 年 / 224
1993 年 / 229
1994 年 / 237
1995 年 / 243
1996 年 / 248
1997 年 / 255
1998 年 / 262

1999 年 / 267
2000 年 / 273
2001 年 / 278
2002 年 / 285
2003 年 / 293
2004 年 / 301
2005 年 / 310
2006 年 / 318
2007 年 / 325
2008 年 / 331
2009 年 / 337
2010 年 / 344
2011 年 / 351
2012 年 / 359
2013 年 / 366

后记 / 375

上 篇
SHANG PIAN

▶▶ 30年出版成果择录回眸

编者语

本篇收录的为1983年至2013年出版的部分图书，分为"精彩的掠影"（1983年至2003年）、"辉煌的印记"（2004年至2013年）两个板块。本篇原则上按类以出版时间先后为序编排，图文并茂，以见我社图书特色之一斑。

精彩的掠影（1983年至2003年）

◆ 本社出版的第一、第二本图书

高分子化学与物理专论

作者：冯新德 等
统一书号：13339.1
定价：3.05元
开本：16
出版时间：1984年2月
责任编辑：张晋丰
封面设计：吴伟凡

本书收集论文12篇，分别为高分子化学的进展——80年代的特征、高分子化学反应统计理论、自由基聚合反应、离子聚合反应、配位聚合反应、共聚反应进展、高分子化学反应、高分子聚集态的几个基本问题、高聚物晶体结构研究方法、玻璃化转变、高分子溶液、高聚物多相复合体系。这些专题论文，涉及了高分子科学的主要领域，既有学科的发展，又有基本理论及其应用。

苏云金杆菌以色列变种防治蚊幼虫的研究

作者：蒲蛰龙
统一书号：13339.002
定价：0.50元
开本：16
出版时间：1984年3月
责任编辑：张晋丰
封面设计：张晋丰

苏云金杆菌以色列变种完全可以用来代替过去单独使用的化学杀虫剂。它不仅高效、安全、经济，而且可以避免环境污染。本书主张各种防治方法互相配合使用，使治蚊工作更富有成效。

◆ 获奖图书举隅

图书奖

力学简明教程

作者：罗蔚茵
统一书号：13339.9
定价：3.10元
开本：32
出版时间：1985年7月
责任编辑：吴伟凡
封面设计：吴伟凡

本书是根据高等学校理科教材《力学》教学大纲编写的。全书共6章，主要内容包括质点力学、动量与能量、刚体力学、流体力学、振动与波、相对论力学；具有"简而明"的特色，取材比较精练；在叙述方法上着重建立物理图像，避免过于数学化，特别注意指出容易混淆的概念问题。

获 奖

国家教委第二届优秀教材二等奖（中华人民共和国国家教育委员会，1992年10月）

写作大要（增订本）

作者：刘孟宇　诸孝正
书号：ISBN 7-306-00039-X
中图法分类：H152
定价：2.65 元
开本：32
出版时间：1986 年 11 月（增订本）
责任编辑：袁广达
封面设计：朱霭华

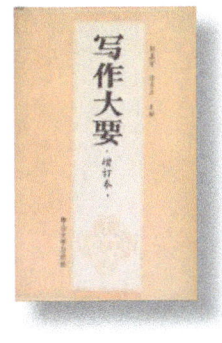

本书是一本各类大专院校可以通用的写作教材，内容既包括写作基础理论，又包括新闻写作、文学写作、论说文写作、应用文写作等主要文体的写作知识，便于各类学校各取所需，选材施教。本书的编写注重科学性，认真按照唯物主义的认识论和方法论来阐述写作理论和写作过程，并强调实践性和实用性；以提高学生的写作能力为目的，指导学生学以致用，加强写作训练的系统性与针对性；讲解理论与安排作业，都注意从新时期的现实要求和学生的实际水平出发，以便学生迅速掌握理论和方法并在实践中灵活应用。

获 奖

广东青年最喜爱的书（共青团广东省委、广东省新闻出版局，1992 年 1 月）
第六届全国图书金钥匙奖优胜奖（第六届全国图书金钥匙奖评选办公室，1992 年 12 月）

中国文化概论

作者：李宗桂
书号（平装）：ISBN 7-306-00122-1
书号（精装）：ISBN 7-306-00123-X
中图法分类：K203
定价：3.10 元（平装）4.20 元（精装）
开本：32
出版时间：1988 年 10 月
责任编辑：谭广洪
封面设计：方楚娟

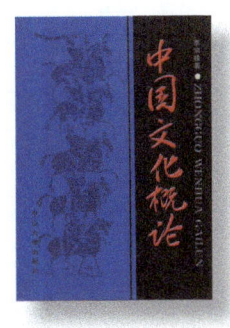

本书是国内第一部从宏观上、整体上对中国文化进行探讨的论著，也是第一部高校中国文化概论教材。作者运用文化学理论，采用多种新方法，多角度、多层次地对中国文化进行剖析；对于中国文化的流变和分期，中国文明发展的特殊道路，中国封建社会经济结构和政治结构的基本特征，中国文化的主体内容、核心、类型、特点、理想人格、价值取向、社会心理、思维方式和基本精神，都做了较为系统的描述和解析。本书广泛吸收了学术界近年的研究成果，并评价了中国香港、台湾以及美国和东南亚学者关于中国传统文化的观点。本书按专题内容写作，各章既相对独立，又有内在联系；既有史的风格，又有论的特点。著名学者丁宝兰、李锦全教授查阅了书稿，并分别作序。

获 奖

1988 年度中国图书奖（中国图书评论学会，1989 年 8 月）
第三届全国优秀图书奖（全国优秀图书评选委员会，1989 年 9 月）
国家教育委员会第二届优秀教材中青年奖（中华人民共和国国家教育委员会，1992 年 10 月）

微型计算机 IBM PC/XT 常用软件上机操作与实践（一）

作者：詹前树　杨冲盛
书号：ISBN 7-306-00120-5
中图法分类：TP316
定价：6.60 元
开本：16
出版时间：1989 年 1 月
责任编辑：吴相辉
封面设计：陈志强

全书分为 9 章。首先介绍 IBM PC/XT 微机的监测和维护，操作系统 MS-DOS2.00/2.10 的命令及其操作，汉字系统 CCDOS2.10 的使用，IBM 宏汇编源程序的汇编和连接，调试程序 DEBUG 的命令及其应用；在 BASIC 语言方面，则介绍了流行的几个不同版本 BASIC 语言的上机操作，其中有高级的 BASIC 语言（BASICA），编译 BASIC，真 BASIC 和快速 BASIC。其次也介绍了 MS-PASCAL Turbo PASCAL h MS-FOR-TRAN 及 IBM FORTRAN 源程序的建立、编译和连接方法。最后则以较多的篇幅介绍了国内广为使用的中文 WordStar 及中文 Dbase III 的操作命令及使用技巧。

获 奖

全国大学出版社优秀畅销书荣誉奖（全国大学出版社协会，1994 年）
第六批全国优秀畅销书奖（全国图书发行协会，1994 年）

管理学简明教程

作者：孙雪梅
书号：ISBN 7-306-00214-7
中图法分类：C93
定价：3.90 元
开本：32
出版时间：1989 年 5 月
责任编辑：蔡浩然
封面设计：刘达鎏

主管人员的根本任务在于提高组织整体效益，做到 1+1＞2。本书吸取国外管理学、我国现代领导学和古代兵法的精华，论述主管人员如何正确制定组织目标并运用运筹、组织、控制等管理职能，协调各种关系，优化要素组合，充分调动各方面的积极因素，以较少的人力、物力、财力、时间，有效实现目标。本书简明地阐述了管理科学的基础理论，并结合实例加以论述，有较强的实用性。内容结构严谨，文字流畅，观点新颖，是各级主管人员的必备读物。

获 奖

1989 年全国经济和企业管理干部教育优秀教材（中华人民共和国国家经济体制改革委员会，1989 年 11 月）

价值和价格论——对有关世界难题的思考与探索

作者：李翀
书号：ISBN 7-306-00213-9
中图法分类：F031.3
定价：4.90 元
开本：32
出版时间：1989 年 8 月
责任编辑：舒宝明
封面设计：朱霭华

本书是一部研究现代资本主义条件下的价值和价格问题的专著。本书作者李翀博士针对 20 世纪 70 年代发生的世界范围的大争论，按照交换价值、生产价格、垄断价格、市场价格的逻辑次序，对现代西方经济学家提出的一些新问题以及近百年来悬而未决的"世界难题"提出了新的解决方法，对在现代化的生产条件下如何重新认识价值和价格范畴提出了新的见解。全书论述清晰、逻辑严谨、文字流畅，我国著名经济学家陶大镛教授为本书作序。

获 奖

高等院校出版社优秀学术专著优秀奖（中华人民共和国国家教育委员会，1992 年 10 月）
首届人文社会科学研究优秀成果经济学二等奖（中华人民共和国国家教育委员会，1995 年 11 月）

雷锋在我们当中

作者：韩可与
书号：ISBN 7-306-00297-X
中图法分类：I247.8
定价：1.80 元
开本：32
出版时间：1990 年 3 月
责任编辑：蔡浩然 等
封面设计：黄穗民

20 世纪 90 年代的青少年学雷锋究竟学些什么？怎样学习和发扬雷锋精神？本书将给青少年朋友提供很好的材料。该书从新的角度，以浅显明白的语言，生动具体学雷锋的典型事例，引导广大青少年像雷锋那样，热爱中国共产党，树立远大的共产主义理想以及为实现这种理想而奋斗的精神；引导青少年像雷锋那样，心中有他人，从小树立为人民服务的志向；引导青少年像雷锋那样，发扬"钉子"精神，刻苦学习科学文化知识；引导青少年像雷锋那样，具有很强的整体观念和组织纪律性。全书内容丰富，紧密结合社会实际和青少年的特点，充满着新时期学雷锋的时代气息，语言生动，可读性强。

获 奖

广东青年最喜爱的书（共青团广东省委、广东省新闻出版局，1992 年 1 月）

好书献给您——《人生的路标》丛书导读

作者：湛青
书号：ISBN 7-306-00332-1
中图法分类：I106
定价：3.20 元
开本：32
出版时间：1990 年 7 月
责任编辑：史然
封面设计：方楚娟

共青团中央推荐的《人生的路标》10 本书，不论是在思想内容还是在艺术上，都堪称优秀作品。

本书对《人生的路标》这套书中的每一部作品，分别从其故事或内容梗概、写作或人物背景、思想内容、人物形象、艺术特色、社会影响及现实意义等方面，做了较全面的介绍和分析，旨在为广大青年读者阅读、理解和欣赏《人生的路标》这套好书提供一些方便和帮助，为各级团组织开展各种形式的读书评书活动提供一些实用参考资料。

获奖
广东青年最喜爱的书（共青团广东省委、广东省新闻出版局，1992 年 1 月）

粤西南锡矿床成矿规律

作者：俞受鋆 等
书号：ISBN 7-306-00375-5
中图法分类：P618.440.1
定价：4.50 元（半精装）
开本：16
出版时间：1990 年 12 月
责任编辑：徐希扬
封面设计：陈炳辉

本书是粤西地区锡矿成矿规律的研究专著。该书首次比较系统地阐述了粤西云开隆起中段锡矿床区域地质背景，成矿地质特征及控矿地质条件，探讨了矿床成因，建立了成矿模式，应用成矿理论及测试成果，多学科、多方法开展隐伏锡矿床预测。书中在粤西地区的变质地层划分与对比、燕山期花岗岩类的阶段划分及各阶段岩体的地质地球化学特征和演化规律、北西向隐伏断裂带的特征及其对控岩控矿的主导作用、各类锡矿床控矿地质条件和化探找矿标志及化探模式图等方面都提供了新的资料和新的见解。

获奖
高等院校出版社优秀学术专著优秀奖（中华人民共和国国家教育委员会，1992 年 10 月）

计算流体力学

作者：张涤明 蔡崇喜 章克本 等
书号：ISBN 7-306-00382-8
中图法分类：O35
定价：7.10 元
开本：32
出版时间：1991 年 5 月
责任编辑：李文
封面设计：朱霭华

本书是一本内容全面的计算流体教材，共 3 篇 16 章，内容包括流体力学有限差分法、流体力学有限元法、流体力学边界元方法和流体力学有限分析法等。本书可作为应用力学、工程力学、计算数学以及航空气象、造船、海洋工程、水利水电工程等有关专业的本科生教材和旁近专业的研究生教材。

获奖
第三届优秀教材二等奖（中华人民共和国国家教育委员会，1996 年 1 月）

碳纤维及其复合材料显微图象（中、英文版本）

作者：曾汉民 等
书号：ISBN 7-306-00388-7 / 7-306-00540-5
中图法分类：TB33
定价：200.00 元（精装）
开本：16
出版时间：1991 年 7 月
责任编辑：刘翰飞 张德贞
封面设计：方楚娟

本书的作者从他们多年研究拍摄的大量的碳纤维及其复合材料的显微图象资料中精选出 700 幅具有典型意义的照片，辅以简明的文字和模型示意图加以科学的解释，形象具体地展现出各种碳纤维与各种碳基、树脂基、金属基等复合材料的结构和微观结构特征、烧蚀行为特征、损伤和断裂破坏行为特征等。本书的内容适应了碳纤维及其复合材料研究与发展的需要，对从事该种材料的研究、制造和设计使用的科技人员有很大的参考价值。

获 奖

国家教育委员会科技进步奖（甲类）一等奖（中华人民共和国国家教育委员会，1992 年 12 月）
第六届中国图书奖二等奖（中国图书评论学会，1992 年 12 月）
第二届全国高校出版社优秀学术著作（科技类）优秀奖（中华人民共和国国家教育委员会，1995 年）
大学版协首届书籍装帧设计奖封面设计特等奖（中国大学出版社协会，1995 年 9 月）

中国方术大辞典

作者：陈永正
书号：ISBN 7-306-00313-5
中图法分类：B992
开本：32
定价：28.00 元
出版时间：1991 年 7 月
责任编辑：杨权
封面设计：方楚娟

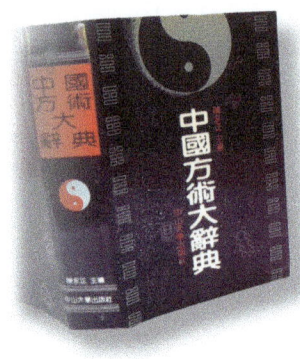

本书是国内外第一部以带有"神秘"色彩的中国古代方术为阐述对象的专门辞典。全书收词 6000 余条，分方术一般、甲骨文、易占、象占、梦占、星占、六壬、太乙、奇门遁甲、杂占、相术、堪舆、择吉、星命、外丹、内丹、气功养生、房中术、服食、辟谷、符咒、巫术、杂术、人物、著作等 20 余类，门类齐全，收词广泛，书证比较丰富，释文尽求客观，可以说融学术性、科学性、知识性于一体，不仅是社会科学和自然科学工作者的专门研究工具，也是关心中国传统文化的一般读者的有益读物。

获 奖

全国大学出版社优秀畅销书荣誉奖（全国大学出版社协会，1994 年）

微型计算机 IBM PC/XT 常用软件上机操作与实践（二）

作者：詹前树 韦沛广 辛小霞
书号：ISBN 7-306-00509-X
中图法分类：TP316
定价：9.80 元
开本：16
出版时间：1992 年 3 月
责任编辑：吴相辉
封面设计：陈志强

自从《微型计算机 IBM PC/XT 常用软件上机操作与实践（一）》出版以来，计算机技术的发展和应用水平又有了很大的提高，新的软件层出不穷，原有的软件更新换代。为此，编者又继续编写了第二册。第二册除了介绍一些新的软件之外，也介绍了第一册中已讲述的一些软件的高级版本，特别有不少是可在 286 机、386 机以及网络上运行的软件。其主要内容有：编译 dBASE Ⅲ、汉字 dBASE Ⅲ +、汉字 FoxBASE+、Turbo C、集成软件 Lotus 1-2-3、PC 工具 PCTOOLS R4.11/R5.10/R5.5—R6.0、组合软件 Sidekick、汉字系统 CC-DOS4.0 和 2.13H，等等。本书承上启下，是第一册的继续，可作为大专院校有关计算机课程的辅导教材，也可作为 IBM PC 培训班教材，对广大科技人员和 IBM PC 用户也是一本很实用的参考书。

获 奖

第六批全国优秀畅销书奖（全国图书发行协会，1994 年）

市场机制与社会变迁——18世纪广东米价分析

作者：陈春声
书号：ISBN 7-306-00522-7
中图法分类：F729.49
定价：6.90 元
开本：32
出版时间：1992 年 5 月
责任编辑：冯平
封面设计：方楚娟

本书使用数理分析的方法，借助电子计算机，从分析 18 世纪广东这个特定区域的米价入手，探讨了在商品经济已有较明显发展的历史条件下，传统中国后期的市场机制（包括市场的发育程度、运作方式、发展趋向等）及其社会变迁的关系的理论问题，在研究方法上颇有新意，走在了中国经济史研究领域的前沿。

获 奖

普通高等学校第二届人文社会科学研究成果奖历史学一等奖（中华人民共和国教育部，1998 年 12 月）

生物无机化学导论

作者：计亮年 莫庭焕 等
书号：ISBN 7-306-00545-6
中图法分类：Q5
定价：4.10 元（平装）15.00 元（精装）
开本：32
出版时间：1992 年 9 月
责任编辑：张德贞
封面设计：罗恕

本书根据当今生物无机化学的研究热点和国内外报道的资料，以及作者的科研成果编著而成。全书分为绪论、重要的生物化合物及其金属配合物、生物无机化学体系中的配位化学原理、氧载体、生物氧化还原反应中的金属蛋白和金属酶、固氮作用及其化学模拟、光合作用及其化学模拟、催化水解反应的金属酶、生物体中的碱金属和碱土金属及其跨膜运送、环境金属与人类健康、金属蛋白和金属酶的结构分析等共 11 章，是一本比较系统的、具有中国特色的生物无机化学教材和参考书。

获 奖

第三届优秀教材二等奖（中华人民共和国国家教育委员会，1996 年 1 月）

公共关系学简明教程（第二版）

作者：廖为建
书号：ISBN 7-306-00715-7
中图法分类：C912.3
定价：5.50 元
开本：32
出版时间：1993 年 4 月第 2 版
责任编辑：谭广洪
封面设计：方楚涓

本书介绍了公共关系的基本概念、历史、职能、主体、对象、媒介和程序等基本原理，以及公关调查、公关宣传、公关交际、综合性公关活动等公关实务。适合大专院校和专业培训的教学需要，也可作自学考试教材及在职人员自学之用。

获 奖

全国教育图书优秀畅销图书奖（全国教育图书展优秀图书评审委员会，1995 年 6 月）

第三届优秀教材中青年奖（中华人民共和国国家教育委员会，1996 年 1 月）

现代香港经济（第三版）

作者：郑德良
书号：ISBN 7-306-00801-3
中图法分类：F127.658
定价：16.90 元
开本：32
出版时间：1993 年 12 月第 3 版
责任编辑：蔡浩然
封面设计：方楚涓

本书是近 12 年来对香港经济进行跟踪研究的最新成果。书中全面、系统、翔实地对香港经济进行了阐述与剖析，而且在许多方面还进行了跨越"九七"的研究。

获 奖

首届人文社会科学研究优秀成果港澳问题研究二等奖（中华人民共和国国家教育委员会，1995 年 11 月）

电算化会计基础教程

作者：广州市财政局《电算化会计基础教程》编写组
书号：ISBN 7-306-00919-2
中图法分类：TP3
定价： 12.00 元
开本： 16
出版时间：1994 年 8 月
责任编辑：吴茗
封面设计：朱霭华

本书主要介绍了计算机的基本操作和应用软件的使用，包括 Windows 98、Excel、会计电算化系统等，对广大会计人员了解、学习、掌握电算化会计基础知识和技能比较适用。

获 奖

第二届全国高校出版社畅销书奖（中国大学出版社协会，1996 年 3 月）
第十一批全国优秀畅销书（经济类）（中国书刊发行业协会，1998 年 12 月）

欧美逻辑学说史

作者：郑文辉
书号：ISBN 7-306-00900-1
中图法分类：B81
定价： 15.00 元
开本： 32
出版时间：1994 年 9 月
责任编辑：施国胜
封面设计：朱霭华

作者先后为四届逻辑专业硕士研究生开设西方逻辑史和逻辑哲学两门课程，并参与逻辑哲学和逻辑三大思潮辨析等重点科研课题的研究，本书的完成便是这 8 年来教学与科研工作的结果。

获 奖

第三届优秀教材中青年奖（中华人民共和国国家教育委员会，1996 年 1 月）

电脑打字教程

作者：何德耀
书号：ISBN 7-306-01004-2
中图法分类：TP3
定价： 12.00 元
开本： 16
出版时间：1995 年 4 月
责任编辑：张亚拉
封面设计：朱霭华

本书第一章至第七章是实用培训教材，第八章至第九章是复习题及考核定级标准。本书重点内容是汉字输入法及文字处理软件的使用方法。

获 奖

第十一批全国优秀畅销书（科技类）（中国书刊发行业协会，1998 年 12 月）

被解释的传统——近代思想史新论

作者：陈少明　单世联　张永义
书号：ISBN 7-306-00987-7
中图法分类：B25
定价：10.00 元
开本：32
出版时间：1995 年 5 月
责任编辑：谭广洪
封面设计：方筑

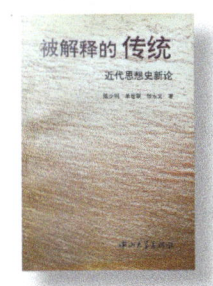

本书共 13 章，主要内容包括：作为政治文化的经学，维新经学与乌托邦，历史、理性与国粹，走向后经学时代，传统格局中的佛学，《仁学》与应用佛学，建立无神教，由佛返儒，西学：意义的转换，科学：作为一种世界观，政治—道德启蒙，信念系统的分裂，出路何在，等等。

获　奖

普通高等学校第二届人文社会科学研究成果奖哲学二等奖（中华人民共和国教育部，1998 年 12 月）

中国图书文化导论

作者：程焕文
书号：ISBN 7-306-01046-8
中图法分类：G0
定价：19.80 元
开本：32
出版时间：1995 年 10 月
责任编辑：施国胜
封面设计：方楚娟

本书共 11 章，分别研究及介绍图书和图书文化、图书的文化意义、中国图书的文化特征、中国图书文化的历史分期、中国图书文化研究概况、前图书文化、简帛文化、卷轴文化、雕版文化、近代图书文化和现代图书文化等。

获　奖

普通高等学校第二届人文社会科学研究成果奖民族学三等奖（中华人民共和国教育部，1998 年 12 月）

新编经济法教程

作者：沈乐平　汪艳生
书号：ISBN 7-306-01074-3
中图法分类：D922.29
定价：15.00 元
开本：32
出版时间：1996 年 4 月
责任编辑：谭广洪
封面设计：朱霈华

本书内容包括经济法的基本概念、基本理论和基本知识，具有科学性、系统性、实用性的特点；既可作为国家行政机关公务员的培训教材，也可作为大专院校有关专业的教材。

获　奖

第十一批全国优秀畅销书（经济类）（中国书刊发行业协会，1998 年 12 月）

现代公文写作

作者：曾昭乐
书号：ISBN 7-306-01123-5
中图法分类：H152.3
定价：12.00 元
开本：32
出版时间：1996 年 5 月
责任编辑：王国颖
封面设计：方楚涓

本书根据《国家行政机关公文处理办法》，阐述了广义公文中 52 个文种的写作概说、行政公文、法规与规章文书、筹划总结性文书、会务文书、考核文书、信息文书、经济文书、诉讼文书、科研文书等。教材突出实践性，在"写"上做文章，力求选择最新、最典型的例文。

获　奖

第十一批全国优秀畅销书（社科类）（中国书刊发行业协会，1998 年 12 月）

上篇　30 年出版成果择录回眸

服务营销与服务质量管理

作者：汪纯孝　蔡浩然
书号：ISBN 7-306-01120-0
中图法分类：F713
定价：20.00 元
开本：32
出版时间：1996 年 6 月
责任编辑：谭广洪
封面设计：方楚娟

本书论述了服务营销和服务质量的基本理论、基本知识和基本方法，系统介绍了国内外服务营销和服务质量管理的最新学术观点和典型经验。对企业管理人员有现实指导作用和重要参考价值，也可作为大专院校经济、管理等专业的教材或教学参考书。

获　奖

普通高等学校第二届人文社会科学研究成果奖管理学二等奖（中华人民共和国教育部，1998 年 12 月）

英语听力阶梯

作者：温新元　朱仲发
书号：ISBN 7-306-01378-5
中图法分类：H319.9
定价：10.00 元
开本：32
出版时间：1997 年 10 月
责任编辑：李海东
封面设计：李幸南

本书的材料及部分练习引自国外的各种书刊，题材广泛，内容新颖，富有知识性和趣味性。书中配有由美籍专家灌录的磁带供读者使用。本书旨在为广大中专学生和英语初学者提供合适的听力训练材料，以帮助他们提高听的能力，达到大纲规定的目标。

获　奖

第三届全国高校出版社优秀双效书奖（中国大学出版社协会，1998 年 11 月）
第十二批全国优秀畅销书（文科类）（中国书刊发行业协会，1999 年 12 月）

计算机应用基础习题集（第二版）

作者：柳青　王敏
书号：ISBN 7-306-01302-5
中图法分类：TP39-44
定价：15.00 元
开本：16
出版时间：1998 年 8 月第 2 版
责任编辑：李海东　李文
封面设计：朱子

本书是广东省中专学校计算机应用基础统考教学资料，书中全部习题均取自广东省中专计算机教研会已建立的试题库。

获　奖

第十一批全国优秀畅销书（科技类）（中国书刊发行业协会，1998 年 12 月）
第三届全国高校出版社优秀双效书荣誉奖（中国大学出版社协会，1998 年 11 月）

国企改革：转轨与创新

作者：陈祖煌　陈文学　郑贤操
书号：ISBN 7-306-01503-6
中图法分类：F279.241
定价：29.80 元
开本：32
出版时间：1999 年 3 月
责任编辑：谭广洪
封面设计：方楚涓

本书围绕广东国有企业的改革实践，系统总结广东各地先行一步、大胆探索的经验，揭示和论述了国有企业改革的难点、重点和关键环节，详细分析了国企改革、国有经济战略性改组同整个经济体制改革的关系，在政策上、体制上和理论上提出了面向新世纪的改革思路和发展对策。

获　奖

广东省精神文明建设第三届"五个一工程"入选作品（中共广东省委宣传部，1999 年 9 月）

伦理政治研究

作者：任剑涛
书号：ISBN 7-306-01524-9
中图法分类：B82-092
定价：25.00 元
开本：32
出版时间：1999 年 3 月
责任编辑：王国颖
封面设计：方楚涓

本书选取孔孟荀董四人为代表，从四人的思想及其历史与逻辑的关联上研究早期儒家的发展和类型特征，认定早期儒家的类型是伦理政治学；从伦理政治的历史与理论定位中，分析了以伦理与政治双向同化为根本特征的早期儒家思想。

获 奖

中国高校第三届人文社会科学优秀专著成果奖二等奖（中华人民共和国教育部，2003 年 1 月）

手拉手共话祖国 50 年（书信集）

作者：中国少年先锋队全国工作委员会
书号：ISBN 7-306-01599-0
中图法分类：H194.5
定价：7.50 元
开本：32
出版时间：1999 年 9 月
责任编辑：葛洪
封面设计：方竹

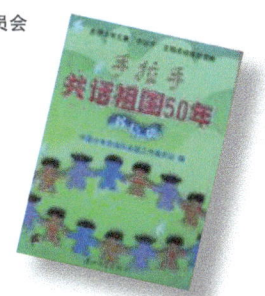

这是全国少工委办公室的同志们从数十万封全国少先队员的通信中选编的书信集。它以孩子们独特的视角，真实地展现了新中国成立 50 周年来祖国发生的巨变。该书作为少先队组织献给新中国成立 50 周年的一件礼物，具有特殊意义。

获 奖

第四届全国高校出版社优秀畅销书优秀奖（中国大学出版社协会，2000 年 9 月）

备 注

1999 年 10 月 15 日，共青团中央在人民大会堂举行该书新书首发式，时任全国人大常委会副委员长许嘉璐、中宣部副部长徐惟诚、团中央书记处书记赵勇等中央及部委领导出席；10 月 17 日，本书全体小作者代表应邀出席中国少年先锋队建队 50 周年纪念大会，并在人民大会堂受到时任国家副主席胡锦涛等领导同志的亲切接见。我社时任社长徐镜昌、本书责任编辑葛洪应邀参与上述全部活动。

中国共产党历史大博览（上、下卷）

作者：程栋　霍用灵　刘树勇　杨宗丽
书号：ISBN 7-306-01588-5
中图法分类：D23
定价：870.00 元（全二卷）
开本：16
出版时间：1999 年 11 月
责任编辑：邹岚萍　裴大泉

本书以图文并茂的形式，展示中国共产党从诞生至今的历程。

获 奖

广东省精神文明建设第四届"五个一工程"入选作品（中共广东省委宣传部，2001 年 10 月）

书缘书镜——中山大学出版社30年出版成果汇编

宋代著录商周青铜器铭文笺证

作者：刘昭瑞
书号：ISBN 7-306-01657-1
中图法分类：877.34
定价：45.00 元
开本：16
出版时间：2000 年 5 月
责任编辑：刘翰飞
封面设计：方楚涓

本书收录两宋时代人著录的全部商、周青铜器铭文，并在前人研究基础上，根据器物形制比较等办法，对宋人著录青铜器铭文做了相对断代和国别分类。

获 奖

中国高校第三届人文社会科学优秀专著成果奖三等奖（中华人民共和国教育部，2003 年 1 月）

行政管理学案例教程

作者：江超庸
书号：ISBN 7-306-01711-X
中图法分类：D035
定价：19.80 元
开本：32
出版时间：2001 年 2 月
责任编辑：徐镜昌
封面设计：方竹

本书是一本将行政理论与行政案例熔于一炉，立足于简洁而有效地传授行政管理基础知识和最新研究成果的行政管理学教程。主要介绍政府任务、政府建设、政府运作和政府保障等内容；同时选配案例，并依托案例和知识点设计思考题。

获 奖

第五届全国高校出版社优秀畅销书一等奖（中国大学出版社协会，2002 年 9 月）

老师，祝您健康

作者：王声涌　谢良骥
书号：ISBN 7-306-02113-3
中图法分类：R161
定价：10.00 元
开本：32
出版时间：2003 年 7 月
责任编辑：欧燕华
封面设计：孔丽红

本书是针对教师健康而编写的保健图书，分亚健康篇、养生保健篇、心理保健篇、常见病防治篇四大部分，以帮助广大教师养成有利于健康的生活、工作习惯和良好的心理状态，掌握防治常见病的基本知识等。

获 奖

2004 年度全国优秀畅销书（科技类）（中国书刊发行协会，2004 年 12 月）

大学体育（学生用书）

作者：邓树勋
书号：ISBN 7-306-02052-8
中图法分类：G807.4
定价：28.00 元
开本：16
出版时间：2003 年 8 月
责任编辑：阮继
封面设计：雨田创意

本书以"健康第一"的理念全新构建了大学公共体育课的框架，内容丰富，形式新颖，具有较强的可读性和可操作性。

获 奖

2004 年度全国优秀畅销书（文教类）（中国书刊发行协会，2004 年 12 月）

现代西方经济学原理（第四版）

作者：李翀
书号：ISBN 7-306-02117-6
中图法分类：F091.3
定价：25.00 元
开本：32
出版时间：2003 年 8 月第 4 版
责任编辑：舒宝明　李海东
封面设计：王斌

本书在第 3 版的基础上参考了斯蒂格列茨《经济学》的新观点和新论述，并吸收了西方经济学研究的新成果，使之更加适合西方经济学的研究和教学需要。

获　奖

第六届全国高校出版社优秀畅销书一等奖（中国大学出版社协会，2004 年 9 月）
2004 年度全国优秀畅销书（文教类）（中国书刊发行协会，2004 年 12 月）

封面设计奖

东印度公司对华贸易编年史（第一、二卷）

作者：（美）马士著　中国海关史研究中心　译
书号：ISBN 7-306-00209-0
中图法分类：F752.949
定价：25.00 元
开本：32
出版时间：1991 年 12 月
责任编辑：刘翰飞　邱琼瑛
封面设计：朱霭华

本书是在中国海关担任过税务司的美国人马士的著作。马士阅读了东印度公司有关中国方面的全部档案，这部著作是其在公司档案保存的航务日记和航务咨文以及有关资料的基础上编写的。这是一部早期英国对华贸易状况的记载，是研究中国经济史与中国贸易史的珍贵资料。

获　奖

首届书籍装帧设计奖封面设计一等奖（中国大学出版社协会，1995 年 12 月）

珠宝玉石鉴赏

作者：丘志力　王建华
书号：ISBN 7-306-00889-7
中图法分类：TS933
定价：18.00 元
开本：32
出版时间：1994 年 12 月
责任编辑：谭广洪
封面设计：方楚涓

本书着重阐述并介绍了市场上常见的珠宝玉石、贵金属、观赏石如钻石、红蓝宝石、祖母绿、翡翠等的鉴赏和评估知识，还叙述了选购宝石首饰的要诀，具有较强的知识性和实用性。

获　奖

首届书籍装帧设计奖封面设计一等奖（中国大学出版社协会，1995 年 12 月）

书缘书镜——中山大学出版社30年出版成果汇编

数学分析的思想方法

作者： 朱匀华　周健伟　胡建勋
书号： ISBN 7-306-01486-2
中图法分类： O17
定价： 23.80 元
开本： 32
出版时间： 1998 年 10 月
责任编辑： 李文
封面设计： 朱霭华

本书通过丰富典型的例题，讲述了数学分析的基本概念、基本理论、基本方法和基本技巧；适合高校数学系、应用数学系、力学系、计算机系的学生作为学习指导教材，也适合高校教师作为教学参考书，还可供自学者阅读。

获　奖

全国百家大学出版社书籍装帧艺术成果展封面设计银奖（中国大学出版社协会，2000 年 10 月）

粤东诗海（上、中、下）

作者： （清）温汝能纂辑　吕永光等整理
书号： ISBN 7-306-01577-X
中图法分类： I222
定价： 188.00 元
开本： 32
出版时间： 1999 年 8 月
责任编辑： 杨权
封面设计： 方楚涓

本书是几乎尽收自唐至清嘉庆广东作者存世作品的诗歌总集。由中山大学古文献研究所和广州文史馆携手合作，对本书进行了系统的整理和校点。

获　奖

全国百家大学出版社书籍装帧艺术成果展封面设计金奖（中国大学出版社协会，2000 年 10 月）

中大瑰宝

作者： 易汉文
书号： ISBN 7-306-01780-2
中图法分类： J292.28
定价： 25.60 元
开本： 32
出版时间： 2001 年 6 月
责任编辑： 刘翰飞　钟永源
封面设计： 方楚涓

本书收录了题词202幅，不仅记录了学校各项活动的历史进程，更重要的是反映了各级领导以及社会各界对教育特别是高等教育的殷切期望，是进行革命传统教育的好教材、好史籍。

获　奖

第四届全国高等院校书籍装帧艺术封面设计金奖（中国大学出版社协会，2002 年 4 月）

美术信息学

作者： 罗一平
书号： ISBN 7-306-01966-X
中图法分类： J0-05
定价： 49.80 元
开本： 32
出版时间： 2002 年 8 月
责任编辑： 钟永源
封面设计： 方楚涓

本书以美术信息方法论为主体，在描述研究美术信息必备的方法外，对中外最新美术信息动态进行描述与梳理，使读者了解和掌握中外美术信息学的一般原理和最新动态，掌握梳理、分析、利用美术信息的方法和策略。

获　奖

第五届中国大学装帧艺术评奖封面设计十佳最美图书奖（中国大学出版社协会、中国大学出版社协会装帧艺术工作委员会，2004 年 9 月）

◆ 本社出版的首个重点项目图书

孙中山与近代中国学术系列

中图法分类：D693.0-53
开本：32
封面设计：方楚娟
责任技编：黄少伟

书名	作者	书号（ISBN）	定价（元）	出版时间	责任编辑
孙中山与近代中国的觉醒	林家有	7-306-01723-3	40.00	2000.11	邹岚萍
理想·道德·大同	林家有、（日）高桥强	7-306-01829-9	39.00	2001.10	钟永源
孙中山与辛亥革命史研究	陈胜粦	7-306-01849-3	43.00	2001.10	翰飞、永源
孙中山对国内情势的审视	段云章	7-306-01822-1	34.00	2001.10	刘翰飞
孙中山的生平及其事业	李吉奎	7-306-01832-9	36.00	2001.10	国声、永源
孙中山的活动与思想	桑兵	7-306-01830-2	28.00	2001.10	贵忠、永源
孙中山与近代中国民主革命	周兴樑	7-306-01821-3	32.00	2001.10	徐镜昌
孙中山与祖国的和平统一	王功安、林家有	7-306-01850-7	35.00	2001.11	翰飞、永源

项 目

本系列是我社首套获广东省新闻出版局重点图书资助出版项目成果。

备 注

由日本创业大学与中山大学联合举办的"孙中山与世界和平"国际学术研讨会，于2001年3月11日至13日在广州珠岛宾馆举行，与会者有美国、日本、德国、韩国、新加坡和中国内地、台湾、香港等国家和地区高校及研究机构的专家学者以及有关宣传媒体。该系列是"孙中山与世界和平"的研究成果之一，是中山大学与日本创业大学合作研究课题的结晶。

上篇 30年出版成果择录回眸

中国行政管理学的奠基之作:独领风骚,引领未来
(22年5版60次,截至2013年12月)

行政管理学

作者: 夏书章
责任编辑: 施国胜
封面设计: 朱霭华
开本: 32/16

书号:	定价:	出版时间:
ISBN 7-306-00425-5	5.80元	1991年6月1版1次
ISBN 7-306-01427-7	18.00元	1998年3月2版15次
ISBN 7-306-02074-9	39.80元	2003年8月3版29次
ISBN 978-7-306-03032-0	49.80元	2008年3月4版46次
ISBN 978-7-306-04578-2	49.80元	2013年6月5版60次

本书是由著名行政学家夏书章教授主编的专业教材。其内容包括行政与行政管理学、行政环境、行政职能与行政组织、人事行政、行政领导、行政立法与行政道德、财务行政、行政目标、行政计划与行政决策、行政执行与行政监督、行政信息与行政咨询、行政公关与行政协调、办公室管理、后勤管理、行政效率等。全书体系新颖,内容系统完整,篇幅适宜,详略得当,在全面论述行政管理学基本原理的同时注重国情研究,具有中国社会主义行政管理学的特色和较高学术水平。至2013年12月,本教材已销售71万多册。

作者简介

夏书章,中国当代行政学的主要奠基人,被誉为"中国MPA之父"。历任系副主任、研究所长、校副教务长、副校长、校务委员会副主任等。曾兼任中国政治学会第1～3届副会长、全国高等教育自学考试指导委员会政治管理类专业委员会主任、全国行政学教学研究会第1～2届理事长(第三届顾问)、美国哈佛大学教育研究院客座教授、联合国文官制度改革国际研讨会顾问等。获(世界)东部地区公共管理组织(EROPA)"杰出贡献"奖牌,中国老教授协会"老教授科教兴国奖",美国公共行政学会颁发的2006年度"国际公共管理杰出贡献奖"。享受国务院政府特殊津贴。现任中山大学政治与公共事务管理学院名誉院长、教授、行政管理专业博士生导师,教育部人文社科重点研究基地——中山大学行政管理研究中心名誉主任,中山大学行政法研究所名誉所长,兼中国行政管理学会副会长、中国政治学会、中国老教授协会顾问,广东老教授协会名誉会长,武汉大学政治学系名誉主任,华中科技大学公共管理学院、浙江财经学院法学院名誉院长,汕头大学、江汉大学名誉教授,中国政法大学、南京大学兼职教授,等等。

获奖

第三届优秀教材一等奖(中华人民共和国国家教育委员会,1996年1月)
第十一批全国优秀畅销书(社科类)(中国书刊发行业协会,1998年12月)
第六届全国高校出版社优秀畅销书一等奖(中国大学出版社协会,2004年9月)
2004年度全国优秀畅销书(社科类)(中国书刊发行协会,2004年12月)
第四届行政管理科学优秀成果一等奖(中国行政管理学会,2008年10月)
2008年度全行业优秀畅销品种(中国书刊发行业协会,2008年12月)

书缘书镜——中山大学出版社30年出版成果汇编

辉煌的印记（2004年至2013年）

◆ 厚重的学术　精品的文化

一、高端的项目　一流的成果

国家重点图书出版规划项目图书
"十一五"国家重点图书出版规划项目图书

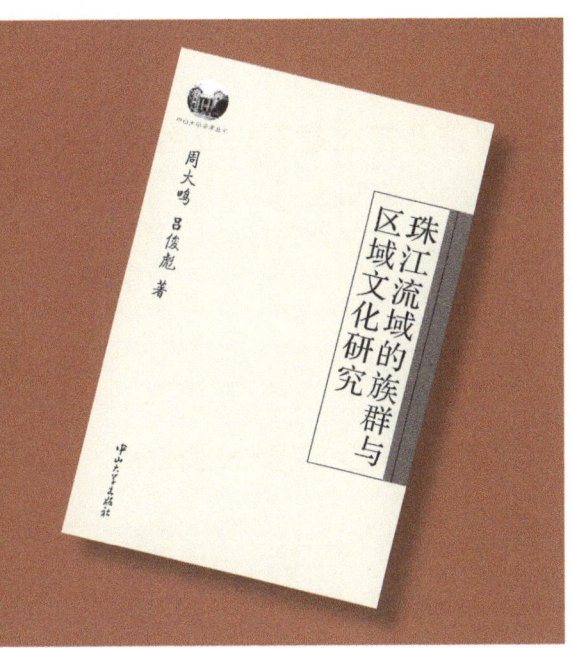

珠江流域的族群与区域文化研究

作者：周大鸣　吕俊彪
书号：ISBN 978-7-306-02967-6
中图法分类：K280.6
定价：38.00元
开本：32
出版时间：2007年12月
责任编辑：杨捷
封面设计：曹巩华
责任技编：黄少伟

本书结合对珠江流域区域文化的全面考察，研究珠江流域不同族群的社会与文化的变迁情况，探讨族群与区域文化之间的互动关系。

"突发公共卫生事件应急处理技术"系列丛书

主编：姚志彬
开本：16
出版时间：2008年7月
封面设计：温颖华
责任技编：黄少伟

突发公共事件健康教育与心理干预

作者：曾四海　汤捷
书号：ISBN 978-7-306-02969-0
中图法分类：R19
定价：23.00元
责任编辑：张礼凤

本书系统地阐述了应对突发公共卫生事件健康教育概论，预防控制重大传染病、食源性疾病、职业中毒、核与放射事故、重大灾害事故和恐怖事件的健康教育，以及应对突发卫生事件的心理干预，等等。

生化恐怖及核放射事故卫生应急处理

作者：何剑峰　吴自香　李来玉
书号：ISBN 978-7-306-02970-6
中图法分类：R827
定价：16.00元
责任编辑：李文

本书介绍了生物化学恐怖事件及核与放射突发事故的卫生应对准备、处置的原则与方法。

实验室生物安全应急处理技术

作者：柯昌文　李晖
书号：ISBN 978-7-306-02971-3
中图法分类：Q-338
定价：18.00元
责任编辑：邓启铜

本书介绍了实验室生物安全的基本知识和安全设备及个人防护设备，呼吸道、肠道、血液、虫媒体传播病原微生物等，常见意外事故应急处理、废弃物处理知识以及高致病性病原微生物运输管理要求，等等。

食物中毒应急处理

作者：邱建峰　王立斌
书号：ISBN 978-7-306-02972-0
中图法分类：R595.7
定价：17.00 元
责任编辑：周建华

本书系统地阐述了食物中毒应急机制、食物中毒处理，以及细菌性、化学性、动物性和植物性食物中毒的特征表现、诊断依据、治疗原则、控制与预防等。

突发公共事件医疗救治

作者：黄子通　李奇林　何志捷
书号：ISBN 978-7-306-02973-7
中图法分类：R459.7
定价：38.00 元
责任编辑：阮继

本书介绍了突发公共卫生事件医疗救治的知识，对各种突发公共卫生事件的临床表现、诊断与鉴别诊断、治疗等进行详细介绍。

灾害事故卫生应急处理

作者：林锦炎　易建荣　陈青山
书号：ISBN 978-7-306-02974-4
中图法分类：R19
定价：19.00 元
责任编辑：李海东

本书从基本概念、灾害事故造成的公共卫生问题、灾后常见传染病或伤害、救灾防病原则、现场卫生应急处理等方面，论述了洪涝灾害、地震、旱灾、海啸、台风、矿难、交通事故、火灾等的卫生应急处理。

急性传染病疫情应急处理

作者：何剑峰　罗会明
书号：ISBN 978-7-306-02975-1
中图法分类：R18
定价：29.00 元
责任编辑：曾纪川

本书从疾控中心的角度，介绍了应对急性传染病疫情的基本知识与技能。

职业中毒应急处理

作者：黄汉林　朱光华　胡世杰
书号：ISBN 978-7-306-03020-7
中图法分类：R135.1
定价：45.00 元
责任编辑：阮继

本书介绍了职业性中毒应急处理，常见化学毒物的特性，中毒的临床表现、临床救治方法以及相关的现场救援措施和方法，化学毒物的现场和实验室检测方法。

突发公共事件卫生应急管理

作者：伍岳琦　林锦炎　余德文　宋铁
书号：ISBN 978-7-306-03047-4
中图法分类：R19
定价：19.00 元
责任编辑：阮继

本书详细介绍了突发公共卫生事件应急管理的国内外现状、面临的问题及解决的方案，具有较强的实用性。

书缘书镜——中山大学出版社30年出版成果汇编

社会主义新农村流通服务体系的现状与展望

作者：吴佩勋
书号：ISBN 978-7-306-03146-4
中图法分类：F723.82
定价：30.00元
开本：16
出版时间：2008年9月
责任编辑：浩然
封面设计：方楚娟
责任技编：何雅涛

本书介绍了农村流通服务体系的现状，对党和政府在农村推行的旨在解决"三农"问题的"万村千乡"市场工程、"双百"市场工程等一系列项目进行了阐析与展望。

近代中美文化交流研究（原申报名：沟通大洋彼岸的纽带）

作者：梁碧莹
书号：ISBN 978-7-306-03287-4
中图法分类：G125
定价：48.00元
开本：16
出版时间：2009年5月
责任编辑：邹岚萍
封面设计：曹巩华
责任技编：黄少伟

本书考察了近代中国文化活动中中美文化的互动互补和产生的影响，说明中美文化交流同政治、经济交流交往一样具有重要的学术价值。

行政成本概论

作者：夏书章 赵过渡 夏纪康
书号：ISBN 978-7-306-03315-4
中图法分类：D630
定价：49.80元
开本：16
出版时间：2009年5月
责任编辑：施国胜 葛洪
封面设计：曹巩华
责任技编：潘隆

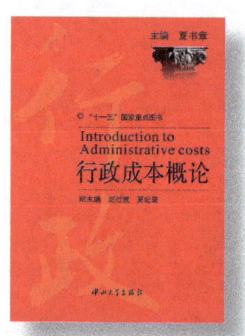

本书详细阐述了行政成本研究的时机、意义和方法以及行政成本的构成、行政成本的表现形态、行政体制的成本、行政生态成本、行政决策成本、行政信息成本、行政执行成本、行政技术成本、行政管理成本、公共危机管理成本等内容。

中国南海海洋文化

作者：司徒尚纪
书号：ISBN 978-7-306-03491-5
中图法分类：P722.7
定价：49.80元
开本：16
出版时间：2009年10月
责任编辑：李海东
封面设计：曹巩华 曾斌
责任技编：黄少伟

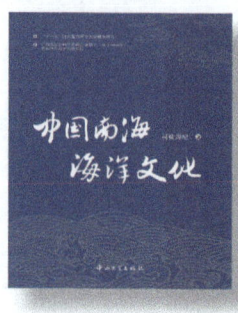

本书在介绍海洋文化基本理论的基础上，论述南海海洋文化形成的自然、历史和人文社会环境、发展历程，以及南海"以海为田"的海洋农业文化、"以海为商"的海洋商业文化、精神文化等。

"社会保障研究新视角"丛书

主编：郭爱妹　金一虹
开本：16
责任编辑：嵇春霞
封面设计：贾萌
责任技编：何雅涛

多学科视野下的老年社会保障研究

作者：郭爱妹
书号：ISBN 978-7-306-03647-6
中图法分类：C913.6
定价：38.00元
出版时间：2011年3月

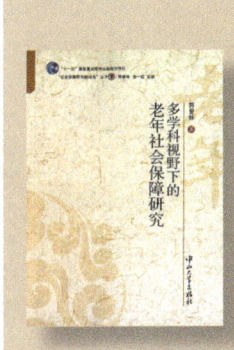

21世纪是人口老龄化的世纪，老龄化的背景下如何"养老"愈加成为人们关心的社会问题。建立和完善制度，保障老年人的基本生活是老龄社会必须解决的首要问题。本书从老年社会保障的历史演进，老年社会保障与人口老龄化、经济增长以及文化之间的关系，老年社会保障与老年群体生存风险、与政府责任之间的内在逻辑，老年社会保障的伦理价值、心理效应以及性别平等多方面构建多学科视野下的中国老年社会保障研究框架，为积极应对人口老龄化提供新的思路。

多学科视野下的就业保障研究

作者：彭薇　王旭东
书号：ISBN 978-7-306-03650-6
中图法分类：D669.2
定价：42.00元
出版时间：2011年3月

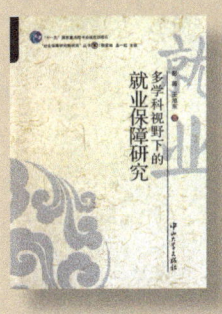

就业的数量和质量如何，既关系到民众的生活状态，又关系到国家的稳定和发展。因此，就业是民众十分关心的问题，也是政府和学术界讨论研究的重点问题。本书以就业保障为基本范畴，以就业的二重性即就业的数量和质量为出发点，以经济学、社会学、管理学、教育学、心理学等学科有关就业问题的研究成果为基础，以辩证逻辑的归纳与演绎、分析与综合的思维方法，对就业问题进行综合性研究，并从有机整体的角度进一步理解就业问题，为改善就业数量、提高就业质量提供了有价值的参考意见。

城乡空巢老年人的生存状态与社会保障研究

作者：郭爱妹　张戌凡
书号：ISBN 978-7-306-03651-3
中图法分类：D669.6
定价：45.00元
出版时间：2011年4月

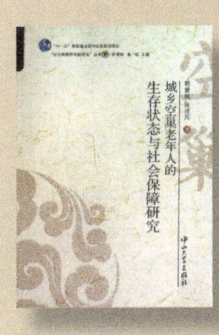

目前，家庭空巢化已越来越成为中国城乡老年人主动选择的一种居住方式。在社会建构论的范式下，城乡空巢老年人的"社会问题化"实为我国社会结构性障碍所致。本书立足于家庭空巢化和老年生活质量的研究领域，从积极老龄化的健康、保障以及参与三个基本维度出发，为我国城乡空巢老年人构筑了一套新型的社会保障支持系统，创造出了适合中国社会发展路径的"积极老龄化的中国模式"。

多学科视野下的女性社会保障研究

作者： 金一虹 保剑
书号： ISBN 978-7-306-03648-3
中图法分类：D669.68
定价：40.00 元
出版时间：2011 年 5 月

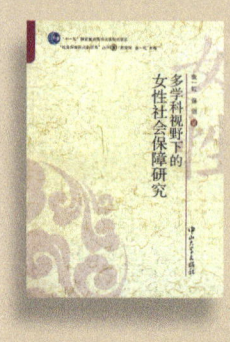

性别与福利不仅是一个重要议题，也是一个不可或缺的分析视角。本书导入社会性别视角，揭示性别关系如何深刻塑造国家福利制度的特点以及社会保障体系又如何影响性别关系；既有对男女是否同龄退休、妇女土地保障与生育保障等现实问题的讨论，也有从福利思想的源流、不同流派的纷争以及福利国家实践的利弊得失等方面进行的探讨；同时，对一个处于社会转型、其社会保障制度处于变革时期的中国，如何建设一个既能体现公平正义原则、彰显性别平等的价值理念，又能实现国家、家庭、妇女三赢的社会保障机制进行了深度探讨。

多学科视野下的农村社会保障研究

作者： 郭爱妹 张戎凡
书号： ISBN 978-7-306-03649-0
中图法分类：F323.89
定价：34.00 元
出版时间：2011 年 5 月

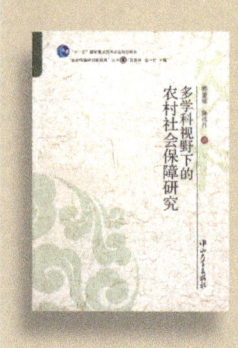

当前，中国的农民面临着身份和生计的转换，越来越多的农民将进入城市社区生活和就业，年青的乡村一代也在用飞快的速度完成代际的流动和转移，这使得乡村日益成为老者、弱者的居住区域。本书从农村社会保障的历史发展、农村社会保障与政治经济社会文化的关系，以及农村社会保障中的政府责任、伦理意蕴与法制建设等方面构建多学科视野下的农村社会保障研究框架；同时，将研究脉络置于中国特定的社会经济背景之下，借鉴国外农村社会保障制度的经验与教训，探讨农村社会保障发展的一般规律，并尝试总结出了一套具有中国特色的农村社会保障体系，开辟了农村社会保障研究的新视角。

南中国海湿地研究——以汕头滨海湿地生态系统为例

作者： 彭逸生 陈桂珠 林金灶
书号： ISBN 978-7-306-03829-6
中图法分类：P942.65.378
定价：36.00 元
开本：16
出版时间：2011 年 9 月
责任编辑：赵丽华
封面设计：曾斌
责任技编：何雅涛

本书对汕头滨海湿地示范区的湿地资源、环境质量、生态经济价值、生态旅游、综合管理等内容进行了系统而深入的研究，对南中国海湿地的保护、管理和开发利用提出了指导性建议。

临床分子诊断学

作者： 夏邦顺 何蕴韶
书号： ISBN 978-7-306-04167-8
中图法分类：R446
定价：120.00 元
开本：16
出版时间：2012 年 7 月
责任编辑：鲁佳慧
封面设计：曾斌 夏昕
责任技编：黄少伟

本书主要介绍当今国际分子诊断学理论及技术在临床应用的最新成果，重点论述了分子诊断技术，尤其是发展着的分子诊断微型技术、质谱技术等新型技术在临床的应用。

全书主要包括分子诊断技术和分子诊断的临床应用两大部分。分子诊断技术方面，密切结合我国广泛应用的分子诊断技术，主要介绍核酸提取技术、实时 PCR 技术，杂交技术，测序技术、质谱技术、光谱技术、色谱技术、生物信息学技术等；分子诊断的临床应用方面，主要介绍分子诊断技术在单基因疾病、多基因疾病、病原体感染性疾病、肿瘤、耐药性方面与个体化治疗方面的应用等。

"十二五"国家重点图书出版规划项目图书

芄野东南的民族丛书

主编：何国强
开本：16
出版时间：2013 年 12 月
封面设计：林绵华　曹巩华
责任技编：何雅涛

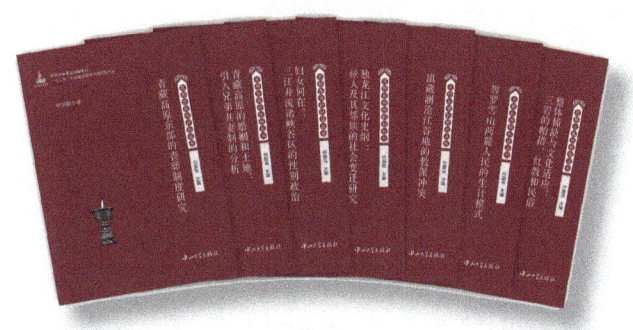

《芄野东南的民族丛书》为"十二五"国家重点图书出版规划项目与国家出版基金资助项目成果。青藏高原古称"芄野"，这是一块神秘而富有特色文化的土地。本丛书揭示了中国西南川、滇、藏和川、青、藏接壤地带极具内涵和特色的民族文化，这些民族是藏族、纳西族、怒族、独龙族和傈僳族。本丛书经过翔实的田野调查取得第一手鲜活的资料，结合作者深厚的学术和理论功底，从社会组织、风俗制度与思想意识等方面深刻揭示和描述了当地的民风异俗。本丛书的作者是以中山大学人类学系博士生导师何国强教授（藏名"坚赞才旦"）为首的科研团队，丛书强调多维视角，突出科研的前沿性、创新性及应用性，对于边疆少数民族的研究具有弥足珍贵的作用，同时给东南亚乃至世界的民族学提供了研究参考价值。本丛书在抢救和整理濒临绝境的原生态文化方面，在为西部开发提供决策依据并带动民族文化的保护性研究方面具有无可替代的作用，是研究当地文化不可缺少的一套著作。

青藏高原的婚姻和土地：引入兄弟共妻制的分析

作者：坚赞才旦　许韶明
书号：ISBN 978-7-306-04698-7
中图法分类：① D669.1 ② F321.1
定价：68.00 元
责任编辑：周建华　钟永源

青藏高原的兄弟共妻制依赖于两个基本的条件：一是土地和劳力资源匮乏，二是人们崇尚家产不可分割的观念。在藏族的历史上，支配婚姻选择与财产继承的因素很多，土地制度归根结蒂起着决定性的作用。从风俗或法律上讲，如果婚姻需要两个对称的主体，那么在兄弟共妻制下，妻子构成一方，同胞兄弟构成另一方，以此承袭家业。在缺乏兄弟的场合，可让女儿留在家中招赘（共同招婿时即为姊妹共夫，一女招数男时即为入赘式兄弟共妻），借以保持家产的完整性。青藏高原不存在性别比例失调，因此兄弟共妻制与男多女少无关，而与人口调整网络的需求有关，与其说这一婚制是对于资源稀少、环境恶劣等自然因素，以及封建谣役制、佛教供养制等社会因素的有效适应，从而是对自然条件和社会分工的应答式反应，毋宁说它是对传统生产方式的主动适应。作者立足于长期的田野调查，以贴切的理论方法来透视这一古老的婚制，对相关因素作结构性的分析，结合世界民族志的新材料作跨文化比较，与国外学者对话，叙述了许多鲜为人知的内容。

碧罗雪山两麓人民的生计模式

作者：李何春　李亚锋
书号：ISBN 978-7-306-04694-9
中图法分类：K280.742
定价：46.00 元
责任编辑：嵇春霞

生计方式是人类为了生存，在长期与环境互动过程中所形成的谋生手段。而生计模式是人类在一定的地域内，依附自身所处的生态环境，为维持其自身、家庭以及民族的生存、延续和发展所形成的多元的谋生技能和手段；这种生计模式是受其特定文化影响的生存方式的总和，具有稳定性、开放性、多元性、合理性、系统性、延续性和关联性。本书以三江并流腹地的三个田野点（盐井、燕门、丙中洛）为研究对象，运用历史逻辑的方法和人类学、民族学的参与观察法，从历时性和共时性两个维度出发，在掌握文献资料和实地调查的基础上分析碧罗雪山两麓人民包括采集狩猎、刀耕火种、农业、畜牧业、葡萄种植业、盐业、商业等多元生计方式并存的原因及其合理性；通过该区域内不同民族存在的各种生计方式，了解和认识生活在碧罗雪山两麓诸如藏族、纳西族、怒族、独龙族、傈僳族等民族如何适应自身所处的环境，又如何在各民族文化碰撞后吸收他族的文化因子以及保留和继承本民族的文化传统。

上篇　30 年出版成果择录回眸

独龙江文化史纲：俅人及其邻族的社会变迁研究

作者：张劲夫　罗波
书号：ISBN 978-7-306-04696-3
中图法分类：K286.5
定价：52.00元
责任编辑：嵇春霞

独龙江位于云南省中缅边界北段，与两岸高山构成自然封闭的峡谷地理空间，大约有四千独龙族人生活在此。18世纪以来，随着国家权力对边疆社会的渗透，独龙族人通过滇藏地方土司而与中央王朝发生联系。与此同时，独龙江河谷地带的人群遭遇了权力边缘化和经济贫困化，在地方势力的夹缝中艰难生存。20世纪下半叶，随着国境线和民族身份的确定，独龙族人迎来了新的生存和发展机遇。本书作者通过人类学田野调查，结合历史文献和前人研究成果，从生计活动、社会身份、族群关系等方面来阐述独龙族人与周边民族、中央政府建立和维持的多重动态关系。在峡谷内外互动联系的历史脉络下，独龙族人通过生存策略——与邻族建立一套互惠共生的交换体系以及利用地理、政治因素，获得民族生存和发展的各种资源与空间。本书描绘的独龙江区域历史，呈现了一个边界民族群体为把握自己的历史命运而做出的种种努力，从而揭示了边界族群社会变迁的复杂性。

妇女何在？三江并流诸峡谷区的性别政治

作者：王天玉
书号：ISBN 978-7-306-04697-0
中图法分类：D669.68
定价：46.00元
责任编辑：嵇春霞

地处青藏高原东南缘的三江并流峡谷，因其丰富的文化多样性，为在跨文化视野中研究性别政治问题提供了宝贵的学术资源。本书在前人研究的基础上，用人类学的研究理论与方法，试图从政治人类学的视角来审视这一区域内4个主要民族（藏族、纳西族、怒族和独龙族）社会的性别政治问题，从婚姻形态、血缘继嗣、亲属称谓、婚姻支付、性别分工、宗教信仰、代际传递等方面展开研究；在参考大量文献和史料的同时，通过实地田野调查和近距离观察与访谈，详细描述了身处各类特殊婚姻形态中的妇女的真实生活，系统探讨了不同婚姻形态和家庭内外的社会性别关系与发展动因，为更全面而深入地理解性别政治问题的产生、发展与变迁提供了一种新颖的视角和参照，也为分析和理解跨文化视野中的性别政治问题提供了重要的民族志资料。

青藏高原东部的丧葬制度研究

作者：叶远飘
书号：ISBN 978-7-306-04699-4
中图法分类：K892.22
定价：46.00元
责任编辑：嵇春霞

金沙江峡谷地处青藏高原东缘，南北纵贯800公里，东西横亘50公里，群峰耸立，河流交错。这里存在着独特的民族学奇观：峡谷内存在十几种丧葬类型，分别是岩洞葬、居室葬、瓮棺葬、石棺葬、树葬、地架葬、土葬、水土葬、火葬、水葬、塔葬、地葬、天葬以及复合葬，几乎囊括了世界各地现存的所有葬式。金沙江峡谷为什么会有如此多的丧葬类型？它们是怎么形成的？这些丧葬类型的背后又隐藏着哪些文化逻辑或者意义结构？本书作者用一年的时间行走于峡谷各地，并分别驻扎于峡谷的入口、出口以及中部进行田野调查，通过对当地人处理尸体的方式进行"深描"，揭开那些隐藏在尸体处理背后的"地方性知识"。

滇藏澜沧江谷地的教派冲突

如果有机会走进本书故事所发生的舞台——澜沧江谷地，在几乎清一色的藏文化包围下，你一定会被兀然矗立在某一角落的天主教堂所震撼和深深吸引。尽管有的教堂历经沧桑、饱受风雨，只剩下残垣断壁，已被废弃不用，但却更加令人好奇。或许你会情不自禁地问：天主教于何时进驻该区？进来后到底发生过什么？现在又是什么样的生存状态？

为解答这一系列疑问，本书作者不但进行了广泛的历史文献资料搜集，而且还走出书斋，步入田野，采摘现实生活中鲜活的第一手资料。本书分为上、下两编：上编"追溯历史"，主要对天主教在百余年的时间里如何进驻该区、如何适应环境，后又如何被驱逐出境这段历史做一番梳理，拟解决前两个问题；下编"步入田野"，以西藏盐井天主教的本地化为中心进行考察，重点回答第三个问题。

本书在撰写过程中，借鉴了多种学科的理论与方法，历史与现实相联系、理论与实践相结合，以丰富的档案文献和田野调查所获得的第一手资料为重要依据，不仅在宏观层面上展示出了一副"冲突→反省→融合"的活生生的画面，而且每一阶段又都采用了微观性视角进行了鞭辟入里的剖析，试图对研究对象作出公允、诚信和实事求是的描述和考究，从而揭示其本质和发展演变规律。

作者： 王晓　高微茗　魏乐平
书号： ISBN 978-7-306-04695-6
中图法分类： B929.2
定价： 38.00 元
责任编辑： 徐诗荣

整体稀缺与文化适应：三岩的帕措、红教和民俗

三岩是西藏自治区贡觉县与四川省白玉县交界的金沙江峡谷区，地处横断山民族走廊之要塞，文化底蕴深厚，有"格萨尔王避祸"和"古格王朝遗裔落难"的传说。因地理位置特殊，元以降成为朝廷与噶厦政权的军事缓冲区。当地居民性情剽悍，素不属汉，亦不归藏，史称"野番"。清末因夹坝（偷牛盗马、抢劫杀人）蜂起，危及商旅，先后受到藏军和新军的围剿，被纳入国家的版图，管理权限几度易手。至今，三岩仍保留着较为完整的父系血缘组织，遗有血亲复仇残余，夫兄弟婚和妻姊妹婚已是公开的秘密，生计模式简朴实用，村庄依山而建，碉楼林立，江岸寺庵错落，人死葬法多样……独特的自然资源与文化背景令外界注目。本书承接前人之研究，着力从社会组织、信仰体系、民俗文化等方面描绘真实的三岩，特别提出"整体稀缺"的概念来分析人与环境的关系，勾勒了当地文化在与时代相适应中的分离与整合过程。

作者： 许韶明　何国强
书号： ISBN 978-7-306-04701-4
中图法分类： ① K281.4 ② B946.6 ③ K892.314
定价： 59.00 元
责任编辑： 徐诗荣

上　篇　30 年出版成果择录回眸

国家出版基金资助项目图书

2012年度国家出版基金资助项目图书

芜野东南的民族丛书（见"十二五"国家重点图书出版规划项目图书）

2013年度国家出版基金资助项目图书

书缘书镜——中山大学出版社30年出版成果汇编

社会工作实务手册

作者：香港·社会服务发展研究中心
开本：16
出版时间：2013年6月
责任编辑：葛洪
封面设计：曾斌
责任技编：何雅涛

家庭社会工作实务手册

书号：ISBN 978-7-306-04401-3
中图法分类：D632-62
定价：33.00元

为贯彻落实中共十六届四中全会加快培养社会工作人才、推进社会服务工作发展的战略，由中央人民政府驻香港联络办引介，中华人民共和国民政部系统引进香港社会服务发展研究中心在深圳开展社区社会工作本土化试点，探索符合中国国情的社会工作理论和实务模式。本书就是家庭社会服务工作实践探索的初步总结，本书本土化特征明显，针对性、操作性强，是家庭社会工作的实务指南。

禁毒社会工作实务手册

书号：ISBN 978-7-306-04403-7
中图法分类：D669.8-62
定价：60.00元

为贯彻落实中共十六届四中全会加快培养社会工作人才、推进社会服务工作发展的战略，由中央人民政府驻香港联络办引介，中华人民共和国民政部系统引进香港社会服务发展研究中心在深圳开展社区社会工作本土化试点，探索符合中国国情的社会工作理论和实务模式。本书就是禁毒社会服务工作实践探索的初步总结，本书本土化特征明显，针对性、操作性强，是禁毒社会工作的实务指南。

社区社会工作实务手册

书号：ISBN 978-7-306-04404-4
中图法分类：D669.3-62
定价：30.00 元

　　为贯彻落实中共十六届四中全会加快培养社会工作人才、推进社会服务工作发展的战略，由中央人民政府驻香港联络办引介，中华人民共和国民政部系统引进香港社会服务发展研究中心在深圳开展社区社会工作本土化试点，探索符合中国国情的社会工作理论和实务模式。本书就是社区社会服务工作实践探索的初步总结，本书本土化特征明显，针对性、操作性强，是社区社会工作的实务指南。

学校社会工作实务手册

书号：ISBN 978-7-306-04405-1
中图法分类：G520-62
定价：38.00 元

　　为贯彻落实中共十六届四中全会加快培养社会工作人才、推进社会服务工作发展的战略，由中央人民政府驻香港联络办引介，中华人民共和国民政部系统引进香港社会服务发展研究中心在深圳开展社区社会工作本土化试点，探索符合中国国情的社会工作理论和实务模式。本书就是学校社会服务工作实践探索的初步总结，本书本土化特征明显，针对性、操作性强，是学校社会工作的实务指南。

正向心理学实务手册

书号：ISBN 978-7-306-04406-8
中图法分类：C912.6-62
定价：61.00 元

　　为贯彻落实中共十六届四中全会加快培养社会工作人才、推进社会服务工作发展的战略，由中央人民政府驻香港联络办引介，中华人民共和国民政部系统引进香港社会服务发展研究中心在深圳开展社区社会工作本土化试点，探索符合中国国情的社会工作理论和实务模式。本书就是社会服务工作理论基础的实务化形态，其在对正向心理学展开系统理论的基础上，将其转化为以"快乐七式"为工作方法的操作手册，有极强的针对性和实操性，是社会工作的有效理论基础。

医务社会工作实务手册

书号：ISBN 978-7-306-04407-5
中图法分类：R19-62
定价：38.00 元

　　为贯彻落实中共十六届四中全会加快培养社会工作人才、推进社会服务工作发展的战略，由中央人民政府驻香港联络办引介，中华人民共和国民政部系统引进香港社会服务发展研究中心在深圳开展社区社会工作本土化试点，探索符合中国国情的社会工作理论和实务模式。本书就是医务社会服务工作实践探索的初步总结，本书本土化特征明显，针对性、操作性强，是医务社会工作的实务指南。

二、系列的著作 连贯的学术

教学研究与实践系列

作者：中山大学教务处
中图法分类：G642.0-53
开本：16
责任编辑：钟永源

本系列文集从 20 世纪 90 年代中期开始，每年出版一套（教师、学生）论文集，集中反映一线教师教学科研成果、学生从事科研实践活动的成果，是广大师生教与学的智慧结晶。（下述列表是其中的一部分）

书名	书号（ISBN）	定价（元）	出版时间	封面设计	责任技编
教学研究与实践：教师论文集	7-306-02045-5	28.00	2004.03	大象	黄少伟
教学研究与实践：学生论文集	7-306-02045-5	45.00	2004.08	大象	黄少伟
教学研究与实践：教师论文集	7-306-02045-5	48.00	2005.08	大象	黄少伟
教学研究与实践：学生论文集	7-306-02045-5	98.00	2005.08	大象	黄少伟
教学研究与实践：教师论文集	978-7-306-02045-1	68.00	2006.11	方竹	黄少伟
教学研究与实践：学生论文集	978-7-306-02045-1	98.00	2006.11	方竹	黄少伟
教学研究与实践：教师论文集	978-7-306-02045-1	78.00	2007.11	方楚娟	黄少伟
教学研究与实践：学生论文集	978-7-306-02045-1	148.00	2007.12	方竹	黄少伟
教学研究与实践：教师论文集·2007	978-7-306-02045-1	78.00	2008.06	方竹	黄少伟
教学研究与实践：学生论文集·2007	978-7-306-02045-1	148.00	2008.06	方竹	黄少伟
教学研究与实践：教师论文集·2008	978-7-306-03278-2	78.00	2009.04	方楚娟	黄少伟
教学研究与实践：学生论文集·2008	978-7-306-03331-4	98.00	2009.06	方楚娟	何雅涛
教学研究与实践：学生论文集·2009	978-7-306-03667-4	118.00	2010.06	方楚娟	黄少伟
教学研究与实践：教师论文集·2009	978-7-306-03666-7	110.00	2010.10	方楚娟	黄少伟
教学研究与实践：教师论文集·2010	978-7-306-04115-9	110.00	2011.09	方楚娟	黄少伟
教学研究与实践：学生论文集·2010	978-7-306-03926-2	118.00	2011.08	方楚娟	何雅涛
教学研究与实践：教师论文集·2011	978-7-306-04311-5	110.00	2012.08	方楚娟	黄少伟
教学研究与实践：学生论文集·2011	978-7-306-04278-1	118.00	2012.09	方楚娟	黄少伟
教学研究与实践：教师论文集·2012	978-7-306-04717-5	128.00	2013.10	方楚娟	黄少伟
教学研究与实践：学生论文集·2012	978-7-306-04254-5	180.00	2013.11	方楚娟	黄少伟

古文字与出土文献研究丛书

注:《简帛典籍异文研究》于 2002 年 10 月出版。

主编: 曾宪通
开本: 16
责任编辑: 裴大泉
封面设计: 方楚涓
责任技编: 黄少伟

马王堆天文书考释

作者: 刘乐贤
书号: ISBN 7-306-02193-1
中图法分类: K877.94
定价: 48.00 元
出版时间: 2004 年 5 月

　　本书分上、中、下 3 篇。上篇对马王堆天文书的出土整理和研究做了综合性的分析和论述;中篇对马王堆天文书进行全面的考释,又分校注和疏证部分;下篇对马王堆天文书内容中的难点及相关问题进行考证。后附《五星占》和《日月风雨云气占》的最新释文。

古文字与出土文献丛考

作者: 曾宪通
书号: ISBN 7-306-02111-7
中图法分类: ① H121-53 ② G256.1-53
定价: 57.00 元
出版时间: 2005 年 1 月

　　本书内容主要分为两大部分:一部分是考释古文字及其相关疑难字字族或字群,并勾勒其发展演变的历史;另一部分是对出土文献的文本解读及其文化内涵的诠诂。

古本《尚书》文字研究

作者: 林志强
书号: ISBN 978-7-306-03237-9
中图法分类: ① K221.04 ② H121
定价: 45.00 元
出版时间: 2009 年 4 月

　　本书所指的古本《尚书》主要指发现于敦煌等处,自六朝至唐代的古写本以及导源于此的日本古抄本,还包括郭店、上博简中有关《尚书》的零章断句,以及古籍所引的《尚书》文字,重点是对其中的文字进行研究。

简帛文献与文学考论

作者: 陈斯鹏
书号: ISBN 978-7-306-02953-9
中图法分类: ① K877.04 ② 1206.2
定价: 39.00 元
出版时间: 2007 年 12 月

　　本书具体包括战国楚帛书新释、战国竹简《诗论》编联新探、竹简《诗论》诗学思想综析、竹简《诗论》在中国文学批评史上的地位与意义、战国竹简散文文本校理举例之一——《彭祖》通释及韵读等内容。

战国竹书研究

作者: 杨泽生
书号: ISBN 978-7-306-03236-2
中图法分类: K877.54
定价: 56.00 元
出版时间: 2009 年 12 月

　　本书图文并茂,每条考释的战国竹书都有相对应的非常清晰的竹书图片配合,可以对照竹书图片阅读作者考释研究竹书文献的精彩论断。考释和研究古文字和出土文献如同侦探破案,需要逻辑缜密的思维、环环紧扣的证据、巧妙而高明的裁断。读过本书,你会感觉与作者重回一次战国时代,不亦乐乎。

上篇　30 年出版成果择录回眸

中山大学 80 周年校庆丛书

主任：李延保　黄达人
开本：16
封面设计：大象
责任技编：黄少伟

书名	作者	书号（ISBN）	中图法分类	定价（元）	出版时间	责任编辑
金声玉振：名人在中山大学演讲录	易汉文	7-306-02294-6	I266	23.00	2004.06	钟永源
巍巍中山：中山大学校史图集	陈汝筑、易汉文	7-306-02347-0	① G649.286.51-64 ② K820-64	60.00	2004.10	楚涓、永源
树叶上的阳光：中山大学学生文学作品选	程文超	7-306-02396-9	I217.1	48.00	2004.10	宝明、启文
山高水长——中山大学80周年诗记事	金钦俊	7-306-02385-3	① I227 ② G649.286.51	80.00	2004.11	刘学谦
校影	舒宝明、陈望南、朱晔	7-306-02397-7	G649.286.51	98.00	2004.11	方文
中山大学专家小传	易汉文	7-306-02428-0	K825.46	98.00	2004.11	钟永源
学林英萃：中山大学国家杰出青年科学基金获资助者风采	中山大学科技处，医科处	7-306-02404-3	K825.46	60.00	2004.11	李海东
相扶风雨 共舞朝阳：中山大学统战工作	陈玉川	7-306-02394-2	D613	45.00	2004.11	嵇春霞
青春南方：中山大学学生社团简史	国亚萍	7-306-02395-0	G649.286.51	25.00	2004.11	嵇春霞
邹鲁校长治校文集	程焕文	7-306-02392-6	G647-53	58.00	2004.11	邹岚萍
陈心陶百年	陈思轩	7-306-02391-8	K826.2-53	39.00	2004.11	阮继
端木正文萃	端木正	7-306-02398-5	D90-53	30.00	2004.11	章伟
书情画韵 山高水长：中山大学80周年校庆书画展作品精选	陈永正、李思泽	7-306-02457-4	J222.7	480.00	2005.05	刘学谦
中山大学校史(1924-2004)	吴定宇、陈伟文、易汉文	7-306-02689-5	G649.286.51	68.00	2006.06	刘学谦

书缘书镜——中山大学出版社30年出版成果汇编

中山大学杰出人文学者文库

主任：李延保　黄达人
开本：16
封面设计：方楚涓
责任技编：黄少伟

书名	作者	书号（ISBN）	中图法分类	定价（元）	出版时间	责任编辑
陈序经文集	余定邦、牛军凯	7-306-02358-6	Z427	48.00	2004.09	邹岚萍
马采文集	徐文俊	7-306-02423-X	C53	48.00	2004.09	施国胜
许崇清文集	许锡挥	7-306-02354-3	C53	52.00	2004.10	欧燕华
杨成志文集	刘昭瑞	7-306-02421-3	① Q98-53 ② C95-53	48.00	2004.10	葛洪
董每戡文集	黄天骥、董上德	7-306-02357-8	① I209-53 ② J809.2-53	60.00	2004.10	楚涓、永源
梁方仲文集	刘志伟	7-306-02424-8	C53	68.00	2004.10	李海东
朱谦之文集	黎红雷	7-306-02422-1	C53	52.00	2004.10	周建华
容庚文集	曾宪通	7-306-02386-1	H121-53	92.00	2004.11	裴大泉
商承祚文集	商志䪨	7-306-02387-X	H121-53	88.00	2004.11	刘翰飞
王季思文集	康保成	7-306-02399-3	I207.37-53	62.00	2004.11	方微之
詹安泰文集	吴承学、彭玉平	7-306-02388-8	C53	63.00	2004.11	黄国声
岑仲勉文集	向群、万毅	7-306-02400-0	C53	78.00	2004.11	佟志
刘节文集	曾宪礼	7-306-02401-9	K207-53	55.00	2004.11	衡之
戴裔煊文集	蔡鸿生	7-306-02393-4	B-53	55.00	2004.11	熊锡源
杨荣国文集	李锦全、杨淡以	7-306-02390-X	B2-53	58.00	2004.11	徐镜昌
梁钊韬文集	周大鸣	7-306-02403-5	Q98-53	68.00	2006.07	方微之
董家遵文集	王承文	7-306-02402-7	D691-53	63.00	2007.08	方微之

上篇　30年出版成果择录回眸

中山大学年鉴

注：中山大学年鉴（1997—2002）于 1999 年 10 月至 2003 年 12 月出版。

作者：中山大学校长办公室
中图法分类：G649.286.51-54
开本：16
责任编辑：钟永源
封面设计：方楚涓
责任技编：黄少伟

从 20 世纪 90 年代中期开始，每年出版一本年鉴。这是全面记载中山大学年度工作和发展情况的工具书，由《中山大学年鉴》编纂委员会主持、校长办公室编制、各院系等有关单位供稿、中山大学出版社出版。（下述列表只是其中的一部分）

书名	书号（ISBN）	定价（元）	出版时间
中山大学年鉴·2003	7-306-01884-1	38.00	2004.12
中山大学年鉴·2004	7-306-01884-1	58.00	2005.12
中山大学年鉴·2005	7-306-01884-1	58.00	2006.11
中山大学年鉴·2006	978-7-306-01884-7	68.00	2007.11
中山大学年鉴·2007	978-7-306-01884-7	78.00	2008.11
中山大学年鉴·2008	978-7-306-03383-3	86.00	2009.10
中山大学年鉴·2009	978-7-306-03787-9	118.00	2010.12
中山大学年鉴·2010	978-7-306-04050-3	118.00	2011.11
中山大学年鉴·2011	978-7-306-04396-2	118.00	2012.11
中山大学年鉴·2012	978-7-306-04788-5	148.00	2013.11

书缘书镜——中山大学出版社 30 年出版成果汇编

艺术史研究

注：艺术史研究（第一辑至第五辑）于1999年9月至2003年12月出版。

作者：中山大学艺术史研究中心
中图法分类：J110.9-53
开本：16
责任编辑：裴大泉
封面设计：佟新
责任技编：黄少伟

书名	书号（ISBN）	定价（元）	出版时间
艺术史研究·6	7-306-02570-8	85.00	2004.12
艺术史研究·7	7-306-02645-3	98.00	2005.12
艺术史研究·8	978-7-306-02495-4	99.80	2006.12
艺术史研究·9	978-7-306-03018-4	109.00	2007.12
艺术史研究·10	978-7-306-03238-6	138.00	2008.12
艺术史研究·11	978-7-306-03583-7	138.00	2009.12
艺术史研究·12	978-7-306-03813-5	96.00	2010.12
艺术史研究·13	978-7-306-04098-5	139.00	2011.12
艺术史研究·14	978-7-306-04419-8	148.00	2012.12
艺术史研究·15	978-7-306-04778-6	128.00	2013.12

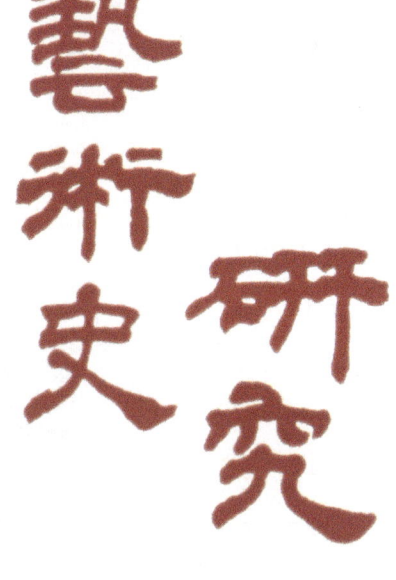

书缘书镜——中山大学出版社30年出版成果汇编

民本书系

渴望生存

作者：周大鸣
书号：ISBN 7-306-02461-2
中图法分类：D669.2
定价：25.00 元
开本：32
出版时间：2005 年 2 月
责任编辑：杨捷
封面设计：孔丽红
责任技编：黄少伟

该书从人类学研究的角度，具体分析了外来农民工流动的现象，并通过个案分析提出了二元社区理论和钟摆理论，从而对我国外来工流动这一社会现象提出对策和建议。

参与式社会评估

作者：周大鸣　秦红增
书号：ISBN 7-306-02546-5
中图法分类：① C915 ② Q98
定价：33.00 元
开本：32
出版时间：2005 年 5 月
责任编辑：张礼凤　杨捷
封面设计：孔丽红
责任技编：黄少伟

本书通过参与式社会评估的个案来说明人类学是如何应用于中国实践的，包括对人类学理论和方法的运用、对参与式发展的理解、在田野调查中的发现等。

寻求内源发展

作者：周大鸣　刘志扬　秦红增
书号：ISBN 7-306-02705-0
中图法分类：K28
定价：32.00 元
开本：32
出版时间：2006 年 6 月
责任编辑：杨捷
封面设计：孔丽红
责任技编：黄少伟

本书通过中国藏区的发展、新疆与甘肃的畜牧业总和发展和青海省人与自然和谐发展三个项目的评估报告，结合项目区的各少数民族社会和文化现状，探索西部内源发展和文化资本彰显之路。

"自由"的都市边缘人

作者：周大鸣　周建新　刘志军
书号：ISBN 978-7-306-02785-6
中图法分类：D669.2
定价：35.00 元
开本：32
出版时间：2007 年 2 月
责任编辑：杨捷
封面设计：孔丽红
责任技编：黄少伟

本书对广州、杭州、厦门、南宁等东南沿海城市的散工进行了分类调查与研究，并加入大量生动的、真实的东南沿海散工的典型个案。

民商法学家系列

主编：张民安
开本：16
责任编辑：蔡浩然
封面设计：方楚涓
责任技编：何雅涛

书名	书号（ISBN）	中图法分类	定价（元）	出版时间
（第1卷）专业人士的法律责任	7-306-02530-9	D913.04	49.90	2005.05
（第2卷）作为义务的理论与实务	7-306-02644-5	D923.04	48.90	2006.04
（第3卷）不动产权人承担的侵权责任研究	978-7-306-02878-5	D923.04	49.90	2007.06
（第4卷）不动产权人的侵权责任	978-7-306-03116-7	D913.04	49.00	2008.06
（第5卷）侵权法上的作为义务研究	978-7-306-03366-6	D923.04	49.90	2009.09
（第6卷）公开权侵权责任研究	978-7-306-03653-7	D913.04	49.50	2010.06
（第7卷）名誉侵权的抗辩事由	978-7-306-03927-9	D913.04	59.90	2011.07
（第8卷）公开他人私人事务的隐私侵权	978-7-306-04257-6	D923.04	59.90	2012.08
（第9卷）美国当代隐私权研究	978-7-306-04744-1	D971.23	64.90	2013.11

中国科学哲学论丛

主编： 李醒民 张志林
开本： 16
出版时间： 2006 年 1 月
封面设计： 大象
责任技编： 黄少伟

书名	作者	书号（ISBN）	中图法分类	定价（元）	出版时间	责任编辑
问题与科学研究	林定夷	7-306-02648-8	G30	45.00	2005.12	周建华
在宏观与微观之间	成素梅	7-306-02653-4	TB939-02	39.00	2005.12	李海东
范·弗拉森的量子力学哲学研究	万小龙	7-306-02652-6	O413.1-02	29.00	2006.01	李海东
在物理学与哲学之间	钱长炎	7-306-02654-2	① K835.166.11 ② O4	25.00	2006.01	周建华
创世论与进化论的世纪之争	张增一	7-306-02656-9	N097.12	33.00	2006.01	邓启铜

书缘书镜——中山大学出版社 30 年出版成果汇编

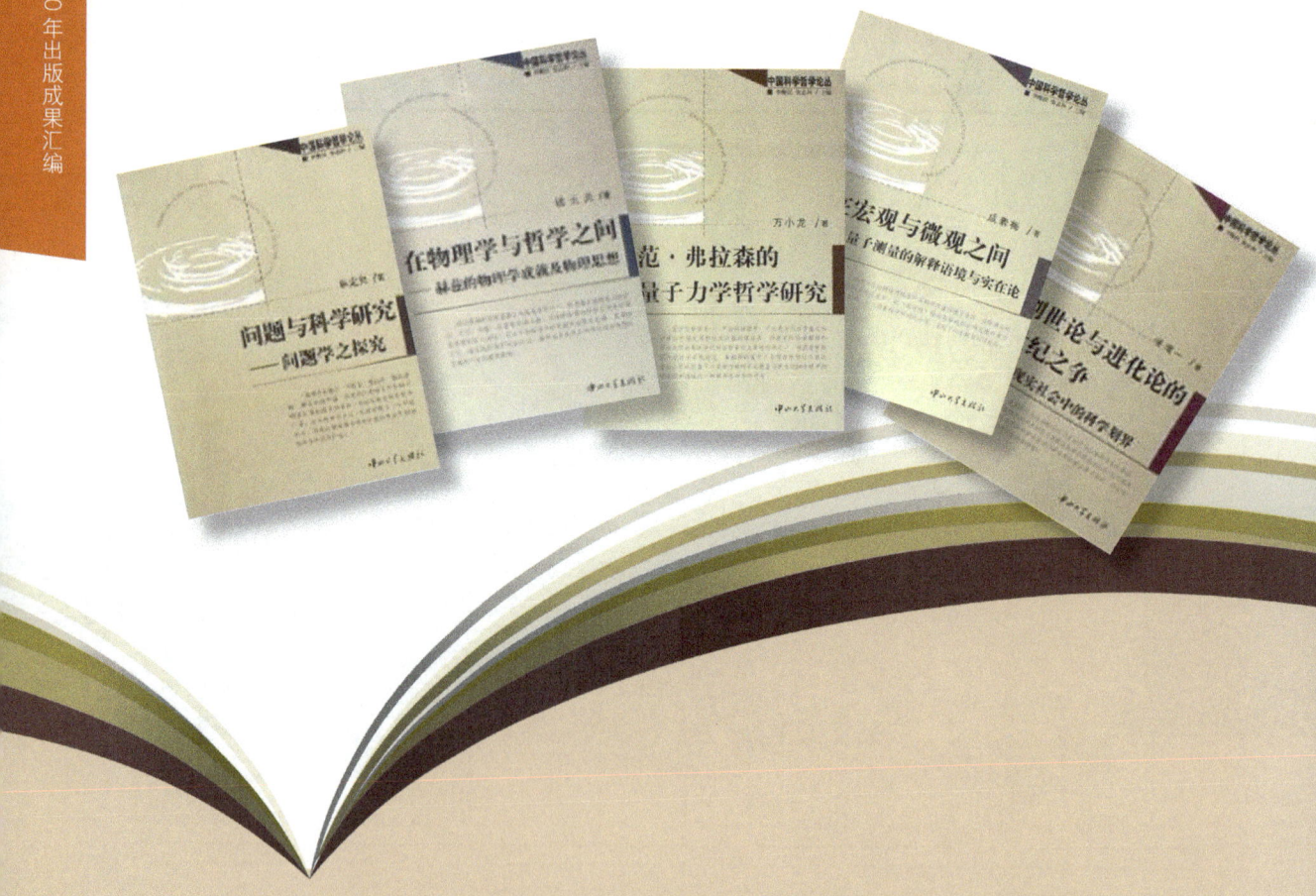

因特虎丛书

深圳选择突围

作者：金心异　老亨　呙中校
书号：ISBN 7-306-02670-4
中图法分类：F127.653-53
定价：30.00 元
开本：16
出版时间：2006 年 3 月
责任编辑：邓启铜
封面设计：王呈
责任技编：黄少伟

　　作者以知识分子的敏锐观察深圳的经济发展。全书分深圳十大问题对话、深圳语文、深圳大事记三部分，文笔流畅，读来发人深省。

深圳向南

作者：金心异　老亨　呙中校
书号：ISBN 978-7-306-02895-2
中图法分类：① F127.653　② D676.53
定价：30.00 元
开本：16
出版时间：2007 年 7 月
责任编辑：金童
封面设计：曹巩华
责任技编：黄少伟

　　本书是关于深圳观察的城市蓝皮书。书中关于深圳经济社会各方面的关注与讨论，对深圳和读者来说都是富有启发性的。

香港 + 深圳　升级中国引擎

作者：金心异　老亨　呙中校
书号：ISBN 978-7-306-03100-6
中图法分类：① F127.653　② F127.658
定价：35.00 元
开本：16
出版时间：2008 年 6 月
责任编辑：邓启铜
封面设计：曹巩华
责任技编：黄少伟

　　本书从多角度多方面论证深圳 + 香港给各方面带来的好处和不利，认为深圳 + 香港是升级中国引擎。

上篇　30 年出版成果择录回眸

广州：文化与生活方式丛书

作者：李大华　周翠玲
开本：16
封面设计：古晓

广州的主题生活

书号：ISBN 7-306-02740-9
中图法分类：D669.3
定价：23.00 元
出版时间：2006 年 10 月
责任编辑：元阜
责任技编：黄少伟

　　本书从广州人的信息化生活、家居文化的设计与追求及广式服装等多个方面介绍广州的文化和生活方式。

广州在期待解释

书号：ISBN 7-306-02741-7
中图法分类：D669.3
定价：25.00 元
出版时间：2006 年 10 月
责任编辑：元阜
责任技编：黄少伟

　　本书从广告、广州人的出行方式、粤语的创造等多个方面介绍了广州的文化与生活方式。

广州的空间辐射

书号：ISBN 978-7-306-03096-2
中图法分类：D619.651
定价：20.00 元
出版时间：2008 年 6 月
责任编辑：元阜
责任技编：潘隆

　　本书对广州以至广东在中国改革开放中先行一步所做的有益探索、所取得的令人瞩目的成就及对全国改革开放的借鉴作用进行了较全方位的阐述。

广州的文化与传播

书号：ISBN 978-7-306-03462-5
中图法分类：F127.651
定价：28.00 元
出版时间：2009 年 9 月
责任编辑：李海东
责任技编：黄少伟

　　全书分"珠江模式"先知先行、"广货北伐"的启示、在岭南看中国、先行培育的市民社会 4 章，描绘了改革开放以来广州的文化发展及其在全国的传播与辐射作用。

现代企业自主创新丛书

主编：周道生
开本：16
出版时间：2007年1月
封面设计：方楚娟
责任技编：何雅涛

现代企业技术创新

作者：周道生　赵敬明　刘彦辰
书号：ISBN 978-7-306-02828-0
中图法分类：F273.1
定价：38.00元
责任编辑：邓启铜

本书从战略决策高度对技术创新进行综述，并从技术创新的途径、思维技巧、设想的来源与采集、解决创新问题的工具等方面进行阐述。

现代企业品牌运营与创新

作者：程晓　王敬
书号：ISBN 978-7-306-02831-0
中图法分类：F273.2
定价：33.00元
责任编辑：李海东

本书论述了企业品牌体系的构成与发展、品牌运营、建立强势品牌、品牌战略创新及实施、品牌文化支撑、品牌战略的辅助发展与创新等内容。

现代企业组织管理创新

作者：肖旭　赵宏　梁莉丹
书号：ISBN 978-7-306-02829-7
中图法分类：F272.9
定价：32.00元
责任编辑：张礼凤

本书介绍了组织管理方面的前沿理论和发展趋势，通过大量案例及可操作的措施与建议，指导企业实施组织管理创新。

现代企业战略管理创新

作者：张建涛
书号：ISBN 978-7-306-02832-7
中图法分类：F270
定价：43.00元
责任编辑：李海东

本书论述了战略思维与管理者、战略管理观念与模式、战略管理分析、企业战略类型与选择、战略实施管理与执行力、企业战略控制与评价创新等内容。

现代企业人力资源管理创新

作者：董福荣　刘勇
书号：ISBN 978-7-306-02830-3
中图法分类：F272.92
定价：35.00元
责任编辑：张礼凤

本书分别阐述了企业实现可持续发展、人力资源战略的选择、员工招聘方式的变革、识别人才的方法等方面的内容。

现代企业心理与行为创新

作者：刘勇　周琳
书号：ISBN 978-7-306-02833-4
中图法分类：F272.92
定价：36.00元
责任编辑：刘学谦

本书围绕"工作情景中的员工"，深入分析其绩效行为的内在决定性心理因素，提供实效的干预措施和训练方案，提升组织的持续创新和员工的自我成长。

现代企业知识产权保护

作者：许伯桐　毕凌燕　祁明
书号：ISBN 978-7-306-02834-1
中图法分类：D923.4
定价：35.00 元
责任编辑：刘学谦

本书从理论和实操两方面就知识产权的保护和打击盗版方面指出了一些方法，对企业界具有指导意义。

现代企业创新力开发与培训

作者：周琳　刘勇　朱欢乔
书号：ISBN 978-7-306-02835-8
中图法分类：F272.92
定价：38.00 元
责任编辑：刘学谦

本书从理论与实操两方面对企业创新力的开发与培训进行了阐述与指导，旨在帮助企业尽快树立创新精神。

现代企业营销创新

作者：谭昆智
书号：ISBN 978-7-306-02836-5
中图法分类：F274
定价：30.00 元
责任编辑：嵇春霞

本书论述了企业营销创新系统，包括心理营销、破坏性营销、关系营销、概念营销、事件营销、文化营销和网络营销等方面内容。

现代企业创新文化

作者：李仁武　高菊
书号：ISBN 978-7-306-02837-2
中图法分类：F270
定价：29.00 元
责任编辑：杨捷

本书讨论了现代企业的创新精神、创新机制、创新意识、创新能力、创新动力、创新思维、创新视野，阐述了现代企业创新文化建设的理念、原则和要求。

黄埔军校史研究丛书

主编：李江涛
开本：32
封面设计：深蓝

书名	作者	书号（ISBN）	中图法分类	定价（元）	出版时间	责任编辑	责任技编
黄埔军校研究（第2辑）	陈建华	978-7-306-02915-7	E296.3	28.00	2007.08	董真	歆晨
黄埔军校研究（第3辑）	舒扬	978-7-306-03066-5	E296.3	29.00	2008.04	董真	黄少伟
黄埔军校研究（第4辑）	汤应武	978-7-306-03332-1	E296.3	30.00	2009.05	董真	黄少伟
初露锋芒	陈予欢	978-7-306-02858-7	E296.3	38.00	2007.04	鲁佳慧	黄少伟
风云际会	陈予欢	978-7-306-03166-2	E296.3	30.00	2008.10	董真	黄少伟
雄关漫道	陈予欢	978-7-306-03584-4	K825.2	35.00	2009.12	董真	黄少伟

上篇 30年出版成果择录回眸

岭南学丛书

主编：左鹏军
开本：16
出版时间：2007年10月
封面设计：罗春兰
责任技编：黄少伟

岭南人物与近代思潮

作者：宋德华
书号：ISBN 978-7-306-02948-5
中图法分类：D092·5
定价：43.00元
责任编辑：嵇春霞

中国近代社会思潮的发展，离不开岭南人物所起的重大作用。本书以洪秀全、康有为、梁启超、孙中山四位界碑式的人物为主要研究对象，分别对太平天国思潮、维新思潮、君主立宪思潮和民主革命思潮作了深入的探讨，既有依据翔实史料所作的系统论述，尤多针对学界不同观点而表达的争鸣意见。对不少重要学术问题，如拜上帝教与中西文化的关系、维新派政治纲领及君权变法主张的评价、康有为大同三世说的演变、孙中山早期思想的特性等，作者皆能力陈新见，显独到之处，成一家之言。书中对岭南人物当年发表的富强论、变法论、新民论、近代化论、民主宪政论等等所作的评介阐释，真切展示了各个历史阶段时代脉搏的跃动，同时呈现出鲜明的现实关怀特色，具有不可忽略的借鉴意义。

黄遵宪与岭南近代文学丛论

作者：左鹏军
书号：ISBN 978-7-306-02951-5
中图法分类：I206·5
定价：58.00元
责任编辑：嵇春霞

本书为作者近20年来关于黄遵宪与岭南近代文学主要研究成果之呈现，依其内容，厘为3辑：一为黄遵宪研究，含黄氏诗歌创作、文学思想、文化心态、品藻人物、政治态度、晚年思想等问题之专题论述，黄遵宪研究史之回顾评价；二为岭南近代文学家与文学现象研究，含太平天国文学主张，何曰愈、丁日昌、何如璋、沈世良、叶衍兰、汪瑔、容闳、胡曦、梁启超、黄节诸家之论述，澳门《知新报》与"诗界革命"，报刊传播与岭南近代文学，岭南近代文学历史地位之探究；三为岭南近代文献之考辨匡补，含新见丁日昌、黄遵宪、梁启超集外诗文之考证披露，《黄遵宪文集》《黄遵宪集》《清诗纪事》疏失之匡正补充。本书兼具考证与义理之长，创见颇多，在岭南近代文学研究史上具有重要的学术价值。

岭南近代文化论稿

作者：刘圣宜
书号：ISBN 978-7-306-02950-8
中图法分类：K296·5
定价：38.00元
责任编辑：嵇春霞

本书论述了岭南文化的多元结构、独特性格、历史价值和积极意义，对岭南文化在近代风云激荡中的变化和转型作出多方面的考察和探讨，提出了作者的独特看法。本书分为4章：第一章综论岭南文化的属性、内容、特点、发展变化等宏观问题；第二章专题研讨岭南文化与西方近代文化的关系；第三章分析西学东渐对中国近代改革思潮的影响与作用；第四章对具有全国性乃至世界性影响的岭南近代人物如洪仁玕、孙中山、康有为、梁启超、丘逢甲等的思想行为进行评述。本书多方位分析了岭南成为近代维新、革命思想发源地的时代和地域渊源，展示了岭南深厚的人文底蕴和开拓进取的精神风貌。

本书是一部展示岭南方言特性的学术著作，内容以广东各地方言（尤其是粤语）研究为主，兼及词语考释、方言与文化的关系等，对于了解广东方言的特点与特色，总结具有汉语特色的语言学理论，具有重要的参考价值。全书分四部分：第一部分研究粤语的语音特点，加深了对粤语总体特点与各地特色的认识；第二部分研究词汇及语法特点，对广东部分地区方言的单复数形式、词汇系统、人称代词、形容词重叠以及特殊的句式作了颇为清晰的描述、统计与分析；第三部分对某些词的语源进行探究，追寻粤语词语的发展变化，如通过对"办馆"一词的考察，从一个独特的角度理解港澳商业形态特殊性；第四部分讨论方言与文化的关系，对20世纪80年代以来广府文化、潮汕文化及粤语研究作了回顾与展望，对于提升方言在文化建设中的地位，更好地开展岭南文化的研究，促进文化大省的建设，具有不可忽视的学术价值。

广东方言与文化探论

作者：邵慧君　甘于恩
书号：ISBN 978-7-306-02949-2
中图法分类：H178
定价：36.00元
责任编辑：李海东

古代广东社会何以得后来居上，到明清时期逐渐跻身于全国先进地区行列。本书探索了古代广东驿道交通与社会发展的问题，通过系列研究路与行政区域管治变化，路与区域经济发展的演变，古代广东驿道驿站管理的特点，印证了古代"路通与财通"之间的辩证关系。古代广东社会追赶全国先进水平发端于元，而基本完成于明中后期。这其中，与统治者积极有作为的政策调整有密切关系。元朝统一广东的过程，虽经历过战争，但元朝统治者已十分注意避免过分杀戮，广东社会经济损害不大，恢复迅速。元明易替，广东基本上没发生过大的战争。明中期，在古代广东百越各族群融合到汉文化的过程中，曾发生过激烈冲突，但明朝统治者采用剿抚结合，以抚为主，通过发展经济，加强控制，最终完成了融合。当然，社会的发展离不开官民的共同努力，书中也有选择性地介绍了一批优秀的历史人物，既有治粤大吏，又有曾在中国历史上产生过重大影响的粤籍官员，还有一批明末清初坚持抗清的仁人志士。

古代广东史地考论

作者：颜广文
书号：ISBN 978-7-306-02952-2
中图法分类：K29·5
定价：33.00元
责任编辑：嵇春霞

上篇　30年出版成果择录回眸

社会热点关键词丛书

主编：李明华
开本：32
责任编辑：董真
封面设计：周明
责任技编：黄少伟

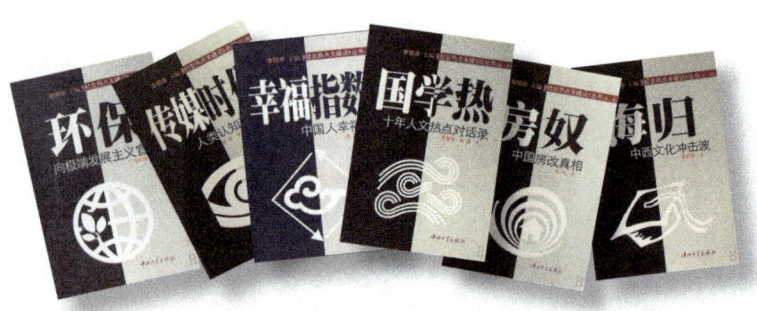

书名	作者	书号（ISBN）	中图法分类	定价（元）	出版时间
环保：向极端发展主义宣战	冯永锋	978-7-306-02986-7	X	18.00	2007.11
传媒时代：人类认知新概念	金雁、李兵、郑穗平	978-7-306-02985-0	G206.2	15.00	2007.11
幸福指数：中国人幸福吗？	梁捷	978-7-306-02984-3	D668	16.00	2007.11
国学热：十年人文热点对话录	陈璧生、石勇	978-7-306-02979-9	B26	15.00	2007.11
房奴：中国房改真相	涂名	978-7-306-02978-2	F299.233.1	16.00	2007.11
海归：中西文化冲击波	周炽成	978-7-306-02977-5	G04	15.00	2007.11
中国时评——社会良知的呐喊	顾涧清、李龙	978-7-306-03069-6	D609.9-53	18.00	2008.10
就业难——人才供需的悖论	张杰、张丽蓉	978-7-306-03070-2	D669.2	15.00	2008.10
打黑除恶——铲除和谐社会的毒瘤	黄立	978-7-306-03071-9	C913.8	20.00	2008.10
反腐——人治与法治的PK	王琳	978-7-306-03072-6	D523.4	20.00	2008.12
选秀——庄严的嬉戏	杜骏飞、袁光锋	978-7-306-03073-3	G241.3	17.00	2008.10
心理危机——你我身边的隐形杀手	石勇	978-7-306-03074-0	R395.6	19.00	2008.10

书缘书镜——中山大学出版社30年出版成果汇编

岭南学

主编：左鹏军
中图法分类：K296.5
定价：32.00 元
开本：16

书名	书号（ISBN）	出版时间	责任编辑	封面设计	责任技编
岭南学（第一辑）	978-7-306-03006-1	2007.12	嵇春霞	红枫	黄少伟
岭南学（第二辑）	978-7-306-03202-7	2008.12	嵇春霞	红枫	黄少伟
岭南学（第三辑）	978-7-306-03522-6	2009.12	嵇春霞	红枫	何雅涛
岭南学（第四辑）	978-7-306-03796-1	2011.12	余泓颖	罗春兰	何雅涛
岭南学（第五辑）	978-7-306-04784-7	2013.12	刘丽丽	罗春兰	何雅涛

孙中山基金会丛书

主编：林家有
中图法分类：K827=6
开本：16
责任编辑：王俊辉
责任技编：黄少伟

书缘书镜——中山大学出版社30年出版成果汇编

书名	书号（ISBN）	定价（元）	出版时间	封面设计
孙中山研究（第一辑）	978-7-306-03062-7	35.00	2008.04	曹巩华
孙中山研究（第二辑）	978-7-306-03242-3	35.00	2009.03	曹巩华
孙中山研究（第三辑）	978-7-306-03725-1	38.00	2010.10	林绵华

侵权法报告

主编：张民安
中图法分类：D913.04
开本：16
责任编辑：蔡浩然
责任技编：何雅涛

（第1卷）名誉侵权责任

书号：ISBN 978-7-306-03115-0
定价：49.00元
出版时间：2008年6月
封面设计：方竹

　　本书介绍了美国、英国、法国等国家名誉侵权的基本理论，并就名誉侵权的责任抗辩、法律救济方法等做了系统阐述。

（第2卷）行为人承担的作为义务

书号：ISBN 978-7-306-03365-9
定价：49.80元
出版时间：2009年9月
封面设计：方楚涓

　　本书介绍了侵权法与行为人的各种作为义务，包括主人的作为义务，医师的警告义务、报告义务、保护义务与控制义务，以及专业人士的作为义务等方面，并对各种的作为义务进行了阐析。

（第3卷）监护人和被监护人的侵权责任

书号：ISBN 978-7-306-03654-4
定价：49.00元
出版时间：2010年5月
封面设计：方楚涓

　　本书对英国、美国、法国和我国侵权法上有关监护人和被监护人的侵权责任进行了系统阐述，并对一些典型案例进行了评析。

上篇 30年出版成果择录回眸

书缘书镜——中山大学出版社30年出版成果汇编

（第4卷）名誉侵权的法律救济

书号：ISBN 978-7-306-03928-6
定价：59.50元
出版时间：2011年8月
封面设计：方楚涓

本书介绍了当今两大法系国家名誉侵权的法律救济措施，主要包括名誉侵权法律救济的目的、损害赔偿的法律救济措施、回应权的法律救济措施、自愿或强制撤回的法律救济措施以及宣示性判决的法律救济措施等；书中还对我国侵权法关于名誉侵权的法律救济措施进行了阐析。

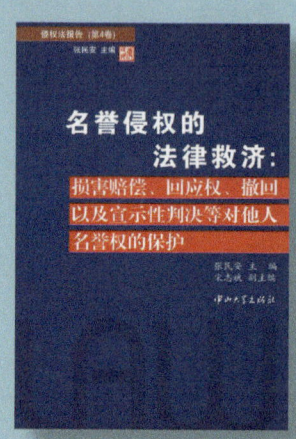

（第5卷）侵扰他人安宁的隐私侵权

书号：ISBN 978-7-306-04252-1
定价：59.90元
出版时间：2012年8月
封面设计：方楚涓

本书介绍了侵扰他人安宁的隐私侵权责任的一般理论、家庭成员彼此间实施的侵扰对方安宁的隐私侵权、雇主在工作场所对其雇员实施的侵扰其安宁的隐私侵权、行为人在公共场所对他人实施的侵扰其安宁的隐私侵权，以及监所狱警对其所管教的囚犯实施的侵扰其安宁的隐私侵权等；书中还对我国侵权法关于侵扰他人安宁的隐私侵权问题进行了阐析。

（第6卷）隐私权的比较研究

书号：ISBN 978-7-306-04751-9
定价：64.90元
出版时间：2013年11月
封面设计：方楚涓

本书内容包括隐私权的起源、法国隐私权理论与对隐私权的保护、德国隐私权法案例研究、德国在隐私权制度方面的现状与前瞻、美国侵权法有关隐私侵权理论、美国隐私权制度的现状与未来发展等，对法国、德国、美国隐私权的理论与法律实践做了比较分析。

智者股道系列

作者：黄智华
中图法分类：F830.91
开本：16
责任编辑：钟永源

赢的顿悟

书号：ISBN 978-7-306-03251-5
定价：26.80 元
出版时间：2009 年 3 月
封面设计：方楚娟
责任技编：何雅涛

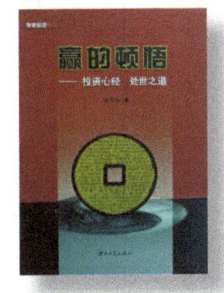

全书共 3 编。上编阐述股市依"大道"而变化发展；中编将武学、道家处世思想、典故、人伦与股市的投资理念结合起来；下编论述阴阳五行、天干地支、四时节气、河图洛书等与股市走势的变化趋势及未来预测相结合，并熔文化智慧于一炉、理性于股市之中。

周期波动节律

书号：ISBN 978-7-306-03252-2
定价：26.80 元
出版时间：2009 年 3 月
封面设计：方楚娟
责任技编：何雅涛

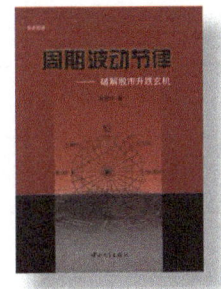

全书共分 13 章，开创国内股市分析理论自然节律派的先河，运用周天公度数分析预测了沪深股市、香港"恒指"、美国"道指"的历史走势及周期的重要转折时段。

如何判断牛市和熊市

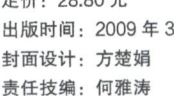

书号：ISBN 978-7-306-03253-9
定价：28.80 元
出版时间：2009 年 3 月
封面设计：方楚娟
责任技编：何雅涛

全书分上、下两编。其中，上编介绍了牛市和熊市的各种形态，包括其种类、运行阶段，其见顶和见底的各种形态，以及沪深股市"顶""底"的形态；下编阐述牛市和熊市趋势形成的过程和确定的标志，包括移动平行线的助涨和助跌作用等。

我要做股神

书号：ISBN 978-7-306-03886-9
定价：28.80 元
出版时间：2011 年 7 月
封面设计：贾萌
责任技编：黄少伟

本书着重围绕"我要做股神"提出 9 个条件，即时间和空间，大道至简，股道亦至简，阴阳盛衰，股市变化之道、道法自然，学会无招胜有招，以不变应万变，有"佛"性，炒股人弃我取、人取我予、审时度势、博采之长、克己之短等，形成自己独特的分析理论体系和投资理念。

八卦时空律

书号：ISBN 978-7-306-03887-6
定价：30.00 元
出版时间：2011 年 7 月
封面设计：贾萌
责任技编：何雅涛

本书根据沪深股市的实战，创立了股市"八卦时空律"的理论体系，包括股市八卦直属、股市勾股弦定理等新理论，是一本理论与实践相结合、可操作性强的证券交易指导书。

疯狂英语·历年精华选集

定价：29.80 元
开本：16

书名	作者	书号（ISBN）	中图法分类	出版时间	责任编辑	封面设计	责任技编
最值得珍藏的书信	刘晶、徐娟	978-7-306-03342-0	H319.4:H	2009.06	钟婕	大象设计	何雅涛
相伴一生的日记	朱红梅	978-7-306-03346-8	H319.4:I	2009.06	赖艳艳	大象设计	何雅涛
最经典的美文	朱红梅、张晓芳	978-7-306-03336-9	H319.4:I	2009.06	赖艳艳	大象设计	何雅涛
最值得一读的小说	朱红梅	978-7-306-03335-2	H319.4:I	2009.06	钟婕	大象设计	何雅涛
最醇香的诗歌	徐增辉	978-7-306-03337-6	H319.4:I	2009.06	钟婕	大象设计	何雅涛
最炫的脱口秀	祝莉丽、杨波	978-7-306-03403-8	H31	2009.09	赖艳艳	孙辉	何雅涛
看经典电影，学英语口语	黄方、张淑芳、陈隽	978-7-306-03404-5	H31	2009.09	赖艳艳	孙辉	何雅涛
看经典电影，学英语听力	朱红梅、牛慧霞、张淑芳	978-7-306-03354-3	H319.415	2009.09	钟婕	孙辉	黄少伟
改变未来的声音	祝莉丽、牛艳平	978-7-306-03376-5	H31	2009.09	钟婕	孙辉	黄少伟

书缘书镜——中山大学出版社30年出版成果汇编

岭南濒危剧种研究丛书

主编：康保成　刘晓明
开本：16
责任编辑：裴大泉
封面设计：林绵华
责任技编：何雅涛

白字戏研究

作者：詹双晖
书号：ISBN 978-7-306-03453-3
中图法分类：J825.654
定价：68.00 元
出版时间：2009 年 8 月

　　本书尝试将主体的研究，在空间上，打通海陆丰、潮汕、闽南三地，并伸展到更广阔的中原大地；在材料选用上，以田野调查的一手材料与方志、谱牒、文人笔记及明本潮州戏文等文献资料为主，辅以地方古代演戏碑刻、绘画等文物资料和潮剧、地方文史、方言等方面的研究成果材料，多种材料互为印证。附录部分的《白字戏田野考察报告》为第一手材料，比较珍贵。

上篇　30 年出版成果择录回眸

广东汉剧研究

作者：陈志勇
书号：ISBN 978-7-306-03547-9
中图法分类：J825.65
定价：68.00元
出版时间：2009年12月

  本书以流行于粤东的广东汉剧为研究对象。全书共8章，分别从广东汉剧发展历史的勾勒、艺术特征的归纳、演出生态环境的描述三个层面展开研究。从历史文献和口碑材料出发，考证了汉调皮黄流入粤东地区的时间、路线，并全盘梳理了广东汉剧发展的历史脉络以及在闽西、台湾、东南亚等地的传播轨迹。从剧目剧本和舞台艺术的角度，对广东汉剧演出剧目结构、剧本形态、脚色体制、舞台美术、特色乐器以及唱念语言等舞台艺术展开了深入研究。通过对广东汉剧戏班、乐社和粤东民间艺术的考察，揭示它们对广东汉剧"本地化"进程产生的重大影响。同时从戏曲生态学的角度，重点阐发广东汉剧背后的文化含义，揭示其艺术兴衰与生存环境变迁的内在关联，赋予广东汉剧在当前非物质文化遗产保护语境下新的时代内涵。

正字戏研究

作者：刘怀堂
书号：ISBN 978-7-306-03549-3
中图法分类：J825.65
定价：66.00元
出版时间：2009年12月

  本书全面论述了正字戏形成的背景，探讨了正字戏的源流及其发展史，同时还对正字戏与诸声腔的关系、正字戏的音乐、正字戏的剧目、正字戏的舞台艺术等作了深入的分析。

西秦戏研究

作者：刘红娟
书号：ISBN 978-7-306-03581-3
中图法分类：J825.65
定价：62.00元
出版时间：2009年12月

  本书以西秦戏为研究对象，主要采取文物、田野调查和历史文献相结合的"三重证据法"首次对西秦戏的源流、发展历史、班社、剧目、唱腔等进行全面、系统、深入的研究；提出了西秦戏等以官音（官话）念白行腔的古老剧种濒危的根本原因是明清官话的衰亡和普通话的推广。在此基础上，力图搞清楚西秦戏这一濒危剧种的源流、特征和生存状况，为当前的非物质文化遗产的保护提出一些理论支持和建议。

广东汉剧音乐研究

作者：丘煌
书号：ISBN 978-7-306-03814-2
中图法分类：J617.565
定价：79.00元
出版时间：2012年12月

  本书内容包括广东汉剧源流与沿革，广东汉剧唱腔、音乐简介，广东汉剧曲词声韵和结构，广东汉剧西皮类唱腔结构，广东汉剧二黄类唱腔结构，广东汉剧皮黄唱腔弦头锣鼓、弦引及各落音过门，广东汉剧常用锣鼓经，广东汉剧各行当、各板式曲例，广东汉剧经典唱腔集锦，广东汉剧常用汉乐。

蓝光中弘扬国学丛书

作者：蓝光中
开本：16
责任编辑：钟永源
封面设计：林绵华
责任技编：黄少伟

国学，一国之固有学术也。如今，国学已经不再仅仅属于中国，而成为面向世界的文化。华南师范大学附属中学的蓝老先生在弘扬国学方面用功尤深，在国学这片沃土上辛勤耕耘，深受学生的爱戴，桃李满天下。

书名	书号（ISBN）	中图法分类	定价（元）	出版时间
国学基础备考训练·字词篇	978-7-306-03519-6	Z126	29.80	2009.11
国学基础备考训练·句式篇	978-7-306-03520-2	Z126	33.80	2009.11
读《三字经》的笔记	978-7-306-03644-5	H194.1	32.80	2010.04
读《千字文》的心得	978-7-306-03643-8	H194.1	36.80	2010.04
民俗节日诗歌赏析集	978-7-306-03668-1	I207.22	43.80	2010.06
四书新裁	978-7-306-03726-8	B222.15	50.00	2010.09
历代诗歌选读（上、下卷）	978-7-306-03769-5	I222	90.00	2011.01

上篇　30年出版成果择录回眸

当代港澳研究

作者：陈广汉　黎熙元
中图法分类：① F127.658-53　② F127.659-53
开本：16
责任编辑：李海东
封面设计：林绵华
责任技编：何雅涛

书名	书号（ISBN）	出版时间	定价（元）
当代港澳研究（第1辑）	978-7-306-03493-9	2009.11	23.00
当代港澳研究（第2辑）	978-7-306-03712-1	2010.07	23.00
当代港澳研究（第3辑）	978-7-306-03868-5	2011.04	23.00
当代港澳研究（第4辑）	978-7-306-03984-2	2011.09	23.00
当代港澳研究（第5辑）	978-7-306-04162-3	2012.04	23.00
当代港澳研究（第6辑）	978-7-306-04174-6	2012.05	23.00
当代港澳研究（第7辑）	978-7-306-04246-0	2012.09	23.00
当代港澳研究（第8辑）	978-7-306-04476-1	2013.03	23.00
当代港澳研究（第9辑）	978-7-306-04528-7	2013.04	23.00
当代港澳研究（第10辑）	978-7-306-04621-5	2013.07	28.00
当代港澳研究（第11辑）	978-7-306-04305-4	2013.10	28.00

书缘书镜——中山大学出版社30年出版成果汇编

营销管理系列丛书

主编：袁乐清　黄智华　等
开本：16
责任编辑：钟永源
封面设计：贾萌
责任技编：何雅涛

谁营销了广东

作者：戴履先　袁乐清　张珀维
书号：ISBN 978-7-306-03530-1
中图法分类：F127.65
定价：43.80 元
出版时间：2009 年 11 月

本书分 3 编，即营销发展、理论应用及精彩案例编等，集中谈及改革开放 30 年来广东经济持续发展的情况、存在的问题和今后广东经济发展的策略。

循环经济在广东

作者：陈之泉　袁乐清
书号：ISBN 978-7-306-03531-8
中图法分类：F124.5
定价：26.00 元
出版时间：2009 年 11 月

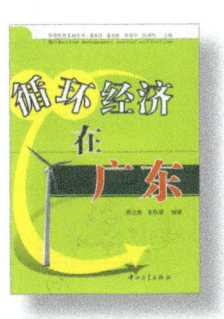

本书共 6 章，主要内容包括循环经济潮起南粤、再生铜落户清新县、企业成功范例以及发展循环经济的管理、争当发展第四产业的排头兵等，重点谈及建设"广东循环经济系统工程"。

信用营销

作者：罗德达
书号：ISBN 978-7-306-03609-4
中图法分类：F830.5
定价：39.80 元
出版时间：2010 年 3 月

本书从企业信用的概念、内涵、缺失与危害、缺失的成因以及企业实施的策略、管理控制方法、信用评价机制和构建企业信用营销机制等进行介绍和分析。

新媒渠：一种全新的商业模式

作者：陈明
书号：ISBN 978-7-306-03610-0
中图法分类：F713.50
定价：38.00 元
出版时间：2010 年 4 月

本书着重谈及如何走出困境，新媒体、互联网、移动通信、服务业等新媒渠的运营策略，包括酒店业、影视业、电信业以及机场业务的运营策略。

新媒渠：中国营销实践版（Ⅰ）

作者：陈明　袁乐清
书号：ISBN 978-7-306-03823-4
中图法分类：① F713.50 ② F279.243
定价：50.00 元
出版时间：2011 年 1 月

本书论证了商业模式转型催生新媒渠营销，媒体的内涵正在扩大，媒体的运营正出现新一轮的变革，用大量的案例来说明，新媒渠是中小企业开拓市场的利器。

上篇　30 年出版成果择录回眸

中华胜景智慧行系列

作者：黄智华
开本：16
责任编辑：钟永源
封面设计：曾斌　智华
责任技编：何雅涛

本系列图书图文并茂，集中国名山大川、名胜古迹、历史名人、文化于一体。尤其是"世界屋脊"青藏高原，在这片神奇的土地上，作者抒发了对人生"大道"的情怀，以及对人间真善美的向往与追求。

书名	书号（ISBN）	中图法分类	定价（元）	出版时间
大道行踪	978-7-306-03576-9	I267	43.80	2010.02
名山大道行	978-7-306-04500-3	I267.4	39.80	2013.05
名山菩提行	978-7-306-04536-2	I267.4	39.80	2013.06
行走老子众妙门	978-7-306-04553-9	I267.4	39.80	2013.07
青藏天道行	978-7-306-04692-5	I267.4	39.80	2013.11

南海历史文化系列丛书

主编：中共佛山市南海区委宣传部　等
定价：45.00 元
开本：16
责任编辑：蔡浩然
封面设计：林绵华
责任技编：何雅涛

南海名胜　南海名人　南海风俗

书号：ISBN 978-7-306-03617-9
中图法分类：① K928.706.53　② K820.865.3　③ K892.465.3
出版时间：2010 年 4 月

本书介绍了广东佛山南海地区名胜古迹，在全国有影响的名人以及当地的风俗习惯，比较全面地反映了南海地区人杰地灵、文化底蕴厚重的特色。

南海龙狮　南海衣冠　南海古村

书号：ISBN 978-7-306-03873-9
中图法分类：K926.53
出版时间：2011 年 6 月

本书分为三部分。其中，"南海龙狮"部分介绍了佛山南海区龙舟龙狮的起源与发展以及大型民间活动和赛事；"南海衣冠"部分介绍了历代南海地区重大的教育事件和杰出人物的经典故事；"南海古村"部分则介绍了南海至今仍保有完好的清代以前的乡村建筑。

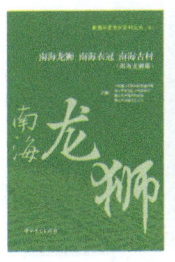

南海"非遗"　南海书画　南海诗联

书号：ISBN 978-7-306-04213-2
中图法分类：① K296.53　② J212　③ I207
出版时间：2012 年 7 月

本书从南海"非遗"、南海书画和南海诗联三部分，图文并茂地介绍了南海非物质文化遗产状况、南海书画的艺术瑰宝以及南海历代诗歌和对联佳作，内容丰富，通俗易懂，风趣高雅。

南海美食　南海特产　南海传说

书号：ISBN 978-7-306-04616-1
中图法分类：① TS971　② F762.7　③ I277.3
出版时间：2013 年 8 月

本书从南海美食、南海特产、南海传说三部分，图文并茂地介绍了富有地方风味的南海传统美食、极具特色的南海特产、优美动人的南海传说，内容丰富，通俗易懂，风趣高雅；适合广大群众阅读，也适合当地宣传、教育部门对群众进行乡土文化知识教育。

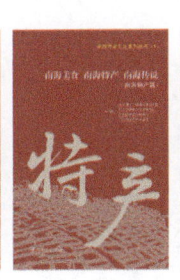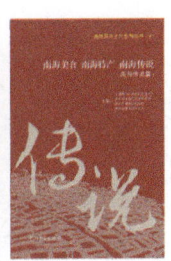

上篇　30 年出版成果择录回眸

一霖儒家道义研究系列

作者：宋一霖
开本：32
出版时间：2010年4月
责任编辑：徐诗荣
封面设计：柳国雄
责任技编：何雅涛

儒家道义新解

书号：ISBN 978-7-306-03632-2
中图法分类：B222.05
定价：20.00元

本书以通俗的表达和翔实的论证，对儒家之道进行了全新的系统解读，阐述了儒家之道包括天是主宰、人性为本、天人合一等九大基本精义。

儒家故事解读

书号：ISBN 978-7-306-03633-9
中图法分类：B222-49
定价：25.00元

本书通过对儒家经典述及的若干历史故事的忠实记录和道义解读，展示了中国远古时代圣人、贤臣、平民乃至暴君、小人等各种历史人物的原貌，解读了众多的历史事件和日常生活中所蕴含的儒家道义义理。

韩国学论文集

作者：北京大学韩国学研究中心
中图法分类：K312.607-53
开本：16
责任编辑：李海东
封面设计：曾斌
责任技编：黄少伟

书名	书号（ISBN）	定价（元）	出版时间
韩国学论文集（第十九辑）	978-7-306-03870-8	35.00	2011.04
韩国学论文集（第二十辑）	978-7-306-04118-0	36.00	2012.03
韩国学论文集（第二十一辑）	978-7-306-04474-7	36.00	2013.03

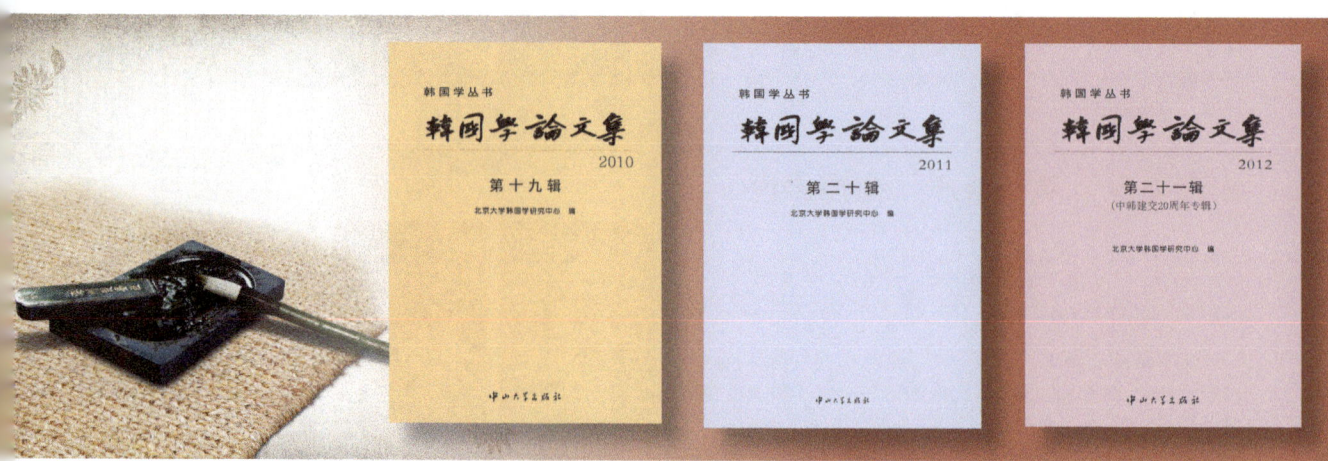

华侨华人研究丛书

开本：16
责任编辑：李海东
封面设计：方楚娟
责任技编：何雅涛

欧洲华侨华人与当地社会关系

作者：王晓萍　刘宏
书号：ISBN 978-7-306-03897-5
中图法分类：D634.35
定价：38.00 元
出版时间：2011 年 6 月

本书分欧洲华侨华人社会的多元图景、华侨华人与当地社会的互动模式、实践者的视野三大部分共 16 章，对在全球一体化背景下欧洲华侨华人与所在国社会、经济发展的互动关系展开论述。

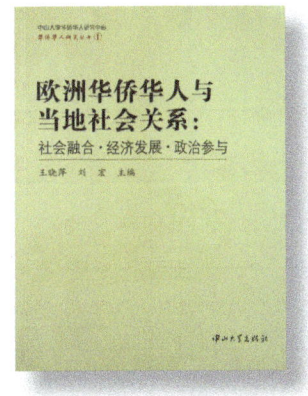

国际移民与社会发展

作者：周敏　张国雄
书号：ISBN 978-7-306-04272-9
中图法分类：D523.8-53
定价：58.00 元
出版时间：2012 年 8 月

本书共四大部分，内容涉及国际移民、跨国主义实践与研究、中国侨乡案例、国际移民回流，探讨国际移民对其个人、家庭的社会流动以及对祖籍国或居住国的社会发展的影响

美国社会学与亚美研究学的跨学科构建

作者：（美）周敏著　（美）郭南审译
书号：ISBN 978-7-306-04529-4
中图法分类：D771.238
定价：26.00 元
出版时间：2013 年 5 月

本书分成 4 章：探讨美国"唐人街"作为一个少数民族聚居区如何影响新移民适应和融入美国社会以及它的潜质和独特功能；从更广阔的视角构建一个社区研究的理论框架，并通过分析各种不同形态的移民社区来验证这一理论框架，并运用它来剖析族裔特质与移民社会适应的关系；通过具体的案例阐述"分层同化论"——当代移民社会学研究的一个颇具争议的新理论；探讨社会学与亚美研究学两大学科的发展状况以及两者之间学术碰撞的有机结合。

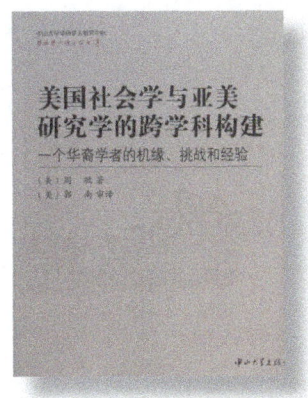

上篇　30 年出版成果择录回眸

经典悦读

作者：中共滨州经济开发区工委　南开大学语文教育研究中心
定价：48.00 元（共 6 册）
开本：32
责任编辑：邹岚萍
封面设计：林兰亭　林绵华　曹巩华
责任技编：黄少伟

书名	书号（ISBN）	中图法分类	出版时间
经典悦读（2011 年版）	978-7-306-03797-8	I106	2011.06
经典悦读（2012 年版）	978-7-306-04135-7	I206.2	2012.05
经典悦读（2013 年版）	978-7-306-04519-5	I16	2013.05

宋代文谭丛书

开本：32
责任编辑：丁俭
封面设计：贾萌
责任技编：黄少伟

书名	作者	书号（ISBN）	中图法分类	定价（元）	出版时间
朱熹诗词研究	胡迎建	978-7-306-03874-6	① I227 ② I207.2	36.00	2011.07
江西文人群与宋代文学观念的演变	彭民权	978-7-306-04054-1	① K825.6 ② I206.2	32.00	2011.10
六一词接受史研究	刘双琴	978-7-306-04082-4	I207.23	32.00	2011.12
宋代江西文学家考录	夏汉宁、黎清、刘双琴	978-7-306-04051-0	① K825.6 ② I206.2	46.00	2011.12
宋代江西文学家族研究	黎清	978-7-306-04693-2	① K825.6 ② I206.2	38.00	2013.08

上篇 30年出版成果择录回眸

中山大学名医谈病系列丛书

定价：13.00 元
开本：32
出版时间：2011 年 9 月
封面设计：贾萌
责任技编：黄少伟

脑出血

作者：黄如训　解龙昌
作者简介：黄如训，中山大学附属第一医院神经科教授、博士生导师；解龙昌，广州医学院第二附属医院副主任医师。
书号：ISBN 978-7-306-04024-4
中图法分类：R743.34
责任编辑：钟永源　张礼凤

本书提出 101 个脑出血问题，对发病、症状、诊断、治疗、护理、康复、预防等问题进行解答。

类风湿性关节炎

作者：汤美安　戴冽
作者简介：汤美安，中山大学附属第三医院教授；戴冽，中山大学附属第二医院副主任医师。
书号：ISBN 978-7-306-04022-0
中图法分类：R593.22
责任编辑：张礼凤　钟永源

本书详细介绍了类风湿性关节炎的发病、症状、诊断、治疗、护理和康复等知识，可帮助患者了解相关知识，尽早恢复健康；本书亦可供相关专科医生参考。

高血压

作者：陈国伟　张振弘
作者简介：陈国伟，中山大学附属第一医院内科学教授、博士生导师。张振弘，中山大学附属第一医院内科学教授。
书号：ISBN 978-7-306-04025-1
中图法分类：R544.1
责任编辑：钟永源　张礼凤

本书分为 7 篇，即发病、症状、诊断、治疗、护理、康复、预防篇，共提出高血压 88 个问题进行防治、解答。

腰腿痛及脊柱侧凸

作者：刘尚礼　彭焰
作者简介：刘尚礼，中山大学附属孙逸仙纪念医院骨外科教授、博士生导师；彭焰，中山大学附属第二医院骨外科主治医师。
书号：ISBN 978-7-306-04021-3
中图法分类：① R681.5　② R682.1
责任编辑：张礼凤　钟永源

本书详细介绍了腰腿痛及脊柱侧凸的发病、症状、诊断、治疗、护理和康复、预防保健知识，可帮助患者了解相关知识，尽快恢复健康。本书亦可供相关专科医生参考。

胃炎

作者：胡品津　任明
作者简介：胡品津，中山大学附属第一医院消化内科教授、博士生导师，专长于慢性胃炎的医治；任明，中山大学附属第一医院消化内科副主任医师、副教授。
书号：ISBN 978-7-306-04023-7
中图法分类：R573.3
责任编辑：钟永源　张礼凤

本书提出 99 个问题，解答胃炎发病、症状、诊断、治疗、护理等基本知识。

海洋小百科全书

主编：关庆利
开本：32
出版时间：2012 年 1 月
责任编辑：蔡浩然
责任技编：何雅涛

书名	作者	书号（ISBN）	中图法分类	定价（元）	封面设计
极地科考	曾名湧、李文涛	978-7-306-03575-2	P941.6-49	22.00	杨桂荣、曾斌
海洋地理	郑建国、王茂君	978-7-306-03572-1	P72-49	23.00	杨桂荣、林绵华
海洋水文	彭垣、孙即霖	978-7-306-03571-4	P731-49	24.00	杨桂荣、林绵华
海洋气象	孙即霖、彭垣	978-7-306-03570-7	P732-49	22.00	杨桂荣、曾斌
海洋探险	丁玉柱、李文英、牛芬	978-7-306-03569-1	P7-49	20.00	杨桂荣、曾斌
海洋航运	孙勇志、刘晓晨、于华	978-7-306-03568-4	U6-49	23.00	杨桂荣、贾萌
海洋生物	李琳、袁玉红	978-7-306-03567-7	Q178.53-49	23.00	杨桂荣、林绵华
海洋动物	陈万青、尹晖	978-7-306-03566-0	Q958.885.3-49	26.00	杨桂荣、贾萌
海洋渔业	曾名湧、李文涛	978-7-306-03565-3	S975-49	24.00	杨桂荣、林绵华
海洋化学	关庆利、谭丽菊、石晓勇	978-7-306-03564-6	P734-49	23.00	杨桂荣、林绵华
海洋物理	熊建设、徐洪梅、王维理	978-7-306-03563-9	P733-49	25.00	杨桂荣、贾萌
海洋工程	韩树宗、王树青、徐宋娟	978-7-306-03562-2	P75-49	26.00	杨桂荣、贾萌
海洋科教	胡领太、童立勤、王雪凤	978-7-306-03561-5	P7-49	23.00	杨桂荣、曾斌
海洋权益	郑建国、王茂君	978-7-306-03560-8	D993.5-49	25.00	杨桂荣、林绵华
海洋文学	丁玉柱、牛玉芬	978-7-306-03559-2	I106-49	22.00	杨桂荣、林绵华
海洋文化	丁玉柱、牛玉芬、杨桂荣	978-7-306-03558-5	P7-49	25.00	杨桂荣、曾斌
海军兵器	苏士亮	978-7-306-03557-8	E925-49	25.00	杨桂荣、贾萌
古今海战	陈明福、陈菲	978-7-306-03556-1	E19-49	25.00	杨桂荣、贾萌
海洋军事	韩庆、李本江、高峰、李振冲	978-7-306-03555-4	E153-49	24.00	杨桂荣、曾斌
海洋经济	刘洪滨、倪国江、杨强、孙丽	978-7-306-03554-7	P74-49	24.00	杨桂荣、林绵华

上篇 30 年出版成果择录回眸

广东青年发展现代农业实用技能丛书

开本：32
封面设计：林绵华
责任技编：黄少伟

蔬菜种植实用技能

作者：雷建军　曾永三
书号：ISBN 978-7-306-03521-9
中图法分类：S63
定价：15.00 元
出版时间：2012 年 6 月
责任编辑：钟永源

　　本书共 11 章，介绍了广东的主要蔬菜作物菜心、芥蓝、番茄、辣椒、茄子、黄瓜、苦瓜、丝瓜、冬瓜、菜豆和豇豆等 11 种蔬菜的种植实用技术，每章的内容包括生产发展前景、主要栽培品种、生物学特征、高产栽培技术和病虫害防治等，是一本农村致富的种植书籍。

果树栽培实用技能

作者：梁红　黄建昌　柳建良
书号：ISBN 978-7-306-03627-8
中图法分类：S66
定价：19.00 元
出版时间：2012 年 6 月
责任编辑：陈霞

　　本书主要有两部分，包括果树栽培总论和果树栽培各论，其中涵盖华南各地各品种果树的栽培、生物学特性、栽培技术。本书主要面向有志于农业建设的广东青年，面向广东实际，理论与实践相结合，重在实用技术介绍，并在一定程度上反映当前果树生产和科研新成果与发展态势，具有一定的社会和经济效益。

农业经济信息管理实用技能

作者：万忠　林伟君　邓保国
书号：ISBN 978-7-306-03682-7
中图法分类：F302.4
定价：8.50 元
出版时间：2012 年 6 月
责任编辑：徐诗荣

　　本书根据我国目前的信息体系和技术情况，以简朴易懂的方式介绍了农业经济信息管理的实用技能，包括农业经济信息的理解、计算机基础知识、互联网使用、获取农业经济信息的方法和如何应用农业经济信息致富等方面，以期能为农民朋友利用农业经济信息发家致富提供一些帮助。

农业机械实用技能

作者：朱立学　张日红　姚华平　段洁莉
书号：ISBN 978-7-306-03722-0
中图法分类：S22
定价：15.00 元
出版时间：2012 年 6 月
责任编辑：曹丽云

　　本书介绍了拖拉机、播种机、喷雾机、灌溉机、收割机、干燥机等常用农用机械的构造原理、维护保养、故障及排除等内容，并用简单的图文来讲解复杂的机械原理，通俗易懂，实用性强，为农业机械化作业的农民朋友掌握农机技能提供了较全面的、实用的科学指导。

粮食作物种植实用技能

作者： 钟旭华
书号： ISBN 978-7-306-03764-0
中图法分类： S51
定价： 15.00 元
出版时间：2012 年 6 月
责任编辑：尚于力

本书系统而简明地介绍了水稻、玉米、大豆、甘薯、马铃薯和木薯等主要粮食作物种植的实用技能，内容包括基础知识、品种选择的原则和优良品种介绍、壮秧（苗）培育、水肥调控和栽培管理以及病、虫、草、鼠害防治与收获储藏等，重点放在各项技术的基本操作上。

水产养殖实用技能

作者： 黄燕华
书号： ISBN 978-7-306-04103-6
中图法分类： S96
定价： 10.00 元
出版时间：2012 年 6 月
责任编辑：陈珂

本书共 3 章，介绍了广东省的主要水产养殖品种草鱼、罗非鱼、南美白对虾、罗氏沼虾以及特色水产动物生鱼、黄颡鱼、桂花鱼、鲈鱼等的养殖实用技术，包括池塘的选址及建造、养殖条件、饲养管理、病害防治等，为农民朋友和从事基层科技服务人员提供帮助。

农产品加工实用技能

作者： 白卫东　赵卫红　钱敏
书号： ISBN 978-7-306-04104-3
中图法分类：① S37 ② TS2
定价： 16.00 元
出版时间：2012 年 6 月
责任编辑：王睿

本书分章节对广东省主要农产品的加工技术进行了详细介绍，包括稻谷、玉米等粮食加工，食用油加工，马铃薯、甘薯等薯类加工，果酒、果脯、罐头等果蔬加工，茶叶加工，乳制品加工，畜禽肉制品加工，以及水产品加工，等等，对农民从事农产品加工业具有较全面的科学指导作用。

花卉苗木栽培实用技能

作者： 朱根发
书号： ISBN 978-7-306-04105-0
中图法分类： S68
定价： 22.00 元
出版时间：2012 年 6 月
责任编辑：余泓颖

本书介绍了广东省内 25 种主要花卉苗木的栽培实用技能。每种花卉苗木均介绍了其生产发展前景、主栽品种、生物学特性、栽培技术和主要病虫害及防治技术等，图文并茂，通俗易懂，实用性强，适合广大农村青年阅读，为农村青年致富的帮手。

畜禽养殖实用技能

作者： 刘德武　罗庆斌
书号： ISBN 978-7-306-04106-7
中图法分类： S815
定价： 18.00 元
出版时间：2012 年 6 月
责任编辑：曾育林

本书包括家畜和家禽两大部分，其中家畜部分包括养猪、养牛、养兔和养羊等章节，家禽部分包括养鸡、养鸭、养鹅和养鸽子等章节。本书内容简明实用，浅显易懂，在普及知识的同时，重视实践性和操作性，让有志于从事畜牧生产的农村青年一看就懂、一学就会、一用就能。对广大养殖户从事养殖生产有指导和参考价值，是大家发家致富的好帮手。

肥料施用实用技能

作者： 杜建军
书号： ISBN 978-7-306-03734-3
中图法分类： S147.2
定价： 10.00 元
出版时间：2012 年 6 月
责任编辑：赵丽华

本书主要介绍了肥料施用过程中的主要实用技术，包括作物营养与施肥的一般知识、各种肥料的性质与合理施用、肥料的识别与选购知识等内容。本书对指导农业人员正确、合理施肥具有重要意义，是农民开启科技致富之门的金钥匙之一。

经济作物种植实用技能

作者：郑奕雄　陈少婷
书号：ISBN 978-7-306-04308-5
中图法分类：S56
定价：15.00 元
出版时间：2012 年 10 月
责任编辑：曹丽云

本书简明扼要地介绍了花生、烟草、甘蔗、大豆、丛生竹、茶树、桑树和油茶等 8 种经济作物种植的实用技能，内容包括经济作物基础理论知识、生产发展动态、优良品种介绍、高产高效技术和病虫草害防控以及相关农产品加工等，重点介绍了各个生产环节的关键技术和操作方法。

农产品市场营销实用技能

作者：张光辉
书号：ISBN 978-7-306-04343-6
中图法分类：F762
定价：16.00 元
出版时间：2012 年 11 月
责任编辑：陈珂

本书编写的目的是帮助农产品生产经营者解决在销售农产品时的一系列问题。本书从市场营销的基本概念开始，到市场调研、农产品的定价策略、农产品的促销及分销，再到农产品品牌的建立、网络营销和农产品营销管理与风险管理，对整个市场营销过程进行了分析讲解，旨在为农产品营销人员的市场营销活动做一个全程的辅导。

廉政理论与实践丛书·廉政研究学术系列

主编：黄先耀　郑德涛
开本：16
封面设计：林绵华
责任技编：何雅涛

惩治与预防腐败体系的评价机制研究

作者：倪星
书号：ISBN 978-7-306-04298-9
中图法分类：D630.9
定价：38.00 元
出版时间：2012 年 9 月
责任编辑：嵇春霞

　　本书共 8 章，主要内容包括腐败与反腐败研究的意义与方法、腐败与反腐败研究文献、腐败发生机理与廉政战略选择、国内外惩治与预防腐败体系评价机制的实践动态、当前腐败与反腐败工作的趋势判断、我国廉政战略转型及其效果分析、惩治与预防腐败体系评价指标的构建和筛选、惩治与预防腐败体系评价机制的操作建议。

行政道德文选（第 2 卷）

作者：（美）杰拉尔德·凯登著　（美）马国泉编
书号：ISBN 978-7-306-04543-0
中图法分类：D523-53
定价：28.00 元
出版时间：2013 年 5 月
责任编辑：陈珂

　　本书以行政道德为主题，对美国等许多国家（中国除外）的行政文化、政府行为、腐败表现、反腐倡廉等进行了分析和评述。全书收录了凯登博士近年来关于行政道德的部分论文，共 12 篇，分别发表于 2002 年至 2012 年间。这些论文提出了不少发人深省的问题。例如，如何正视私有领域中的腐败？廉政建设怎样才能不走过场，徒见形式，乃至收效甚微？世界各国的反腐努力有哪些不足之处？人民的公仆肩负着什么样的促进人类文明的使命？西方民主体制在反腐过程中面临着哪些挑战？什么样的反腐措施才是从长远目光出发，有长期疗效的治本策略？在反腐倡廉方面比较成功的新加坡政府有些什么特点？亚洲的一些国家在抑制腐败方面有什么经验和教训？

中国廉政制度创新研究

作者：倪星　肖滨
书号：ISBN 978-7-306-04299-6
中图法分类：D630.9-53
定价：45.00 元
出版时间：2012 年 11 月
责任编辑：徐诗荣

　　本书集合了国内及部分海外研究腐败与反腐败的著名学者关于中国廉政制度创新研究的论文。全书共分 6 个部分，即腐败与反腐败的理论与方法，中国廉政建设的历史与未来，反腐倡廉与制度建设，重大领域的廉政实践与创新，网络信息技术与廉政创新，廉政教育与公民参与。

廉政制度创新的中国经验

作者：倪星　李泉
书号：ISBN 978-7-306-04759-5
中图法分类：D630.9-53
定价：46.00 元
出版时间：2013 年 12 月
责任编辑：王睿

　　本书集结了 2012 年 12 月于中山大学举办的第二届"中国廉政制度创新"学术会议中参会学者的主要论文，分为"制度变迁与反腐倡廉""反腐机构建设与改革""廉政领域实证研究""网络、社会环境与腐败""预防腐败指标体系构建研究"和"廉洁教育与社会领域反腐败"6 个单元，集中体现了近年来两岸三地的华人学者对中国廉政制度变革的最新研究成果。

上篇　30 年出版成果择录回眸

中国非物质文化遗产研究丛书

主编：康保成
开本：16
出版时间：2013 年 12 月
封面设计：曾斌
责任技编：何雅涛

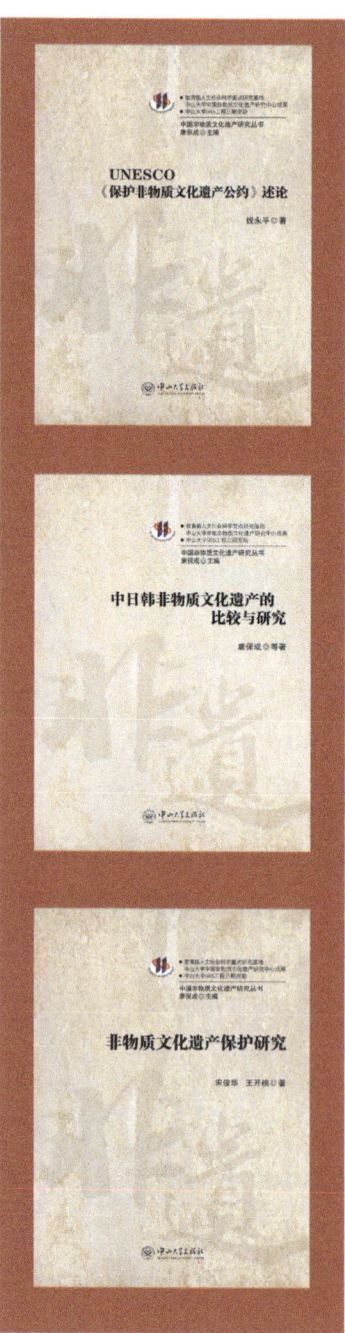

UNESCO《保护非物质文化遗产公约》述论

作者：钱永平
书号：ISBN 978-7-306-04745-8
中图法分类：G113
定价：64.00 元
责任编辑：裴大泉

本书是展开非物质文化遗产保护的重要理论依据。本书结合我国非物质文化遗产保护实际，围绕《保护非物质文化遗产公约》（简称"2003 年公约"）在 UNESCO 层面的发展脉络以及文本中出现的文化多样性、社区、再创造、可持续性、非物质文化遗产表现形式等关键概念展开探讨。本书第一章从 UNESCO 层面，梳理了对制定 2003 年公约产生深远影响的重要事件、重要会议、重要人物，以此了解影响 2003 年公约出台的各种社会力量的努力和博弈过程。第二章对"非物质文化遗产"这一术语及概念重新进行了阐释。第三章分析了文化遗产名录机制的选择性特征、价值评估，也分析了名录申报过程中不同社会团体的博弈及产生的影响。第四章、第五章针对 2003 年公约提倡的两个重要原则——文化多样性和社区参与进行了分析，这样可以更为深刻地掌握 2003 年公约非遗保护的本质所在。附录部分为 UNESCO《保护非物质文化遗产公约》部分文件的资料索引。

中日韩非物质文化遗产的比较与研究

作者：康保成　白松强
书号：ISBN 978-7-306-04756-4
中图法分类：① K203　② K313.03　③ K312.603
定价：62.00 元
责任编辑：裴大泉

本书分三部分。第一部分是日韩两国的"非遗"保护机器对我国的启示；第二部分是中日韩"非遗"的比较研究；第三部分是日韩两国相关法规的翻译介绍。全书对中日韩三国的非遗保护进行比较，并有选择地进行个案研究，去粗取精，阐述他国非遗申请和保护的经验和教训，以期对中国的非遗保护有积极的现实意义。避免中国非遗保护的雷同化、异质化，尤其是对非遗保护中的明保护、实破坏的粗暴行为做了透彻的比较和探讨。作为借鉴，试图合理规范非遗入册和保护中的非理性行为，这对每一个非遗工作者和热爱者来说都有参考意义。

非物质文化遗产保护研究

作者：宋俊华　王开桃
书号：ISBN 978-7-306-04780-9
中图法分类：K203
定价：65.00 元
责任编辑：裴大泉　刘丽丽

本书是一部有关非物质文化遗产保护理论与实践研究的专著，系统探讨了非物质文化遗产的概念、特点、类型、价值、学科性、生态性等理论问题以及调查与研究、管理与展示、学校教育、生产性保护、文化生态保护区建设等实践问题。全书共十二章，分上下两编。上编理论篇，包括第一章概念论、第二章特征论、第三章类型论、第四章价值论、第五章保护论、第六章学科论、第七章生态论。下编实践篇，包括第八章调查与研究、第九章管理与展示、第十章宣传与教育、第十一章法制建设、第十二章生产性保护、第十三章文化生态保护区建设。

三、十年板凳冷　　一本见精神

语言·文学

抉择与扬弃

作者：吴定宇
书号：ISBN 7-306-02339-X
中图法分类：I206.6
定价：29.80 元
开本：16
出版时间：2004 年 8 月
责任编辑：方微之
封面设计：方楚涓
责任技编：黄少伟

本书是郭沫若研究专著，论述了郭沫若对中外文化的传承与扬弃。

新时期文学的叙事转型与文学思潮

作者：程文超
书号：ISBN 7-306-02451-5
中图法分类：I206.7
定价：25.00 元
开本：32
出版时间：2005 年 3 月
责任编辑：方微之
封面设计：方楚涓
责任技编：黄少伟

本书研究新时期文学的叙事转型与文学思潮，内容包括走向"新时期"的历史轨迹、"人"与叙事的转型、"现代"与叙事转型、"后现代"与叙事转型、建设中国的"现代"5 编。

文学会消亡吗

作者：杜书瀛
书号：ISBN 7-306-02483-3
中图法分类：I0
开本：16
定价：30.00 元
出版时间：2005 年 12 月
责任编辑：嵇春霞
封面设计：皓意设计
责任技编：黄少伟

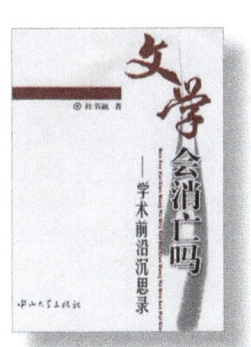

本书分电子媒介时代的文学、文艺学学术史和美学的沉思三部分，在研究生活与审美、生活与艺术关系的新变化、新动向的基础上，对文艺学、美学等做出理论上的调整。

梁辰鱼研究

作者：黎国韬　周佩文
书号：ISBN 978-7-306-03014-6
中图法分类：K825.78
定价：25.00 元
开本：32
出版时间：2007 年 12 月
责任编辑：方微之
封面设计：赵爽
责任技编：黄少伟

本书内容包括梁辰鱼出游、交往的考略，梁辰鱼思想探论，梁辰鱼诗作、散曲论述，等等。

上篇　30 年出版成果择录回眸

岭南诗歌研究

作者：陈永正
书号：ISBN 978-7-306-03011-5
中图法分类：I207.22
定价：38.00 元
开本：32
出版时间：2008 年 2 月
责任编辑：方微之
封面设计：赵爽
责任技编：黄少伟

本书深入探究了岭南的诗派、诗社及诗坛活动，对岭南的诗学理论及诗歌创作进行了精深的研究，理清了岭南诗派的传承脉络和风格特点之所在。

古文献学新论

作者：王宏理
书号：ISBN 978-7-306-03134-1
中图法分类：G256.1
定价：52.00 元
开本：16
出版时间：2008 年 10 月
责任编辑：王俊辉
封面设计：林绵华　曹巩华
责任技编：黄少伟

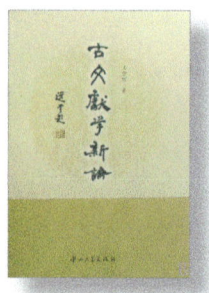

本书是作者对古文献学研究的历史与现状进行梳理，并对当前文献学研究的困境加以反思后，尝试在此基础上重建古典文献学的学科体系而做，在理论体系与知识结构方面推陈出新，书中对时下古典文献学研究现状的批评有极中肯之言。

关汉卿研究学术史

作者：赵建坤
书号：ISBN 978-7-306-03213-3
中图法分类：① I207.37 ② K825.6
定价：24.00 元
开本：32
出版时间：2008 年 12 月
责任编辑：嵇春霞
封面设计：林绵华
责任技编：何雅涛

本书分为 3 编：第一编，关汉卿研究的学术问题；第二编，关于关汉卿生平与作品的学术论争；第三编，关汉卿研究学术史上的重要学人与成果。

中国现代诗学范畴

作者：陈希
书号：ISBN 978-7-306-03371-0
中图法分类：I207.22
定价：23.00 元
开本：32
出版时间：2009 年 6 月
责任编辑：嵇春霞
封面设计：曹巩华
责任技编：何雅涛

本书以中国现代诗歌作为接受主体，将其与西方象征主义存在或发生事实联系的一些重要现象或问题进行辨析比较，论述中国新诗对西方象征主义进行选择、变异和转化的情形、动因及其意义。

钗黛之辨

作者：曾扬华
书号：ISBN 978-7-306-03411-3
中图法分类：I207.411
定价：38.00 元
开本：16
出版时间：2009 年 8 月
责任编辑：裴大泉
封面设计：曹巩华
责任技编：黄少伟

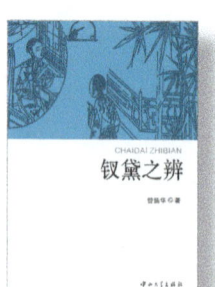

本书既有学术性、专业性，又有趣味性，文字生动活泼、深入浅出，并配有插图。书稿资料丰富，逻辑缜密，分析细腻，文字生动，虽是较专门的学术著述，仍有极高的可读性。

文学、文化与后现代蜕变

作者：毛思慧
书号：ISBN 978-7-306-03515-8
中图法分类：G112
定价：26.00 元
开本：32
出版时间：2009 年 12 月
责任编辑：熊锡源
封面设计：楚天
责任技编：黄少伟

本书从西方戏剧、诗歌、小说到电影等艺术形式着手，论述其文化现象中蕴含的诗学、意识形态等方面的蜕变，分析西方文化如何走向后现代的过程。

海虞二冯研究

作者：陈望南
书号：ISBN 978-7-306-03793-0
中图法分类：K825.6
定价：39.00 元
开本：16
出版时间：2011 年 1 月
责任编辑：李海东
封面设计：贾萌
责任技编：黄少伟

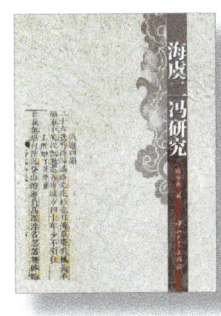

本书以明末清初重要的诗派虞山诗派中的重要人物冯舒、冯班兄弟为研究对象，探讨了他们的生平、著述、交游及其诗文创作和理论，以期知人论世。

诗词艺苑掇菁

作者：广州诗社
书号：ISBN 978-7-306-03837-1
中图法分类：I207.2
定价：30.00 元
开本：16
出版时间：2011 年 4 月
责任编辑：钟永源
封面设计：林绵华
责任技编：何雅涛

本书从广州诗社主办的《诗词》报中的"艺丛"专栏多年来刊登的高质量诗论诗评文章中精选成集，有古代诗词赏析，也有对今人作品的专论。

诗词故事点菁

作者：袁建华
书号：ISBN 978-7-306-03838-8
中图法分类：I207.2
定价：26.00 元
开本：16
出版时间：2011 年 4 月
责任编辑：钟永源
封面设计：林绵华
责任技编：何雅涛

本书以散文或随笔的手法去写诗词的故事，通过一首诗或词去挖掘背后的故事，又通过背后的故事去理解、欣赏、评析这首诗或词。

古剧考原

作者：黎国韬
书号：ISBN 978-7-306-03845-6
中图法分类：J809.22
定价：35.00 元
开本：16
出版时间：2011 年 8 月
责任编辑：刘丽丽
封面设计：林绵华
责任技编：何雅涛

本书是一部研究中国古代戏剧尤其是宋元以前戏剧的专书。全书共 3 编，另加附录：上编研究历代傩戏，中编研究傀儡戏，下编研究参军戏，附录杂论古代乐神的一些问题。

沚斋丛稿

作者：陈永正
书号：ISBN 978-7-306-04078-7
中图法分类：C53
定价：120.00 元
开本：16
出版时间：2011 年 12 月
责任编辑：章伟
封面设计：林绵华
责任技编：黄少伟

本书是作者的自选集，包括古文字论文、诗词论评、岭南诗文述论、艺文杂论、书法论评、序、跋、信札、小说、诗情、沚斋诗词和年表。

跌宕在历史的漩涡

作者：邓淑兰
书号：ISBN 978-7-306-04334-4
中图法分类：K825.72
定价：32.00 元
开本：16
出版时间：2012 年 11 月
责任编辑：赵婷
封面设计：林绵华
责任技编：何雅涛

本书结合赵孟頫的生平、仕宦经历、艺术成就、情感生活、宗教信仰等史料，多角度、全方位地分析赵孟頫在文学艺术上的成就，解读他坎坷的仕途及复杂的内心，还原赵孟頫真实的生命表情。

客方言标准音词典

作者：张维耿
书号：ISBN 978-7-306-04342-9
中图法分类：H176-61
定价：68.00 元
开本：16
出版时间：2012 年 11 月
责任编辑：李海东
封面设计：曾斌
责任技编：黄少伟

　　本词典共收客方言词目约 5000 条，主要为日常口头交际用语。词目按拼音字母次序排列。词目开头的汉字及梅县话注音用小 4 号黑体汉字，其后释文、例句为 5 号宋体。方括号内为国际音标注音，后面是词目释义。举例用客家话，圆括号内是普通话对应解释。本词典另有自序、凡例、音序索引、笔画检字表，再加上附录《梅县话拼音方案》及作者的论文《客家方言的标准音》。

学术变迁与近代文学的中国想象

作者：李青果
书号：ISBN 978-7-306-04399-3
中图法分类：I206.5
定价：29.80 元
开本：32
出版时间：2013 年 3 月
责任编辑：陈珂
封面设计：林绵华
责任技编：黄少伟

　　近代是中国从传统向现代的转折时期，也是中国文学从古典向现代的转型时期。关于这一时期文学转型的动因、过程和功能，前人做了大量的深入探讨，立足于文学的外部研究（社会历史、文化政治、中西交通乃至后现代主义）和内部研究（叙事学、文体学），卓见迭出，均取得丰富的研究成果，形成了有效的阐释系统和描述这一文学转型的文学史观。但是否还存在其他的研究视角，比如当时学术与文学的关系？基于这样的思考，本著在前人丰硕的研究基础之上，探讨近代学术变迁与文学转型的关系和转型文学的功能等问题，尝试为其做出另一路向的文学史描述。

历史学

钟灵毓秀

作者：易汉文
书号：ISBN 7-306-02246-6
中图法分类：G649.286.51-64
定价：18.00 元
开本：16
出版时间：2004 年 3 月
责任编辑：方楚涓　钟永源
封面设计：方楚涓
责任技编：黄少伟

　　本书主要记述国立中山大学（石牌校园）学院、人文、景物、建筑等，以图片形式附加文字说明，是一本校史图集。

中山大学编年史（1924—2004）

作者：易汉文
书号：ISBN 7-306-02574-0
中图法分类：G649.286.51
定价：48.00 元
开本：16
出版时间：2005 年 9 月
责任编辑：钟永源
封面设计：方竹
责任技编：黄少伟

　　本书主要记载（1924—2004 年）国立广东大学，后移名国立中山大学 80 周年校史全记录，记载中山大学发展的主要内容（包括各时期的各任校长、大事记及对外交往等等）。

孙中山与中山大学（第二版）
（线装本，竖排繁体字版）

作者：易汉文
书号：ISBN 7-306-02573-2
中图法分类：G649.286.51
定价：198.00 元
开本：32
出版时间：2005 年 11 月第 2 版
责任编辑：钟永源
封面设计：方楚涓
责任技编：黄少伟

　　本书主要记载孙中山创办国立广东大学（后改名国立中山大学）的命令、指令、训令等有关文件的原始记录（包括图片、致函及演说等内容）。

陈炯明集

作者：段云章　倪俊明
书号：ISBN 978-7-306-02853-2
中图法分类：① C52　② D693.09
定价：98.00 元
开本：32
出版时间：2007 年 10 月
责任编辑：邹岚萍
封面设计：方楚娟
责任技编：黄少伟

　　本书收录了目前国内外所能收集到的陈炯明的论著、演讲、谈话、公文、布告、函电、诗词等若干种，为近现代史研究人员提供参考。

孙中山社会建设思想研究

作者：林家有
书号：ISBN 978-7-306-03289-8
中图法分类：D693.0
定价：65.00 元
开本：16
出版时间：2009 年 8 月
责任编辑：王俊辉
封面设计：林绵华
责任技编：黄少伟

　　本书从多个角度阐述了孙中山在辛亥革命前后有关社会建设思想的理念和付诸实践的方法。

历有争议的陈炯明

作者：段云章　沈晓敏　倪俊明
书号：ISBN 7-306-02715-8
中图法分类：K827=6
定价：32.00 元
开本：32
出版时间：2006 年 10 月
责任编辑：邹岚萍
封面设计：大象
责任技编：黄少伟

　　本书介绍学术界对陈炯明的评述，选取有代表性的陈炯明研究论文，补充了近年来发现的陈炯明的公牍、遗文、公告等资料。

抗日儒将伍观淇

作者：伍炽文　徐耀星
书号：ISBN 978-7-306-03145-7
中图法分类：K825.2
定价：25.00 元
开本：32
出版时间：2008 年 10 月
责任编辑：徐镜昌
封面设计：曹巩华
责任技编：黄少伟

　　伍观淇（1886—1952），字庸伯（旧名冠球），保定陆军大学第一期毕业。辛亥革命时追随孙中山闹革命，20 世纪 20 年代末曾两次代理广东省政府主席。抗日战争期间，他率领禺北抗日民众坚持长达 7 年的抗战，给了侵略者以沉重打击。抗日战争胜利后，他致力于地方建设，成绩显著。他还是一位儒家学者，一生奉行儒家学说，学问高深，学识渊博，尤对《大学》《中庸》有独到的见解。他品格高尚，毕生淡泊功名，全心全意为人民谋福利，是一位受人敬仰的历史人物。本书以伍观淇的生平、抗战功绩、学问著述及后人缅怀 4 个部分，生动地介绍了伍观淇传奇的一生。

澳大利亚华人史（1888—1995）

作者：艾瑞克·罗斯著 张威译
书号：ISBN 978-7-306-03416-8
中图法分类：D634.361.1
定价：68.00 元
开本：16
出版时间：2009 年 8 月
责任编辑：徐诗荣
封面设计：曹巩华
责任技编：何雅涛

本书不仅讲述在澳洲生活的华人的故事，也将华人作为一个民族来表现，包括他们的语言、信仰、工作和生活情况等，是一部内容丰富的学术著作。

法国革命前后的左右翼

作者：刘文立
书号：ISBN 978-7-306-03620-9
中图法分类：K565.41
定价：25.00 元
开本：32
出版时间：2010 年 3 月
责任编辑：葛洪
封面设计：贾萌
责任技编：何雅涛

本书详细梳理并深刻发掘了法国革命前后左右翼的历史背景、基本斗争形态、经济主要命题的源流和趋势，对于后世可能的状态和命题做出了深入而明晰的研究和判断。

共和·民主·富强——孙中山与中国发展道路的历史选择

作者：林家有
书号：ISBN 978-7-306-03685-8
中图法分类：D693.0
定价：49.00 元
开本：16
出版时间：2010 年 8 月
责任编辑：王俊辉
封面设计：林绵华
责任技编：黄少伟

本书论述了孙中山的强国思想，以及这些思想对于后来中国发展道路的持续影响；探讨了孙中山民权初步的几个问题，孙中山与辛亥革命政局的相应关系等。

广东海防史

作者：《广东海防史》编委会
书号：ISBN 978-7-306-03792-3
中图法分类：E29
定价：49.80 元
开本：32
出版时间：2010 年 11 月
责任编辑：张礼凤
封面设计：曾斌
责任技编：何雅涛

本书分为上、中、下 3 编。上编为古代广东海防的初创与演变，中编为近代广东海防的挑战与转型，下编为现代广东海防的重建与发展。

龙田学思琐言——孙中山研究丛稿新编

作者：李吉奎
书号：ISBN 978-7-306-03802-9
中图法分类：K827=6
定价：56.00 元
开本：16
出版时间：2011 年 3 月
责任编辑：王俊辉
封面设计：林绵华
责任技编：何雅涛

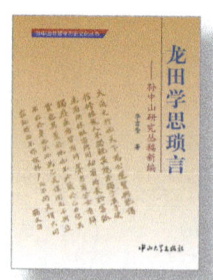

本书汇集了作者数年来的有关辛亥革命和孙中山研究的优秀论文和研究成果。全书分为孙中山的建国理论和建设思想、孙中山生平及有关历史问题研究、近代与孙中山有关的人物研究、黄埔军校几个学术问题的研究 4 个部分。

中美在印度支那的对抗（1949—1973）

作者：潘一宁
书号：ISBN 978-7-306-03854-8
中图法分类：① D829.712 ② K333.52
定价：56.00 元
开本：16
出版时间：2011 年 4 月
责任编辑：王睿
封面设计：林绵华
责任技编：何雅涛

本书从国际关系史角度，探讨了 1949—1973 年间中美两国卷入越南战争的原因以及双方的互动关系如何主导了战争的发展进程。研究中美在印度支那对抗这段历史，对于我们深入了解当代中美关系，乃至整个东亚地区国际关系史的演变，都具有非常重要的意义。

美国在华治外法权的终结：1943年《中美新约》研究

作者：张龙林
书号：ISBN 978-7-306-04232-3
中图法分类：D829.712
定价：39.00 元
开本：16
出版时间：2012 年 7 月
责任编辑：曾纪川
封面设计：林绵华
责任技编：何雅涛

《中美新约》标志着近代以来美国在华不平等条约体系的全面崩溃，并对战时及战后的中美关系、中外关系产生了重要影响。本书在广泛搜集、运用各类第一手新材料的基础上，结合相关国际法理论与实践，全面考察这一历史事件的来龙去脉，还原其应有的历史地位，提供一个重新审视这段中美关系史的新视域。

哲　学

周易辨似

作者：周仰贤
书号：ISBN 978-7-306-03089-4
中图法分类：B221.5
定价：88.00 元
开本：16
出版时间：2008 年 9 月
责任编辑：刘翰飞　钟永源
封面设计：曹巩华
责任技编：何雅涛

本书以《易林》为主线，将经传分开，既复旧观，又便于学者掌握经义。先读经，后读传，再以传反思经义。

哈贝马斯评传

作者：陈勋武
书号：ISBN 978-7-306-03132-7
中图法分类：B516.59
定价：32.00 元
开本：16
出版时间：2008 年 10 月
责任编辑：施国胜
封面设计：曹巩华
责任技编：潘隆

本书介绍当代哲学大师——德国的哈贝马斯的一生及其主要的哲学思想。

斯芬克斯现代之谜的破解——马克思主义人的哲学研究

作者：章海山　罗蔚
书号：ISBN 978-7-306-03128-0
中图法分类：B82-061
定价：36.00 元
开本：16
出版时间：2009 年 1 月
责任编辑：施国胜
封面设计：曹巩华
责任技编：黄少伟

本书从人与社会、人与自然、人与自身三大部分去研究马克思主义人的哲学；去解读其文本，考察其现代价值，同时对争议颇大的西方马克思主义观点做了独特而又有根据的分析研究。

用计算的观点看世界

作者：郦全民
书号：ISBN 978-7-306-03276-8
中图法分类：N02
定价：28.00 元
开本：16
出版时间：2009 年 3 月
责任编辑：鲁佳慧
封面设计：林绵华
责任技编：黄少伟

本书在描述当代科学前沿领域的一些科学成果和思想的基础上，对目前科学和哲学中的计算主义思潮的基本主张进行了阐述和评析，同时提出了一些需要进一步探索的哲学或科学问题。

科学哲学基本问题与经典文本解读

作者：李露亮
书号：ISBN 978-7-306-03302-4
中图法分类：N02
定价：30.00 元
开本：16
出版时间：2009 年 4 月
责任编辑：蔡浩然
封面设计：曹巩华
责任技编：何雅涛

本书从哲学史的角度来阐述科学哲学的分界问题、归纳问题、波普尔问题，并对看似深奥的经典进行了通俗性的解读。

分析哲学导论

作者：黄敏
书号：ISBN 978-7-306-03357-4
中图法分类：B089
定价：48.00 元
开本：16
出版时间：2009 年 8 月
责任编辑：李文
封面设计：贾萌
责任技编：何雅涛

本书从引导读者进入分析哲学的基本动机开始，在介绍和讨论每位哲学家的思想时，建立与哲学史、哲学传统以及哲学问题的联系，使读者能够建立关于分析哲学的全局图景。

科学哲学

作者：林定夷
书号：ISBN 978-7-306-03476-2
中图法分类：N02
定价：85.00 元
开本：16
出版时间：2009 年 10 月
责任编辑：鲁佳慧
封面设计：林绵华
责任技编：何雅涛

本书系统阐述了国际科学哲学界的基础性问题，包括哲学中的划界问题、归纳问题、观察与理论的关系、问题学之探究、科学理论的演变、实在论 5 个方面。

先秦儒学对"怨"的诊断与治疗

作者：刘美红
书号：ISBN 978-7-306-03614-8
中图法分类：① B222.05 ② B82-092
定价：18.00 元
开本：32
出版时间：2010 年 3 月
责任编辑：熊锡源
封面设计：林绵华
责任技编：黄少伟

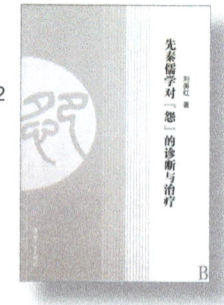

本书探讨先秦儒学对"怨"的诊断及治疗方案，以一个独特的视角分析儒家伦理及成人之道，对蕴含巨大否定激情和破坏动能的"怨"的治疗进行了有益探索。

中国古典思想的潜能

作者：邱茂泽
书号：ISBN 978-7-306-03684-1
中图法分类：B21
定价：35.00 元
开本：32
出版时间：2010 年 8 月
责任编辑：王俊辉
封面设计：林绵华
责任技编：何雅涛

本书从直接经验觉知品质存在现象学、中国古代文字艺术以及意象生命运动学角度，解释了中国古代文明思想品质的内在潜能。

查拉特斯彻如是说

作者：莫辛幸
书号：ISBN 978-7-306-03832-6
中图法分类：B516.47
定价：35.00 元
开本：16
出版时间：2011 年 4 月
责任编辑：刘丽丽
封面设计：贾萌
责任技编：黄少伟

本书是德国哲学家尼采《查拉特斯彻如是说》的中译本。译者本着"信、达、雅"的翻译原则，围绕"人上人""上帝之死"等观点，力图通俗、准确地将尼采的思想传达给中国读者。

善待生命：生命伦理学概论

作者：吴素香
书号：ISBN 978-7-306-03871-5
中图法分类：B82-059
定价：28.00 元
开本：16
出版时间：2011 年 4 月
责任编辑：李海东
封面设计：林绵华
责任技编：何雅涛

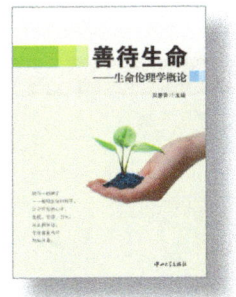

本书通过大量的案例分析，通俗易懂地阐述了生命伦理学的基本理论如生命论、功利论和道义论，以及尊重、无伤、有利、公正等基本原则；论述了性与生育、人工生殖技术、器官移植、人类基因组、人类胚胎干细胞研究和应用、克隆技术研究和应用、临终关怀与自杀、安乐死等现代生命科学。

人性组合形态论

作者：唐雄山　王伟勤
书号：ISBN 978-7-306-04065-7
中图法分类：B82-061
定价：39.00 元
开本：16
出版时间：2011 年 12 月
责任编辑：陈珂
封面设计：林绵华
责任技编：何雅涛

本书是一部哲学、心理学专著。作者提出了比较独特的人性论点——人性组合形态论，并分为 9 章对此进行全面、详细、反复的引证和论证，从而形成了包括个体、组织（群体）与人类社会的完整人性论体系。

大学文化哲学

作者：王冀生
书号：ISBN 978-7-306-04147-0
中图法分类：G647
定价：35.00 元
开本：16
出版时间：2012 年 4 月
责任编辑：徐诗荣
封面设计：林绵华
责任技编：何雅涛

本书是在我国大学文化问题研究学术思潮深入发展并进入到文化和精神领域时，在深刻揭示当前在世界范围内和我国出现的大学精神衰微现象的本质及其哲学根源的基础上，从整体上初步构建了一个以"大学文化既是一种存在更是一种信仰"为核心的大学文化哲学纲的基本理论框架。本书论述的主要问题有：高深学问和文化个性，教育本质和人文化成，探求未知和创造未来，文化品位和崇高理想，价值危机和文化觉醒，大学本质和文化使命，文化存在和精神存在，办学硬实力和文化软实力，人文目标和科学理性，中国特色和综合创新。

中华的智慧

作者：邱明正
书号：ISBN 978-7-306-04181-4
中图法分类：K203-49
定价：33.00 元
开本：16
出版时间：2012 年 10 月
责任编辑：周建华　赵丽华
装帧设计：卓风出版创意机构
责任技编：何雅涛

本书浓缩儒道佛和兵法等中华的智慧，让读者明解中华、正知中华人、感悟中华智慧。

早期尼采与古典学

作者：凌曦
书号：ISBN 978-7-306-04336-8
中图法分类：B516.47
定价：30.00 元
开本：32
出版时间：2012 年 10 月
责任编辑：熊锡源
封面设计：林绵华
责任技编：何雅涛

本书对尼采的早期作品《悲剧的诞生》做了全面解读，不仅梳理了该书问世以来版本流传情况，而且对尼采作品中体现的古典学意识予以揭示，详细而深入地解读其哲学、宗教、古典学及美学等多方面内涵，特别是尼采的古典学术思想与其后期哲学的密切关联。

人类学·社会学

地球屋檐下

作者：庄礼伟
书号：ISBN 7-306-02571-6
中图法分类：C912.4
定价：25.00 元
开本：32
出版时间：2005 年 6 月
责任编辑：潘隆
封面设计：孟繁荣
责任技编：黄少伟

作者倡导国际民主和平的原则，认为人类在同一地球中，各国应和平共处、互相尊重、宽容多元。此外，对于后现代——后殖民理论、社会转型、人类和平相处模式等学术问题也提出了有价值的看法。

农民工权益手册

作者：陈文杰
书号：ISBN 7-306-02690-9
中图法分类：D9222.504
定价：6.00 元
开本：32
出版时间：2006 年 4 月
责任编辑：钟永源　陈杰
封面设计：李占营
责任技编：黄少伟

本书主要谈及农民工的合法权益问题，以及党中央、国务院对维护农民工的合法权益作出的重要批示，为建设社会主义新农村而努力奋斗。

重塑中国农民形象

作者：陈开举
书号：ISBN 978-7-306-02870-9
中图法分类：J827
定价：26.00 元
开本：32
出版时间：2007 年 8 月
责任编辑：熊锡源
封面设计：楚天
责任技编：黄少伟

我国历史上文学作品中的农民形象大多具有负面的性格特征。本书认为赵本山的小品展示了现代农民的生活和精神面貌，树立了正面的农民形象。

水书与水族社会

作者：张振江　姚福祥
书号：ISBN 978-7-306-03316-1
中图法分类：K286.9
定价：198.00 元
开本：16
出版时间：2009 年 6 月
责任编辑：徐诗荣
封面设计：曹巩华　林绵华
责任技编：何雅涛

本书根据长期的田野调查资料，首次采用人类学方法，结合使用历史学、文化学、语言学和民族学方法，以《陆道根原》为中心，通过水书与水族社会互证研究了水族、水书的诸多方面。

连州过山瑶

作者：林为民　曹春生
书号：ISBN 978-7-306-03415-1
中图法分类：K285.1
定价：25.00 元
开本：16
出版时间：2009 年 8 月
责任编辑：章伟
封面设计：贾萌
责任技编：黄少伟

本书介绍了连州过山瑶的历史、习俗、信仰、传统文化和节日，以及连州瑶乡的现状，内容包括始祖传说、族名缘起、分支与名称、历朝对瑶族的政策等。

莫瑶的盘王神话传说与信仰

作者：林为民
书号：ISBN 978-7-306-03489-2
中图法分类：B933
定价：19.80 元
开本：32
出版时间：2009 年 12 月
责任编辑：章伟
封面设计：林绵华
责任技编：黄少伟

本书研究粤北连阳莫瑶关于盘王的传说、神话传说与族群信仰的互动，并附以第八届中国瑶族盘王节作为现实案例进行考察与分析，兼及海外瑶族共同信仰下的认同与归属。

新中国诚信变迁

作者：陈平
书号：ISBN 978-7-306-03615-5
中图法分类：D648.3
定价：26.00 元
开本：32
出版时间：2010 年 2 月
责任编辑：熊锡源
封面设计：林绵华
责任技编：黄少伟

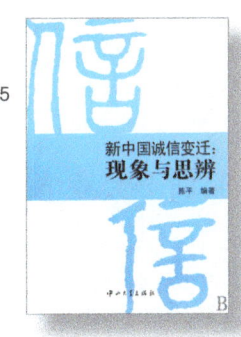

本书以"诚信"的概念入手，对新中国成立 60 年来社会诚信的变迁进行分析，对诚信建设的得失进行梳理，并对当下社会诚信建设问题予以深入探讨。

社会分层视野下大城市老年人口的生存状态

作者：梁宏
书号：ISBN 978-7-306-03637-7
中图法分类：D669.6
定价：28.00 元
开本：16
出版时间：2010 年 4 月
责任编辑：王睿
封面设计：曾斌
责任技编：何雅涛

本书从社会分层理论的多元分层标准出发，以广州市老年人口为例，描述了老年人口在主要养老资源占有方面的差异及其变化，探讨了以经济资源占有为主导的老年人口社会分层的标准等。

社会主义新农村建设发展规划研究

作者：彭德循　曾永浩
书号：ISBN 978-7-306-03923-1
中图法分类：F327.653
定价：68.00 元
开本：16
出版时间：2011 年 7 月
责任编辑：王睿
封面设计：曾斌
责任技编：何雅涛

加快社会主义新农村建设，是解决"三农"问题和构建和谐社会的迫切要求，它直接关系到新时期农业现代化发展和农村经济持续繁荣，关系到广大农民生产和生活条件的改善、全面建设小康社会目标的重大问题。本书重点探讨了如何全面落实这一目标，扩展、推进新农村规划。

快速城市化下的城中村改造与村社转型

作者：周素红　周锐波　吴志东
书号：ISBN 978-7-306-04027-5
中图法分类：F299.21
定价：26.00 元
开本：16
出版时间：2011 年 10 月
责任编辑：李海东
封面设计：冒君
责任技编：何雅涛

本书对快速城镇化地区集体土地的开发建设与问题、集体土地开发促成下的城中村现象问题与地方利益主体、城中村的改造及多利益主体关系协调、城中村的村社转型等问题进行讨论，并提出相关政策建议。

都市型现代农业的理论与实践

作者：曾书琴
书号：ISBN 978-7-306-04236-1
中图法分类：F304.5
定价：32.00 元
开本：16
出版时间：2012 年 7 月
责任编辑：翁慧怡
封面设计：林绵华
责任技编：何雅涛

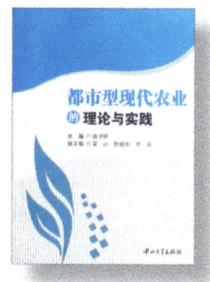

本书全面、系统地论述都市型现代农业的可持续发展理论与实践应用。全书共 8 章，分别介绍了都市型现代农业的形成与发展、农业国际化与都市型现代农业发展、都市型现代农业发展的理论研究、都市型现代农业的支撑与评价体系、都市型现代农业的国际经验、都市型现代农业在中国的实践、都市型现代农业的发展规划、广州都市型现代农业的发展等内容。

深圳十大观念解读

作者：梁英平　谢春红
书号：ISBN 978-7-306-04247-7
中图法分类：D676.53
定价：18.00 元
开本：32
出版时间：2012 年 8 月
责任编辑：邹岚萍
封面设计：曾斌
责任技编：何雅涛

本书对深圳特区成立 30 多年以来诞生的一批新理念、新口号，尤其是十大观念（如时间就是金钱，效率就是生命；空谈误国，实干兴邦；敢为天下先；等等），主要从其历史背景、文化内涵、时代价值三个方面进行全面而深刻的剖析，指出这十大观念早已突破地域和时代界限，成为全中国今天和未来不断发展的独特财富。

农民工公民资格研究

作者：葛笑如
书号：ISBN 978-7-306-04497-6
中图法分类：① D669.2 ② D911.04
定价：35.00 元
开本：16
出版时间：2013 年 3 月
责任编辑：施国胜
封面设计：曾斌
责任技编：黄少伟

本书在描述农民—市民、农民工—市民二元公民资格对比的基础上，重点对新世纪以来我国农民工公民资格发展的现状、动因进行了具体分析，并提出了一系列切实可行的对策措施。对农民工公民资格及其发展进行研究，探讨公民资格在中国发展的独特模式，在理论上可以进一步丰富公民资格理论；在实践上为解决其他社会弱势群体的公民资格发展问题提供借鉴，纠正社会不公，有助于社会主义和谐社会的构建。

社会工作法律法规：案例与应用

作者：黄匡忠
书号：ISBN 978-7-306-04680-2
中图法分类：D920.9
定价：28.00 元
开本：32
出版时间：2013 年 9 月
责任编辑：邹岚萍
封面设计：林绵华
责任技编：黄少伟

社会工作涉及众多法律法规，社会工作者在处理个案的时候必须认识法律，一方面在合法的情况下争取及维护受助人的最大权益，另一方面劝告受助人避免违反法律法规。本书详细介绍了社会工作相关法律法规，诸如劳动法、特殊群体保障法、婚姻法、保险法、社会救助法、医疗卫生法、教育法等，每一项法律制度都配有相关案例，并从法律和社会工作两大方面进行详尽解读，提出问题的核心，并提供解决之道，有助于专业社会工作者在实际工作中借鉴。

政治科学·行政管理学

为政之道

作者：任剑涛
书号：ISBN 978-7-306-03198-3
中图法分类：D61
定价：36.00 元
开本：16
出版时间：2008 年 10 月
责任编辑：周建华
封面设计：曹巩华
责任技编：黄少伟

本书论述了改革开放 30 年来广东省乃至中国施行的各项改革政策及其在社会进程中产生的良好效应，展示了中国改革开放以来的各项成果。

团体竞争力研究

作者：杨晓光
书号：ISBN 978-7-306-03212-6
中图法分类：G0
定价：36.00 元
开本：16
出版时间：2008 年 12 月
责任编辑：嵇春霞
封面设计：林绵华
责任技编：黄少伟

本书主要研究竞争及其理论的精神文化发展取向、精神文化层面团体竞争力的结构分析、团体竞争力的特征及其表现形式、团体竞争力形成与强化的精神文化条件、团体竞争力形成的途径、团体精神文化建设的战略与策略等内容。

宗教影响与社会主义意识形态主导研究

作者：郑永廷　江传月
书号：ISBN 978-7-306-03211-9
中图法分类：D635.0
定价：38.00 元
开本：16
出版时间：2009 年 1 月
责任编辑：徐镜昌
封面设计：贾萌
责任技编：黄少伟

本书阐述了宗教与社会主义意识形态是一种既相矛盾又可协调的关系。为了更好地发挥社会主义意识形态的主导作用和宗教的积极作用，就要全面正确贯彻党的宗教信仰自由政策，依法管理宗教事务。

构建社会主义和谐社会的价值观研究

作者：江传月
书号：ISBN 978-7-306-03410-6
中图法分类：D616
定价：25.00 元
开本：32
出版时间：2009 年 8 月
责任编辑：徐镜昌
封面设计：林绵华
责任技编：黄少伟

本书从构建社会主义和谐社会的实践和我国人民的价值观及其冲突的实践出发，分析价值观及其冲突的特点、成因和影响，进而论述协调价值观冲突，构建社会主义和谐主导价值观，并加强和改进价值观教育。

香港政党与选举政治（1997-2008）

作者：周建华
书号：ISBN 978-7-306-03448-9
中图法分类：D676.58
定价：36.00 元
开本：16
出版时间：2009 年 10 月
责任编辑：施国胜
封面设计：林绵华
责任技编：黄少伟

本书研究香港政党的形成发展、政治功能和特点，介绍香港在《基本法》的规定下，立法会、区议会和行政长官的选举制度，分别介绍了香港回归后 4 次立法会、3 次区议会和行政长官的选举情况等。

澳门公共行政案例研究

作者：娄胜华
书号：ISBN 978-7-306-03720-6
中图法分类：D676.593
定价：36.80 元
开本：16
出版时间：2010 年 8 月
责任编辑：施国胜
封面设计：贾萌
责任技编：黄少伟

本书选择澳门特区成立以来影响重大的公共行政与公共政策性事件，如博彩新政、公民参与、行政改革、就业政策、土地政策、福利政策、欧文龙贪腐等典型案例进行分析、评价与探讨，并就所涉问题提出独立的对策性意见。

美芹十论

作者：（宋）辛弃疾著　胡亚魁　杨静译注
书号：ISBN 978-7-306-04154-8
中图法分类：E892.442
定价：26.80 元
开本：32
出版时间：2012 年 5 月
责任编辑：冯海生
封面设计：蒋宏工作室
责任技编：柯娟娟

本书是对宋代著名诗人辛弃疾的奏论——《美芹十论》的收录和白话翻译。《美芹十论》是辛弃疾除了著名的诗词长短句外少有的长篇论著，真实反映了辛弃疾的生平、政治见解和军事才能，使读者更加深入地了解这位文武兼备的爱国诗人。

社会主义平等问题研究

作者：李冬俐
书号：ISBN 978-7-306-04227-9
中图法分类：① D033.4　② D081
定价：25.00 元
开本：32
出版时间：2012 年 8 月
责任编辑：徐诗荣
封面设计：曾斌
责任技编：何雅涛

本书主要由 4 个部分组成：一是导论，二是马克思恩格斯的平等思想，三是社会主义国家的平等实践，四是人的自由全面发展与人的平等。本书以马克思主义唯物史观为依据，分析了马克思恩格斯平等思想的特征，重点论述了社会主义国家平等实践的经验教训，并且着力阐述了人的自由全面发展与平等的关系。

转型时期我国政治整合问题研究

作者：王志勇
书号：ISBN 978-7-306-04214-9
中图法分类：D6
定价：23.00 元
开本：32
出版时间：2012 年 8 月
责任编辑：徐镜昌
封面设计：林绵华
责任技编：何雅涛

本书以改革开放以来中国社会转型为背景，结合翔实的文献资料，运用众多的政治学、社会学、心理学的经典理论，对转型期中国社会的政治、社会、文化和经济生态所表现出来的新的特征做了较全面、深入的实证剖析和透视，对新中国成立以来中国社会的政治整合机制做了较系统的梳理和客观评价。

中澳关系大趋势：利益共同体的构建与展望——纪念中澳建交 40 周年

作者：常晨光　喻常森
书号：ISBN 978-7-306-04376-4
中图法分类：D822.361.1-53
定价：35.00 元
开本：32
出版时间：2012 年 11 月
责任编辑：熊锡源
封面设计：林绵华
责任技编：黄少伟

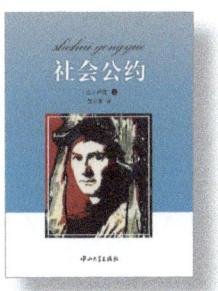

本书是中山大学外语学院和大洋洲研究中心为纪念中国和澳大利亚建交 40 周年而出版的文集，收录了两国大使的贺信文章，也收录了有关学者对中澳建交 40 年来历程的回顾和对未来关系发展的展望。这些研究视野开阔，立足现实与两国的长期友好关系，有理有据，内容翔实。

当代西方的科学社会主义运动

作者：倪新兵　王勇
书号：ISBN 978-7-306-04280-4
中图法分类：D0-0
定价：39.00 元
开本：16
出版时间：2012 年 12 月
责任编辑：徐诗荣
封面设计：曾斌
责任技编：黄少伟

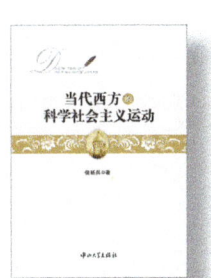

本书主要由三部分组成：一是对当代西方资本主义国家的新变化和工人运动现状进行了一个综合的分析；二是对"冷战"时期西方资本主义国家共产主义运动的分化及其对社会主义道路的探索进行了回顾，并对"冷战"期间国际共产主义运动的几个非主流派别的发展概况做了介绍；三是对"冷战"后西方发达资本主义国家共产党在低潮中艰难探索进行了分析，同时介绍了非主流派的社会主义的理论与实践。

社会公约

作者：（法）卢梭
书号：ISBN 978-7-306-04438-9
中图法分类：B565.26-53
定价：35.00 元
开本：16
出版时间：2013 年 2 月
责任编辑：刘丽丽
封面设计：曾斌
责任技编：黄少伟

本书是由英译本翻译而来的卢梭政治论文集，包括《社会公约》《论不平等的起源》《论艺术和科学》《爱弥尔》（节选）。书中论述的许多理念，如人性、自由、平等，曾对中华民族的民智启蒙和民族觉醒起到极大的作用，在今天仍有积极意义。

郑永廷文集

作者：郑永廷
书号：ISBN 978-7-306-04539-3
中图法分类：D6-53
定价：99.00 元
开本：16
出版时间：2013 年 5 月
责任编辑：章伟
封面设计：曾斌
责任技编：何雅涛

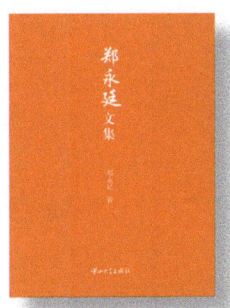

本书是作者 40 余年研究成果的汇集，包括马克思主义中国化和社会主义意识形态发展研究、中国特色社会主义文化发展和精神价值彰显研究、人的全面发展和人的现代化研究、思想政治教育理论与实践研究、马克思主义理论和思想政治教育学科发展研究 5 个部分共 60 篇文章。

政治意识过滤

作者：应国良
书号：ISBN 978-7-306-04607-9
中图法分类：B089.1
定价：35.00 元
开本：16
出版时间：2013 年 6 月
责任编辑：徐诗荣
封面设计：曾斌
责任技编：何雅涛

　　本书以政治意识过滤理论为核心，结合当代西方政治意识形态的控制机制，即一种政治意识的过滤机制，展开对法兰克福学派哲学的研究。第一部分主要介绍和分析法兰克福学派政治意识过滤理论；第二部分是对西方社会主流意识形态的构成及其政治功能进行分析，并且揭示其实现政治功能的具体运作机制；第三部分主要是揭示法兰克福学派对现代西方社会政治意识过滤机制形成的社会物质条件和运作的物质机制分析。

中澳关系的历史经验与发展现状

作者：喻常森
书号：ISBN 978-7-306-04597-3
中图法分类：D829.611-53
定价：30.00 元
开本：32
出版时间：2013 年 6 月
责任编辑：熊锡源
封面设计：林绵华
责任技编：黄少伟

　　本书是 2012 年 12 月在中山大学召开的纪念中澳建交 40 周年学术研讨会论文集，主要议题包括中澳关系历史演变、中澳经济关系、中澳安全关系及美国因素、中国崛起与中澳关系的调适等 4 个方面。论文作者希望从学术视野多角度多方位窥探中澳关系发展的背景、过程、现状并展望未来，具有一定的现实意义和历史价值。

法　学

中国法学 30 年（1978 — 2008）

作者：舒扬
书号：ISBN 978-7-306-03235-5
中图法分类：D920.0
定价：58.00 元
开本：16
出版时间：2009 年 1 月
责任编辑：李文
封面设计：纪泽西
责任技编：黄少伟

　　本书介绍了中国最近 30 年（1978—2008 年）法学最重要的法律、事件和人物。

内地与港澳法律体系的冲突与协调

作者：王仲兴　郭天武
书号：ISBN 978-7-306-03320-8
中图法分类：D920.0
定价：46.00 元
开本：16
出版时间：2009 年 6 月
责任编辑：王润
封面设计：巩华　绵华
责任技编：黄少伟

　　本书探讨内地与港澳法律在文化层面、法学层面、民商法层面上的异同之处，揭示其深层与表层的法律冲突，就如何解决冲突提出独到的见解，寻求合作的基础及方法，逐步使"两制"协调，并最终达致和谐统一的法律体系格局。

房地产税法之国际比较

作者： 杨小强　吴玉梅
书号： ISBN 978-7-306-03834-0
中图法分类： D912.204
定价： 39.80 元
开本： 16
出版时间： 2011 年 9 月
责任编辑： 王润
封面设计： 曾斌
责任技编： 黄少伟

本书就房地产税制中的应税与免税法律要件与判断基准进行了深入研究，主要比较中国与美国、英国、爱尔兰、加拿大、澳大利亚、新西兰以及新加坡等发达国家的房地产税法，为中国正在进行的房地产税制改革提出立法建议与理论支持。

正义与平衡

作者： 刘年夫　李挚萍
书号： ISBN 978-7-306-03847-0
中图法分类： D922.684
定价： 36.00 元
开本： 16
出版时间： 2011 年 11 月
责任编辑： 王润
封面设计： 曾斌
责任技编： 黄少伟

近年来，中国各地法院审理了多起与水域有关的环境公益诉讼案件，为了深入探讨水域污染公益诉讼的法律问题，中山大学法学院与广州海事法院组成课题组，共同研究广东海事审判㈠中的环境公益诉讼案件，完成了一份详细的报告。本书即为该报告的内容集成。

案说交通运输行政复议

作者： 广东省交通运输厅
书号： ISBN 978-7-306-04332-0
中图法分类： ① D925.305 ② 0922.145
定价： 38.00 元
开本： 16
出版时间： 2012 年 11 月
责任编辑： 裴大泉
封面设计： 林绵华
责任技编： 何雅涛

本书紧扣当前交通行政执法和交通运输行政复议的热点、难点问题，对行政复议机关在行政复议受理、审查、决定等环节中的职责、标准进行了全面深入的解读，并对行政执法过程中的典型案件进行了点评。该书实现了指导行政复议机关和服务执法实践二者之间的有机结合，既有对案例法律适用和执法技巧的评析，也有对法律理论的思索，每个案例来源于执法实践又不脱离于执法实践，同时体现了编者独特的理解和思考。

海南湿地生态立法保护研究

作者： 樊清华
书号： ISBN 978-7-306-04564-5
中图法分类： D922.684
定价： 28.00 元
开本： 32
出版时间： 2013 年 6 月
责任编辑： 刘丽丽
封面设计： 曾斌
责任技编： 黄少伟

本书主要围绕海南湿地生态立法保护展开，内容包括湿地概述、国外湿地保护立法与政策评述、中国湿地保护立法与政策评述、中国湿地保护专门立法研究、海南湿地基本概况及主要问题、海南湿地保护立法评述、海南湿地保护专门立法研究。

出版·传媒

科技编辑基础知识（共7册）（第二版）

作者：翁廉
书号：ISBN 978-7-306-02883-9
中图法分类：G232
定价：58.00 元
开本：32
出版时间：2009 年 7 月第 2 版
责任编辑：钟永源　李海东
封面设计：林怡
责任技编：黄少伟

本书主要讲述科技编辑应具备的基础知识。主要内容包括：科技编辑工程初阶，组稿与审稿，文章修改，现代汉语语法精要，量与范围、表格与插图、数字使用方法，统计学方法及其常见错误分析，校对指南。是编辑、校对、出版人员的工具书。

传媒经营变革

作者：郭全中
书号：ISBN 978-7-306-03485-4
中图法分类：G206.2-53
定价：22.00 元
开本：32
出版时间：2009 年 10 月
责任编辑：徐诗荣
封面设计：曹巩华　林绵华
责任技编：何雅涛

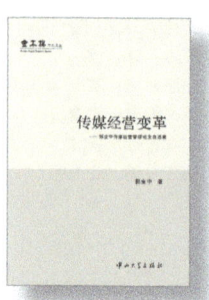

本书针对当前传媒业发展中存在的问题和发展趋势，从理论的高度对传媒业实践中的理念、战略、经营实践和管理实践进行了系统研究和论述。

影视文化对未成年人的影响与对策研究

作者：黄会林
书号：ISBN 978-7-306-03473-1
中图法分类：① J90 ② C913.5
定价：59.00 元
开本：16
出版时间：2009 年 11 月
责任编辑：邹岚萍
封面设计：曹巩华
责任技编：何雅涛

本书内容包括未成年人这一群体的媒介接触行为及特征、对民族影视作品的审美接受、电视节目类型喜好度、对电视广告的印象与消费、对"明星"和"暴力"等现象的认知等。

媒介社会学

作者：张宁
书号：ISBN 978-7-306-03731-2
中图法分类：G206.2
定价：39.80 元
开本：16
出版时间：2010 年 9 月
责任编辑：章伟
封面设计：林绵华
责任技编：黄少伟

本书用社会学原理和研究方法，分析阐述了大众传播媒介的传播过程、内容和现象，探究媒介与社会的相互影响的规律，有独到的见解和研究结论。

报纸突围

作者：王正鹏
书号：ISBN 978-7-306-03542-4
中图法分类：G219.561
定价：39.80 元
开本：16
出版时间：2010 年 12 月
责任编辑：王润
封面设计：朱嬴椿　刘俊
责任技编：黄少伟

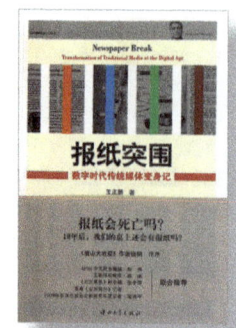

本书以英国大报的集体转型为切入点，透析全球数字化背景下的报业改革。以数字化、艺术化等全新的概念来叙述报业的改革新思路，为我国报业的突围之道提供实战性参考。

版权制度中的公共利益研究

作者：韦景竹
书号：ISBN 978-7-306-03766-4
中图法分类：D913.04
定价：32.00 元
开本：16
出版时间：2011 年 3 月
责任编辑：赵婷
封面设计：曾斌
责任技编：何雅涛

本书运用文献法、实践调研法、比较法、案例分析法等方法，研究了版权公共利益的内容、版权制度变革和信息技术发展对版权公共利益的影响，以及如何对其进行完善和维护。

传媒大转型

作者：郭全中
书号：ISBN 978-7-306-04731-1
中图法分类：G219.2
定价：32 元
开本：16
出版时间：2013 年 12 月
责任编辑：陈霞
封面设计：曾斌
责任技编：黄少伟

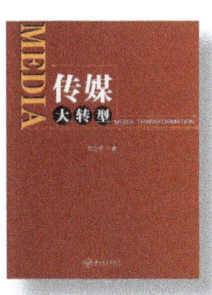

本书是作者在 2011 年推出《传媒业大变局》一书的基础上，继续研究传媒业在传媒业大变局的时代背景下如何科学地进行转型，系统地分析了传媒业的现状、环境变化、技术变迁、商业模式突变、国内的转型实践，进而提出了观念转型是导向、战略转型是方向、体制转型是保障、机制转型是动力、媒介转型是主体的整体转型框架。

教 育

沟通

作者：李延保
书号：ISBN 978-7-306-03046-7
中图法分类：G649.2
定价：48.00 元
开本：16
出版时间：2008 年 3 月
责任编辑：周建华
封面设计：曹巩华
责任技编：黄少伟

本书是作者从事高等教育管理工作的思考与研究的系统总结。

大学生危机事件管理

作者：漆小萍
书号：ISBN 978-7-306-03356-7
中图法分类：G647
定价：24.00 元
开本：32
出版时间：2009 年 7 月
责任编辑：邹岚萍
封面设计：雨田创意
责任技编：何雅涛

全书包括大学生危机事件管理概述、理念、预防策略、应急处置、善后处理、传播、心理援助、优势谈判及法律风险等内容。

上篇　30 年出版成果择录回眸

高校教师胜任特征模型研究

作者：牛端
书号：ISBN 978-7-306-03538-7
中图法分类：G645.1
定价：38.00 元
开本：16
出版时间：2009 年 11 月
责任编辑：曾纪川
封面设计：曹巩华　曾斌
责任技编：何雅涛

　　本书结合国际上对高校教师胜任特征模型的构建方式，采用工作分析与行为事件相结合的方法，说明哪些因素可以使教师在工作、科研上取得更大的成就。

中美基础教育名校行思录

作者：陈祥春
书号：ISBN 978-7-306-03732-9
中图法分类：① G639.2　② G639.712
定价：36.00 元
开本：16
出版时间：2010 年 9 月
责任编辑：王辉
封面设计：林绵华
责任技编：黄少伟

　　本书是作者在美国考察和学习基础教育的观感。书中结合中国基础教育的现状，从课程、教育考试评价、课堂、教师和学生等层面，做出一个比较完整的记录和反思。

研究型大学实行国库集中收付制度研究

作者：徐孝民　李善民
书号：ISBN 978-7-306-03775-6
中图法分类：① G647.5　② F812.2
定价：22.00 元
开本：32
出版时间：2010 年 11 月
责任编辑：徐诗荣
封面设计：林绵华
责任技编：何雅涛

　　本书较为系统地介绍了现阶段我国及国（境）外研究型大学推行国库集中收付制度的实践现状，探讨了该制度对我国研究型大学事业发展的利弊，并提出实施适于高校实际的政策建议。

中国高校学生事务管理

作者：漆小萍
书号：ISBN 978-7-306-03844-9
中图法分类：G645.5
定价：22.00 元
开本：32
出版时间：2011 年 4 月
责任编辑：刘丽丽
封面设计：方雷
责任技编：黄少伟

　　学生事务管理是高校教育管理的重要组成部分，本书从中国高校的实际出发，梳理出中国高校学生事务管理的内容体系、逻辑结构、管理范式，探讨了诸如事务、学生事务及学生事务管理等基础性概念，并重点介绍了中国高校学生事务管理所涉及的 10 个方面内容。

黄达人演讲录

作者：中山大学新闻中心
书号：ISBN 978-7-306-03889-0
中图法分类：G647-53
定价：198.00 元
开本：16
出版时间：2011 年 6 月
责任编辑：王俊辉
封面设计：贾萌
责任技编：黄少伟

　　本书为中山大学原校长黄达人教授的演讲录，包括公开演讲和媒体访谈两部分，时间跨度为 1999 年至 2010 年，汇集了这一时期的重要发言，反映了其治校理念，具有较高的学术价值。

法国共和制与公立初等教育的连带关系研究

作者：曾晓阳
书号：ISBN 978-7-306-04125-8
中图法分类：G556.59
定价：29.80 元
开本：32
出版时间：2012 年 3 月
责任编辑：章伟
封面设计：曾斌
责任技编：何雅涛

本书研究的是法国共和制与公立初等教育的连带关系。主要内容包括：旧制度下的初等教育；民族统一：法兰西共和制国家的立国基础；公立初等学校：保障民族统一的学校，共和国的学校，面向民众的学校；普及初等教育：共和国的基本教育方针；小学教员：从国民教师到共和国的轻骑兵；教科书：共和国的传播载体；等等。

现代婴幼儿教育学

作者：徐云峰　张国超
书号：ISBN 978-7-306-04217-0
中图法分类：G610
定价：45.00 元
开本：16
出版时间：2012 年 7 月
责任编辑：张礼凤
封面设计：林绵华
责任技编：何雅涛

本书分 3 编。第一编为家长学，主要研究家长和家长教育，介绍国际先进教育思想；第二编为婴幼儿教育概论，从理论基础到婴幼儿教育模式都渗透了全人教育理论；第三编为发达国家和中国婴幼儿教育的概况，拓宽了家长们的国际教育视野。

现代家长教育学

作者：李建辉　张国超
书号：ISBN 978-7-306-04309-2
中图法分类：G78
定价：50.00 元
开本：16
出版时间：2012 年 10 月
责任编辑：张礼凤
封面设计：林绵华
责任技编：何雅涛

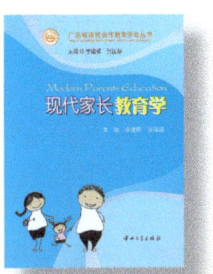

本书由家长学概论、家长教育哲学概论、家长教育史学概论和家长教育学概论 4 个部分组成，从家长、家长制、家长教育观念、家长教育实践以及国际比较教育等方面，系统阐述家长教育的历史、理论和实践，为推动中国教育改革发展做出积极贡献，促进民族振兴和国家繁荣。

大学生社会公益实践导论

作者：钟一彪
书号：ISBN 978-7-306-04370-2
中图法分类：G642.45
定价：20.00 元
开本：32
出版时间：2012 年 12 月
责任编辑：刘丽丽
封面设计：曾斌
责任技编：黄少伟

本书是大学生社会公益实践的理论著作，内容包括大学生社会公益实践的概念界定、伦理规范、项目设计、团队建设、资源拓展、冲突管理、法律分析、项目评估、总结报告、宣传推广及路径、方法等。

支架式教学：有效教学的生长点

作者：吴和贵
书号：ISBN 978-7-306-04521-8
中图法分类：G633.602
定价：35.00 元
开本：16
出版时间：2013 年 4 月
责任编辑：徐诗荣
封面设计：曾斌
责任技编：黄少伟

本书对支架式教学和有效教学等相关概念加以界定，并就国内外对其研究情况进行综述，比较支架式教学及其设计与传统教学及其设计的异同点和优劣。构建出高中数学支架式教学设计的基本原则、基本过程和基本模式，提出教学策略与实施程序，并就支架式教学课堂组织的基本环节、基本要素和基本准则进行分析。最后，通过课堂教学对比实验，来系统地阐述支架式教学理论在实际课堂中的运用。

中国独立学院调查报告

作者：李延保　屈琼斐
书号：ISBN 978-7-306-04371-9
中图法分类：G649.21
定价：48.00 元
开本：16
出版时间：2013 年 5 月
责任编辑：周建华　李霞
封面设计：林绵华
责任技编：何雅涛

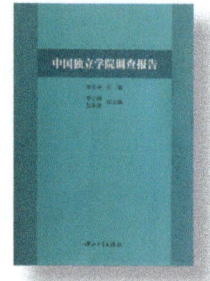

　　本书采用社会科学田野调查方法，整体观照和个案研究相结合，对中国独立学院的历史沿革，以及独立学院发展的使命与困惑、独立学院公益性与营利性的法律分析、独立学院发展的难题及其解决办法等进行实证分析与研究，并附上相关法律法规等。

大学生资助体系的国际比较与借鉴

作者：杨国洪　等
书号：ISBN 978-7-306-04517-1
中图法分类：G649.1
定价：24.00 元
开本：32
出版时间：2013 年 5 月
责任编辑：邹岚萍
封面设计：曾斌
责任技编：黄少伟

　　本书详细介绍了我国内地、港澳台以及英美日澳韩新等国家高校资助工作，比较了国内外高校助学机制的异同，在借鉴境外相关先进经验的基础上，为内地大学生资助工作提供更科学发展的手段和方法，具有较强的现实指导性和实操性。

社会工作嵌入高校学生工作研究

作者：张斯虹
书号：ISBN 978-7-306-04540-9
中图法分类：G645.5
定价：22.00 元
开本：32
出版时间：2013 年 5 月
责任编辑：刘丽丽
封面设计：曾斌
责任技编：黄少伟

　　本书研究的是社会工作介入高校学生工作的理论与方式，介绍了我国高校学生工作的历史和发展现状，以及社会工作介入高校学生工作的潜力与挑战，构建了制度性嵌入模型，并结合实践印证该模型，总结研究结论，对今后研究做出展望。

多元视阈下的高校学生事务管理

作者：王燕芳
书号：ISBN 978-7-306-04523-2
中图法分类：G645.5
定价：22.00 元
开本：32
出版时间：2013 年 5 月
责任编辑：刘丽丽
封面设计：曾斌
责任技编：何雅涛

　　本书由中山大学"985"三期"专业与社会实践项目"的子课题"学术共同体视野下高校学生事务管理的反思与创新"访谈稿整理而成，分教授篇、学工篇、校友篇和学生篇，收录了多篇相关的优秀采访稿，通过收集来自学校不同领域、学科和岗位的人员对高校学生管理事务工作的看法，实现多视角、多层次、多领域的思想对话和意见碰撞，从多个角度对学生事务管理进行深刻反思，为构建良好的学生事务管理体系提供更多的案例和建议。

中学数学教学与学生思维发展

作者：韩云桥
书号：ISBN 978-7-306-04659-8
中图法分类：G633.602
定价：48.00 元
开本：16
出版时间：2013 年 8 月
责任编辑：嵇春霞
封面设计：林绵华
责任技编：何雅涛

本书共 8 章。其主要内容为：第一章反思中学数学思维与教学的研究足迹，第二章简要梳理中学数学课堂的特点，第三章主要分析影响思维的智力因素，第四章谈有哪些"内容"与学生数学思维能力有关，第五章把教学认识论的新成果应用到数学教学上，第六章论述数学讲授法的意义和作用，第七章谈学生思维能力的训练，第八章讲教学活动中如何让学生的思维动起来。

当代青年学生发展取向研究

作者：许文贤
书号：ISBN 978-7-306-04748-9
中图法分类：G645.1
定价：32 元
开本：16
出版时间：2013 年 12 月
责任编辑：陈霞
封面设计：林绵华
责任技编：黄少伟

本书立足于当代社会的时代背景，以当代青年学生为特定的研究群体，从应然与实然相对比的角度，结合实证调查，对当代青年学生的发展取向进行了系统研究。全文共分 5 章展开论述：第一章是基本概念的阐释、基础理论的建构，第二章从应然视角对当代青年学生发展取向的维度与向度进行分析，第三章阐释了当代青年学生发展取向的时代背景与特征，第四章从实然视角对当代部分青年学生发展取向的困惑与成因进行了探讨，第五章从发展的视角阐述了当代青年学生发展取向的动态调节与优化。

当代国际小学外语课程发展研究

作者：王淑杰
书号：ISBN 978-7-306-03099-3
中图法分类：G623.302
定价：38.00 元
开本：16
出版时间：2009 年 12 月
责任编辑：赵婷
封面设计：林绵华
责任技编：何雅涛

本书采用比较教育研究的方法，在国际视野下以小学外语课程的三个发展问题为线索，展开对各国小学外语课程的具体教学实践的探索研究，试图构建新的小学外语课程体系。

中国学生专业英语阅读策略研究

作者：程立
书号：ISBN 978-7-306-03502-8
中图法分类：H319.4
定价：24.00 元
开本：32
出版时间：2010 年 2 月
责任编辑：熊锡源
封面设计：贾萌
责任技编：黄少伟

本书以 5 个中国英语专业大学生为研究个案，分析他们在英语阅读过程中使用的阅读策略。本研究运用定量分析方法和统计手段，研究成果对第二语言习得的教学有一定的意义。

英语教材发展概论

作者：王进军
书号：ISBN 978-7-306-03697-1
中图法分类：G633.411
定价：27.00 元
开本：32
出版时间：2010 年 8 月
责任编辑：葛洪
封面设计：贾萌
责任技编：何雅涛

本书采用历史研究法、结合比较法、文献分析法等比较教育的方法，对英语教材的过去、现在、未来进行了分析和研究，归纳了英语教材发展的规律，并对英语教材未来的发展趋势做出了预测。

英汉语篇和语法问题研究

作者：刘礼进
书号：ISBN 978-7-306-03941-5
中图法分类：① H314 ② H146
定价：32.00 元
开本：16
出版时间：2011 年 8 月
责任编辑：刘学谦
封面设计：林绵华
责任技编：何雅涛

本书以"编"为单元分成 4 个部分。着重从认知语用的角度研究英汉话语中的所指（指代）现象和话语（语篇）结构连贯现象，探讨句法学理论方案对汉语关系化结构生成的解释及应用。

经济·管理

旅游+地产

作者：董观志　张颖
书号：ISBN 978-7-306-03192-1
中图法分类：F592.6
定价：35.00 元
开本：16
出版时间：2008 年 11 月
责任编辑：杨捷
封面设计：曹巩华
责任技编：何雅涛

本书在企业战略管理的宏观视野下解构中央大型国有企业——华侨城集团的经典商业运作方案。

品牌优势+产业集群

作者：董观志　张颖
书号：ISBN 978-7-306-03196-9
中图法分类：F279.276.53
定价：35.00 元
开本：16
出版时间：2008 年 11 月
责任编辑：杨捷
封面设计：曹巩华
责任技编：何雅涛

本书揭示了华侨城集团实施中华锦绣工程和缔造欢乐谷、世界之窗、锦绣中华、康佳等著名品牌的根本规律与运作要点；阐述其借区域整体开发模式的产业集团优势跃居中国旅游、文化、地产、通讯电子四大领域行业领导者地位的战略管理实质和集团发展模式。

中国经济增长问题的计量分析

作者：符淼
书号：ISBN 978-7-306-03230-0
中图法分类：F124
定价：23.80 元
开本：32
出版时间：2008 年 12 月
责任编辑：邓启铜
封面设计：贾萌
责任技编：黄少伟

本书用空间计量等新方法，从技术扩散、收入分配和可持续环境三个角度分析中国经济发展问题，发现了技术溢出的门槛、地理模式、行业差异，发现收入不均问题、环境问题关键的和直接的影响因素，并提供实证的证据。

中国企业对外直接投资动因与策略分析

作者：刘阳春
书号：ISBN 978-7-306-03314-7
中图法分类：F279.23
定价：25.00元
开本：32
出版时间：2009年4月
责任编辑：徐诗荣
封面设计：贾萌
责任技编：何雅涛

本书对改革开放以来中国企业对外直接投资的产生、发展进行了阐述，对中国企业对外投资主体投资目标产生的多样化做了分析。

竞争、产权、规制与网络型基础产业绩效

作者：赵卓
书号：ISBN 978-7-306-03326-0
中图法分类：F416.67
定价：25.00元
开本：32
出版时间：2009年6月
责任编辑：徐诗荣
封面设计：林绵华
责任技编：黄少伟

本书从竞争机制、产权配置和建立有效的规章制度三个方面，对网络型基础产业如通讯业等进行了产业组织分析。

壮志凌云

作者：凌风
书号：ISBN 978-7-306-03364-2
中图法分类：F426.4
定价：28.00元
开本：16
出版时间：2009年7月
责任编辑：周建华
封面设计：贾萌 伟刚
责任技编：黄少伟

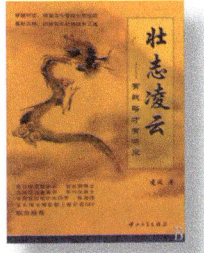

本书以中国高端B2B第一品牌——环球市场集团的成长与发展过程为依托，阐述了当前中国制造业的整体困局，提出要建立中国企业适合自身特点的战略定位，学习古今中外优秀的管理理念，努力打造以"中国制造"为优质标志。

黄金操盘 分析精要

作者：蔡睿
书号：ISBN 978-7-306-03386-4
中图法分类：F830.94
定价：45.00元
开本：16
出版时间：2009年8月
责任编辑：钟永源
封面设计：贾萌
责任技编：何雅涛

本书集中分析黄金交易基本要素、技术原理、K线的应用、趋势线及买卖与收市价平台，以及利用收市平台分析密集区、图表形态分析与波动平均线的计算方法等。

黄金操盘 攻防技巧

作者：蔡睿
书号：ISBN 978-7-306-03385-7
中图法分类：F830.94
定价：48.00元
开本：16
出版时间：2009年8月
责任编辑：钟永源
封面设计：贾萌
责任技编：何雅涛

黄金操盘，低买高卖，突破追货，如何盈利，得心应手，就要讲求技巧，并掌握买卖法则、判别收市平台的效力、图表形态的倒转、布林通道的实际应用、随机指数(STC)以及综合运用KDJ与MACD的技巧等。

遏制与崛起

作者：徐睿
书号：ISBN 978-7-306-03484-7
中图法分类：① F125.571.2 ② F124
定价：22.80元
开本：16
出版时间：2009年10月
责任编辑：王睿
封面设计：贾萌 王睿
责任技编：何雅涛

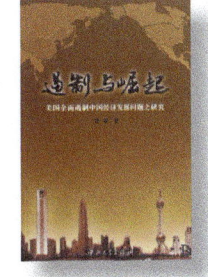

本书共分5章，分别为经济腾飞的中国、现实主义影响中美未来、美国全面遏制中国经济发展、中国需要尽快弥补自身缺陷、中国将在反遏制中崛起。

逆流与顺势

作者：孙雪梅
书号：ISBN 978-7-306-03529-5
中图法分类：① F831.59 ② F832
定价：24.00 元
开本：32
出版时间：2009 年 11 月
责任编辑：葛洪
封面设计：贾萌
责任技编：何雅涛

　　本书从透视全球资本市场每一次从危机中寻求机会以领跑世界，其将每次危机视作一次世界权力格局的易手与演化的历程加以分析，并深刻解析了后美元时代中国成为新的世界权力中心的可能性以及可能遭遇的困境，尤其是从深陷美元陷阱的日本获得的启示。

麦氏理论：破解成交量密码

作者：曹伟
书号：ISBN 978-7-306-03816-6
中图法分类：F830.91
定价：88.00 元
开本：16
出版时间：2010. 年 1 月
责任编辑：徐诗荣
封面设计：林绵华　张铭宇
责任技编：何雅涛

　　本书对股市分析中的成交量因素进行了详尽的分析，从成交量的理论、成因、表现和实战指导各个方面进行了深刻论述。全书分成交量、均量线、方法论、破解成交量操作密码、成交量分析步骤等 5 章。

舒立观察

作者：胡舒立
书号：ISBN 978-7-306-03602-5
中图法分类：F0-53
定价：26.00 元
开本：32
出版时间：2010 年 1 月
责任编辑：徐诗荣
封面设计：和合工作室
责任技编：黄少伟

　　本书是作者在担任《财经》杂志主编时为该杂志撰写的文章的集合，论题广泛，共分政经风云、法治天平、民生情怀、经济大势、金融激流、纵目全球等部分。

企业自主创新的影响因素及演化路径研究

作者：宋耘　曾进泽
书号：ISBN 978-7-306-03692-6
中图法分类：F273.1
定价：29.00 元
开本：32
出版时间：2010 年 6 月
责任编辑：杨捷
封面设计：曾斌
责任技编：何雅涛

　　本书分析了各种影响因素，提出了企业自主创新影响因素的分析框架，探讨了这些因素发挥作用的机制，同时对我国企业从模仿创新到自主创新的演进路径进行了探索。

孙子兵法与竞争优势

作者：李建中　虞孝成
书号：ISBN 978-7-306-03663-6
中图法分类：F270
定价：38.00 元
开本：16
出版时间：2010 年 7 月
责任编辑：徐诗荣
封面设计：林绵华
责任技编：何雅涛

　　本书作者为求将孙子兵法用于商业竞争，将现代战略学、策略学与管理学融合而成一套系统的思考、规划与执行模式，指导企业拟订竞争策略，以获得竞争优势。

创造奇迹：零起步 创财富

作者：丁树雄
书号：ISBN 978-7-306-03735-0
中图法分类：F279.1
定价：39.00 元
开本：16
出版时间：2010 年 8 月
责任编辑：杨捷
封面设计：林绵华 空明
责任技编：何雅涛

本书在细致解析企业家创业实践的同时，构建了各路创业者的"成功地图"，并理清这些成功实践之间的相互影响和匹配关系，从而描绘获得创业成功的路径及方法。

点穴：股票投资的痛与通

作者：汤光华
书号：ISBN 978-7-306-03978-1
中图法分类：F832.51
定价：35.00 元
开本：16
出版时间：2011 年 9 月
责任编辑：徐诗荣
封面设计：林绵华
责任技编：何雅涛

本书作者为中山大学管理学院的副教授，教授课程为财务管理与证券投资学。作者利用其深厚的学术功底对中国股票市场的各种现象进行剖析，对参与股市的各方行为进行解读，让股民和其他投资者能对自己的投资行为进行进一步的反思。本书共分为 6 章，即财理、牛股、估值、人性、大户、生存，每一章由若干小品文组成。

粤港澳区域经济合作发展研究

作者：周运源
书号：ISBN 978-7-306-03982-8
中图法分类：F127.6
定价：29.90 元
开本：32
出版时间：2011 年 9 月
责任编辑：蔡浩然
封面设计：曾斌
责任技编：何雅涛

本书按论文内容归类为上、中、下编，分别介绍了粤港澳经济合作、区域经济运行探索和中国经济特区发展与广东经济转型研究等内容，适合从事特区经济、粤港澳区域经济和教学研究人员阅读，对各级政府有关港澳部门的公务员也有参考价值。

珠三角专业镇的发展与创新系统的构建

作者：沈静
书号：ISBN 978-7-306-04035-0
中图法分类：F299.276.5
定价：28.00 元
开本：16
出版时间：2011 年 10 月
责任编辑：王睿
封面设计：林绵华
责任技编：何雅涛

本书首先全面系统地分析珠江三角洲专业镇的形成背景、过程、模式、空间分布和动力机制，提出"珠三角"专业镇创新系统的概念、特征及其理论框架，再分别分析专业镇的发展、创新系统，最后从空间的角度来分析专业镇创新系统的空间整合，以促进专业镇产业升级。

社会网络与集群企业竞争力研究

作者：代吉林 李新春
书号：ISBN 978-7-306-04079-4
中图法分类：F276.4
定价：28.00 元
开本：32
出版时间：2011 年 12 月
责任编辑：林彩云
封面设计：林绵华
责任技编：何雅涛

本书从集群企业层面研究其网络之构成，从而弥补了目前该课题理论界研究的不足。通过引入"知识获取"变量，本书更为清晰地解释了网络影响集群企业竞争力的过程。

私营企业关系运作、组织变迁与家族制度研究

作者：李孔岳　钱锡红
书号：ISBN 978-7-306-04062-6
中图法分类：F276.5
定价：39.00 元
开本：16
出版时间：2011 年 12 月
责任编辑：周建华
封面设计：曾斌
责任技编：何雅涛

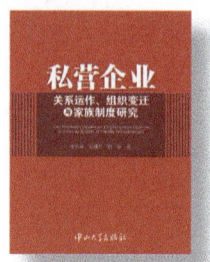

　　本书运用关系网络等相关理论，分析了中国私营企业关系运作与组织变迁的原因与过程，并以温氏集团为例，分析了私营企业家族化运作与公司化偏离的原因。

E-Business Entrepreneurship：A Greater China Perspective

作者：黎秀龄
书号：ISBN 978-7-306-04129-6
中图法分类：F724.6
定价：100.00 元
开本：16
出版时间：2012 年 6 月
责任编辑：刘学谦
封面设计：黎秀龄
责任技编：何雅涛

　　本书从大中华视角探讨电子商务创业，以阿里巴巴、百度等本土案例作为讨论背景，深入浅出，告诉读者如何利用资讯科技、管理知识及企业家精神，将创意转化为财富。

决胜终端：连锁经营之八大兵法

作者：周理彬　黄本新
书号：ISBN 978-7-306-04296-5
中图法分类：F717.6
定价：39.80 元
开本：16
出版时间：2012 年 9 月
责任编辑：徐诗荣
封面设计：曾斌
责任技编：何雅涛

　　本书以培养连锁经营的高素质技能型人才为目标，不但从理念、战略、战术、方法等多个层面多个维度进行解剖和呈现，还介绍了店铺运营的基本条件与内涵、解压门店经营的库存积滞、VIP 顾客管理的内容。本书名为终端，但不仅限于从终端进行阐述，亦从厂商角度如何面对市场一线进行剖析，力求从不同维度来阐述连锁经营的真谛。

房地产企业融资：业务匹配、金融支持与策略调整

作者：刘大志
书号：ISBN 978-7-306-04302-3
中图法分类：F299.233.5
定价：35.00 元
开本：16
出版时间：2012 年 9 月
责任编辑：翁慧怡
封面设计：林绵华
责任技编：黄少伟

　　本书研究的是由当前宏观经济调控和房地产行业发展进入临界状态所共同引发的学术和现实热点问题。其从大局震荡中的房地产企业的微观融资需求与策略调整出发，力图为房地产金融的系统性改善盘点创新基点。

ISO 26000 在中国

作者：黎友焕　等
书号：ISBN 978-7-306-04231-6
中图法分类：F270-65
定价：38.00 元
开本：16
出版时间：2012 年 9 月
责任编辑：曹丽云
封面设计：曾斌
责任技编：何雅涛

　　本书是国内第一部专门深入研究 ISO 26000 在中国传播的著作，是最新、最直观、最前沿、最权威的研究材料。无论是对国际企业社会责任的发展形势，还是对 ISO 26000 的核心内容，或者是与其他标准的比较分析，以及在中国应用的具体问题，本书都一一给出了详尽的答案和解释，为国内组织履行社会责任提供了可供参考的文件指南，有利于推动国内社会责任运动的发展，也有利于我国组织参与到全球化的竞争当中。

根深业茂：企业扎根与发展的实践

作者：邱明正
书号：ISBN 978-7-306-04199-9
中图法分类：F270
定价：39.00 元
开本：16
出版时间：2012 年 10 月
责任编辑：周建华　廖丽玲
装帧设计：卓风出版创意机构
责任技编：何雅涛

本书结合作者数十年中外企业经营管理的历练与智慧，通过翔实的案例、精彩的分析，提炼出"全方位管理"理论和实践方法。本书具有先进性和可操作性，值得企业内人手一本，深入研究应用，以便在经营管理时少走弯路、少犯错误，并能快速掌握和运用"全方位管理"智慧，从而稳扎根基、创新发展，进而达至根深业茂、基业长青。

成本控制力：降低成本创造利润的方法

作者：邱明正
书号：ISBN 978-7-306-04198-2
中图法分类：F275.3
定价：36.00 元
开本：16
出版时间：2012 年 10 月
责任编辑：周建华　赵丽华
装帧设计：卓风出版创意机构
责任技编：何雅涛

企业家的工作，就是开源节流，从而为企业创造更多的利润。在金融危机当中，开源越来越难，如何节流，才是企业家必须认真解决之事务。本书集作者 40 年之管理经验，向企业提供成本控制力之良方，从而为企业创造更多利润，提高核心竞争力。

麦氏理论：破解价格密码

作者：曹伟
书号：ISBN 978-7-306-04514-0
中图法分类：F830.91
定价：88.00 元
开本：16
出版时间：2013 年 4 月
责任编辑：徐诗荣
封面设计：林绵华　张铭宇
责任技编：何雅涛

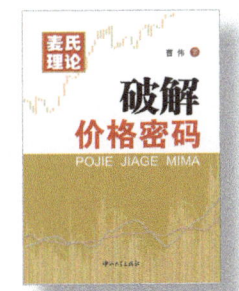

本书是麦氏理论的进一步阐述与应用。本书对股市分析中的组成价格因素进行详尽的分析，从价格的理论、成因、表现和实战指导各个方面进行了富有严密逻辑、指导实战性的深刻论述。全书共分为 5 章，包括价格、均价线、方法论、破解价格操作密码、价格分析步骤等内容。

公务酒店成长之路

作者：邝云弘
书号：ISBN 978-7-306-04520-1
中图法分类：F719.3
定价：60.00 元
开本：16
出版时间：2013 年 5 月
责任编辑：钟永源
封面设计：曾斌
责任技编：黄少伟

广州大厦从计划经济年代，从政府内部招待所走过来，在变革中选择一条有别于一般商务酒店的发展之路，树起了第一面"中国公务酒店"旗帜。本书讲述广州大厦从事业单位、企业改革、企业品牌、经营、管理、企业文化建设以及管理信息入手，打出"公务酒店"牌子，以全新的市场理念为出发点，进行的一系列改革创新，走出了一条崭新的阳光道路。

贵金属投资宝典之三：生存篇

作者：吕超　罗应杰
书号：ISBN 978-7-306-04603-1
中图法分类：F830.94
定价：48.00 元
开本：16
出版时间：2013 年 7 月
责任编辑：张松　钟永源
封面设计：曾斌
责任技编：何雅涛

本书分两大部分论述贵金属（黄金、白银、铂金、钯金）在交易市场的立足、生存，以及传统交易市场投资贵金属基本面的分析，如何投入（进仓），如何退出（出仓）的投资策略、方法和技巧等。本书是贵金属投资的实战手册，案例多，实战性强。

贵金属投资宝典之四：决胜篇

作者：吕超　罗应杰
书号：ISBN 978-7-306-04604-8
中图法分类：F830.94
定价：68.00 元
开本：16
出版时间：2013 年 7 月
责任编辑：张松　钟永源
封面设计：曾斌
责任技编：何雅涛

本书分两大部分论述贵金属（金、银、铂、钯）在投资交易市场如何决胜、如何赢利，以大量的投资走势线性图为实例，诠释如何寻找关键位置进场和出场机会，在生存的基础上，运筹帷幄，从中获利。本书是贵金属投资的实战手册，案例多，实战性强。

医学·药学

重型肝炎肝移植围手术期治疗学

作者：蔡常洁　陆敏强
书号：ISBN 978-7-306-03186-0
中图法分类：R657.305
定价：128.00 元
开本：16
出版时间：2008 年 10 月
责任编辑：阮继
封面设计：曹巩华　林绵华
责任技编：何雅涛

本书针对重型肝炎肝移植围手术期治疗的特殊性，结合编者的临床经验和体会，涵盖了重型肝炎的病理生理学改变，肝移植手术学、麻醉治疗学、肝移植术后护理、早期并发症处理、远期康复治疗和肝移植相关辅助检查等内容，重点讨论了重型肝炎肝移植术后围手术期处理技巧和合并重要器官功能病变时的治疗经验，使读者能够认识并掌握重型肝炎肝移植围手术期治疗的关键。本书以科学性和实用性为特点，内容丰富，融合重型肝炎内外科治疗的理论基础和国内外最新进展。

现代心脏超声诊断学

作者：杨莉　刘俐
书号：ISBN 978-7-306-03498-4
中图法分类：R540.4
定价：98.00 元
开本：16
出版时间：2010 年 1 月
责任编辑：张礼凤
封面设计：林绵华
责任技编：何雅涛

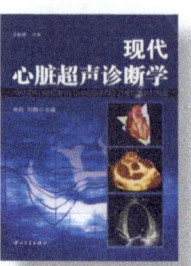

本书系统地阐述了心血管超声诊断的基本知识、常规检查方法、各种超声成像新技术及其在心血管领域的临床应用和研究进展。全书共 30 章、70 多万字、600 多幅图。

妇产科疾病超声诊断精要

作者：周力学　刘颖琳
书号：ISBN 978-7-306-03574-5
中图法分类：R710.4
定价：68.00 元
开本：32
出版时间：2010 年 3 月
责任编辑：鲁佳慧
封面设计：林绵华
责任技编：何雅涛

　　全书具体描述了各种妇产科疾病的超声形态学特征，在典型图像的获取及由超声图像的归纳分析得出诊断技巧方面做了必要的提示和引导。书中选取的超声图像涉及常见病、多发病、罕见病、疑难病及容易误诊为妇科疾病的跨学科疾病，同时还介绍了极端的、少见的混合病病变的超声图像分析。

现代中药材商品学

作者：税丕先　庄元春
书号：ISBN 978-7-306-03727-5
中图法分类：F762.2
定价：56.00 元
开本：16
出版时间：2010 年 8 月
责任编辑：邓启铜
封面设计：林棉华
责任技编：黄少伟

　　本书分总论和各论两大部分，较为全面地分别介绍了常用中药材的采收加工、包装、贮藏、鉴定、规格等级、性味功效、用量用法等内容，对市场上常用的作伪手段也有所揭露，教人如何识别真伪。

百问中风康复

作者：刘刚
书号：ISBN 978-7-306-04000-8
中图法分类：R743.3
定价：15.00 元
开本：32
出版时间：2011 年 10 月
责任编辑：赵丽华
封面设计：曾斌　刘楠
责任技编：黄少伟

　　本书全面介绍了中风康复的内容和要点，供内外科医师、患者家属了解中风康复的内容，供医学院校学生参考使用，供家属了解患者病情以发挥家属在中风患者康复中的巨大作用。

医疗卫生信息化项目管理实务

作者：郭扬帆
书号：ISBN 978-7-306-04117-3
中图法分类：R19
定价：50.00 元
开本：16
出版时间：2012 年 3 月
责任编辑：李海东
封面设计：何俐
责任技编：何雅涛

　　本书系统、全面地描述医疗卫生信息化实践的管理过程，将经典的项目管理理论和方法（包括五大过程组和九大知识体系）应用于卫生信息化，通过案例分析，传授给读者操作性很强的医疗卫生信息化项目管理实务。

战胜帕金森病

作者：中山大学附属第一医院神经科
书号：ISBN 978-7-306-04130-2
中图法分类：R742.5-44
定价：15.00 元
开本：32
出版时间：2012 年 4 月
责任编辑：鲁佳慧
封面设计：林绵华
责任技编：黄少伟

　　本书着重在帕金森病的外科治疗、康复治疗、家庭护理及营养支持方面做了较详尽的介绍，强调发挥患者自己及家人的作用，帮助患者及家人共同战胜帕金森病，这是之前的不少帕金森病科普图书不能媲美的。

心血管疾病预防与康复

作者：董吁钢　柳俊
书号：ISBN 978-7-306-04313-9
中图法分类：R54
定价：58.00 元
开本：16
出版时间：2013 年 2 月
责任编辑：曾纪川
封面设计：林绵华
责任技编：何雅涛

本书以血脂异常、糖尿病、高血压、吸烟、肥胖、饮食结构不良、缺乏体力运动和饮酒等多个相关危险因素为基础，并以动脉粥样硬化发生机制和治疗措施为主线条，从可防可控的危险因素，到识别可能获益的人群，重点阐述了心血管病预测和预防的相关知识。此外，本书还就心脏疾病康复的相关内容和二级预防的实施进展情况做了重点介绍，部分章节还贯穿着欧美和我国有关心脏病预防和康复方面的相关指南。

人体寄生虫学实验技术指南及彩色图谱

作者：张瑞琳
书号：ISBN 978-7-306-04563-8
中图法分类：R38-33
定价：28.00 元
开本：32
出版时间：2013 年 6 月
责任编辑：赵丽华
封面设计：曾斌
责任技编：何雅涛

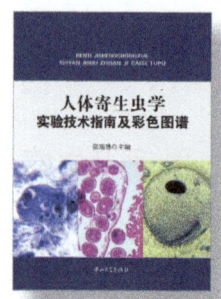

本书包括医学原虫、医学蠕虫、医学节肢动物、寄生虫切片、寄生虫超薄切片等实验技术；病原学诊断技术、免疫学检测技术、动物实验基本知识、实验室生物安全等章节，内容涉及常见人体寄生虫实验标本的采集、保存、制作技术；实验教学中常用的寄生虫动物模型构建、人工培养和饲养等实验技术；寄生虫组织切片制作技术；寄生虫的病原学检查操作方法、免疫学检测操作方法及其基本原理。

先天性心脏病 CT 诊断学

作者：杨有优　范淼
书号：ISBN 978-7-306-04655-0
中图法分类：R816.2
定价：180.00 元
开本：16
出版时间：2013 年 9 月
责任编辑：鲁佳慧
封面设计：林绵华
责任技编：黄少伟

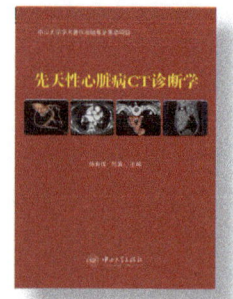

本书采用国际最新的先天性心脏病分类方法，收录病种全面，除常见病多发病外，增加了少见罕见疾病，对每种疾病从定义、病理、临床、胸部平片、CT 征象、鉴别诊断等方面进行了较为全面系统的介绍。全书以临床实用为出发点，包含 1000 余幅临床 CT 图片，可为临床医学影像诊断相关医生、研究人员、医学生提供很好的参考和指导。

实用儿童脑瘫畸形矫正手术学

作者：李智勇
书号：ISBN 978-7-306-04736-6
中图法分类：R748.05
定价：50.00 元
开本：16
出版时间：2013 年 11 月
责任编辑：曾育林
封面设计：曾斌
责任技编：黄少伟

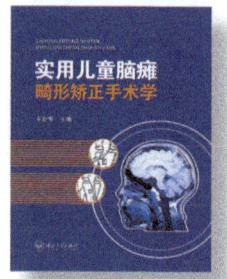

该书是国内较详细描述脑瘫病理、痉挛外科处理及手术方法的书籍。全书包括 20 多个章节，详细描述脑瘫手术的机理、适应症、禁忌症及手术步骤和技巧等方面。

职业卫生基础建设实务

作者：林炳杰
书号：ISBN 978-7-306-04750-2
中图法分类：R135
定价：25.80 元
开本：32
出版时间：2013 年 11 月
责任编辑：鲁佳慧
封面设计：林绵华
责任技编：何雅涛

本书主要介绍用人单位落实职业病防治主体责任、履行职业病防治义务所应当开展的基础工作，包括前期预防和劳动过程中的防护与管理等 10 项基本内容，以有效防控职业病危害事故。全书对法律条文理解透彻，对如何贯彻实施提供了专业的指导意见，书中所附的规章制度、应急预案等参考范本是在本地一些企业试用的基础上修订而成，同时介绍了近年来各地常见的一些职业病事故案例，对职业卫生监管人员及相关用人单位具有较高的实际参考价值和很强的可操作性，以帮助他们熟谙法律法规，能够依法监督办案，并具备识别、评价和控制职业病危害的相关知识，特别是要掌握本地区重点职业病危害的防治知识。

突发公共卫生事件典型案例现场调查方略

作者：王鸣 杨智聪
书号：ISBN 978-7-306-04735-9
中图法分类：R199.2
定价：60.00 元
开本：16
出版时间：2013 年 12 月
责任编辑：鲁佳慧
封面设计：曾斌
责任技编：何雅涛

本书介绍了目前国内各类常见的突发公共卫生事件，从发生、报告、调查、处理、分析、采样、检测、结论、反思全过程作详细介绍，且每一步均设计问题供读者思考，并附有参考答案，对实际工作极具参考使用价值，适用于公共卫生专业人员、政府相关人员参考使用。

年 谱

邹鲁年谱

作者：冯双
书号：ISBN 978-7-306-03513-4
中图法分类：K825.46
定价：198.00 元
开本：16
出版时间：2010 年 2 月
责任编辑：张礼凤
封面设计：贾萌
责任技编：何雅涛

本书全面、真实、客观地记录邹鲁生平，以邹鲁参与政治、经济等活动为主线，体现邹鲁抗日、爱国等政治思想，所记述的事件、人物均具有代表性。

皮陆年谱

作者：李福标
书号：ISBN 978-7-306-03807-4
中图法分类：① K825.6 ② I207.22
定价：39.00 元
开本：32
出版时间：2011 年 2 月
责任编辑：章伟
封面设计：林绵华
责任技编：何雅涛

本书通过对晚唐作家皮日休、陆龟蒙二人生平事迹的梳理，以见其交游唱和及为文学批评合称之因缘，说明皮陆二人文学创作之特点。

文 化

中国佛教文化传说

作者： 商景桂
书号： ISBN 978-7-306-02983-6
中图法分类： B94-49
定价： 27.00 元
开本： 16
出版时间： 2008 年 1 月
责任编辑： 王辉
封面设计： 曹巩华
责任技编： 黄少伟

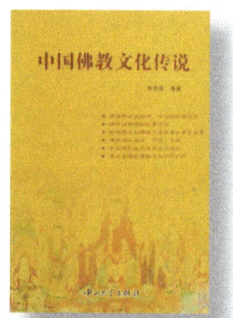

本书从普及中国佛教文化知识的目的出发，从众多的佛教故事和民间传说故事中精选 200 多个故事予以介绍，通俗易懂。

冼夫人文化全书

作者： 白雄奋 吴兆奇
书号： ISBN 978-7-306-03384-0
中图法分类： K828.5
定价： 138.00 元
开本： 16
出版时间： 2009 年 9 月
责任编辑： 钟永源
封面设计： 林绵华
责任技编： 何雅涛

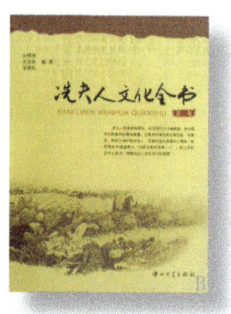

谯国夫人者，高凉冼氏之女也。世为南越首领，跨据山洞，部落 10 余万家。本书深入挖掘、整理和分析 1000 多年以来冼夫人的文化遗产、史料、考古、文献等珍贵的文化材料。

双重结构的日本文化

作者： 贾华
书号： ISBN 978-7-306-03539-4
中图法分类： G131.3
定价： 35.00 元
开本： 16
出版时间： 2010 年 4 月
责任编辑： 杨捷
封面设计： 曾斌
责任技编： 何雅涛

本书讲述了日本文化双重性形成的原因及特征、日本列岛文明的曙光、日本对中国隋唐文化的吸收与选择、日本文化和洋文化的冲突与融合、多种宗教信仰并存、日本化的儒学思想等内容。

子母绵掌全书

作者： 郭富强
书号： ISBN 978-7-306-03935-4
中图法分类： G852.14
定价： 28.00 元
开本： 32
出版时间： 2011 年 7 月
责任编辑： 丁俭
封面设计： 贾萌
责任技编： 何雅涛

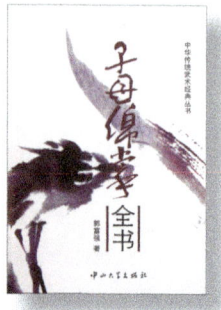

该书介绍了流传我国的子母绵掌套路，包括原有的和新编的两套；还介绍了子母绵掌的产生与发展，以及习武者应该具备的武德修养和习武过程中的注意事项。全书内容全面、文字简洁、图文并茂、可读性强。

考释百家姓（一）

作者：沙舟
书号：ISBN 978-7-306-04017-6
中图法分类：H194.1
定价：11.00 元
开本：32
出版时间：2011 年 10 月
责任编辑：刘丽丽
封面设计：林绵华
责任技编：黄少伟

　　本书是对北宋初人编写的《百家姓》、清代王相笺注的《百家姓考略》的考释，参考《左传》、二十五史、《中国通史》等资料，对《百家姓考略》进行逐一梳理、辨证，有较强的学术价值和资料价值。

考释百家姓（二）

作者：沙舟
书号：ISBN 978-7-306-04016-9
中图法分类：H194.1
定价：12.00 元
开本：32
出版时间：2011 年 10 月
责任编辑：刘丽丽
封面设计：林绵华
责任技编：黄少伟

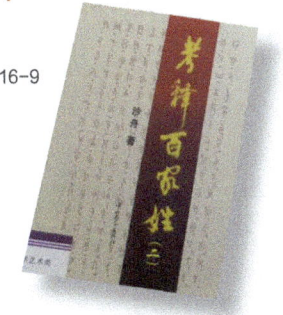

　　本书是对北宋初人编写的《百家姓》、清代王相笺注的《百家姓考略》的考释，参考《左传》、二十五史、《中国通史》等资料，对《百家姓考略》进行逐一梳理、辨证，有较强的学术价值和资料价值。

传统八卦枪

作者：李春玲
书号：ISBN 978-7-306-04053-4
中图法分类：G852.23
定价：28.00 元
开本：32
出版时间：2012 年 3 月
责任编辑：丁俭
封面设计：贾萌
责任技编：何雅涛

　　本书介绍了我国传统器械武术项目八卦枪的制作材料、规格、单个动作和练习套路，同时交代了八卦枪的历史沿革和传承系统，是我国传统武术文化的重要组成内容。

话语权的文化学研究

作者：陈开举
书号：ISBN 978-7-306-04324-5
中图法分类：G219.2
定价：30.00 元
开本：32
出版时间：2012 年 10 月
责任编辑：熊锡源
封面设计：林绵华
责任技编：何雅涛

　　本书分文化学基础研究、话语含意推理研究、话语权理论研究和话语权理论的应用研究 4 个部分，共含 19 篇文章，探索了有关当代文化研究领域话语权理论，并运用这些理论分析当前国内外一些突出的文化现象，具有理论价值。

中国精神生活发展与规律研究

作者：郑永廷　罗姗
书号：ISBN 978-7-306-04291-0
中图法分类：D648
定价：39.80 元
开本：16
出版时间：2012 年 10 月
责任编辑：章伟
封面设计：曾斌
责任技编：何雅涛

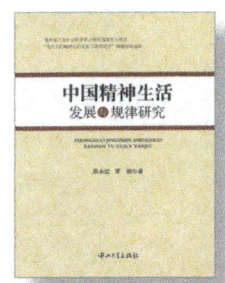

　　本书研究精神生活的概念与内涵、结构与功能、指导理论与相关知识。分别追述了中国古代和西方社会精神生活的演进、理论；重点研究了我国新时期人的精神生活的发展轨迹与现状；探索了交往与流动、学习活动、休闲活动过程中精神生活水平的提高；分析了当前精神生活所面临的新情况、新问题、新矛盾及其原因；概括了我国当前精神生活的发展具有现代性与传统性并存、超越性与滞后性兼有、层次性与起伏性交错的基本特征，提出了测评精神生活质量的指标体系；探究了精神生活发展的规律，提出了提高精神生活质量的思路与对策。

其他

信息资源管理的理论与实践

作者：程焕文　潘燕桃
书号：ISBN 978-7-306-03033-7
中图法分类：G203
定价：38.00 元
开本：16
出版时间：2008 年 4 月
责任编辑：王辉
封面设计：曹巩华
责任技编：黄少伟

本书是教育部"九五"规划信息资源管理项目的最终成果，集信息资源管理的最新成果于一书。

高仿真版射纸飞机（套装）

作者：郑根林设计　杨怀玉绘图
书号：ISBN 978-7-306-03778-7
中图法分类：J528.2
定价：130.00 元（共 5 册）
开本：16
出版时间：2011 年 4 月
责任编辑：李文
封面设计：郑根林　贾萌
责任技编：黄少伟

高仿真纸飞机是根据真实图片，按一定的比例，经电脑设计而成的。经过简单的剪切、折叠、粘贴，就可做成逼真的仿真飞机，并可投掷滑翔，还可通过调整机翼、尾翼的角度来调控飞机的飞行状态和方向。

建筑物倒塌动力学（多体－离散体动力学）及其爆破拆除控制技术

作者：魏晓林
书号：ISBN 978-7-306-03806-7
中图法分类：TU746.5
定价：35.00 元
开本：16
出版时间：2011 年 4 月
责任编辑：李文　黄龙飞
封面设计：曾斌
责任技编：黄少伟

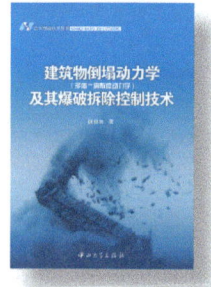

本书推导出了各种建筑物的 1～3 体倒塌的动力方程，提出它们的解析和近似解，分析了爆破拆除高烟囱、剪力墙、框架和排架等结构，以及多切口楼房的倒塌控制，解决了倾倒姿态预计、下坐、后坐、爆堆形态及其判断，控制倒塌措施等。

中国石油的丰碑

作者：张立生
书号：ISBN 978-7-306-03819-7
中图法分类：K826.16-53
定价：48.00 元
开本：16
出版时间：2011 年 5 月
责任编辑：李海东
封面设计：林绵华
责任技编：黄少伟

本书为纪念为中国石油呕心沥血的谢家荣教授而作，内容包括杰出的石油地质学家谢家荣、大庆油田发现前的陆相生油理论与谢家荣的贡献、谢家荣与中国石油大发现、20 世纪 50 年代石油勘探战略重点东移与大庆油田发现中的地质科学工作 4 篇长文，及谢家荣论中国找油战略的 8 篇文献。

猫有鱼吃还捉老鼠的 100 个理由

作者：笑脸兔
书号：ISBN 978-7-306-04163-0
中图法分类：J228.2
定价：22.00 元
开本：32
出版时间：2012 年 5 月
责任编辑：曾育林
封面设计：笑脸兔
责任技编：黄少伟

本书图文并茂地用漫画的形式剖析了猫有鱼吃还捉老鼠的 100 个理由。它重于"思维本身的乐趣"，把一个高考作文题，改造成了一个多角度的益智游戏。在 100 个"也许如此"的推论中，有滑稽噱头，有童心稚趣，也有针砭时弊、辛辣讽刺，而一些看似简单实则意蕴深长的哲理，也慢慢从夸张的画面中浮现出来。

术语相似度计算方法研究

作者：徐健
书号：ISBN 978-7-306-04307-8
中图法分类：TP391.1
定价：35.00 元
开本：16
出版时间：2012 年 9 月
责任编辑：曹丽云
封面设计：林绵华
责任技编：何雅涛

对术语相似度的研究，为多种知识发现和自然语言处理任务的开展创造了条件。本书在全面介绍当前各种典型术语相似度计算思路的基础上，针对应用中实际存在的问题，提出或改进了基于语词、语境以及网络资源的相似度指标计算方法，并设计实现了多种相似度指标高效集成计算模型，有效提高了术语相似度计算的综合性能。

◆ 人心要向学　导航在教材（教辅、教参）

普通高等教育"十一五"国家级规划教材

自然演绎逻辑导论

作者：陈晓平
书号：ISBN 7-306-02678-X
中图法分类：B812.23
定价：28.00 元
开本：16
出版时间：2006 年 3 月
责任编辑：李文
封面设计：郭志科
责任技编：黄少伟

本书在自然演绎系统的框架内阐述了演绎逻辑的基本内容，即命题逻辑、谓词逻辑、模态逻辑和三段论逻辑等，适用于大学文科学生的逻辑导论课教材，也适合于广大读者自学。

市场学原理（第三版）

作者：何永祺　傅汉章
书号：ISBN 7-306-02714-X
中图法分类：F713.5
定价：39.90 元
开本：16
出版时间：2006 年 9 月第 3 版
责任编辑：邹岚萍
封面设计：彭力
责任技编：黄少伟

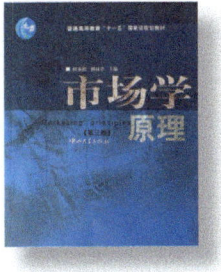

本版教材在原来版本的基础上，增加了市场学方面的新理论与新方法；另外，每章附有大量相关的案例和思考题。

现代社区概论（第二版）

作者：黎熙元
书号：ISBN 978-7-306-02903-4
中图法分类：C912.8
定价：39.00 元
开本：16
出版时间：2007 年 7 月第 2 版
责任编辑：李海东
封面设计：曹巩华
责任技编：何雅涛

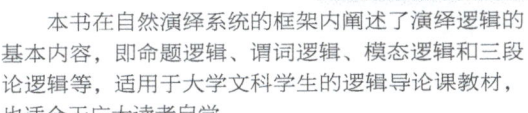

本书主要介绍社区的概念、基本类型和原理、研究方法以及社区的基本结构和变迁过程，并结合中国社区的状态与变化来阐明问题。

实用翻译教程（修订版）

作者：刘季春
书号：ISBN 978-7-306-02905-8
中图法分类：H315.9
定价：25.00 元
开本：32
出版时间：2007 年 8 月修订版
责任编辑：刘学谦
封面设计：曹巩华
责任技编：黄少伟

本书概括介绍翻译理论、重点讲述翻译实践中的共性问题，指导如何妥善处理经贸往来中的翻译问题。

管理学概论（第四版）

作者：邵冲
书号：ISBN 978-7-306-03136-5
中图法分类：C93
定价：35.00 元
开本：16
出版时间：2008 年 8 月第 4 版
责任编辑：刘学谦
封面设计：曹巩华
责任技编：黄少伟

本书吸收了国外最新的管理研究成果，介绍了管理学的基本概念、原理和方法；其理论体系采用管理职能框架，内容博采众长。

文化人类学概论

作者：周大鸣　秦红增
书号：ISBN 978-7-306-03139-6
中图法分类：C912.4
定价：48.00 元
开本：16
出版时间：2009 年 2 月
责任编辑：杨捷
封面设计：曹巩华
责任技编：黄少伟

本书首先对人类学、应用人类学、文化人类学的研究方法以及文化进行了简述，然后从族群、民族与种族，生计方式、家庭、亲属关系与继嗣，以及婚姻、性别、宗教信仰与仪式、艺术、变迁中的世界几个方面对文化人类学进行阐述。

古文字学纲要（第二版）

作者：陈炜湛　唐钰明
书号：ISBN 978-7-306-03546-2
中图法分类：H121
定价：56.00 元
开本：16
出版时间：2009 年 12 月第 2 版
责任编辑：裴大泉
封面设计：方楚涓
责任技编：黄少伟

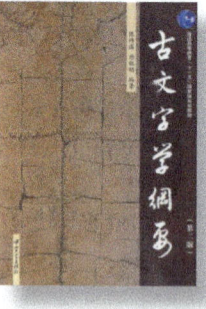

全书分为上、中、下 3 编。上编"总论"，综述古文字学的性质、作用，古文字的起源和发展，古文字的结构和演变，以及考释古文字的方法等，是关于古文字学的基本理论；中编"分论"，分别论述甲骨文、金文、战国文字的内容、类别、特点和演变规律，是关于古文字学的基础知识；下编"选读"，精选并摹录有代表性的各类铭辞近 200 例，附有释文和简注作为"读本"，读者可以从中领略先秦出土文献的概况，为进一步学习和研究打下基础。以上 3 个部分既互相联系，又互为补充，构成一个有机的整体。教材总体上侧重于汉语文字学的内容，但同时兼顾到铭刻学和出土文献等方面，适应于汉语言文学、历史学、考古学、文献学等不同专业、不同层面的需要，便于相关学科选用和参考。

汉字源流

作者：曾宪通　林志强
书号：ISBN 978-7-306-03794-7
中图法分类：H12
定价：59.00 元
开本：16
出版时间：2011 年 3 月
责任编辑：裴大泉
封面设计：方楚涓
责任技编：黄少伟

本书通过讲述我国传世和考古发现的大量文字资料，阐明汉字产生的背景和发展演变的历史，内容分叙说、通俗、初文、偏旁分析、特殊结构合体字辨析和源流释例 6 个单元。

鱼类生理学

作者：林浩然
书号：ISBN 978-7-306-03821-0
中图法分类：Q959.405
定价：49.80 元
开本：16
出版时间：2011 年 3 月
责任编辑：周建华
封面设计：曾斌 曹巩华
责任技编：黄少伟

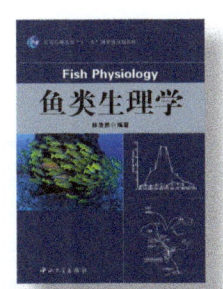

本书主要包括营养生理、摄食和消化生理、呼吸生理、代谢与生长、血液和血液循环生理、排泄和渗透压调节、生殖生理、内分泌生理、免疫、神经生理、感觉器官及其生理功能等方面的内容。

视觉人类学导论

作者：邓启耀
书号：ISBN 978-7-306-04673-4
中图法分类：① J90-05 ② C912.4
定价：55.00 元
开本：16
出版时间：2013 年 8 月
责任编辑：王润
封面设计：曾斌
责任技编：黄少伟

本书以"具有文献资料性质"作为定义的纪录片，为今后视觉人类学的学科定位，写下了最初的一笔。当记录人类文化的人类学意识在实践中逐步强化之后，从事影像记录的人，才开始摆脱对新技术的新奇追逐，进入对一门学科的深入关注。

普通高等教育"十二五"国家级规划教材

文献保护与修复

作者：林明 周旖 张靖 等
书号：ISBN 978-7-306-04136-4
中图法分类：G253.6
定价：68.00 元
开本：16
出版时间：2012 年 3 月
责任编辑：赵婷
封面设计：林绵华
责任技编：何雅涛

本书内容涉及载体与记录方式的损害原因与机理、预防方法、挽救措施、保护策略与管理四大主题，在总论各类载体与记录方式的损害原因与机理、保存环境的基础上，分别针对纸质载体和数字化资源讨论其文献保护与修复的方法、措施，最后探讨文献收藏机构的文献保护策略与管理的理论与方法。

法 学

高等院校法学专业民商法系列教材（1）

主编：张民安
开本：16
责任编辑：蔡浩然
封面设计：方楚娟

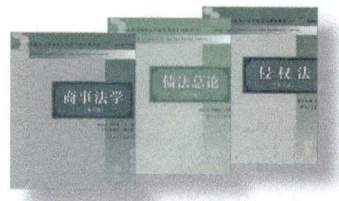

商事法学（第三版）

作者：张民安　刘兴桂
书号：ISBN 978-7-306-02916-4
中图法分类：D923.991
定价：55.00 元
出版时间：2007 年 8 月第 3 版
责任技编：黄少伟

本版在基本保留了第 2 版内容的基础上，根据近年来新修订的《公司法》《证券法》《合伙企业法》《破产法》和《物权法》等法规原则，对第 2 版的有关内容做了删改和增补，并力求反映最新的商法精神。本书从商事法的基本原则与理论、商事公司法、证券交易法、合同企业法、票据法、保险法、海商法、破产法等方面，对商事法学进行了全面阐述，同时对当代商事法的最新发展趋势做了介绍。

债法总论（第三版）

作者：张民安　李婉丽
书号：ISBN 978-7-306-03184-6
中图法分类：D913
定价：34.90 元
出版时间：2008 年 10 月第 3 版
责任技编：何雅涛

本书从债与债法、债的种类、不当得利之债和无因管理之债、债的效力、债的保全、债的担保、债的转移、民事法律责任及债的消失等方面，对债法的基本原理进行了全面的系统的阐述。

侵权法（第三版）

作者：张民安　梅伟
书号：ISBN 978-7-306-03185-3
中图法分类：D923
定价：39.90 元
出版时间：2008 年 10 月第 3 版
责任技编：何雅涛

本书从侵权行为法的基本理论、过错侵权责任的一般原则、各种形式的替代侵权责任、因侵害他人人格利益而承担的侵权责任、因侵害他人财产权益而承担的侵权责任，以及因物的行为而产生的严格责任、侵权损害赔偿的基本原则与侵权损害赔偿责任的抗辩等方面，对侵权法进行了全面的阐述，同时对侵权法的最新发展趋势做了介绍。

婚姻家庭法（第四版）

作者：卓冬青　郭丽红　白云
书号：ISBN 978-7-306-04273-6
中图法分类：D923.9
定价：49.90 元
出版时间：2012 年 9 月第 4 版
责任技编：何雅涛

本版援引了 2011 年全国人大常委会通过修订的《婚姻法》和《继承法》的最新法律条文，在第 3 版内容的基础上进行了增补和删改，使全书观点更新颖，引证法律更充分，章节布局更合理。本书从婚姻家庭的理论、婚姻关系、继承关系、涉外婚姻及继承法的适用等方面，对我国的婚姻家庭法进行系统的阐述；同时，对一些法律尚未规定但在现实生活中产生的社会现象也进行了分析和论证。

债权法（第四版）

作者：张民安　铁木尔高力套
书号：ISBN 978-7-306-04472-3
中图法分类：D923.3
定价：49.90 元
出版时间：2013 年 2 月第 4 版
责任技编：何雅涛

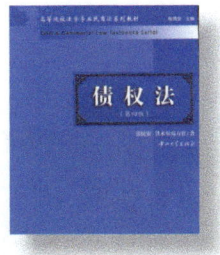

　　本书在第 3 版的基础上修订，从债法理论、债的主要渊源、债的效力、民事责任债、债的变动等方面，对债法的基本原理进行了系统阐述。

物权法（第四版）

作者：于海涌　马栩生
书号：ISBN 978-7-306-04611-6
中图法分类：D923.2
定价：48.90 元
出版时间：2013 年 6 月第 4 版
责任技编：何雅涛

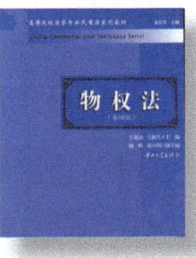

　　本书在第 3 版的基础上修订，包括 6 编 26 章，内容涉及物权法总论、所有权、用益物权、担保物权、民法特别法中的物权制度、占有等方面，对物权法进行了系统阐述。本书内容在第 3 版的基础上补充了物权法领域最新研究成果，援引了物权法的前沿理论及典型案例，力求反映物权法的最新发展趋势。

民法总论（第四版）

作者：张民安　王荣珍
书号：ISBN 978-7-306-04629-1
中图法分类：D923
定价：54.90 元
出版时间：2013 年 8 月第 4 版
责任技编：何雅涛

　　本书共 6 编计 17 章，主要包括民法的性质与功能、民法的基本原则、法律关系主体与客体、民事权利与义务、民事法律行为、时效与民法适用等内容，书中对民法基本知识和民法基本原理进行了系统介绍。

知识产权法（第四版）

作者：李颖怡
书号：ISBN 978-7-306-04733-5
中图法分类：D923.4
定价：39.80 元
出版时间：2013 年 11 月第 4 版
责任技编：何雅涛

　　本书在基本保留第 3 版内容的基础上，根据近年来立法机关修改通过的《著作权法》《商标法》《专利法》，以及 2012 年在北京签署的《视听表演北京条约》的相关内容，对原第 3 版内容进行了补充和修改，力求反映最新的知识产权法的内容。本书介绍了知识产权法的基本理论及知识产权的国际保护等内容，对知识产权法律制度从理论和实践方面进行系统的阐析。

上篇　30 年出版成果择录回眸

高等院校法学专业民商法系列教材（2）

主编：张民安
开本：16
责任编辑：蔡浩然

商法总则（第二版）

作者：张民安　龚赛红
书号：ISBN 978-7-306-02230-1
中图法分类：D923.99
定价：39.80 元
出版时间：2007 年 6 月第 2 版
封面设计：方楚娟
责任技编：黄少伟

　　本版在基本保留第一版内容的基础上，根据近两年来立法情况对部分内容做了重要修改。修改后的本书仍包括 5 编共 17 章，内容涉及商人、商行为、商事营业资产和商事事务公开等方面。

合同法（第二版）

作者：龚赛红　李婉丽
书号：ISBN 978-7-306-02919-5
中图法分类：D923.6
定价：49.90 元
出版时间：2007 年 8 月第 2 版
封面设计：方楚娟
责任技编：何雅涛

　　本版在保留第一版内容的基础上，根据近年来立法情况对部分内容做了重要修改，与我国现行《合同法》规定保持一致。本书包括 10 编共 30 章，内容涉及合同与合同法、合同的成立、合同的有效与无效、合同的对内效力、合同对第三人的效力、合同的变动、违约责任和各种具体的合同等方面，对合同法做了系统的阐述。

公司法（第二版）

作者：张民安　左传卫
书号：ISBN 978-7-306-02920-1
中图法分类：D922.291.91
定价：39.90 元
出版时间：2007 年 8 月第 2 版
封面设计：方楚娟
责任技编：何雅涛

　　本版在基本保留第一版内容的基础上，根据近几年的立法情况对部分内容做了修改。本书包括 5 编 16 章，内容涉及公司与公司法概论、公司设立制度、公司法的治理结构、公司组织结构的变更及公司的各种形式等方面，对公司法做了全面的系统的阐述。

海商法（第二版）

作者：王千华　向明华
书号：ISBN 978-7-306-02917-1
中图法分类：D922.294
定价：39.90 元
出版时间：2007 年 8 月第 2 版
封面设计：方竹
责任技编：黄少伟

　　本版在基本保留第一版内容的基础上，一方面对海事诉讼特别程序法内容做了较大篇幅的修改；另一方面强化了案例教学，增加了扩展阅读部分的案例。修订后的本书包括 6 编共 23 章，内容涉及船舶与船员、海商、海事、海上保险、海事争端解决程序等方面，对《海商法》的基本理论做了系统的阐述。

证券法（第二版）

作者：杨峰　左传卫
书号：ISBN 978-7-306-02965-2
中图法分类：D922.287
定价：39.90 元
出版时间：2007 年 12 月第 2 版
封面设计：方竹
责任技编：黄少伟

为了配合《证券法》的实施，本书在第一版内容的基础上，按照新证券法律法规进行修订。修订后的本书包括 4 编共 17 章，内容涉及证券法基本理论、证券发行与交易、证券市场及证券法律责任等方面，对证券法的基本理论与实务进行了系统阐述。

国际商法（第三版）

作者：吴兴光　黄丽萍
书号：ISBN 978-7-306-04473-0
中图法分类：D996.1
定价：39.90 元
出版时间：2013 年 2 月第 3 版
封面设计：方楚娟
责任技编：何雅涛

本书在第 2 版内容的基础上进行修订，从国际商法原理、合同法、国际货物买卖法、票据法、产品责任法、代理法、商事组织法、调整和管制国际贸易的法律制度、国际商事争议解决的法律制度等方面，对国际商法进行了系统阐述。

行政法与行政诉讼法

作者：陈咏梅
书号：ISBN 978-7-306-03024-5
中图法分类：① D922.1 ② D925.3
定价：39.90 元
开本：16
出版时间：2008 年 1 月
责任编辑：蔡浩然
封面设计：方楚涓
责任技编：何雅涛

本书 6 编共 29 章，较系统地阐述了行政法与行政诉讼法的基本概念、基本原理和主要制度；各章均按"学习目的与要求""案例""司法考试试题测试""复习思考题"的体例安排，体现了理论性与实用性的统一。

知识产权简明教程

作者：王救文　姚晓波
书号：ISBN 978-7-306-03137-2
中图法分类：D913
定价：17.00 元
开本：16
出版时间：2008 年 8 月
责任编辑：周建华
封面设计：曹巩华
责任技编：何雅涛

本书重点介绍了知识产权的基本概念、知识产权法律的主要条款以及国内外知识产权保护的基本常识。全书共分 7 章，吸收了国内外知识产权保护的新成果，并加以消化，形成具有易读易懂易操作的知识产权保护方面特色的普及教材；每章内容列有分析思考题，并附有 2～3 个相关案例，每个案例提出了法理分析要点，供学习者自己分析案由与法理。

法学概论（第二版）

作者：卢修敏
书号：ISBN 978-7-306-03535-6
中图法分类：D90
定价：39.00 元
开本：16
出版时间：2009 年 12 月第 2 版
责任编辑：嵇春霞
封面设计：曾斌
责任技编：何雅涛

由于我国经济社会发展迅速，初版书涉及的一部分重要法律被立法机关修改通过，为了及时跟踪新法内容以及满足教学需要，本书编者对合同法、知识产权法、经济法、劳动法、刑法、民事诉讼法等内容进行了适应法律内容的修改，其他部分也做了相应的文字调整。修改后的《法学概论》主要包括法学总论、宪法、民法、合同法、知识产权法、婚姻法、经济法、税法、劳动法、行政法、民事诉讼法、刑事诉讼法、行政救济法和国际法等，内容更加翔实全面，也更能满足教学需要。

香港法概论

作者：刘杏梅
书号：ISBN 978-7-306-03606-3
中图法分类：D927.658
定价：38.00 元
开本：16
出版时间：2010 年 2 月
责任编辑：嵇春霞
封面设计：曾斌
责任技编：何雅涛

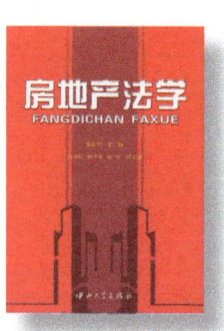

本书以香港特别行政区的现行法律为依据，系统地介绍了香港特区的主要法律制度及相关部门法的基本知识和原理。全书共 14 章，内容包括香港法律制度概述、香港的立法制度、香港的司法制度、香港的律师制度、香港宪法性法律、香港行政法、香港刑法、香港民事侵权法、香港家事法、香港合约法、香港知识产权法、香港刑事诉讼法、香港民事诉讼法、香港冲突法。

房地产法学

作者：黄远华
书号：ISBN 978-7-306-03768-8
中图法分类：D922.181.1
定价：69.90 元
开本：16
出版时间：2010 年 12 月
责任编辑：蔡浩然
封面设计：曾斌
责任技编：何雅涛

本书系统介绍了房地产业与房地产立法、房地产开发用地使用权出让与划拨、房地产开发的特点与原则、房地产抵押与房屋租赁、房地产权属登记与管理规定等内容。

刑法学（第四版）

作者：王仲兴　杨鸿
书号：ISBN 978-7-306-03989-7
中图法分类：D924.01
定价：58.00 元
开本：16
出版时间：2011 年 9 月第 4 版
责任编辑：王润
封面设计：曾斌
责任技编：黄少伟

本书以中国现行刑法典和修正案为基础，结合立法解释和司法解释，通过实践案例的例示，运用刑法学的基本法理，对刑法的基本知识、基本原理与原则和制度进行阐述与探讨。本书根据刑法典的基本框架，贯彻罪责刑体系思路，分为刑法总论与刑法各论两部分。

政治科学·行政管理学

行政管理学案例教程（第二版）

作者：江超庸　黄丽华
书号：ISBN 7-306-02753-0
中图法分类：D.035
定价：25.00元
开本：32
出版时间：2006年9月第2版
责任编辑：徐镜昌
封面设计：方竹
责任技编：黄少伟

这是一本把行政理论与行政案例熔于一炉，把知识传授与实践启发紧密结合，立足于简洁而有效地传授行政管理基础知识和最新研究成果的行政管理学教程。全书分为政府任务、政府建设、政府运作和政府保障4编。每编按专题分章，按章选配案例，依托案例和知识点设计思考题，力求理论逻辑、行政实践与学习需要的统一，能同时向读者提供行政理论知识、实证研究资料和学习思考向导。

政治学导论

作者：肖滨
书号：ISBN 978-7-306-03523-3
中图法分类：D0
定价：48.00
开本：16
出版时间：2009年11月
责任编辑：嵇春霞
封面设计：林绵华
责任技编：何雅涛

本书分现代国家、公民政治、现代政府、在公民与政府之间、政治文化5编。是为政治学、公共管理等社会科学专业的本科生编写的教材。总体论述框架富有逻辑，内容比较新颖，理论阐释与经验分析结合；研究视角具有独特性。既具理论色彩，又具实践价值。

领导学：理论、实践与方法（第四版）

作者：王乐夫
书号：ISBN 978-7-306-04518-8
中图法分类：C933
定价：38.00元
开本：16
出版时间：2013年3月第4版
责任编辑：施国胜
封面设计：林绵华
责任技编：黄少伟

本书在第3版基础上修订而成，核心内容由三大部分构成：何谓领导学，主要阐述领导学学科体系的基本界域问题；领导学体系的理论、实践与方法，主要阐述领导学讲些什么问题；建构领导文化，扩展领导学的学科视野。本版内容上有更新，体现与时俱进精神。

上篇　30年出版成果择录回眸

经济·管理

● **市场营销**

普通高等学校"十一五"市场营销专业规划教材

主编：郝渊晓
开本：16
责任编辑：蔡浩然
封面设计：林绵华
责任技编：何雅涛

分销渠道管理学

作者：彭建仿
书号：ISBN 978-7-306-03234-8
中图法分类：F274
定价：36.90 元
出版时间：2009 年 2 月

　　本书介绍了分销渠道结构、分销渠道成员与分销渠道成员关系管理、无店铺零售与连锁零售、分销渠道战略设计与组织模式、分销渠道资源配置与冲突管理、分销渠道物流与信息管理、国际分销渠道管理、分销渠道评估与分销渠道管理新视野等内容，对分销渠道管理从理论和实践方面进行了系统的阐述与分析。

商务谈判与推销技巧

作者：董原
书号：ISBN 978-7-306-03244-7
中图法分类：① F715.4 ② F713.3
定价：33.80 元
出版时间：2009 年 2 月

　　本书介绍了商务谈判与推销理论、谈判策略、推销技巧、推销程序、推销管理、价格磋商、商务沟通和商务礼仪等内容，对商务谈判与推销从理论和实践方面进行了系统的阐述和分析。本书理论联系实际，体现了理论性与实用性的统一；书中内容丰富，体例新颖，体现了导学性与趣味性的特点。

消费者行为学

作者：杨树青
书号：ISBN 978-7-306-03209-6
中图法分类：F713.55
定价：29.80 元
出版时间：2009 年 2 月

　　本书主要介绍了消费者消费决策与消费行为过程、消费者消费心理活动对消费行为的营销、消费者的需要与动机与消费者行为的营销、社会群体与家庭对消费者行为的影响等内容，并通过政治、经济、文化环境与流行、情境等方面的阐述，对消费者行为进行了分析。

公共关系学

作者：费明胜
书号：ISBN 978-7-306-03210-2
中图法分类：C912.3
定价：34.90 元
出版时间：2009 年 2 月

　　本书介绍了以下公共关系学的核心内容：公共关系学的社会组织、公众及传播的三大要素、公共关系的职能和作用、公共关系四步工作法、公共关系广告、公共关系语言艺术、公共关系礼仪、公共关系专题策划、公关文书，对公共关系学从理论和实践方面进行了系统阐述和分析。

网络营销学

作者：邓少灵
书号：ISBN 978-7-306-03334-5
中图法分类：F713.36
定价：35.90元
出版时间：2009年5月

本书系统介绍了网络营销的基本理论及技术基础、网络营销的机会及网络资源的利用、网络营销的战略制定、网络营销实施的策略、客户体验及客户关系管理策略、网络营销效果的评价方法等内容，对网络营销学从理论体系和方法体系方面进行阐述和分析。

国际市场营销学

作者：肖祥鸿　卢长利
书号：ISBN 978-7-306-03333-8
中图法分类：F740.2
定价：34.90元
出版时间：2009年6月

本书系统介绍了国际市场营销学的基本知识、国际市场营销环境、国际市场营销调研与预测、国际市场组合与目标市场选择、国际市场营销策略等内容，对国际市场营销学从理论和实践方面进行了阐述和分析。

营销策划学

作者：张鸿
书号：ISBN 978-7-306-03368-0
中图法分类：F713.50
定价：28.80元
出版时间：2009年7月

本书介绍了营销策划、市场调研策划、营销战略策划、产品策划、价格策划、营销渠道策划、促销策划、广告策划、公关策划、企业形象策划、顾客满意策划、网络营销策划和营销策划书等内容，从理论和实践方面对营销策划学进行了系统阐述和分析。

市场营销调研学

作者：蔡继荣
书号：ISBN 978-7-306-03369-7
中图法分类：F713.50
定价：39.90元
出版时间：2009年10月

本书介绍了市场营销调研学的对象和内容体系、市场营销调研方案的设计、市场营销调研方法、市场营销调研问卷设计与量表制作、市场营销调研抽样设计、市场营销调研资料的整理、市场营销调研数据统计分析、市场营销调研报告与撰写技巧等内容，从理论和实践方面对市场营销学进行了系统的阐析。

现代广告学

作者：李景东
书号：ISBN 978-7-306-03601-8
中图法分类：F713.80
定价：36.90元
出版时间：2010年3月

本书阐述了现代广告学的基础理论、广告运作实务、广告经营管理和国际广告等内容，特别是对广告心理原理、广告产品策划、广告创意与创作、广告媒体策划等广告运作实务进行了详细阐析，并对广告媒体发展趋势和新型广告媒体做了重点介绍。

市场营销学

作者：郝渊晓
书号：ISBN 978-7-306-03624-7
中图法分类：F713.50
定价：
出版时间：2010年4月

本书介绍了市场营销学的研究对象与研究方法、市场营销环境与绿色营销、市场营销策划与大市场营销战略、消费者购买行为与市场细分、市场营销调研与需求预测、企业形象识别与关系营销、产品包装与品牌策略、营销价格策略与分销渠道策略、企业市场营销诊断与绩效评估等内容，从理论和实践方面对市场营销学进行了系统阐析。

图解市场调查指南

作者：（日）酒井隆著　郑文艺　陈菲译
书号：ISBN 978-7-306-03043-6
中图法分类：F713.52-64
定价：43.00元
开本：16
出版时间：2008年3月
责任编辑：潘隆
封面设计：曹巩华
责任技编：黄少伟

本书作者酒井隆先生是日本市场调查界最活跃的人物之一。该书以图解的方式讲述市场调查理论与实践，可称得上是日本科学研究"分析主义"传统和科学知识大众化的典范，高深的理论在作者笔下成了人人都能读懂的"常识"。全书分两编描画了市场调查的全貌。上编对市场调查进行了详细的分类，并对调查的步骤、调查对象的确定、调查方法的选择、分析方法的采用等进行了具体的阐述；下编是该书的最大亮点，处处体现了令人生畏的统计学在与市场调查领域的读者碰面时的日本式的"亲善"。

市场营销（第二版）

作者：梁晓萍　胡穗华
书号：ISBN 978-7-306-03701-5
中图法分类：F713.50
定价：33.90元
开本：16
出版时间：2010年8月第2版
责任编辑：刘学谦
封面设计：贾萌
责任技编：何雅涛

本书以企业的市场营销管理为研究对象，强调营销的综合性、实践性和实用性。本书定位于初级水平，以为初学者讲述市场营销学的基本原理和基本方法为宗旨，简明、易懂，注重实用性。作者为读者提供了较完整的学习工具：穿插于每章中的"相关链接"以事例或法律条文帮助学生加深对相关问题的理解；每章后配备的"练习与思考"有助于学生把握各章的知识点；"案例研讨"有助于提高学生的综合分析能力和解决各种实际营销问题的能力。

市场营销学

作者：于雁翎　谭金凤
书号：ISBN 978-7-306-04216-3
中图法分类：F713.50
定价：32.00元
开本：16
出版时间：2012年8月
责任编辑：周建华　李霞
封面设计：曾斌
责任技编：何雅涛

本书较为全面系统地介绍了市场营销学的基本学科体系、原理和方法，从营销概念、营销环境、市场调研、市场细分、市场定位、营销策略、营销管理和控制，基本上按照管理学关于计划、组织、领导和控制的线索展开，在吸纳国外已有成果的同时，结合本国的教学实践，在结构安排、内容选择、理论与实践相结合等方面都具有较为明显的中国特色，是一本很好的市场营销入门教材。

营销策划实务

作者：李艳娥　余彦蓉　董平
书号：ISBN 978-7-306-04660-4
中图法分类：F713.50
定价：32.00元
开本：16
出版时间：2013年8月
责任编辑：杨文泉
封面设计：曾斌
责任技编：何雅涛

本书根据社会经济发展对营销岗位专业人才的需要，结合广州城市职业学院及兄弟院校教学团队多年的教学实践经验，邀请专业营销策划咨询公司的高级策划人员组成项目团队共同打造。本书依据建构主义学习理论、行为主义学习理论、人本主义学习理论，按照营销岗位及岗位群的工作任务与职业能力分析，进行框架设计、内容选择、遴选案例和实训项目。

● 物流

21 世纪高等院校物流创新系列教材

开本：16
封面设计：方蕾

物流信息管理学

作者：张宗成
书号：ISBN 7-306-02700-X
中图法分类：F.252
定价：29.90 元
出版时间：2006 年 6 月
责任编辑：蔡浩然
责任技编：黄少伟

本书从物流信息技术、物流管理信息系统、物流数据库及支持决策系统、RFID 射频识别技术在物流中的应用等方面，阐述了物流纤细化管理及相关内容。

物流管理学

作者：胡怀邦 郝渊晓
　　　刘全洲 马源平
书号：ISBN 7-306-02760-3
中图法分类：F.252
定价：33.50 元
出版时间：2006 年 8 月
责任编辑：周建华
责任技编：黄少伟

本书分 4 个部分。第一部分为现代物流的基本理论，在阐明现代物流的基本理论和原理的基础上，从发展物流系统的基本功能出发，对物流系统分析开发和评价进行了研究。第二部分从实现物流的空间效用和时间效用相互法，对现代物流的基本职能，包括包装、装卸搬运、运输、储存保管、流通加工、配送等进行了深入的阐述和分析。第三部分从现代物流所涉及的范围，分别就企业物流、城市物流、国际物流进行了系统的论述。第四部分从现代物流管理的发展及实际需要出发，对绿色物流、费用管理、电子商务下的物流管理等进行了有益的探讨。

物流技术与装备学

作者：裴少峰 曹利强 梁彤伟
书号：ISBN 7-306-02712-3
中图法分类：F.252
定价：28.90 元
出版时间：2006 年 8 月
责任编辑：蔡浩然
责任技编：黄少伟

本书把物流管理技术与装备紧密结合进行研究，从物流与物流技术导论、托盘与集装技术及相关装备、物资保管技术与装备、货物搬运技术与装备、货物分拣技术与装备、货物仓储技术与装备、包装技术、绿色物流技术，以及物流过程中所需的物流装备等方面，对物流技术与装备的基本理论与实践做了系统的阐述。

采购物流学

作者：郝渊晓　张鸿　马健诚
书号：ISBN 978-7-306-02803-7
中图法分类：F.274
定价：34.90 元
出版时间：2007 年 2 月
责任编辑：蔡浩然
责任技编：何雅涛

本书详细地介绍了采购与物流、采购计划管理、采购商品管理、供应商选择与评估、采购谈判策略、采购合同管理、采购过程管理、采购成本分析、库存控制、网络采购、采购技术、政府采购、采购风险管理与绩效评估、跨国采购中心、采购经理指数以及采购物流的发展趋势等基本知识，并对企业在采购过程中要解决的问题做了具体的阐述。

仓储与运输物流学

作者：张三省
书号：ISBN 978-7-306-02804-4
中图法分类：F252
定价：34.90 元
出版时间：2007 年 3 月
责任编辑：蔡浩然
责任技编：黄少伟

本书系统地介绍了现代仓储物流与运输物流的基本理论与基本方法。仓储物流部分主要介绍了仓库、仓储商务及库存管理与控制等内容，运输物流部分主要介绍了公路、铁路、水路及航空运输方式，以及运输成本管理与控制等内容。

国际物流学

作者：李华敏
书号：ISBN 978-7-306-02880-8
中图法分类：F252
定价：29.80 元
出版时间：2007 年 10 月
责任编辑：蔡浩然
责任技编：黄少伟

本书从物流产业与国际物流、国际贸易中的物流业务、国际物流设施与装备、国际物流的成本管理、国际物流标准化等方面，较全面地阐述了国际物流的基本理论；同时结合国际物流业务，着重介绍了操作要领和技能。

物流配送管理学

作者：王慧　郝渊晓　马健平
书号：ISBN 978-7-306-03270-6
中图法分类：F252
定价：39.90 元
出版时间：2009 年 2 月
责任编辑：李海东
责任技编：黄少伟

本书是由长期从事物流配送教学、研究和实践的各方面的专家，为满足高等院校物流教学的需要和物流企业人才培养的需要而编写的，是在 2001 年中山大学出版社出版的《现代物流配送管理》的基础上，进行了全面的修订，在结构及内容上进行了调整而重新编写的，是一本能够适应 21 世纪物流人才结构和运作能力要求的精品教材。

物流管理

作者：田宇
书号：ISBN 978-7-306-04620-8
中图法分类：F252
定价：49.00 元
开本：16
出版时间：2013 年 8 月
责任编辑：赵丽华
封面设计：林绵华
责任技编：何雅涛

本书共 12 章，介绍了物流管理、运输管理、仓储管理、需求预测与库存管理、物流管理信息系统、顾客服务、物流系统设计、物流组织管理、物流系统控制、国际物流管理、逆向物流管理和第三方物流等内容。

● 金融

21 世纪高等院校金融学创新系列教材

主编：郝渊晓
开本：16
责任编辑：蔡浩然
封面设计：方蕾
责任技编：黄少伟

书名	作者	书号（ISBN）	中图法分类	定价（元）	出版时间
国际金融学	骆志芳	7-306-02330-6	F831	32.90	2004.09
证券投资学	周宗安	7-306-02363-2	F830.91	33.90	2004.09
投资银行学	徐荣梅	7-306-02362-4	F830.33	34.90	2004.09
金融市场学	颜卫忠	7-306-02383-7	F830.9	34.90	2004.10
银行营销学	郝渊晓	7-306-02368-3	F830.33	39.90	2004.10
现代金融学	李雪茹	7-306-02575-9	F830	39.90	2005.09
金融工程学	许承明	7-306-02685-2	F830	28.80	2006.09
货币银行学	裴少峰	7-306-02769-7	F820	39.90	2006.10

国际金融市场（第二版）

作者：李翀
书号：ISBN 978-7-306-01783-3
中图法分类：F831.5
定价：16.00 元
开本：32
出版时间：2007 年 3 月第 2 版
责任编辑：李海东
封面设计：大象
责任技编：黄少伟

本书分外汇市场、欧洲货币市场、国际资本市场三个部分，每个部分又分现货市场、期货市场、期权市场三种类型，介绍了国际金融市场的交易品种、交易规则、交易程序、交易方法。另外，本书在说明国际金融市场运转情况的同时，也阐述了有关国际金融资产以及国际金融市场的理论。书后附有思考题，供读者复习、思考使用。

投资学（第二版）

作者：刘婵
书号：ISBN 978-7-306-03053-5
中图法分类：F830.59
定价：45.00 元
开本：16
出版时间：2008 年 4 月第 2 版
责任编辑：李海东
封面设计：罗春兰
责任技编：黄少伟

本书内容全面，结构清晰，在讨论市场架构、投资工具、组合理论、投资分析评估以及管理等方面的内容安排上，始终围绕着投资领域中风险和收益这条主线展开。本书在内容的安排上图文并茂，通俗易懂，便于读者掌握基本理论，并追踪理论新动态，关注中国新市场。

国际金融（第三版）

作者：邵学言　肖鹞飞
书号：ISBN 978-7-306-03723-7
中图法分类：F831
定价：38.00 元
开本：16
出版时间：2010 年 9 月第 3 版
责任编辑：刘学谦
封面设计：曾斌
责任技编：何雅涛

本书在第 2 版的基础上进行了较大幅度的修订，增加了最新的国际金融理论及业务知识，增加了国际资本流动、国际债务危机和国际货币危机的内容，充实了国际收支理论、汇率理论和汇率制度。

金融投资学

作者：刘晖　王秀兰
书号：ISBN 978-7-306-04432-7
中图法分类：F830.59
定价：33.00 元
开本：16
出版时间：2013 年 1 月
责任编辑：曾育林
封面设计：李芳芳
责任技编：黄少伟

金融投资学是研究金融投资的基本原理即金融资产投资运动及其经济关系的规律性、金融投资的决策方法，以及金融投资调控与管理的一门应用理论科学。本书分为上、下两篇，上篇为金融基础篇，包括金融概述、金融体系与机构、金融市场、货币与信用、利息与利率；下篇为投资进阶篇，包括投资概述、证券市场、证券投资与期货投资、外汇投资与私募股权投资。

书缘书镜——中山大学出版社 30 年出版成果汇编

● 管理学理论

管理心理学（第二版）

作者：吴晓义　杜今锋
书号：ISBN 978-7-306-03438-0
中图法分类：C93-05
定价：35.00 元
开本：16
出版时间：2009 年 9 月第 2 版
责任编辑：徐诗荣
封面设计：林绵华
责任技编：何雅涛

　　本书内容包括管理心理概述、个体心理与管理、需要动机理论与管理、激励理论与管理、态度理论与管理、人际知觉理论与管理、群体心理与管理、组织心理、领导心理与管理，内容新颖、案例丰富、练习形式多样，方便教学。

管理学教程（第二版）

作者：许洁虹
书号：ISBN 978-7-306-03672-8
中图法分类：C93
定价：30.00 元
开本：16
出版时间：2010 年 4 月第 2 版
责任编辑：刘学谦
封面设计：贾萌
责任技编：黄少伟

　　本书以一般组织的管理为研究对象，强调管理的共性，不仅适用于企业，也适用于学校、医院、机关等各种社会组织的管理。本书定位于初级水平，以为初学者讲述管理学的基本原理和基本方法为宗旨，简明、易懂、着重实用性。

管理学

作者：刘云东　等
书号：ISBN 978-7-306-03616-2
中图法分类：C93
定价：49.00 元
开本：16
出版时间：2010 年 7 月
责任编辑：曾纪川
封面设计：林绵华
责任技编：何雅涛

　　本书以管理的基础理论为基调，把握学科前沿并结合中国的现实国情，用轻松活泼的方式深入浅出地对深奥理论加以论述。

管理学

作者：刘婵
书号：ISBN 978-7-306-03746-6
中图法分类：F274
定价：38.00 元
开本：16
出版时间：2010 年 10 月
责任编辑：刘学谦
封面设计：林绵华
责任技编：黄少伟

　　本书以企业的市场营销管理为研究对象，强调营销的综合性、实践性和实用性，设计了"相关链接""联系与思考""综合案例分析"等板块。

管理学概论（第五版）

作者：邵冲
书号：ISBN 978-7-306-04083-1
中图法分类：C93
定价：30.00 元
开本：16
出版时间：2012 年 2 月第 5 版
责任编辑：刘学谦
封面设计：曾斌
责任技编：黄少伟

　　本书由 10 个单元组成，分别介绍了管理思想、组织环境、目标、计划、决策、组织结构、组织关系以及管理人员的任用与激励等。本书适合作为普通高等院校的管理类教材。

上篇　30 年出版成果择录回眸

● 企业管理

现代企业财务管理（第三版）

作者：刘娥平
书号：ISBN 7-306-01456-0
中图法分类：F275
定价：29.90 元
开本：16
出版时间：2004 年 9 月第 3 版
责任编辑：周建华
封面设计：冒君
责任技编：黄少伟

本书内容主要包括总论、财务管理的价值观念、企业资金的筹集、资金成本与资金结构、固定资产投资、证券投资、营运资金管理、利润管理、财务报表与分析、企业并购的财务管理、国际财务管理等。

企业商务运作管理

作者：林润惠　缪兴锋
书号：ISBN 978-7-306-02897-6
中图法分类：F270.7
定价：29.50 元
开本：16
出版时间：2007 年 8 月
责任编辑：熊锡源
封面设计：楚天
责任技编：黄少伟

本书理论联系实践，用简明的语言介绍了企业商务运作管理的各个方面，并通过各种生动形象的案例把精深的商务原理传达出来。

企业信息化的管理导入：教程与案例

作者：毛蕴诗　姜岳新
书号：ISBN 978-7-306-03204-1
中图法分类：F270.7
定价：30.00 元
开本：16
出版时间：2009 年 8 月
责任编辑：蔡浩然
封面设计：贾萌
责任技编：何雅涛

本书运用理论与文献研究、案例分析、归纳与演绎、实地调查与访谈等方法，对企业信息化的管理导入的理论进行系统介绍；围绕企业管理的基本问题，对企业经营管理信息系统的建立与实施过程进行分析和论证。

现代企业车间管理

作者：曹英耀　李志坚　曹曙
书号：ISBN 978-7-306-02875-4
中图法分类：F406.6
定价：30.00 元
开本：16
出版时间：2007 年 6 月
责任编辑：周建华
封面设计：曹巩华
责任技编：黄少伟

本书内容主要包括车间管理基础工作、车间领导班子建设、班组建设与民主管理、车间劳动与职工管理、车间生产作业管理、车间物料管理、车间设备和工具管理、车间生产现场管理和清洁生产、车间安全生产、车间经济核算、车间思想政治工作与企业文化建设等。

企业管理理论与实务

作者：肖祥伟
书号：ISBN 978-7-306-02945-4
中图法分类：F270
定价：38.00 元
开本：16
出版时间：2007 年 9 月
责任编辑：邓启铜
封面设计：曹巩华
责任技编：黄少伟

本书分 3 编，介绍了企业管理基础、面向过程的企业管理、面向对象的企业管理共 13 章的内容。企业管理基础主要介绍了企业管理的基本理论以及中外管理思想的演进等基础理论；面向过程的企业管理主要从企业管理的一般过程，包括战略、决策、计划、组织、领导、控制等方面介绍了传统的管理原理、管理职能的内容；面向对象的企业管理主要从人、财、物、产、供、销等方面分别介绍了企业管理的要素管理，具体包括人力资源管理、企业营销管理、生产与运作管理、物资与设备管理、质量管理、技术经济分析等内容。

中国企业：转型升级

作者： 毛蕴诗　吴瑶
书号： ISBN 978-7-306-03367-3
中图法分类：F279.23
定价： 39.80 元
开本： 16
出版时间： 2009 年 8 月
责任编辑： 蔡浩然
封面设计： 贾萌
责任技编： 何雅涛

本书论述了亚洲新兴经济地区企业转型升级的经验及政府在企业转型升级中所起的作用，通过大量优秀企业案例，探讨了其转型升级的方向、影响因素、路径和模式；书中还借鉴了深圳高新技术产业、我国台湾科学园区和新加坡企业等转型升级中的做法和经验，对我国企业明确转型升级方向及提高应对金融危机的能力具有重要的指导意义，也为我国政府制定有关政策提供了有益的参考。

跨国公司经营管理——案例与阅读材料

作者： 毛蕴诗　袁静
书号： ISBN 978-7-306-03673-5
中图法分类：F276.7
定价： 56.00 元
开本： 16
出版时间： 2010 年 7 月
责任编辑： 张礼凤
封面设计： 曾斌
责任技编： 何雅涛

本书是面向 MBA 的国际化经营教材，共分 13 章。主要介绍经济全球化时代大公司的基本生存方式、跨国公司对外直接投资的理论与例证、进入模式与取胜策略等内容。

现代企业管理

作者： 刘会福　蒋晶
书号： ISBN 978-7-306-04381-8
中图法分类：F270
定价： 32.00 元
开本： 16
出版时间： 2013 年 1 月
责任编辑： 徐诗荣
封面设计： 曾斌
责任技编： 何雅涛

本书内容完整，特色鲜明，理论充足，内容新颖，文、图、表有机结合，形式活泼，具有较强的可读性，便于理解和记忆。全书共设计了 10 个项目，即企业概述、企业管理基础、战略管理、营销管理、生产管理、质量管理、人力资源管理、财务管理、企业文化、企业管理信息化。每个项目均明确了"知识目标""技能目标"，同时以"开篇案例"为导入，帮助读者确定学习目标和激发学习兴趣；正文穿插了"相关链接"和"阅读与分析"，以增加信息量和提高读者思维能力；结尾处还编写了"项目小结""课后习题"和"案例分析"，帮助读者巩固所学知识。

上篇　30 年出版成果择录回眸

● 人力资源管理

人才资源管理学

作者：梁裕楷　袁兆亿
书号：ISBN 7-306-02701-8
中图法分类：C.962
定价：36.00 元
开本：16
出版时间：2006 年 5 月
责任编辑：施国胜
封面设计：方楚涓
责任技编：黄少伟

本书在系统介绍人才资源管理学基本理论的同时，力图反映人才强国战略的丰富内容，反映我国人才资源在管理实践和理论研究方面的最新发展。按照人才资源发展的客观逻辑和管理规律性，本书在概述人才资源管理制度演变过程和人才资源主要特点之后，着重阐述人才资源的生态系统、价值系统、信息交流和动力系统以及人才资源的开发、配置、使用等环节的丰富内容。

人力资源管理（第四版）

作者：王国颖　陈天祥
书号：ISBN 978-7-306-03975-0
中图法分类：F241
定价：39.80 元
开本：16
出版时间：2011 年 8 月第 4 版
责任编辑：章伟
封面设计：曾斌
责任技编：黄少伟

本书共分 8 章，涉及人力资源管理概述、工作分析、规划、招聘、培训、考核、薪酬、劳动关系和不同国家的人力资源管理模式比较。

项目人力资源管理与激励

作者：黄桂　付春光
书号：ISBN 978-7-306-04378-8
中图法分类：F224.5
定价：48.00 元
开本：16
出版时间：2012 年 12 月
责任编辑：章伟
封面设计：曾斌
责任技编：何雅涛

现代企业人力资源管理（第二版）

作者：孙海法
书号：ISBN 978-7-306-03755-8
中图法分类：F272.92
定价：53.00 元
开本：16
出版时间：2010 年 11 月第 2 版
责任编辑：刘学谦
封面设计：曾斌
责任技编：何雅涛

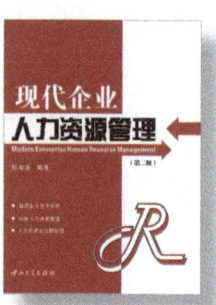

本书阐述了现代企业人力资源管理的基本原理及方法，紧扣现代企业人力资源管理的理论和实务，融合国外先进的人力资源管理理念，详细介绍了人力资源管理的流程中包括人力资源规划、工作分析与工作设计、人员选聘等技术。

现代人力资源测评理论与方法（第二版）

作者：刘小平　邓靖松
书号：ISBN 978-7-306-04127-2
中图法分类：F241
定价：39.80 元
开本：16
出版时间：2012 年 5 月第 2 版
责任编辑：张礼凤
封面设计：林绵华
责任技编：何雅涛

本书从人力资源测评的基本原理、测评技术和实际应用三个方面介绍了人力资源测评研究和实践的特色。第一章至第四章介绍了人力资源测评的概念、发展历史、科学原理及统计学基础，第五章至第八章介绍了各种人力资源测评技术的主要内容及其研究、应用进展，第九章和第十章介绍了人力资源测评在个体和组织中的应用。

本书详细阐述了项目人力资源管理与激励的方方面面：项目与项目激励，项目人员配置，项目绩效管理，管理学激励理论，经济学激励理论，了解项目成员，激励艺术与实务，项目人员配置，卡特尔的 16 种人格特质，工程建筑类项目的激励问题，等等。

● 财务管理

财务管理

作者：郭凤林　宋常
书号：ISBN 978-7-306-03291-1
中图法分类：F275
定价：34.80 元
开本：16
出版时间：2009 年 3 月
责任编辑：邓启铜
封面设计：贾萌
责任技编：黄少伟

本书根据我国最新的《企业财务通则》《企业会计准则》《公司法》和《企业所得税法》的要求，以现代国际财务理念为出发点，以所有者、经营者、财务经理三者的财务行为为基础，以企业的财务活动或资金运作为主线，以财务决策与控制为重点，按照企业资金的筹集、资金的投放与收益的分配、财务分析、国际财务管理的顺序展开。

财务管理

作者：刘婵
书号：ISBN 978-7-306-03417-5
中图法分类：F275
定价：49.00 元
开本：16
出版时间：2009 年 8 月
责任编辑：李海东
封面设计：罗春兰
责任技编：何雅涛

本书分财务管理基础、财务管理内容、财务管理扩展三大部分共 13 章，以企业投资、筹资、营运资金管理和股利分配等理财循环为主线，吸收西方先进理论并结合我国的理财实践，阐述企业价值创造的基本理论与方法，为学生将来从事财务管理的实际工作或科学研究奠定良好的理论及方法基础。

● 会计

会计真账实操技巧与训练系列

作者：邹梅全　邹华勇
开本：16
责任编辑：李文
封面设计：曹巩华
责任技编：黄少伟

速达 3000XP 财务软件实操

书号：ISBN 978-7-306-03076-4
中图法分类：F232
定价：30.00 元
出版时间：2008 年 6 月

　　本书以一家从事商品生产、商品销售的服装公司为例，从公司刚刚成立，到月终结转利润，整个经营活动流程都用速达 3000XP 会计软件以实际操作的方法，用形象真实的图表展示，使读者一看就懂、一学就会。

会计手工账真账实操

书号：ISBN 978-7-306-03075-7
中图法分类：F231
定价：38.00 元
出版时间：2008 年 6 月

　　本书以一家从事商品生产、商品销售的服装公司为例，从公司刚刚成立，到月终结转利润，整个经营活动流程都是用手工做账的方法，用形象真实的图表展示，使读者一看就懂、一学就会。

金蝶 KIS 标准版财务软件真账实操

书号：ISBN 978-7-306-03264-5
中图法分类：F232
定价：25.00 元
出版时间：2009 年 3 月

本书以一家从事商品批发销售、房地产中介服务行业综合企业为例，从公司刚刚成立到月终结转利润，整个经营活动流程都用金蝶KIS标准版财务软件实际操作，形象真实，使读者一看就懂、一学就会。

用友 V8.5 财务软件真账实操

书号：ISBN 978-7-306-03266-9
中图法分类：F232
定价：30.00 元
出版时间：2009 年 3 月

本书以一家从事商品批发销售、酒店服务行业综合企业为例，从公司刚刚成立到月终结转利润，整个经营活动流程都用友V8.5财务软件实际操作，形象真实，使读者一看就懂、一学就会。

管家婆辉煌版财务软件真账实操

书号：ISBN 978-7-306-03265-2
中图法分类：F232
定价：28.00 元
出版时间：2009 年 4 月

本书以一家从事商品生产、商品销售的服装公司为例，从公司刚刚成立，到月终结转利润，整个活动流程都用管家婆辉煌版财务软件，以实际操作的方法，用形象真实的账单图表展示，使读者一看就懂、一学就会。

会计做账基本常识

书号：ISBN 978-7-306-03274-4
中图法分类：F231.4
定价：36.00 元
出版时间：2009 年 7 月

本书介绍了会计做账需要掌握的各种基本知识，它对于会计从业人员，特别是初入门者，在实际操作中有很高的参考价值。另外，通过模拟学习，让读者达到真正提高实际账务处理能力的目的。

本书着重介绍了Word文档的排版、编辑以及如何编制表格，重点演示了Excel表格的编制以及各种公式的设置。这对于没有安装财务软件的小型企业、个体工商户、家庭账务等等，具有十分重要的实用性。

会计综合实习账套

作者：苏淑欢
书号：ISBN 978-7-306-03379-6
中图法分类：F231.4
定价：93.40 元
开本：16
出版时间：2010 年 2 月
责任编辑：李文
封面设计：曹巩华
责任技编：黄少伟

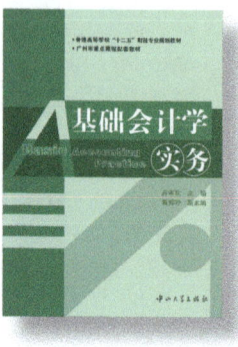

本书较详细地介绍了实习操作规程，系统地介绍了会计凭证的填列，会计账簿的开设、登记、结账，会计报告表填制要求以及财务会计报表分析的基本理论和方法。对于一些难度较大、容易混淆的业务，增加了必要的提示。本书采用审单分析业务办法，提供仿真的原始凭证，实习者必须通过审核单据，分析经济业务，进而进行会计处理，从而改变只看题目不审单的做法；本书还提供上年报表及有关资料，具有较强的可操作性。

基础会计学实务

作者：苏淑欢
书号：ISBN 978-7-306-03716-9
中图法分类：F230
定价：35.00 元
开本：16
出版时间：2010 年 9 月
责任编辑：李文
封面设计：曾斌
责任技编：黄少伟

本书前身为《基础会计学实操》，内容保持以往的水准，并全面更新，包括收款凭证、付款凭证、转账记账凭证、现金日记账、银行存款日记账、明细账、总账、会计报表等，实例丰富，贴近生活，是相关专业人士学习必选教材。

新编会计岗位实操

作者：王颖　张道军
书号：ISBN 978-7-306-04228-6
中图法分类：F275.2
定价：33.00 元
开本：16
出版时间：2012 年 8 月
责任编辑：徐诗荣
封面设计：曾斌
责任技编：黄少伟

本书以模拟企业的典型经济业务为载体，采取分会计岗位操作的方法，从初始建账，到填制和审核原始凭证和记账凭证、登记账簿、成本计算、财产清查，一直到编制财务会计报告，系统、综合地完成了会计核算全过程的实训。

会计学原理

作者：汤孟飞
书号：ISBN 978-7-306-04379-5
中图法分类：F230
定价：32.00 元
开本：16
出版时间：2013 年 4 月
责任编辑：曾育林
封面设计：曾斌
责任技编：黄少伟

本书作为会计学及相关专业教材，每章设有"学习目的与要求""复习思考题""综合练习题"，便于学生学习巩固。全书共分 13 章，即会计与会计目标、现代会计的类型与职能、现代财务会计的法规体系、手工财务会计的一般程序和记账方法、会计事项与借贷记账法的运用、会计凭证及填制、会计账簿的登记、财产清查、财务报告、手工会计的核算程序、电算化会计的一般程序、会计人员、会计机构与会计档案管理。

会计电算化教程

作者：黄正瑞
书号：ISBN 978-7-306-04683-3
中图法分类：F232
定价：32.00 元
开本：16
出版时间：2013 年 9 月
责任编辑：曾育林
封面设计：曾斌
责任技编：黄少伟

本书是一本面向高职会计及财经类专业的会计电算化教材。全书共 8 章，在介绍会计电算化基本概念与实施方法的基础上，以用友 U8-ERP 软件为蓝本，涉及系统管理、基础设置、总账、报表、薪资、固定资产、应收、应付八大功能，附有 10 个实训题，可操作性强。

会计岗位综合实训教程

作者：张学勤　万毅
书号：ISBN 978-7-306-04670-3
中图法分类：F230
定价：30.00 元
开本：16
出版时间：2013 年 9 月
责任编辑：李文
封面设计：曾斌
责任技编：黄少伟

本书结合新会计准则、企业会计制度，将一个会计期间的完整账套处理，按情景业务内容设置，全面展示会计核算运行流程。全书分实训基础资料、项目—岗位实训、综合练习 3 章，以全盘账套的形式设置综合练习，希望学员自己动手，独立完成岗位训练，同时提供了会计核算的考核指标，意在帮助学员随时检验自己对岗位会计账务处理、尤其是对全盘账套处理掌握程度的把握。

● 税务

中国税制（第三版）

作者：于海峰　石卫祥　闫学英
书号：ISBN 978-7-306-03247-8
中图法分类：F812.422
定价：39.80 元
开本：32
出版时间：2009 年 8 月第 3 版
责任编辑：章伟
封面设计：林绵华
责任技编：何雅涛

本书以我国现行的税收法律、法规、暂行条例、实施细则及相关规定为依据，在介绍税收制度基本理论的基础上，对我国现行税制体系做了系统详尽的阐述。

纳税基础与实务

作者：赵贵臻　刘惠君
书号：ISBN 978-7-306-03629-2
中图法分类：F812.42
定价：38.00 元
开本：16
出版时间：2010 年 4 月
责任编辑：邓启铜
封面设计：熊蓉
责任技编：黄少伟

本书将税收基础、国家税收、纳税会计三课相结合，以最新的税务理论和税法为基础，构建企业纳税所需的税收理论、税收制度、税收管理等实务。

● 统计学

现代统计学原理（第三版）

作者：陈平　李兆和
书号：ISBN 7-306-01251-7
中图法分类：C8
定价：16.00 元
开本：32
出版时间：2004 年 3 月第 3 版
责任编辑：邹岚萍
封面设计：湘羊
责任技编：黄少伟

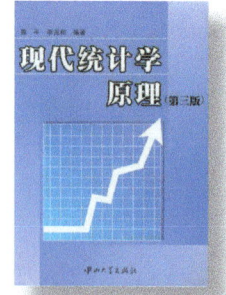

本书是为适应统计工作进一步规范化、标准化并与国际标准接轨的新要求而编写的现代统计学教材。书后附有多种类型的习题，便于复习思考和自学。

简明统计学原理

作者：张清太　张玉芳
书号：ISBN 7-306-02758-1
中图法分类：C8
定价：24.00 元
开本：16
出版时间：2006 年 9 月
责任编辑：张礼凤
封面设计：曹巩华
责任技编：黄少伟

本书主要介绍统计学概论、统计设计、统计调查、统计整理、综合指数、时间数列、统计指数、相关与回归分析、抽样推断和统计电算化，是高职高专统计学专业教材。

应用统计方法

作者：陈平
书号：ISBN 978-7-306-03065-8
中图法分类：C8
定价：39.00 元
开本：16
出版时间：2008 年 7 月
责任编辑：邹岚萍
封面设计：曹巩华
责任技编：黄少伟

本书阐述了统计学的有关理论和方法，介绍了如何使用现代技术来计算（使用 Excel）并给出典型范例，同时附有案例讨论和练习与思考。

统计学原理

作者：龚传洋
书号：ISBN 978-7-306-04411-2
中图法分类：C8
定价：29.00 元
开本：16
出版时间：2013 年 1 月
责任编辑：赵丽华
封面设计：李芳芳
责任技编：黄少伟

本书立足于介绍统计的一般原理和基本方法，并将其应用于社会、经济活动的统计实践中，注重统计理论与统计实践的结合。为此，编者既保留了原社会经济统计学中仍具有现实意义的内容，又融入了最新的统计理论、统计方法和计算机统计内容。本书共分 10 章，包括统计学概述，统计数据的收集、整理和显示，统计分布的数值特征，抽样调查与推断，总量指标、相对指标，相关与回归分析法，统计指数分析，时间数列，统计综合评价和 Excel 在统计学中的应用；同时，还配有大量的习题以帮助学生对统计理论的学习和消化，及时将统计理论应用到实践，提高学生分析问题和解决问题的能力。

● 经济学原理

现代西方经济学原理（第五版）

作者：李翀
书号：ISBN 978-7-306-02851-8
中图法分类：F091.3
定价：29.80 元
开本：32
出版时间：2007 年 4 月第 5 版
责任编辑：李海东
封面设计：大象
责任技编：何雅涛

本书保留了第 4 版的基本风格和基本结构。新版的改动主要表现在下述方面：第一，更新了部分资料；第二，完善了部分论述；第三，修改了部分评论。新版各章仍然保留了"评述"一节，除了比以前更注意说明各个理论的由来和相互之间的关系，以及与马克思主义经济学进行比较以外，还增加了一些研究性的成果。

《现代西方经济学原理》（第五版）学习指导与习题解答

作者：李翀
书号：ISBN 978-7-306-02852-5
中图法分类：F091.3
定价：19.60 元
开本：32
出版时间：2007 年 4 月
责任编辑：李海东
封面设计：大象
责任技编：何雅涛

本书是为《现代西方经济学原理》（第 5 版）所写的教学参考书，对应于原教材的章节，按内容提要、学习要求、应该注意的问题、练习与思考、练习题解答等 5 个部分对每章重点进行了学习指导。

经济学原理

作者：张亚丽　陈端计
书号：ISBN 978-7-306-03585-1
中图法分类：F0
定价：39.90 元
开本：16
出版时间：2009 年 12 月
责任编辑：蔡浩然
封面设计：林绵华
责任技编：何雅涛

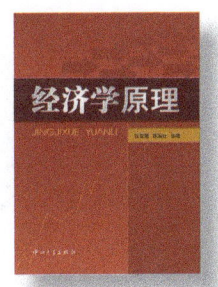

本书介绍了市场经济运营及其理论模型、自由竞争的市场与有效率的资源配置方式、宏观经济度量与长期经济增长等经济学的基本原理和基本分析方法。

经济学教程（第二版）

作者：张亚丽
书号：ISBN 978-7-306-03748-0
中图法分类：F0
定价：39.90 元
开本：16
出版时间：2010 年 11 月第 2 版
责任编辑：蔡浩然
封面设计：贾萌
责任技编：何雅涛

本书在第一版的基础上做了修订，较全面地反映了经济学的发展趋势，每章均设置"参考资料""案例分析"及"练习与思考"，帮助读者理解经济学原理，使抽象的经济学理论变得生动有趣。

● 旅游管理
餐饮业系列图书

开本：16
责任编辑：王辉
封面设计：ATAI工作室
责任技编：潘隆

书名	作者	书号（ISBN）	中图法分类	定价（元）	出版时间
中餐服务指南	王穗萍	7-306-02514-7	F719.3-62	38.00	2005.05
宴会策划指南	伍福生	7-306-02515-5	F719.3-62	39.80	2005.05
后餐饮时代餐饮业经营指南	陈丹苗、常芳	7-306-02516-3	F719.3-62	48.00	2005.05
餐馆出品部管理	许少彭	7-306-02548-1	F719.3	39.80	2005.05
中小餐馆赚钱金点子	温俊伟	7-306-02549-X	F719.3	36.00	2005.06
餐馆实用调味	伍福生	7-306-02551-1	TS972.112	45.00	2005.05
实用餐饮营业及营销	邹金宏	7-306-02552-X	F719.3	42.50	2005.05
餐厅开业须知	方志华、张梅	7-306-02547-3	F719.3	48.00	2005.12
餐厅营运管理标准	方志华、张梅	7-306-02473-6	F719.3-65	48.00	2005.12

旅游管理精品课程自主创新系列教材

主编：董观志
开本：16
责任编辑：杨捷
封面设计：曹巩华
责任技编：黄少伟

景区经营管理

作者：董观志
书号：ISBN 978-7-306-02841-9
中图法分类：F590.6
定价：39.80 元
出版时间：2007 年 3 月

本书基于系统论和管理学的思想，把景区企业的管理系统划分为理念系统、支持系统、前台系统、后台系统 4 个子系统，全面阐述景区经营管理的基础理论和基本方法。

旅行社经营管理

作者：陈建斌
书号：ISBN 978-7-306-02842-6
中图法分类：F590.63
定价：34.80 元
出版时间：2007 年 3 月

本书以市场经济条件下旅行社运行的基本流程与规律为骨架，从旅行社管理者的角度，综合考虑中国旅行社业"入世"后市场化、信息化、国际化的发展趋势的要求，对旅行社管理的理论与实践进行系统介绍，主要内容包括旅行社的经营环境分析、设立、战略与风险、市场定位与产品设计、市场推广、售后服务、质量管理、财务管理与文化建设等。

旅游学

作者：傅云新　蔡晓梅
书号：ISBN 978-7-306-02908-9
中图法分类：F590
定价：35.00 元
出版时间：2007 年 8 月

本书是高校旅游管理专业入门课程的教材，主要内容包括旅游与旅游学概述、旅游的产生和发展、旅游者、旅游资源、旅游业、旅游产品和服务、旅游市场、旅游的影响、旅游组织和旅游法规、旅游业可持续发展。

现代饭店经营管理（第二版）

作者：魏卫
书号：ISBN 978-7-306-03418-2
中图法分类：F719.2
定价：36.00 元
出版时间：2009 年 8 月第 2 版

本书是旅游管理与饭店管理专业的核心主干课程适用教材之一，力求反映当今饭店业发展的最新动态，涵盖饭店经营管理的一般规律，突出饭店管理实务的运用。

上篇　30 年出版成果择录回眸

旅游教育教学丛书

主编：昌超球
开本：16
责任编辑：邓启铜
责任技编：黄少伟

书名	作者	书号（ISBN）	中图法分类	定价（元）	出版时间	封面设计
办公应用软件教程	商仲玉	978-7-306-03745-9	TP317.1	29.00	2010.09	林绵华
旅游服务心理学	秦炜、金向洁、陈建莹	978-7-306-03977-4	F590	30.00	2011.09	英子
旅游英语	莫红英	978-7-306-03744-2	H31	17.00	2010.09	林绵华
调酒·茶艺	徐明	978-7-306-03743-5	① TS972.19 ② TS911	32.00	2010.09	林绵华
餐饮服务与管理	邓敏	978-7-306-03742-8	F719.3	29.00	2010.09	林绵华
酒店客房服务	朱小彤	978-7-306-03741-1	F719.2	20.00	2010.09	林绵华
数学	董晓红、张恩强	978-7-306-04215-6	G634.601	22.00	2012.06	林绵华

书缘书镜——中山大学出版社30年出版成果汇编

● 会展

会展管理核心课程创新系列教材

主编：张玉明 张河清
开本：16
封面设计：林绵华
责任技编：何雅涛

会展企业管理

作者：袁亚忠
书号：ISBN 978-7-306-03736-7
中图法分类：G245
定价：38.00 元
出版时间：2010 年 8 月
责任编辑：杨捷

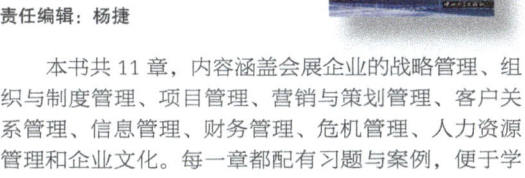

本书共 11 章，内容涵盖会展企业的战略管理、组织与制度管理、项目管理、营销与策划管理、客户关系管理、信息管理、财务管理、危机管理、人力资源管理和企业文化。每一章都配有习题与案例，便于学生系统地学习和掌握各章内容。

会展服务管理

作者：张玉明
书号：ISBN 978-7-306-03757-2
中图法分类：G245
定价：39.00 元
出版时间：2010 年 11 月
责任编辑：杨捷

本书主要内容包括会展的服务导论、直接服务、现场服务、间接服务、公共服务、外包服务、服务设计、服务运作管理、服务人员管理及服务质量管理等。

会展旅游

作者：张河清
书号：ISBN 978-7-306-03855-5
中图法分类：F590.7
定价：38.00 元
出版时间：2011 年 7 月
责任编辑：翁慧怡

本书对会展行业的最新理论及其发展案例进行了系统、深入的分析，总结和归纳了会展旅游的发展态势。全书共分 11 章，包括会展与会展旅游概述、会议旅游、展览旅游、节事旅游、会展旅游管理、会展旅游产业集群、会展旅游竞争力、会展旅游目的地形象策划与品牌管理、会展旅游的综合效应和会展旅游的国际比较。书后有两个附录，分别是结合实际案例，探讨和分析中国会展旅游的发展和前景。

会展营销

作者：包小忠
书号：ISBN 978-7-306-04113-5
中图法分类：G245
定价：25.00 元
开本：16
出版时间：2012 年 2 月
责任编辑：赵丽华
封面设计：曾斌
责任技编：何雅涛

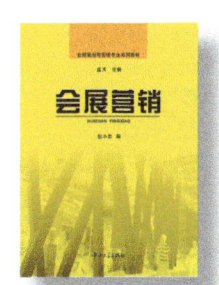

本书详细地介绍了会展业、会展市场、市场营销与会展、会展信息调研、会展市场细分及市场定位、会展服务定价方法与技巧等与会展营销密切相关的知识。

会展展示设计

作者：张生军 李东
书号：ISBN 978-7-306-04063-3
中图法分类：J525.2
定价：48.00 元
开本：16
出版时间：2012 年 2 月
责任编辑：赵丽华
封面设计：曾斌
责任技编：何雅涛

本书主要分 6 个部分，包括展示设计概述、展示设计与人体工程学、展示空间的传媒及特效设计、展示设计方法与表现、展示陈列与展示专项策划设计、展示设计教学实录，系统地对会展展示设计进行了讲解。

上篇 30 年出版成果择录回眸

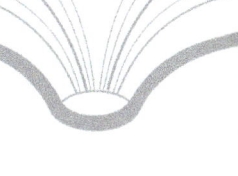

语言·文学

20 世纪中国文学史（上、下卷）（第二版）

作者：黄修己
书号：ISBN 7-306-01460-9
中图法分类：I209.6
定价：55.00 元（平装）
开本：16
出版时间：2004 年 9 月第 2 版
责任编辑：方微之
封面设计：子晗
责任技编：黄少伟

本套书分为上、下卷。20 世纪的中国文学经历了巨变，从延续几千年的古典文学转变为崭新的现代文学，经过作家、艺术家们百年的共同努力，在光辉灿烂、源远流长的民族文化传统的基础上，以人类史上少见的规模，广泛吸纳外部世界先进的、新鲜的文化和文学的养料，创造了一批优秀的新文学作品。他们描绘时代的风云，反映历史的大变迁，展现一个世纪里中国人民的精神历程，有的已成为中华民族文化宝库中新增的精神宝藏。

唐宋名家词导读新编

作者：彭玉平
书号：ISBN 7-306-02698-4
中图法分类：① I.222.84 ② I207.23
定价：35.00 元
开本：16
出版时间：2006 年 6 月
责任编辑：嵇春霞
封面设计：皓意设计
责任技编：黄少伟

这是一部数量适中，以唐宋名家名作为主，重在导读兼带专体史的词选读本。全书共 4 编：第一编词学论略，下分词名释例、词的起源、词的体性、词的体制、词的风格 5 章，颇为全面地分析论述了词学的基本问题，为读者阅读和理解唐宋词奠定了重要的理论基础；第二至第四编分别为唐五代名家词、北宋名家词、南宋名家词，按时代为序，精选具有创作个性的代表性词人 57 人及其词作 191 首，每位词人简介生平和著述情况，每首作品略加注释，而详为导读，将创作背景、作品意蕴、审美特色以及在词史上的定位融通而论。作者引证广博而深入浅出，不囿旧说而时出新意，兼具学术性和通俗性。

对外汉语教学入门（第二版）

作者：周小兵
书号：ISBN 978-7-306-03461-8
中图法分类：H195
定价：49.80 元
开本：16
出版时间：2009 年 9 月第 2 版
责任编辑：李海东
封面设计：程韦宇
责任技编：何雅涛

本书带有工具书性质。一书在手，对外汉语教师（无论新老教师）就可以根据本书上汉语进修教学的任何一种必修课，并进行相应的考试；可以进行语音、词汇、语法、篇章、文化等任何一种类别的教学；同时可以应付各种可能出现的教学情况，解决各种可能出现的教学难题。本书还涉及对外汉语教师资格考试的许多内容，更是对具体教学和教案方面的考试有直接指导作用。

唐诗宋词经典导读

作者：张海鸥
书号：ISBN 978-7-306-03774-9
中图法分类：I207.2
定价：36.00 元
开本：16
出版时间：2010 年 12 月
责任编辑：刘丽丽
封面设计：贾萌
责任技编：何雅涛

本书精选唐诗 150 首、宋诗 50 首、唐五代词 20 首、宋词 130 首，结构为作者小传、作品、注释、导读。注释和导读简明扼要，并辅以前人精要点评。

唐宋词十八讲

作者：曾大兴
书号：ISBN 978-7-306-04176-0
中图法分类：I207.23
定价：39.80 元
开本：16
出版时间：2012 年 7 月
责任编辑：丁俭　钟永源
封面设计：林绵华
责任技编：黄少伟

本书作者根据唐宋词各流派的创作风格和写作特点，将其划分为 18 讲，并依据自己的考评对某些词人及其传说做了澄清和说明。全书文字生动，讲解入理，具有较高的学术价值和欣赏价值。

唐诗十二讲

作者：曾大兴
书号：ISBN 978-7-306-04177-7
中图法分类：I207.22
定价：37.00 元
开本：16
出版时间：2012 年 7 月
责任编辑：丁俭　钟永源
封面设计：林绵华
责任技编：黄少伟

本书作者根据唐诗的创作风格、诗作内容和创作环境，将唐诗分为 12 讲，并对各流派的主要代表作进行了精彩的讲解和评注。全书文字流畅、讲解生动，可读性强。

中山大学韩国学丛书

开本：16
责任编辑：李海东
责任技编：黄少伟

中韩关系史研究

作者：魏志江
书号：ISBN 7-306-02688-7
中图法分类：D829.312
定价：39.00 元
出版时间：2006 年 5 月
封面设计：大象

本书分别对辽金时期辽金帝国与高丽的关系、清朝前期和朝鲜的关系进行研究，附专论及 20 世纪二三十年代中山大学与韩国独立运动的关系。

韩国学概论

作者：魏志江　沈定昌
　　　杨雨蕾　蔚弈博　等
书号：ISBN 978-7-306-03167-9
中图法分类：K312.607
定价：39.60 元
出版时间：2008 年 9 月
封面设计：曹巩华

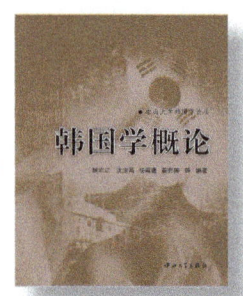

本书是为了适应中国高等教育学界韩国学学科建设和教学需要而编纂的，是对我国韩国学学科建设的初步尝试。本书具有系统性、新颖性和平实性的特点，是秉持"学术，乃天下之公器"的原则，尊重不同学术观点为基础而编写的教材。

"冷战"后中韩关系研究

作者：魏志江
书号：ISBN 978-7-306-03544-8
中图法分类：D829.312.6
定价：30.00 元
出版时间：2009 年 11 月
封面设计：曹巩华　曾斌

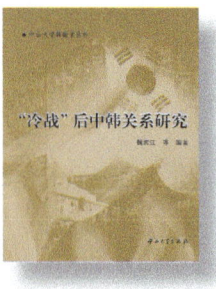

本书是研究当代中韩关系发展的力作，通过对中韩关系发展的历史脉络及深层原因的分析，以期对 21 世纪中韩战略合作伙伴关系的发展提供有益的建议。

韩国文化论

作者：田　景　黄亨奎
　　　池福淑　白承镐
书号：ISBN 978-7-306-03657-5
中图法分类：G131.26
定价：36.00 元
出版时间：2010 年 5 月
封面设计：曾斌

本书属韩国文化概论方面的教材，分别介绍了韩国的地理、历史、政治、经济、体育科技、文字、大众媒体、教育、衣食住、宗教与民俗和文学艺术等内容。

韩国的历史与文化

作者：杨雨蕾　魏志江　蔡建　崔学松
书号：ISBN 978-7-306-03899-9
中图法分类：① G131.26 ② K312.607
定价：30.00 元
出版时间：2011 年 6 月
封面设计：曾斌

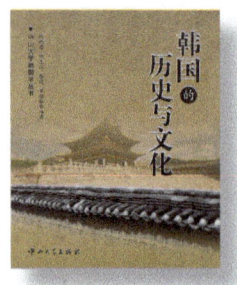

本书介绍韩国从檀君开国神话到 1945 年光复期间的历史与文化。

哲 学

哲学与生活

作者：杨玉昌
书号：ISBN 978-7-306-03216-4
中图法分类：B844.2
定价：24.00 元
开本：32
出版时间：2009 年 2 月
责任编辑：嵇春霞
封面设计：曹巩华
责任技编：何雅涛

本书内容主要包括生活的意义与生活方式、大学生与心理健康、合作与竞争、爱与爱情、大学生的人文素质、生活中的伦理和法律困境、当前大学教育的问题等等。

哲学觉解

作者：张丰乾
书号：ISBN 978-7-306-03490-8
中图法分类：B
定价：45.00 元
开本：16
出版时间：2009 年 10 月
责任编辑：王润
封面设计：林绵华
责任技编：黄少伟

本书是专为广大哲学爱好者和初入哲学之门的在校高中生和大学生而编写的，从哲学概念、哲学价值、哲人思想和学海规律等方面，向初学者介绍哲学是什么，为初学哲学者提供入门教育。

上篇　30 年出版成果择录回眸

中华国学经典诵读课本

主编：刘孝听
开本：16
出版时间：2013年1月
责任编辑：杨文泉
封面设计：马杰　刘小军
责任技编：何雅涛

书缘书镜——中山大学出版社30年出版成果汇编

书名	书号（ISBN）	中图法分类	定价（元）
论语	978-7-306-04441-9	B222.21	28.00
老子　庄子·选	978-7-306-04440-2	B223.5	26.00
孟子·上	978-7-306-04442-6	B222.51	26.00
弟子规　三字经　声律启蒙　笠翁对韵	978-7-306-04443-3	① H194.1 ② I207.21	26.00
大学　中庸　孝经	978-7-306-04444-0	① B222.11 ② B823.1	16.00

人类学

中山大学人类学系系列教材

生物人类学

作者：李法军
书号：ISBN 978-7-306-02843-3
中图法分类：Q98
定价：36.00 元
开本：16
出版时间：2007 年 3 月
责任编辑：杨捷
封面设计：曹巩华
责任技编：黄少伟

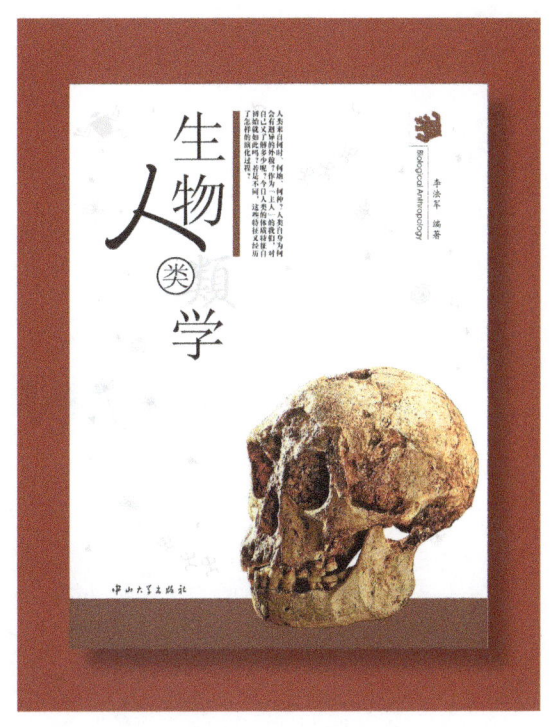

本书努力向公众和专门研究人员解答人类是什么、人类是怎样产生的以及人类是怎样进化的等诸多问题。全书共分为 3 编 14 章。第一编阐释了人类群体的多样性及其进化本质，第二编阐释了人类在自然界中的位置，第三编阐释了人类的起源与宏观进化。本书图文并茂，语言精练，适合不同领域的相关人士阅读参考，有较高的学术价值。

文化人类学概论（见普通高等教育"十一五"国家级规划教材）

灵长类的社会进化

作者：张鹏 （日）渡边邦夫
书号：ISBN 978-7-306-03452-6
中图法分类：① 959.848 ② C912.4
定价：45.00 元
开本：16
出版时间：2009 年 9 月
责任编辑：杨捷
封面设计：曹巩华 林绵华
责任技编：何雅涛

本书讲述了近年来对灵长类动物生态学的研究进展，提供了较为全面的灵长类社会学知识，有利于读者完整地了解灵长类的社会进化和人类社会起源的轨迹。本书既可作为人类学、动物学和社会学等学科的专业教材，也可作为高级科普读物。

猴、猿、人——思考人性的起源

作者：张鹏
书号：ISBN 978-7-306-03974-3
中图法分类：Q981.1
定价：48.00 元
开本：16
出版时间：2012 年 1 月
责任编辑：翁慧怡
封面设计：林绵华
责任技编：何雅涛

本书全面讨论了人与猿猴的异同，尝试从灵长类进化的新视角探索人性起源，解释全球人们的共通性及其生物学本质，并为读者提供理解自身的新思维。第一章介绍了人类的生物属性；第二章进一步详细介绍了近代灵长类学的历史与展望；从第三章到第十章，分章节介绍了灵长类的起源、分类、生态、行为、社会、文化、智能、疾病与遗传、生命伦理与保护等各方面；第十一章总结了人类与猿猴的区别，以及解答如何界定人类等长期未解的自身谜团。

传 媒

21世纪应用型本科系列教材·文化产业类

开本：16

文化产业概论

作者：韩骏伟　胡晓明
书号：ISBN 978-7-306-03353-6
中图法分类：G114
定价：36.00元
出版时间：2009年9月
责任编辑：邹岚萍
封面设计：王洪亮
责任技编：何雅涛

本书对文化产业相关概念、学科建设、世界及中国文化产业概况、区域文化产业规划、文化产业集群、国际文化市场与文化贸易、广播电视电影产业、报刊出版产业、演出产业、会展产业、艺术品产业、动漫产业等一系列文化产业领域的重要问题进行梳理。同时，为了帮助学生和读者加深对文化产业基本概念和理论的理解，本书收录了好莱坞、百老汇、伦敦西区、国家文化产业示范基地、会展策划方案参考目录等一些案例及相关资料链接，供读者学习参考。

国际文化贸易

作者：韩骏伟　胡晓明
书号：ISBN 978-7-306-03352-9
中图法分类：G114
定价：33.00元
出版时间：2009年9月
责任编辑：章伟
封面设计：王洪亮
责任技编：黄少伟

本书内容主要包括国际文化贸易理论、实务与案例、国际服务贸易、文化软实力、文化产业国际竞争力、文化多样化、国际文化贸易政策、国际影视节目贸易、国际演出贸易、国际图书版权贸易等。

文化经纪理论与实务

作者：胡晓明　肖春晔
书号：ISBN 978-7-306-03351-2
中图法分类：G114
定价：38.00元
出版时间：2009年11月
责任编辑：邹岚萍
封面设计：王洪亮
责任技编：何雅涛

本书系统论述了文化经纪理论及文化经纪实践，对中外文化经纪人现状、文化经纪人素质、文化经纪活动内容、文化经纪活动策略、文化经纪合同、影视明星经纪人、音乐经纪人、模特经纪人、演出经纪人、书画经纪人、体育经纪人、出版经纪人等进行了相关阐述。同时，为了帮助学生和读者加深对文化经纪的理解，本书收录了美国CAA、日本杰尼斯事务所、韩国SM经纪公司、香港TVB、香港英皇、橙天娱乐、苏富比、华谊兄弟等文化经纪案例，并提供了实用性较强的业务知识以供参考，希望对提高中国文化经纪人从业素质，促进文化经纪人行业发展起微薄之力。

文化市场营销学

作者：赵泽润　蒋昀洁　许瑶
书号：ISBN 978-7-306-03604-9
中图法分类：G114
定价：34.00元
出版时间：2010年3月
责任编辑：赵婷
封面设计：李晓新　王洪亮
责任技编：黄少伟

本书以市场营销学的理论体系和内容为主线，积极吸收国外先进的营销管理与经营成果，以国家统计局发布的《文化产业分类》为标准，结合中国实际，以我国文化产业的理论和发展成果为基础，同时充分吸收国内有关文化市场营销的先进成果，创建符合中国文化市场发展阶段的文化市场营销学体系，建设有特色的文化市场营销学。本书以新闻、出版发行和版权、广播、电视、网络文化、旅游、广告、会展等为重点，系统研究文化产品和劳务的市场营销理论、市场营销实务和市场营销管理。

传媒经济学

作者：陈建华　姜东旭
书号：ISBN 978-7-306-03605-6
中图法分类：G206.2-05
定价：30.00 元
出版时间：2010 年 3 月
责任编辑：邹岚萍
封面设计：李晓新　王洪亮
责任技编：黄少伟

本书以经济学的视角着重介绍了传媒经济领域的一系列经济问题，包括传媒需求与供给理论、传媒弹性理论、传媒业成本分析、传媒市场分析、媒体评估指标、传媒价格理论、传媒产业资本运营、传媒产业多元化、传媒环境、传媒业的政府规制等。结构上遵循经济学撰写的思路分微观传媒经济学和宏观传媒经济学，这也是本书区别于大多数传媒经济学的最大特色。

区域文化产业

作者：韩骏伟　姜东旭
书号：ISBN 978-7-306-03759-6
中图法分类：G124
定价：28.00 元
出版时间：2010 年 12 月
责任编辑：邹岚萍
封面设计：李晓新　王洪亮
责任技编：黄少伟

本书含区域文化产业的理论基点、发展的决定因素、空间结构与布局、结构优化、市场与贸易、协调发展与创新、发展战略与规划以及政策与管理等内容。作为关注于实践、紧跟前沿动态的学者，需要进行相关的探索和创新。因此，作为第一部专业教材，《区域文化产业》的出版发行将具有极强的现实意义。

文化产业案例

作者：胡晓明　殷亚丽
书号：ISBN 978-7-306-03804-3
中图法分类：G114
定价：39.00 元
出版时间：2011 年 1 月
责任编辑：邹岚萍
封面设计：李晓新　王洪亮
责任技编：黄少伟

本书提供了很有借鉴价值的国内外经典案例，并对文化产业理论的发展及世界文化产业发展情况进行了概述，对目前我国整体文化产业提升有"他山之石"之功。

传媒政策与法规

作者：赵阳　杨妍
书号：ISBN 978-7-306-03631-5
中图法分类：① G219.20　② D922.16
定价：39.00 元
出版时间：2010 年 4 月
责任编辑：邹岚萍
封面设计：李晓新　王洪亮
责任技编：黄少伟

本书主要介绍了法的概念和特征、法律关系、法的渊源以及传媒的概念和特征、当代传媒的分类和我国传媒业基本情况；传媒政策法规的基础知识，包括传媒与法律的关系、政策与传媒政策、国外传媒政策法规发展历程和我国传媒政策法规发展历程与现状；广播电视管理政策法规，主要内容包括我国广播电视政策法规概述、广播电台电视台设立法律制度、广播电视节目管理法律制度、广播电视广告管理法律制度、广播电台电视台播放录音制品付酬管理制度和电视剧管理法律制度；电影产业管理政策法规，主要内容包括我国电影产业政策法规概述、我国电影市场准入法律制度和我国电影内容管理法律制度；出版物管理政策法规，主要内容包括我国出版管理政策法规概述、出版物管理的一般规定、图书市场管理法律制度、报刊市场管理法律制度、音像制品市场管理法律制度和电子出版物市场管理法律制度；互联网管理政策法规，主要内容包括我国互联网管理政策法规概述、互联网信息服务管理法律制度、互联网出版管理法律制度、互联网视听节目服务管理法律制度和互联网文化管理法律制度；新媒体管理政策法规，主要内容包括新媒体概述、我国IPTV与移动电视管理的政策法规和我国手机媒体、博客、播客管理政策法规。

艺术管理

作者：胡晓明　肖春晔
书号：ISBN 978-7-306-03798-5
中图法分类：J0-05
定价：38.00 元
出版时间：2011 年 3 月
责任编辑：王小莉
封面设计：李晓新　王洪亮
责任技编：黄少伟

全书共分12章，包括艺术管理的总论、历史、组织和结构、管理者，以及艺术受众分析、艺术产业管理、艺术企业管理、艺术机构管理、艺术招揽与策划、艺术传播与赞助等内容。

传媒市场调查

作者：程秀花　姜东旭
书号：ISBN 978-7-306-03939-2
中图法分类：G206.2
定价：30.00 元
出版时间：2011 年 9 月
责任编辑：邹岚萍
封面设计：李晓新　王洪亮
责任技编：黄少伟

本书以传媒市场作为特定调查对象，对传媒市场相关对象做了一般性分析。主要内容包括基本的原理和方法，调研方案的设计，调研手段的运用，调研资料的收集、处理与统计，问卷设计、调研报告的撰写，大量的公式、表格、图示，以及案例和资料。

文化产业政策与法规

作者：赵阳　徐宝祥
书号：ISBN 978-7-306-04111-1
中图法分类：① G124　② D922.16
定价：40.00 元
出版时间：2012 年 4 月
责任编辑：邹岚萍
封面设计：王洪亮　李晓新
责任技编：黄少伟

本书以国家统计局 2004 年发布的《文化及相关产业分类》为标准，根据法律体系的特点，主要介绍了文化产业政策法规的概念、特征和分类；法的概念、特征和分类；政策与法律的联系与区别；我国文化产业政策发展进程；广播电视产业、电影产业、出版物、网络产业、演出娱乐市场、艺术品市场、会展业、广告业、旅游业等管理的政策法规。

新闻传播学 / 新闻与传播学 / 影视与传播学丛书

开本：16
责任编辑：邹岚萍

新闻写作的艺术与技巧

作者：李法宝
书号：ISBN 7-306-02411-6
中图法分类：G.212.2
定价：34.00 元
出版时间：2005 年 1 月
封面设计：大象
责任技编：黄少伟

本书是作者 10 多年来从事新闻实践和新闻教学的体会和经验总结。与其他新闻写作著作或教材最大的区别：一是运用社会心理学、传播学、社会学等多科的知识来审视新闻写作的技巧；二是从中西方社会和文化的比较范畴来探讨中西方新闻写作的差异；三是多用故事或有特色的新闻作品，以增强该书的可读性。

新闻传播方法论

作者：李法宝
书号：ISBN 978-7-306-02788-7
中图法分类：G210-03
定价：32.00 元
出版时间：2007 年 2 月
封面设计：大象
责任技编：黄少伟

本书借鉴中西方新闻传播的理论和实践，对新闻传播的方法做了科学的诠释。

影视受众学

作者：李法宝
书号：ISBN 978-7-306-02957-7
中图法分类：① J943.13　② G223
定价：33.00 元
出版时间：2008 年 2 月
封面设计：大象
责任技编：黄少伟

本书所说的影视受众，特指"能看"和"想看"电影、电视的人，即除了受智力水平、理解能力、身体状况、经济条件等限制的那些人之外，凡是有身体、智力、经济条件能够看电影、电视的人，这些人也称之为"潜在受众"或"可能受众"，他们在人口结构中的比例比较固定，且在相当长的时期内是一个常数。就影视产业发展与市场开拓而言，潜在受众群是一个巨大的资源，开发利用这个资源的程度，决定着影视业的兴衰与发展的道路。本书针对影视受众的多样性、复杂性，提出了影视受众研究跨学科构成和方法。

当代传媒经营管理

作者：钱晓文
书号：ISBN 978-7-306-03035-1
中图法分类：G206.2
定价：38.00 元
出版时间：2008 年 3 月
封面设计：冒君
责任技编：黄少伟

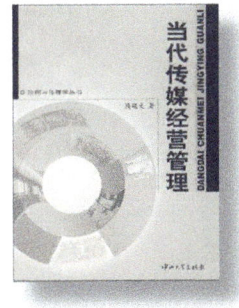

本书以新的视角，从理论与实践两个层面探讨了传媒基于核心竞争力的经营战略、扁平高效的组织结构（包括集团化管理）、以消费者为导向的市场营销管理、传媒人力资源管理的创新、传媒的全球化与本土化、以内容产业为目标的数字化战略、传媒监管体制改革、传媒核心竞争力的铸造与维护，以及对传媒管理中的利与弊做了辩证的分析。

新闻报道改革与创新

作者：张骏德
书号：ISBN 978-7-306-03055-9
中图法分类：G212
定价：31.00 元
出版时间：2008 年 6 月
封面设计：冒君
责任技编：潘隆

2008 年是中国改革开放 30 周年。中国改革开放以来的新闻改革，是一项艰巨复杂的社会系统工程，它涉及许多重大的新闻理论问题与新闻实践问题。本书就有关新闻报道的改革与创新这部分问题做了研究与回答。纵向方面，对中国当代新闻报道改革历程与发展趋势做了简要回顾，并概述了新闻观念的更新；横向方面，论述了新闻采访的改革与创新、新闻写作的改革与创新、各类新闻报道的改革与创新、新闻评论的改革与创新、广播电视新闻报道的改革与创新。此外，还对当代中国新闻改革中崛起与发展的深度报道、精准新闻、民主新闻做了阐述与分析。

新媒体论纲

作者：王长潇
书号：ISBN 978-7-306-03309-3
中图法分类：G206.2
定价：32.00 元
出版时间：2009 年 6 月
封面设计：冒君
责任技编：黄少伟

本书从媒介学、大众传播学等视角，通过对各种新媒体的界定归类和案例分析，探讨其内在本体特征以及与传统媒体之间的比较特征，旨在让读者对各种新媒体的传播特点、传播过程、传播效果和传播功能，及其对传统媒体的影响有一个全面系统的了解。在此基础上，进一步揭示并总结新媒体的传播规律、发展趋势、面临挑战及其日益强大的社会影响。

影视批评方法论

作者：史可扬
书号：ISBN 978-7-306-03388-8
中图法分类：J905
定价：35.00 元
出版时间：2009 年 9 月
封面设计：冒君
责任技编：何雅涛

全书将最具代表性的 11 种影视批评理论首先做清晰而具体深入的剖析；其次介绍该理论的方法论意义，再结合使用该理论的影视批评文章，具体阐释该理论的操作方法；最后列出若干"本章深入阅读文献"，具有理论解析全面、方法阐释具体深入和实践写作例证细致丰富的特点。

影视传播学（第二版）

作者：史可扬
书号：ISBN 978-7-306-03805-0
中图法分类：J90
定价：29.80 元
出版时间：2011 年 7 月第 2 版
封面设计：曹巩华
责任技编：何雅涛

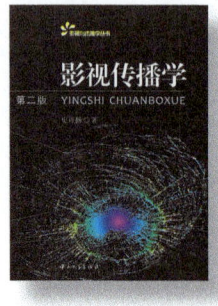

全书分影视传播的发展，影视的传播属性，影视传播的内容、功能和效果，影视传播的符号系统，影视传播的语言系统，影视传播的形态和过程，影视传播的接受，影视的文化美学品格共 8 章。

电视竞争策略

作者：李法宝
书号：ISBN 978-7-306-04128-9
中图法分类：G229.276.5
定价：42.00 元
出版时间：2012 年 5 月
封面设计：曾斌
责任技编：何雅涛

当前，广东已成为全国率先对外开放且唯一拥有境外电视频道公开落地的电视传媒开放试验特区。境外电视频道落地后，对广东电视的舆论氛围、节目与广告市场、产业发展与行业管理等产生了一定的冲击和影响。本书详细研究了境外电视频道在广东落地后的收视态势及其对我国内地电视传媒生态环境的影响，进而提出对策与建议，不仅对我国内地电视媒体有重要的实用和理论价值，而且对内地电视业界和国家相关管理部门有重要的决策参考价值。

当代报纸编辑学（第二版）

作者：甘险峰
书号：ISBN 978-7-306-04490-7
中图法分类：G213
定价：49.00 元
出版时间：2013 年 6 月第 2 版
封面设计：曾斌
责任技编：黄少伟

本书在吸收前人报纸编辑学成果的基础上，紧扣当代的报纸编辑实践，分总论、文稿编辑、图片编辑、版面编辑、专业编辑 5 个部分，对报纸编辑学进行了系统的研究和探讨，大量鲜活的案例，不仅丰富了本书的内容，也增强了可读性。

新闻评论：发现与表现（第二版）

作者：李法宝
书号：ISBN 978-7-306-04646-8
中图法分类：G212.2
定价：46.00 元
出版时间：2013 年 10 月第 2 版
封面设计：曾斌
责任技编：黄少伟

本书在第一版内容的基础上做了大量调整和修改，从 12 个方面对新闻评论的理论进行了详尽的阐述，内容包括评论写作的原则、依据，选题与立意，论证，谋篇布局，表达、表现形式，写作法律与伦理，并介绍了西方写作原则，对中西新闻评论的差异性进行了对比。其中，大量的案例既是对理论的具体化，又增强了可读性，全书角度新、材料新。

当代传媒系列丛书

开本：16
责任编辑：李海东

现代广告创意与制作

作者：鞠英辉
书号：ISBN 978-7-306-02960-7
中图法分类：F713.8
定价：26.00 元
出版时间：2007 年 10 月
封面设计：曹巩华
责任技编：何雅涛

本书的最大特色是在创新思维指导下，以案例为主体，在采集大量资料和几百幅广告插图作品的基础上，对广告案例的创意进行全程梳理和详尽解析，引证理论，深入研讨经济时代广告创意的本质内涵，以及广告创意在不同媒体中的表意形式。笔者直接探讨了广告创意与消费心态的关联性、广告创意的思维方法和创意策略。本书还以房地产广告等品牌系列广告为教学案例，进行系统性点评，使广告创意手法具体应用到行业广告中，并创造性地提出了运用发散性和综合性思维进行广告创意，具体提出了广告的简单性和自然性的创意原则和方法。本书还对报刊广告、电视广告、广播广告等不同媒介的语言特色展开论述和解析，进一步根据媒介特点提出了不同的表意设计手法。

电视数字编辑与动画制作

作者：鞠英辉
书号：ISBN 978-7-306-03486-1
中图法分类：G222.3-39
定价：39.80 元
出版时间：2009 年 10 月
封面设计：曹巩华　曾斌
责任技编：黄少伟

本书从艺术层面和技术层面对电视节目制作与编辑流程进行了介绍，内容涵盖电视节目制作的方方面面，包括电视演播系统的结构和原理、电视演播制作系统组成、电视演播制作流程、电视演播制作系统的功能、电视的艺术特性、电视的传播特性、电视节目制作流程、电视节目的总体设计、电视节目的选材、电视摄像、电视画面编辑、电视音乐制作、电视动画制作等。

上篇　30 年出版成果择录回眸

写 作

21世纪应用写作系列教材

主编：黄卓才 等
开本：16
责任编辑：蔡浩然
封面设计：曹巩华

实用经济写作

作者：郭心炜 邢维
书号：ISBN 7-306-02724-7
中图法分类：H152.3
定价：29.00元
出版时间：2006年8月
责任技编：黄少伟

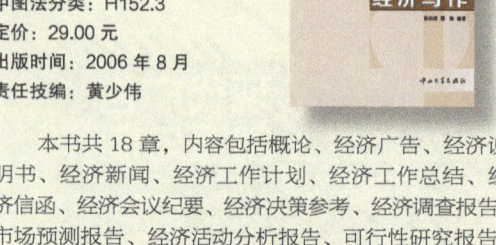

本书共18章，内容包括概论、经济广告、经济说明书、经济新闻、经济工作计划、经济工作总结、经济信函、经济会议纪要、经济决策参考、经济调查报告、市场预测报告、经济活动分析报告、可行性研究报告、经济审计报告、经济管理规章、经济合同、招标投标书和经济论文等。书中的知识侧重点在实用文体写作，每章后面有练习题。本书以实用为宗旨，体例有所创新。每章设有一节例文解读，从例文写作引出理论知识，指导写作实践。

实用旅游写作

作者：黄卓才 郭心炜
书号：ISBN 7-306-02713-1
中图法分类：H152.3
定价：29.90元
出版时间：2006年8月
责任技编：黄少伟

本书共16章。第一章是旅游实用文书写作概论，后面各章从旅游公文写作、旅游策划文案写作、旅游调查报告写作、旅游指南写作、旅游商务说明书写作、导游词写作、旅游广告写作及旅游论文写作等方面，对旅游写作基础知识做了系统介绍与阐析。每章后附有写作练习和可供借鉴的例文。

实用文秘写作

作者：邢维 黄卓才
书号：ISBN 7-306-02801-4
中图法分类：H152.3
定价：34.90元
出版时间：2006年11月
责任技编：何雅涛

本书的内容和体例突出"实用"和"创新"两大特色，旨在更新文秘写作教材，跟上现代化文秘工作的步伐，为学习者提供了切实有效的写作实践指导。全书17章，第一章是实用文秘写作概论，以后各章对文秘写作主要文体的写作理论知识和技巧进行系统的介绍和分析。本书所选的实用文体分为公文、文书、文案、文稿四大类别，还添加了公示、申论和公务电子邮件等文体的写法研究，内容丰富鲜活。

实用新闻写作

作者：张晋升 麦尚文 陈娟
书号：ISBN 7-306-02800-6
中图法分类：G.212.2
定价：30.00元
出版时间：2006年12月
责任技编：何雅涛

新闻报道贵在学以致用。这不仅是高等院校新闻专业学生的学习目的所在，也是机关、企事业单位从事新闻宣传和公关活动的人员的普遍愿望。本书在内容上涵盖了新闻报道的基础与准备、常规新闻文体写作和边缘新闻文体写作等方面的内容。在写作风格上尽可能由浅入深，循序渐进，既关注新闻文体写作特点的归纳，也重视新闻文体写作方法的提炼，力求体现实用新闻写作的创新性成果。案例选取当前有代表性的新闻作品，以方便读者在学习过程中借鉴、消化和吸收，从理论和实践相结合的角度逐步提高新闻报道的能力。

实用日常写作

作者：祁丽岩 闻瑞东
书号：ISBN 978-7-306-02850-1
中图法分类：H152.3
定价：28.00 元
出版时间：2007 年 5 月
责任技编：黄少伟

本书共 11 章。第一章是概述部分；第二章至第十一章是文体部分，介绍各种日常实用文体的基本概念和特点、写作方法和技巧。本书最大的特色是融理论于实际应用之中，学以致用是本书的最终目的。在收录文种时避开了具有明显官方性特征的行政公文，而集中收录了平民百姓及社会各界人士在日常工作、学习和生活中使用频率高、实用性强的应用文体，增加了同类书籍尚未收录的新兴文种进展报告和极少收录的网络应用文体，以及在实际工作学习中使用日益广泛的英文求职信、推荐信、入学申请和个人履历等。

实用法律写作

作者：王燕军 林展芬 钟向芬
书号：ISBN 978-7-306-02925-6
中图法分类：D926.13
定价：29.80 元
出版时间：2007 年 10 月
责任技编：黄少伟

本书的特点是注重合法性、实践性和新颖性。合法性是实用法律写作的基本属性，作者在文书的形式、内容和语言运用上力求符合法律的规定。实践性一方面体现在本书中的大部分例文都直接取材于真实案例，具有很强的直观性和可模仿性；另一方面除反映实用法律写作的基本规律外，还介绍了文书使用可能涉及到的基本程序和实体问题，为实际操作提供了极大方便。新颖性是指本书根据最新的法律法规，针对各种常用的法律文书制做了格式和范例，推陈出新；同时本书的案例资料多取材于今年来发生的有一定社会影响力的事件，具有很强的时代气息。

公示写作教程

作者：储佩成
书号：ISBN 978-7-306-02881-5
中图法分类：H152.3
定价：28.90 元
开本：16
出版时间：2007 年 7 月
责任编辑：蔡浩然
封面设计：方竹
责任技编：黄少伟

本书介绍了一个比较科学、合理的公示写作的理论体系与规范体系，剖析了一批公示佳作，指出"公示应该怎样写"，具有理论性和可操作性。

公文写作新规范

作者：古岭新
书号：ISBN 978-7-306-02602-6
中图法分类：H152.3
定价：25.00 元
开本：32
出版时间：2007 年 8 月
责任编辑：潘隆
封面设计：孔丽红
责任技编：黄少伟

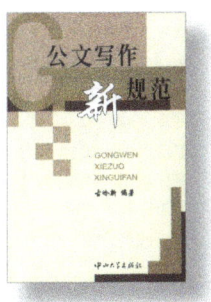

本书运用公文与机关应用写作理论研究方面的新成果及典型范例进行分析，介绍各种文种的写作理论知识与写作方法。

大学生写作能力教程

作者：王香平
书号：ISBN 978-7-306-02896-9
中图法分类：H15
定价：28.00 元
开本：16
出版时间：2007 年 8 月
责任编辑：徐诗荣
封面设计：曹巩华
责任技编：黄少伟

本书为暨南大学精品课程大学写作教材，为主讲教授 20 年教案之精华。其前半部集中训练学生写作基本功的各种能力，后半部则紧抓各种文体的应用写作。每章后附有思考与练习题以及相关的例文。

应用写作教程（第六版）

作者：陈少夫 丘国新
书号：ISBN 978-7-306-03025-2
中图法分类：H152.3
定价：27.80 元
开本：32
出版时间：2008 年 2 月第 6 版
责任编辑：邹岚萍
封面设计：雨田创意
责任技编：黄少伟

应用写作是一门实践性很强的学科，为了给学习者提供一个更为完善、更为方便、更为有效的平台，本书在第 5 版基础上进行修订，介绍了规范性文书、法定性公务文书、机关事务文书、日用类文书、专业性文书五大类文书的写作性质、写作要求、写作格式等内容。书中实例丰富，实用性强，是学习者的必备教材。

现代公文写作（第四版）

作者： 曾昭乐
书号： ISBN 978-7-306-03190-7
中图法分类： H152.3
定价： 21.00 元
开本： 32
出版时间： 2009 年 6 月第 4 版
责任编辑： 邹岚萍
封面设计： 罗春兰
责任技编： 黄少伟

本书在第 3 版的基础上增加了"会议记录""大事记"和"商务信函"等 19 个新文种，更换了部分例文，附录了系列训练的大部分参考答案。

新编应用文写作（第二版）

作者： 邱平
书号： ISBN 978-7-306-03652-0
中图法分类： H152.3
定价： 29.90 元
开本： 16
出版时间： 2010 年 6 月第 2 版
责任编辑： 邹岚萍
封面设计： 罗春兰
责任技编： 黄少伟

本书在第一版内容的基础上，补充了一些新的实用性文种，增加了新的例文，并阐述了规范的公文格式与写作要求，内容更贴近实际工作。

现代实用写作

作者： 曾昭乐
书号： ISBN 978-7-306-03767-1
中图法分类： H152.3
定价： 36.00 元
开本： 16
出版时间： 2011 年 2 月
责任编辑： 邹岚萍
封面设计： 曾斌
责任技编： 黄少伟

本书内容涵盖了各个行业常用的行政公文、事务公文、日常文书、经济文书、传播文书、司法文书、科技文书和新兴文书八大类 93 个文种，设计了大量规范又实用的训练题，并附有参考答案。

诗词写作教程

作者： 张海鸥
书号： ISBN 978-7-306-03846-3
中图法分类： I207.21
定价： 28.00 元
开本： 32
出版时间： 2011 年 4 月
责任编辑： 刘丽丽
封面设计： 林绵华
责任技编： 何雅涛

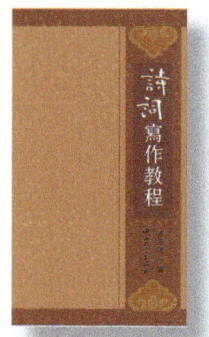

全书分诗选与写作和词选与写作两编。主要内容有：诗体总说，创作（格律、谋篇、造句、炼字、立意），诗范，工具书、参考书推介；词体总说，词牌 30 种及例词；等等。

应用写作新编

作者： 马飚　杨琇玮
书号： ISBN 978-7-306-04707-6
中图法分类： H152.3
定价： 35.00 元
开本： 16
出版时间： 2013 年 10 月
责任编辑： 王睿
封面设计： 广州市友间文化传播有限公司
责任技编： 何雅涛

本书在综合收集中央机关 2012 年 7 月 1 日后发布的公文的基础上，严格以中发办〔2012〕14 号文件精神为指导，严密结合新《条例》和新《格式》的规定，研究和概括各种公文的写作模式。其他文种亦参考典型、规范的例文总结写作理论。在编写上，各文种先介绍文种概念，随后分类别提供例文并以之概括写作模式，最后是训练加强。除了党政公文，本书还研究了日常应用文、事务文书、经济文书、传播文书、法律文书、学术论文，并精心选择了经典案例，分解了常见文种的结构，介绍了相关写作知识。

心理学

团体心理辅导与训练

作者：刘勇
书号：ISBN 978-7-306-02868-6
中图法分类：C912.2
定价：39.90 元
开本：16
出版时间：2007 年 5 月
责任编辑：蔡浩然
封面设计：曹巩华
责任技编：黄少伟

团体心理辅导是一种应用广泛、最经济和最有效的心理咨询形式。本书共 14 章，比较系统地阐述了团体心理咨询与治疗理论、团体心理辅导操作原理与过程、家庭与婚姻治疗、团体心理训练及有关带领团体的基本知识及技术方法，并对团体心理辅导与训练过程中要解决的问题与解决方法做了具体介绍。

心灵抚慰与咨询

作者：陈国海　刘勇
书号：ISBN 978-7-306-02879-2
中图法分类：R161.1-49
定价：39.00 元
开本：16
出版时间：2007 年 10 月
责任编辑：蔡浩然
封面设计：曹巩华
责任技编：黄少伟

心灵抚慰是精神助人，也是心理自助的过程，是互助互爱的一种重要方式。本书从理论方面阐述了心灵抚慰的理论与研究方法，心灵抚慰者应具备的素质、能力和技巧；从实务方面介绍了从朋辈和专业心理咨询实践中总结出来的心理咨询技术，有助解决有关的心理问题。

心理学

作者：陈美荣
书号：ISBN 978-7-306-03140-2
中图法分类：B84
定价：28.00 元
开本：16
出版时间：2008 年 8 月
责任编辑：嵇春霞
封面设计：红枫
责任技编：何雅涛

公共心理学是高等师范院校的公共必修课，为师范生将来从事教育教学工作奠定坚实的心理学理论根基。本书根据当前高师生的学习特点，以研究性教学理念为指导，以科学性、时代性和示范性为原则而精心编写，融合了普通心理学、教育心理学、人格心理学、社会心理学、健康心理学等心理学的各个分支学科中相关的内容，力求体现其"公共"的特点。全书内容全面翔实，体例新颖规范，每章精心设计引言性案例材料、资料窗、资源拓展、知识巩固以及实践探究，资料丰富，融趣味性、知识性和操作性于一体。

心灵的成长

作者：中山大学心理健康教育咨询中心
书号：ISBN 978-7-306-03142-6
中图法分类：R395.6
定价：18.00 元
开本：32
出版时间：2008 年 10 月
责任编辑：王润
封面设计：绵小米　等
责任技编：黄少伟

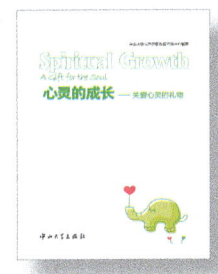

本书以有关心理健康的各种理论模式与文化比较观点为主轴，就自我概念、情绪、一般人际关系、亲密关系、人际和谐冲突、挫折与压力、生涯规划与管理等方面展开讨论。

学校心理健康教育（第二版）

作者：胡永萍　汪小琴　陈美荣
书号：ISBN 978-7-306-03665-0
中图法分类：G479
定价：28.00 元
开本：16
出版时间：2010 年 8 月第 2 版
责任编辑：嵇春霞
封面设计：曾斌
责任技编：何雅涛

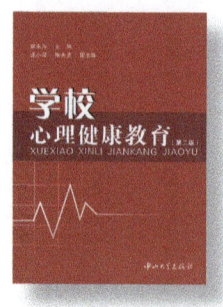

本书根据青少年学生的生理、心理发展特点，运用有关心理教育的方法和手段，对学校心理健康教育进行理论探讨，并提供实践指导。新版教材，在写作体例上做了适当的调整。每章前增加了"本章要点"，以方便读者阅读；根据内容的需要随即增加了"信息视窗"，以扩展读者的知识面。书后附有几种常用的心理测量工具。

教师专业发展团体心理辅导学

作者：刘勇
书号：ISBN 978-7-306-03969-9
中图法分类：G443
定价：39.00 元
开本：16
出版时间：2011 年 10 月
责任编辑：蔡浩然
封面设计：林绵华
责任技编：何雅涛

本书以团体心理辅导的理论为基础，以团体心理辅导与训练的技术为工具，针对教师专业发展过程中素质的构建、核心问题的解决等问题，比较系统地阐述了团体心理辅导的运作过程和操作方法。

教育心理学

作者：陈美荣　胡永萍
书号：ISBN 978-7-306-04255-2
中图法分类：G44
定价：36.00 元
开本：16
出版时间：2012 年 8 月
责任编辑：嵇春霞
封面设计：曾斌
责任技编：何雅涛

本书共 15 章，主要内容包括：教育心理学的研究对象、内容与方法，中小学生心理发展与教育，学习的基本理论，学习动机，学习迁移，知识的学习，技能的形成，学习策略，问题解决与创造性，态度与品德的形成，心理健康教育，教学设计，课堂管理，教学测量与评价，教师心理，等等。

大学生心理健康教育

作者：董惠娟　张爱珠
书号：ISBN 978-7-306-04301-6
中图法分类：B844.2
定价：33.00 元
开本：16
出版时间：2012 年 9 月
责任编辑：曾纪川
封面设计：林绵华
责任技编：黄少伟

本书遵照 2011 年教育部颁布的《普通高等学校学生心理健康教育课程教学基本要求》的精神指导，针对"90 后"大学生的心理困惑提出了一套针对性强、具有可操作性的解决方案。在编写理念上，以学科交叉与综合的优势（心理学与教育学、卫生学与心理学、社会学与伦理学联手）研究和解决大学生心理健康问题。

大学生心理健康

作者：周科慧　曾月珠　张晟
书号：ISBN 978-7-306-04530-0
中图法分类：B844.2
定价：28.00 元
开本：16
出版时间：2013 年 5 月
责任编辑：廖丽玲
封面设计：华品教育
责任技编：何雅涛

本书结合当前大学生的心理特征、心理发展规律和大学生迫切的心理需要，围绕大学生在成长过程中容易出现的心理问题，重点分析其产生的原因和调适方法，并提供生动的案例和可操作的心理测试，具有很强的实用性。

高职大学生心理健康教育

作者：蔡伟华
书号：ISBN 978-7-306-04679-6
中图法分类：B844.2
定价：30.00 元
开本：16
出版时间：2013 年 8 月
责任编辑：赵丽华
封面设计：曾斌
责任技编：何雅涛

本书结合高职大学生的心理特点和学习习惯，努力将心理学的知识性、启发性、趣味性、可操作性有效结合，以体现高职院校心理健康课程的教育特色。全书内容包括概述、自我成长、人格完善、人际交往、大学生恋爱、情绪管理、大学学习、挫折应对、择业心理、心理咨询、生命教育等。

礼　仪

礼仪与形象塑造

作者：谭洛明　徐红
书号：ISBN 978-7-306-03021-4
中图法分类：① K891.26　② B825
定价：28.00 元
开本：16
出版时间：2008 年 2 月
责任编辑：嵇春霞
封面设计：姚友毅
责任技编：何雅涛

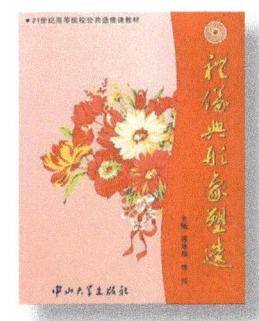

本书通过仪容仪态、服饰、发型与化妆等外在形象塑造和为人处世、人格魅力等内在品质修养以及礼仪训练、语言表达和艺术鉴赏的"内外兼修"，改变以往有关礼仪与形象塑造方面的教材偏外在而轻内在的倾向，在教学中贯串形象化教学与互动式教学等新的教学理念。书中精心编写的情景分析、温馨提示和实际操作训练，资料丰富，融趣味性、知识性和操作性于一体，体现了"以全面素质为基础，以就业为导向，以能力为本位，以学生为主体"的素质教育指导思想，不但方便教师教学，而且利于学生学习。

现代礼仪

作者：第 16 届亚洲运动会组织委员会
书号：ISBN 978-7-306-03504-2
中图法分类：K891.26
定价：39.00 元
开本：16
出版时间：2009 年 10 月
责任编辑：周建华
封面设计：点线面
责任技编：黄少伟

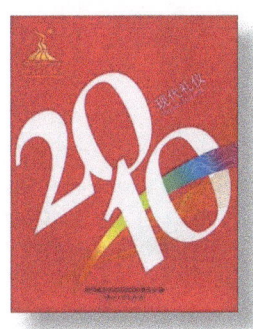

全书系统地阐述了现代社会文明办公礼仪、日常行为礼仪、现代体育礼仪，以及国际交往礼仪等，是广州亚运会通用培训教材。

计算机

新编 Visual Basic 程序设计教程

作者：江志文
书号：ISBN 7-306-02444-2
中图法分类：TP312
定价：42.00 元
开本：16
出版时间：2005 年 2 月
责任编辑：元阜
封面设计：亮点
责任技编：黄少伟

本书分入门篇、基础篇、应用篇、提高篇、实验篇和附录篇，从多个层面对 Visual Basic 编程语言进行介绍，实用性较强，可作为大中专院校的计算机入门语言教材，也是其他计算机用户和编程人员的学习参考书。

《新编 Visual Basic 程序设计教程》实验与习题集

作者：张静
书号：ISBN 7-306-02667-4
中图法分类：TP312
定价：35.00 元
开本：16
出版时间：2006 年 2 月
责任编辑：元阜
封面设计：叶军
责任技编：黄少伟

本书为《新编 Visual Basic 程序设计教程》的配套实验与习题集。内容丰富，具有较好的教学指导作用。

计算机基础教程 Windows XP 与 Office 2003/2002

作者：林卓然
书号：ISBN 7-306-02768-9
中图法分类：TP3
定价：28.00 元
开本：16
出版时间：2006 年 9 月
责任编辑：李文
封面设计：曹巩华
责任技编：黄少伟

本书主要内容包括计算机基础知识、计算机操作系统 Windows XP、办公自动化软件 Office 2003（也兼顾 Office 2002 的使用）及其他常用软件、计算机网络基础及 Internet 应用、网页制作、多媒体技术简介及计算机安全知识等。本书内容全面，原理和实践紧密结合，注重实用性和可操作性，叙述上力求深入浅出、简明易懂。各章后面均配有精心设计的习题和上机实验。本书作者还提供了一套课堂教学用的电子教案，任课老师可按前言中提供的方式获得。

微型计算机原理及应用

作者：张宏杰　张迅
书号：ISBN 978-7-306-02847-1
中图法分类：TP36
定价：30.00 元
开本：16
出版时间：2007 年 4 月
责任编辑：周建华
封面设计：曹巩华
责任技编：黄少伟

本书从 8086 系统到 Pentium 及多核技术，系统介绍了微型计算机的基本原理和基本技术，并对当今发展的新技术做了相应的介绍。全书共 9 章，内容包括计算机基本知识、微型计算机体系结构、8086/Pentium/ Pentium 4/ 多核处理器、指令系统、汇编语言、存储器组成、系统总线、输入/输出基本技术及常用外部设备接口，第 9 章"BIOS 设置"为参考内容。

计算机应用基础 Windows XP 与 Office 2003

作者：李燕霞
书号：ISBN 978-7-306-02941-6
中图法分类：TP3
定价：28.00 元
开本：16
出版时间：2007 年 8 月
责任编辑：李文
封面设计：杨辛卫
责任技编：黄少伟

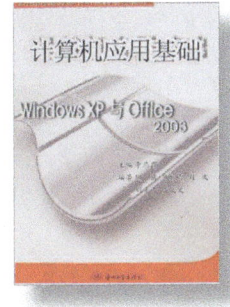

本书内容主要包括计算机及信息技术基础知识、计算机操作系统 Windows XP、办公软件 Word 2003、Excel 2003、PowerPoint 2003、计算机网络基础及 Internet 应用、多媒体技术基础等。全书共由 7 章和 2 个附录组成，紧密围绕课程教学大纲，涵盖全国计算机等级考试、高等学校计算机应用基础课程水平考试大纲的要求，内容丰富全面，适合多层次教学。

《计算机应用基础 Windows XP 与 Office 2003》习题与实验

作者：李燕霞
书号：ISBN 978-7-306-02942-3
中图法分类：TP3
定价：18.00 元
开本：16
出版时间：2007 年 8 月
责任编辑：李文
封面设计：杨辛卫
责任技编：黄少伟

本书是《计算机应用基础 Windows XP 与 Office 2003》的配套教材，内容主要包括计算机及信息技术基础知识、计算机操作系统 Windows XP、办公软件 Word 2003、Excel 2003、PowerPoint 2003、计算机网络基础及 Internet 应用、多媒体技术基础等。全书共由 7 章和 1 个附录组成，紧密围绕课程教学大纲，涵盖全国计算机等级考试、高等学校计算机应用基础课程水平考试大纲的要求，内容丰富全面，最好与作者所写的《计算机应用基础：Windows XP 与 Office 2003》一书配套使用，但也可单独使用。

网页设计与制作

作者：吴保荣　李凤麟
书号：ISBN 978-7-306-03120-4
中图法分类：TP393.092
定价：27.00 元
开本：16
出版时间：2008 年 8 月
责任编辑：里引　唐源
封面设计：梁希
责任技编：潘隆

本书在简单介绍网页设计、制作及网站建设和分类等基础上，结合多种典型网页、图像、图片、动画的具体制作实例，详细介绍了 Dreamweaver，Photoshop，Flash，Fireworks 4 个工具软件的常用功能以及使用方法。

C 语言程序设计

作者：雷于生　胡成松
书号：ISBN 978-7-306-03267-6
中图法分类：TP312
定价：29.00 元
开本：16
出版时间：2009 年 7 月
责任编辑：李文
封面设计：曹巩华
责任技编：潘隆

本书共 11 章。其中，第 1 章是 C 语言程序设计概述，第 2 章是 C 语言程序的语法基础，第 3～5 章分别介绍顺序结构、选择结构、循环结构程序设计，第 6～8 章分别较详细地介绍数组、函数和指针程序设计及其应用，第 9～11 章分别介绍编译预处理、结构与联合、文件。同时，为了满足实践教学和学生课后练习的需要，还出版了与本教材配套使用的《C 语言程序设计实验与习题集》一书（彭文艺、韩丽娟编）。

上篇　30 年出版成果择录回眸

C语言程序设计实验与习题集

作者：彭文艺　韩丽娟
书号：ISBN 978-7-306-03268-3
中图法分类：TP312
定价：20.00 元
开本：16
出版时间：2009 年 7 月
责任编辑：李文
封面设计：曹巩华
责任技编：潘隆

本书是《C语言程序设计》的配套教材，包括上机操作指导、精心挑选的实验、练习题及参考答案几个部分。

计算机应用基础

作者：张鹏　陈志城　叶土生
书号：ISBN 978-7-306-03487-8
中图法分类：TP3
定价：39.00 元
开本：16
出版时间：2009 年 10 月
责任编辑：曾纪川
封面设计：腾茂
责任技编：黄少伟

本书根据高等院校网络教育计算机应用基础考试大纲编写，详细介绍了有关计算机的基础知识、基础应用等相关内容，可作为高等学校网络学院学生及大中专院校非计算机专业学生的教材。

基于面向对象的软件分析与设计实验教程

作者：衣杨　肖志娇　顾春琴
书号：ISBN 978-7-306-03809-8
中图法分类：TP311.5
定价：39.80 元
开本：16
出版时间：2011 年 3 月
责任编辑：张礼凤
封面设计：贾萌
责任技编：何雅涛

本书除介绍基础理论和基本知识外，还选取了电子商务、网上书店、小型 ERP 系统、小型信息管理系统、在线考试系统、考勤系统、个人理财系统等 11 个功能比较完善的案例进行阐述，可适应不同的教学需求。

计算机应用基础——案例实战与技能拓展

作者：刘永红　陈萍
书号：ISBN 978-7-306-04279-8
中图法分类：TP3
定价：38.00 元
开本：16
出版时间：2012 年 9 月
责任编辑：赵丽华
封面设计：曾斌
责任技编：何雅涛

本书共分 7 个模块，包括计算机基础概述、Windows XP 操作系统、文字处理软件 Word 2003、电子表格软件 Excel 2003、幻灯片制作软件 PowerPoint 2003、计算机网络与应用、常用工具软件介绍。

Visual FoxPro 数据库实用教程

作者：施风芹　钱丽璞
书号：ISBN 978-7-306-04421-1
中图法分类：TP311.138
定价：32.50 元
开本：16
出版时间：2013 年 1 月
责任编辑：张礼凤
责任技编：何雅涛

本书主要介绍数据库系统概述、Visual FoxPro 基础、Visual FoxPro 数据及数据运算、表的建立与操作、数据库的建立与操作、结构化查询语言——SQL、查询与视图、报表和标签设计、程序设计基础、面向对象的程序设计、表单设计、菜单与工具栏设计和应用程序开发。

《Visual FoxPro 数据库实用教程》实验指导与练习

作者：施风芹　孟令全
书号：ISBN 978-7-306-04422-8
中图法分类：TP311.138
定价：23.50 元
开本：16
出版时间：2013 年 1 月
责任编辑：赵丽华
责任技编：何雅涛

本书是《Visual FoxPro 数据库实用教程》的配套用书，分为两个部分，第一部分为实验指导，第二部分为习题集。

物理科学与工程技术
● 工业检测

无损检测导论

作者：夏纪真
书号：ISBN 978-7-306-03525-7
中图法分类：TG115.28
定价：36.00 元
开本：16
出版时间：2010 年 1 月
责任编辑：李文
封面设计：贾萌
责任技编：黄少伟

无损检测与评价技术是一门新兴的、多学科综合应用的、理论与实践紧密结合的工程学科，无论在理论性、系统性和工艺性方面都有较高的要求，它涵盖了物理学、材料科学、电子技术、测量技术、信息技术以及计算机技术等多方面的内容，材料的每一种特性几乎都可以成为某种无损检测方法的基础，几乎所有形式的能量都能被利用来确定材料的物理特性或用于缺陷检测。

工业无损检测技术（渗透检测）

作者：夏纪真
书号：ISBN 978-7-306-04600-0
中图法分类：TG115.28
定价：29.80 元
开本：16
出版时间：2013 年 7 月
责任编辑：施国胜
封面设计：林绵华
责任技编：黄少伟

传统的工业五大常规无损检测技术主要指超声检测、射线照相检测、渗透检测、磁粉检测和涡流检测，俗称"五大常规"检测。本书是其中之一的关于渗透检测技术的专述。它侧重于实际应用的介绍，对渗透无损检测技术尽可能全面地、综合与系统地做专门的著述。

工业无损检测技术（磁粉检测）

作者：夏纪真
书号：ISBN 978-7-306-04601-7
中图法分类：TG115.28
定价：29.80 元
开本：16
出版时间：2013 年 7 月
责任编辑：施国胜
封面设计：林绵华
责任技编：黄少伟

传统的工业五大常规无损检测技术主要指超声检测、射线照相检测、渗透检测、磁粉检测和涡流检测，俗称"五大常规"检测。本书是其中之一的关于磁粉检测技术的专述。本书侧重于实际应用，尽可能全面地、综合与系统地对磁粉无损检测技术做专门的著述。

上篇 30 年出版成果择录回眸

● 汽车工程

汽车知识与名车欣赏

作者： 陈德海　汪锋锁
书号： ISBN 978-7-306-03350-5
中图法分类： U469
定价： 28.00 元
开本： 16
出版时间： 2009 年 7 月
责任编辑： 刘学谦
封面设计： 林绵华
责任技编： 何雅涛

本书内容包括汽车的演变与发展、汽车的基本组成和技术参数、汽车的保养与维护、行车安全知识以及世界名车欣赏等。

汽车后市场营销学

作者： 王广科
书号： ISBN 978-7-306-03840-1
中图法分类： F766
定价： 30.00 元
开本： 16
出版时间： 2011 年 2 月
责任编辑： 熊锡源
封面设计： 林绵华
责任技编： 何雅涛

本书把市场营销学的基本原理应用于汽车后市场，探寻汽车后市场的营销特点与营销规律。

电动汽车动力电池管理系统设计

作者： 谭晓军
书号： ISBN 978-7-306-04061-9
中图法分类： ① U469.720.3　② TM912.15
定价： 35.00 元
开本： 16
出版时间： 2011 年 11 月
责任编辑： 钟永源
封面设计： 林绵华
责任技编： 黄少伟

本书共 10 章，主要谈及电动汽车的电池管理技术，从属于电动汽车的动力电池系统，融合了电子、自动控制以及通信网络等相关技术，重点解决动力电池的监测、安全保护以及优化管理等问题。

汽车美容快修店经营学

作者： 王广科
书号： ISBN 978-7-306-03690-2
中图法分类： F719.9
定价： 50.00 元
开本： 16
出版时间： 2012 年 1 月
责任编辑： 熊锡源
封面设计： 林绵华
责任技编： 何雅涛

本书以汽车美容快修店经营者为读者对象，全面介绍了汽车美容快修店的经营技巧，包括如何招揽顾客、如何介绍并推销产品和服务、如何提升自身竞争力等内容。

汽车电气设备

作者： 梁家荣　何贤亮
书号： ISBN 978-7-306-04304-7
中图法分类： U463.6
定价： 30.00 元
开本： 16
出版时间： 2013 年 10 月
责任编辑： 李文
封面设计： 曾斌
责任技编： 何雅涛

本书是工学结合一体化教材，是高职技术院校汽车检测与维修、汽车电子及其相关专业的教材。本书以任务为导向，用 9 个模块介绍了汽车的各类电气设备，让学生从认识设备开始，到掌握各类电气设备的检测与维护方法，学以致用。

● 高职高专电梯专业系列教材

中图法分类：TU857
定价：28.00元
开本：16
责任编辑：李海东
封面设计：贾萌
责任技编：何雅涛

电梯结构与原理

作者：贺德明　肖伟平
书号：ISBN 978-7-306-03341-3
出版时间：2009年8月

本书讲述电梯基本知识、工作原理与运动分析、曳引系统主要设备与装置、轿厢与门系统、导向与重量平衡系统、安全保护系统等内容。

电梯安装工程

作者：陈秀和　张书
书号：ISBN 978-7-306-04322-1
出版时间：2012年10月

本书对电梯安装的工程管理、安装内容及要求进行阐述，具体内容包括电梯概述、电梯安全工程管理、电梯安装施工准备、电梯机械部分的安装、电梯电气部分的安装、电梯调试试运行、试验与验收交付使用等。

● 电工技术

电工与电子技术实验教程（第二版）

作者：刘传菊　肖明明
书号：ISBN 978-7-306-03482-3
中图法分类：① TM-33　② TN-33
定价：33.00元
开本：16
出版时间：2009年9月第2版
责任编辑：张礼凤
封面设计：林锦华
责任技编：黄少伟

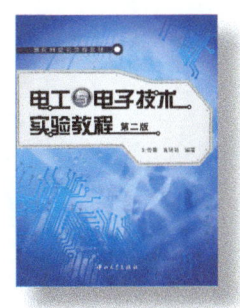

本书是参照高等学校工科基础课电工、电子技术基础教材编写大纲的意见编写的。内容包括3个部分，即电工与电子技术实验基础、基础实验、综合性与设计性实验，涵盖电工技术、模拟电子技术和数字电子技术的基本实验项目以及综合性与设计性的实验项目。

电工电路与配电

作者：顾倩
书号：ISBN 978-7-306-03705-3
中图法分类：① TM13　② TM726
定价：30.00元
开本：16
出版时间：2010年8月
责任编辑：李文　黄龙飞
封面设计：贾萌
责任技编：黄少伟

本书共8章，主要内容包括电源与电路的基本量、电阻元件、直流电路分析、电容元件与电感元件、交流电路分析、互感与变压器、非正弦周期电路分析、供配电与安全防护。

上篇　30年出版成果择录回眸

化 学

应用电化学（第二版）

作者： 杨绮琴　方北龙　童叶翔
书号： ISBN 7-306-01710-1
中图法分类： O646
定价： 33.80 元
开本： 16
出版时间： 2005 年 1 月第 2 版
责任编辑： 徐镜昌
封面设计： 晨竹
责任技编： 黄少伟

本书内容包括：电化学基本原理和方法，电化学工程简介，无机物电解制备，有机电合成和电活性聚合物，电池，金融腐蚀与防护，电化学表面处理和加工，电解冶金和功能材料，电化学在环境保护、生物、医学中的应用。

化工原理实验

作者： 丁楠　吕树申
书号： ISBN 978-7-306-03078-8
中图法分类： TQ02-33
定价： 20.00 元
开本： 16
出版时间： 2008 年 6 月
责任编辑： 李文
封面设计： 曹巩华
责任技编： 何雅涛

化工原理实验属于工程实验范畴，它不同于基础课程的实验。与一般化学实验相比，不同之处在于它具有工程特点。本书内容包含化工基础实验、化工专业实验、化工综合创新实验等 21 个实验。

硅酸盐制品及原料检测方法

作者： 陈静静　蒋建平
书号： ISBN 978-7-306-03138-9
中图法分类： TQ170
定价： 28.00 元
开本： 16
出版时间： 2008 年 8 月
责任编辑： 张礼凤
封面设计： 林绵华
责任技编： 何雅涛

本书介绍硅酸盐制品及原料检测方法，内容包括质量保证体系与标准化管理，化学分析基础知识，标准溶液的配制与标定，硅酸盐制品的化学分析，硅酸盐生产用矿物分析方法，等等。

二氧化钛纳米薄膜材料及应用

作者： 孙振范　郭飞燕　陈淑贞
书号： ISBN 978-7-306-03301-7
中图法分类： TB383
定价： 28.00 元
开本： 16
出版时间： 2009 年 4 月
责任编辑： 邓启铜
封面设计： 林绵华
责任技编： 何雅涛

本书从 TiO_2 表面结构着手，介绍不同条件下 TiO_2 表面电子结构的多样性；阐述了不同的物理化学制备方法制备的 TiO_2 纳米薄膜的表面形态、光物理性质和化学反应性质。主要内容包括：绪论，二氧化钛表面结构，二氧化钛纳米薄膜的制备与表征，二氧化钛纳米薄膜表面形态的分析，二氧化钛纳米薄膜的光物理性质和光活性，等等。

化学检验工（中级）考证培训教材

作者： 陈静静　谷雪贤　李小玉
书号： ISBN 978-7-306-03412-0
中图法分类： TQ075
定价： 30.00 元
开本： 16
出版时间： 2009 年 8 月
责任编辑： 张礼凤
封面设计： 林绵华
责任技编： 何雅涛

本书针对化学检验工必须掌握的基本知识和操作技能，介绍了中级工考试的重点和难点，对国家题库中的样题进行讲解，并设计了复习题和模拟试卷。

化学检验工（高级）考证培训教材

作者：陈静静　蒋建平　谷雪贤
书号：ISBN 978-7-306-03413-7
中图法分类：TQ075
定价：25.00 元
开本：16
出版时间：2009 年 8 月
责任编辑：张礼凤
封面设计：林绵华
责任技编：何雅涛

本书针对化学检验工必须掌握的基本知识和操作技能，介绍了高级工考试的重点和难点，对国家题库中的样题进行讲解，并设计了复习题和模拟试卷。

材料化学

作者：沈培康　孟辉
书号：ISBN 978-7-306-04110-4
中图法分类：TB3
定价：48.00 元
开本：16
出版时间：2012 年 5 月
责任编辑：曹丽云
封面设计：曾斌
责任技编：何雅涛

本书是为非化学专业的理工科学生和从事材料科学与工程的研究人员提供的适应材料科学和工程领域迅速发展所需知识的教材。本书针对从多年的教学实践中发现的问题，将材料与化学合而为一，结合与材料相关的问题进行化学知识介绍，改变了以往教材只讲材料、化学只讲基础的局面，重点突出了材料和化学结合的目的。

生物生态学

生态学研究方法

作者：张文军
书号：ISBN 978-7-306-02955-3
中图法分类：Q14-3
定价：25.00 元
开本：32
出版时间：2007 年 10 月
责任编辑：张礼凤
封面设计：曹巩华
责任技编：黄少伟

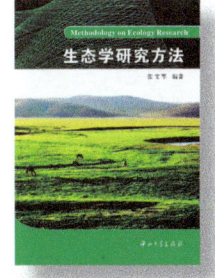

本书介绍了生态学研究中的各种方法和技术，包括从试验设计、抽样技术、种群动态、生物多样性，到系统分析、3S 技术、生态环境影像评价等内容。

分子生物学实验方法与技巧

作者：申煌煊
书号：ISBN 978-7-306-03678-0
中图法分类：Q7-33
定价：49.50 元
开本：16
出版时间：2010 年 6 月
责任编辑：马霄行
封面设计：曹巩华　曾斌
责任技编：黄少伟

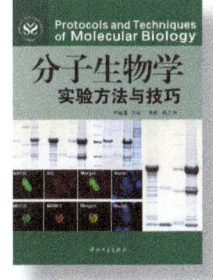

本书比较系统地阐述了分子生物学相关实验所采用的具体的优化方案和技巧方法，实验均是近 20 年来常见的、编写者所亲自操作过的实验，是一本实用型实验方案的指导书。

水利白蚁防治

作者：陈振耀　姚达长
书号：ISBN 978-7-306-03981-1
中图法分类：TV698.2
定价：38.00 元
开本：16
出版时间：2011 年 10 月
责任编辑：徐镜昌
封面设计：林绵华
责任技编：何雅涛

全书共 10 章，包括绪论、水工建筑物的基础知识、白蚁的种类、白蚁的生物学习性、白蚁的生态学特征、水利堤坝白蚁防治的药物学基础、水利堤坝白蚁的防治技术、水利堤坝蚁患的灌浆技术、房屋白蚁的治理技术、新建房屋白蚁的预防技术。

发育生物学

作者：王方海　金立培
书号：ISBN 978-7-306-03952-1
中图法分类：Q132
定价：29.80 元
开本：16
出版时间：2011 年 11 月
责任编辑：张礼凤
封面设计：曾斌
责任技编：何雅涛

本书共 12 章，主要以模式动物个体发育为主线，从分子、细胞、组织、器官多个层面阐明动物发育过程中的基本原理和规律。

白蚁防控工程实用技术

作者：田伟金　杨悦屏　庄天勇　等
书号：ISBN 978-7-306-04069-5
中图法分类：S763.33
定价：33.80 元
开本：16
出版时间：2011 年 11 月
责任编辑：蔡浩然
封面设计：林绵华
责任技编：何雅涛

本书主要介绍了白蚁的生物学特性与形态特征、白蚁的危害与传播途径、常用的蚁害检查方法、白蚁灭治与预防技术以及白蚁防治策略等内容。本书理论联系实际，除理论阐述外，还详细列出了白蚁防控的相关照片与表格，具较强的实用性和可操作性。

医学·药学

临床药理学（第二版）

作者：赵香兰　黄民
书号：ISBN 978-7-306-02933-1
中图法分类：R969
定价：42.00 元
开本：16
出版时间：2007 年 8 月第 2 版
责任编辑：阮继
封面设计：曹巩华
责任技编：何雅涛

本书包括临床药理学概论、药代动力学参数与临床用药、药物代谢及遗传药理学、药物相互作用、治疗药物监测、药源性疾病、药物不良反应监测、药物临床试验研究等内容。

心血管系统内分泌学

作者：陈筱潮　徐明彤
书号：ISBN 978-7-306-02932-4
中图法分类：R322.1
定价：70.00 元
开本：16
出版时间：2007 年 9 月
责任编辑：元阜
封面设计：大象
责任技编：黄少伟

全书共 11 章，较为详细地介绍各个激素系统的基础研究进展和相关的临床应用现状，力求体现本专业领域的最新进展，内容新颖而系统、全面而精练。

现代口腔设备技术与应用

作者：李容林
书号：ISBN 978-7-306-03012-2
中图法分类：TH787
定价：23.00 元
开本：32
出版时间：2007 年 12 月
责任编辑：阮继
封面设计：古晓
责任技编：黄少伟

　　本书以现代口腔医学常用设备为主要对象，从现代口腔常用设备的基本结构和工作原理、使用方法和操作常规、日常维护和保养以及常见故障和排除方法等多个方面深入浅出地介绍现代口腔设备技术与应用。

医科实习生临床技能手册

作者：王庭槐　胡国亮
书号：ISBN 978-7-306-03092-4
中图法分类：R4-62
定价：26.00 元
开本：32
出版时间：2008 年 5 月
责任编辑：阮继
封面设计：曹巩华
责任技编：何雅涛

　　临床实习是医学教育的重要部分，是医学生培养职业道德，学习医学知识、临床技能和临床思维的重要学习阶段。本手册参照全球医学教育最基本标准，按照中国毕业生基本要求，注意培养学生在职业态度、行为和职业道德、人文素养、医学知识、临床技能、沟通技能、预防医学与群体保健等领域的训练，使对医学生的培养能适应现代医学模式转变的需要，从生物医学模式向生物—心理—社会—环境医学模式转变。

行为医学

作者：静进
书号：ISBN 978-7-306-03408-3
中图法分类：R395.1
定价：30.00 元
开本：16
出版时间：2009 年 8 月
责任编辑：曾纪川
封面设计：曹巩华　林绵华
责任技编：何雅涛

　　本书研究和探讨了人类行为学与健康和疾病之间的关系及其机制问题，阐述了人类行为科学中有关健康和疾病的知识及应用，揭示了人的行为与健康和疾病之间的关系及机制，是高等院校教材。

性健康与性疾病学

作者：王玺坤
书号：ISBN 978-7-306-03361-1
中图法分类：R167
定价：38.00 元
开本：16
出版时间：2009 年 8 月
责任编辑：鲁佳慧
封面设计：吴志鹏
责任技编：黄少伟

　　本书结合大学生普遍关心的有关性的热门话题，深入浅出地介绍了性医学和生殖保健方面最新、最实用的医学保健知识及技术，包括性医学发展简史、性医学基础、性生活及婚育健康、生殖系统疾病诊断技术、性功能障碍、性心理障碍、性传播疾病等部分，使大学生接受科学系统的性教育、树立正确的性态度、形成良好的性道德。

西医学概论

作者：徐勤
书号：ISBN 978-7-306-03362-8
中图法分类：R
定价：59.80 元
开本：16
出版时间：2009 年 9 月
责任编辑：鲁佳慧
封面设计：林绵华
责任技编：黄少伟

　　广州中医药大学在国内首先成立了西医学概论教研室，负责本科非医学专业、药学专业、高职高专及成教医学专业该门课程的教学。经过近 10 年的教学，编者根据各专业的学制特点、教师的授课需要、学生的学习特点及反馈意见，总结该课程宝贵的教学经验，组织编写了本教材。内容包括人体解剖学、组织与胚胎学、人体生理学、病理学、医学微生物学五大部分。

西医基础医学概论实验指导及题集

作者：万文成
书号：ISBN 978-7-306-03681-0
中图法分类：R3-33
定价：15.00 元
开本：32
出版时间：2010 年 7 月
责任编辑：鲁佳慧
封面设计：林绵华
责任技编：黄少伟

本书为《西医学概论》的配套教材，内容包括人体解剖学、组织胚胎学、人体生理学、病理学、医学微生物学 5 门西医学基础概论课程的学习指导。

医疗保险学

作者：王莉
书号：ISBN 978-7-306-03949-1
中图法分类：F840.684
定价：28.00 元
开本：16
出版时间：2011 年 8 月
责任编辑：鲁佳慧
封面设计：曾斌
责任技编：黄少伟

本书介绍了我国医疗保险系统的作用、供给、需求、运行机制、市场失灵及其防范措施、基金筹集、管理、偿付问题，及我国医疗保险制度、立法问题、与国际的比较等内容。

现代灾难医学

作者：王庭槐　肖海鹏　陈创奇
书号：ISBN 978-7-306-03876-0
中图法分类：R129
定价：68.00 元
开本：16
出版时间：2011 年 10 月
责任编辑：鲁佳慧
封面设计：曾斌
责任技编：黄少伟

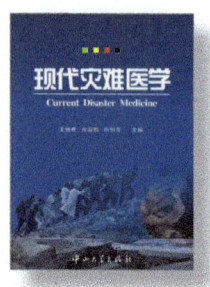

本书包括灾难医学概论，灾难医学的国内外现状，灾后医学救助队伍的建设与培训，灾难条件下各科常见疾病的诊治、心理障碍及其处理、防病防疫措施、现场救助等内容。

实用眼科验光配镜手册

作者：余荣志
书号：ISBN 978-7-306-04068-8
中图法分类：R770.41-62
定价：26.00 元
开本：32
出版时间：2012 年 2 月
责任编辑：曾育林
封面设计：曾斌
责任技编：何雅涛

本手册共 5 编 23 章。第一编为"光学与眼屈光"，第二编为"眼生理视功能"，第三编为"眼的屈光类型"，第四编为"眼屈光检查验光"，第五编为"配镜矫治选择"。对近视眼研究现状及各种矫治手段、医学验光与视网膜检影验光等做了较为深入的叙述，对配镜矫治方法措施的选择及其利弊、近视眼保养与相关注意事项等做了比较性之简介。

卫生法学

作者：杜仕林
书号：ISBN 978-7-306-04133-3
中图法分类：D922.161
定价：45.00 元
开本：16
出版时间：2012 年 4 月
责任编辑：鲁佳慧
封面设计：曾斌
责任技编：黄少伟

本书为南方医科大学近医学科特色教材系列之一，分为上、下两篇。上篇为总论，主要对卫生法学的基本理论问题进行了介绍。下编为分论，主要介绍了卫生法学在不同领域的具体法律制度。

实习医生临床技能手册

作者：王庭槐　周燕斌　陈创奇
书号：ISBN 978-7-306-04131-9
中图法分类：R4-62
定价：45.00 元
开本：32
出版时间：2012 年 5 月
责任编辑：鲁佳慧
封面设计：曾斌
责任技编：黄少伟

　　本书以实习医生为主要对象，详细介绍了实习医生需要掌握的最基本的临床技能，病史采集、体格检查、病历书写、基本临床技能操作、辅助检查结果判断、临床常用药物与处方书写规范几方面。全书内容新颖，科学、系统，重点突出，规范性、实用性、指导性强。

方剂学

作者：全世建
书号：ISBN 978-7-306-04169-2
中图法分类：R289
定价：48.00 元
开本：16
出版时间：2012 年 6 月
责任编辑：鲁佳慧
封面设计：林绵华
责任技编：黄少伟

　　本书分为上、下两编。上编为总论，下编为各论。各论精选学生最需掌握的各类方剂，在保持方名、来源、组成、功效、主治、方解、临床运用等内容不变的基础上，增加方剂的临床常用剂型与现代药理研究，并附有方剂药理学实验、方歌总汇、习题等，实用性强。

卫生事业管理学

作者：姚卫光
书号：ISBN 978-7-306-04195-1
中图法分类：R19
定价：49.80 元
开本：16
出版时间：2012 年 7 月
责任编辑：鲁佳慧
封面设计：曾斌
责任技编：黄少伟

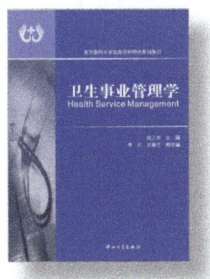

　　本书是南方医科大学近医学科特色系列教材之一，以现代管理科学及国内公共卫生事业管理新理论、新知识、新技术、新方法为基础，密切结合我国卫生事业管理的实践，从多角度系统地阐述了卫生事业管理的理念。

外语

淘金式巧攻

作者：伍乐其
中图法分类：H313
开本：48
责任编辑：熊锡源
封面设计：郭炜
责任技编：黄少伟

书名	书号（ISBN）	定价（元）	出版时间
淘金式巧攻双频阅读词汇4级分册（第3版）（附MP3盘）	978-7-306-02227-1	15.80	2008.07
淘金式巧攻双频阅读词汇6级分册（第4版）（附MP3盘）	978-7-306-02228-8	15.80	2008.12
淘金式巧攻大学英语词汇4级分册（12.0版/含MP3盘）	978-7-306-02135-9	19.80	2010.08
淘金式巧攻大学英语词汇6级分册（电脑分频/12.0版/含MP3盘）	978-7-306-01819-9	19.80	2010.08

小语种经典口语

作者：格林国际语言研究中心
开本：16
出版时间：2009 年 4 月
责任编辑：葛洪
封面设计：李康道
责任技编：黄少伟

日语经典口语 900 句

书号：ISBN 978-7-306-03170-9
中图法分类：H369.9
定价：36.00 元

　　本书针对有一定基础的日语学习者，提供一定量的口语素材并进行场景对话训练，是初级、中级日语口语教材和日常用语备查手册。

韩语经典口语 900 句

书号：ISBN 978-7-306-03171-6
中图法分类：H559.4
定价：36.00 元

　　本书针对有一定基础的韩语学习者，提供一定量的口语素材并进行场景对话训练，是初级、中级韩语口语教材和日常用语备查手册。

法语经典口语 900 句

书号：ISBN 978-7-306-03172-3
中图法分类：H329.9
定价：38.00 元

　　本书针对有一定基础的法语学习者，提供一定量的口语素材并进行场景对话训练，是初级、中级法语口语教材和日常用语备查手册。

德语经典口语 900 句

书号：ISBN 978-7-306-03173-0
中图法分类：H333.9
定价：25.00 元

　　本书针对有一定基础的德语学习者，提供一定量的口语素材并进行场景对话训练，是初级、中级德语口语教材和日常用语备查手册。

俄语经典口语 900 句

书号：ISBN 978-7-306-03174 - 7
中图法分类：H359.9
定价：35.00 元

　　本书针对有一定基础的俄语学习者，提供一定量的口语素材并进行场景对话训练，是初级、中级俄语口语教材和日常用语备查手册。

西班牙语经典口语 900 句

书号：ISBN 978-7-306-03175 - 4
中图法分类：H349.9
定价：38.00 元

　　本书针对有一定基础的西班牙语学习者，提供一定量的口语素材并进行场景对话训练，是初级、中级西班牙语口语教材和日常用语备查手册。

上篇　30 年出版成果择录回眸

新王牌雅思应试教材系列

作者：邓子钦　邓洪焰　林榕
中图法分类：H310.41
开本：16
出版时间：2011年11月
责任编辑：刘学谦
封面设计：曾斌
责任技编：何雅涛

书名	书号（ISBN）	定价（元）
口语	978-7-306-03993-4	40.00
词汇	978-7-306-03992-7	55.00
语法	978-7-306-03991-0	38.00
写作	978-7-306-03990-3	55.00

英语口语教材系列

中图法分类：H319.9
开本：16
出版时间：2013 年 6 月
封面设计：小鸟设计工作室
责任技编：黄少伟

书名	作者	书号（ISBN）	定价（元）	责任编辑
分级阶梯突破 1 级	宋建威、牛慧霞	978-7-306-04218-7	29.80	林彩云
分级阶梯突破 2 级	宋建威、牛慧霞	978-7-306-04219-4	29.80	林彩云
分级阶梯突破 3 级	宋建威、牛慧霞	978-7-306-04220-0	29.80	林彩云
分级阶梯突破 4 级	牛慧霞、张淑芳	978-7-306-04221-7	49.80	施兰娟
分级阶梯突破 5 级	张淑芳、牛慧霞	978-7-306-04222-4	49.80	施兰娟
分级阶梯突破 6 级	张淑芳、牛慧霞	978-7-306-04223-1	49.80	施兰娟
分级阶梯突破 7 级	张淑芳、黄欣	978-7-306-04224-8	68.80	林彩云
分级阶梯突破 8 级	张淑芳、黄欣	978-7-306-04225-5	68.80	刘学谦
分级阶梯突破 9 级	张淑芳、黄欣	978-7-306-04226-2	68.80	林彩云

上篇　30 年出版成果择录回眸

全国英语专业博雅系列教材

主编：丁建新
开本：16
封面设计：曾斌

书缘书镜——中山大学出版社30年出版成果汇编

英汉翻译教程

作者：李玉英　李发根
书号：ISBN 978-7-306-04531-7
中图法分类：H315.9
定价：69.00元
出版时间：2013年7月
责任编辑：刘学谦
责任技编：黄少伟

　　本书分为上、下两册。上册主要由基础理论和翻译技巧两部分组成。基础理论部分，介绍西方翻译思想，简述中国翻译史；翻译技巧部分，用15章的篇幅介绍各种翻译技巧及翻译方法。下册主要由专题研究和翻译实践两部分组成。专题研究部分用12章的篇幅介绍了翻译在广告、文学、网络、法律、新闻等领域的用法；翻译实践部分则精选了30篇经典而脍炙人口的佳作供学习者欣赏。

中国文化经典：文本与翻译

作者：丁建新　齐环玉　刘悦怡
书号：ISBN 978-7-306-04592-8
中图法分类：H315.9
定价：34.00元
出版时间：2013年7月
责任编辑：熊锡源
责任技编：黄少伟

　　本书选取了从《诗经》到《红楼梦》的传统文化经典著作的中英文对照文本作为教学材料，中文文本思想丰富、文字典雅，英语译本都是名家手笔。本书可使学生在领略中国文化的同时感受译者在处理文化信息时所采用的种种策略，对学生的英语学习和跨文化交际能力的提高均大有裨益。

博雅阅读·报刊选读

作者：秦勇
书号：ISBN 978-7-306-04580-5
中图法分类：H319.4
定价：29.00元
出版时间：2013年7月
责任编辑：熊锡源
责任技编：黄少伟

　　本书秉持"博雅"理念，选取近几十年来最具权威的英美报刊原文作为阅读材料，内容涉及文法、修辞、逻辑、算术、几何、天文、音乐等方面，体裁上包含散文、演说、传记等，不仅是语言学习材料，也是旨在培养学生理想人格、优雅气质的教材。

博雅阅读·高级英语

作者：田海龙　张允　王晓艳
书号：ISBN 978-7-306-04593-5
中图法分类：H319.4
定价：19.00元
出版时间：2013年8月
责任编辑：熊锡源
责任技编：黄少伟

　　本书为英语专业本科高年级（三年级）使用的精读教材，旨在全面提高学生英语水平，充分发挥学生研读专业文献和英美原作的能力。本书中每个单元的内容从对相关话题的讨论出发，逐渐引导学生分析、讨论、调研，并最终引导学生进行创新性的写作。

博雅阅读·精读①

作者：李会民
书号：ISBN 978-7-306-04594-2
中图法分类：H319.4
定价：25.00元
出版时间：2013年8月
责任编辑：熊锡源
责任技编：何雅涛

本书是用博雅理念指导编写的大学英语专业本科生一年级使用的精读教材，从材料的选取到练习的设计，均体现人文、科学素养。本册包含母爱与成长、人生态度、情感故事、历史文化等多个主题，通过精当的选材，让学生掌握英语语言，并了解西方文化。

博雅阅读·精读②

作者：李会民
书号：ISBN 978-7-306-04648-2
中图法分类：H319.4
定价：28.00元
出版时间：2013年8月
责任编辑：熊锡源
责任技编：黄少伟

本书是用博雅理念指导编写的大学英语专业本科生使用的精读教材，从材料的选取到练习的设计，均体现人文、科学素养，包含母爱与成长、人生态度、情感故事、历史文化等多个主题，通过精当的选材，让学生掌握英语语言，并了解西方文化。

博雅阅读·泛读①

作者：姚力之
书号：ISBN 978-7-306-04595-9
中图法分类：H319.4
定价：34.00元
出版时间：2013年8月
责任编辑：熊锡源
责任技编：黄少伟

本书是根据《高等学校英语专业基础阶段英语教学大纲》的要求、按照博雅教育的理念编写的英语专业基础阶段泛读教材，共4册，本书是第1册。该册共8个单元，以词汇意义、句子构成及理解、段落布局与逻辑为核心，以主课文为依托，辅之以练习。本册讨论的话题有教育、文学、自然科学、空间、种族、历史、语言等。

博雅阅读·泛读②

作者：姚力之
书号：ISBN 978-7-306-04596-6
中图法分类：H319.4
定价：34.00元
出版时间：2013年8月
责任编辑：熊锡源
责任技编：黄少伟

本书是根据《高等学校英语专业基础阶段英语教学大纲》的要求、按照博雅教育的理念编写的英语专业基础阶段泛读教材，共4册，本书是第2册。该册共8个单元，以语篇阅读技巧为核心，以语篇阅读为手段，操练阅读技巧。文章后安排的习题针对性强，形式多样。本册讨论的话题有经济学、军事、政治、伦理、艺术、宗教、社会学、哲学等。

英语语法

作者：丁建新 李迺茜 何妍 陈虹文
书号：ISBN 978-7-306-04606-2
中图法分类：H314
定价：36.00元
出版时间：2013年8月
责任编辑：刘学谦
责任技编：黄少伟

本书在编写过程中，吸取了国内外各类语言学及英语语法著作精华，融合了传统语法与现代语言学和语法学知识，共分为8章。第一章简要介绍语法的历史、语法范畴、形态学、句法学等相关知识，让读者对英语语法有一个宏观的把握。第二章概述本书的主讲内容。第三章至第七章详细讲解英语语法中的常用词类、短语、分句等。第八章讲述英语的信息结构，用全新的视角来审视一些语法现象，如被动态、倒装、前置、后置等。

语言学

作者：吴红岩
书号：ISBN 978-7-306-04650-5
中图法分类：H0
定价：36.00元
出版时间：2013年8月
责任编辑：熊锡源
责任技编：何雅涛

本书为英语专业本科生使用的专业教材，对现代语言学的基本情况做全面的展示。本书与我国流行的一些功能主义的语言学观点不同，侧重介绍乔姆斯基的心理语言学内容。作为语言学的重大分支，这些语言学知识对学生深入了解语言现象具有很好的启发意义。

当代法律英语（含 MP3 CD）（修订版）

作者： 黄瑶　陈东
书号： ISBN 978-7-306-02706-1
中图法分类： H31
定价： 39.80 元
开本： 16
出版时间： 2008 年 8 月修订版
责任编辑： 熊锡源
封面设计： 楚天
责任技编： 黄少伟

新版《当代法律英语》由 4 位从事法律英语教学多年的教师共同完成，内容涉及各法律部门，并且不局限于特定的国别法（如美国法）。课文附有 mp3 格式的录音材料。除了贴近时代脉搏和强调专业英语的实际运用外（如普通法判例阅读技巧、法律资料检索及研究技巧、反垃圾邮件的法律规制、WTO 法律规则、涉及美国前总统克林顿弹劾案的国会辩论材料、国际人权法等），还延续了原《当代法律英语》朴实清新的传统。

高级英语视听说（教师用书）

作者： 王哲
书号： ISBN 978-7-306-03176-1
中图法分类： H319.9
定价： 18.00 元
开本： 16
出版时间： 2008 年 9 月
责任编辑： 葛洪
封面设计： 贾萌
责任技编： 黄少伟

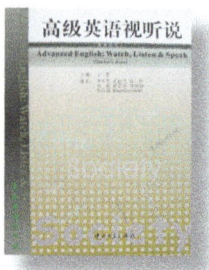

本书是应教育部 2007 年 7 月所颁布的《大学英语教学要求》，专为大学英语较高要求阶段的教学而编写的视听说教材。同时，它也适用于研究生公共英语和英语专业学生的视听说教学以及大学英语后续选修课程的教学。本书取材于经典英语影视作品和近年来电视媒体的公开放送内容，视听一体、内容新颖、题材广泛、语言规范、适用性和趣味性强。全书共有 15 个主题单元，涉及政治、经济、文化、教育、娱乐、体育、科技、自然等方面，形式多样、内容丰富，基本满足各种情形下的英语信息获取和英语交际需要。

高级英语视听说（学生用书）（含光盘）

作者： 王哲
书号： ISBN 978-7-306-03177-8
中图法分类： H319.9
定价： 22.00 元
开本： 16
出版时间： 2008 年 9 月
责任编辑： 葛洪
封面设计： 贾萌
责任技编： 黄少伟

本书是应教育部 2007 年 7 月所颁布的《大学英语教学要求》，专为大学英语较高要求阶段的教学而编写的视听说教材。同时，它也适用于研究生公共英语和英语专业学生的视听说教学以及大学英语后续选修课程的教学。本书取材于经典英语影视作品和近年来电视媒体的公开放送内容，视听一体、内容新颖、题材广泛、语言规范、适用性和趣味性强。全书共有 15 个主题单元，涉及政治、经济、文化、教育、娱乐、体育、科技、自然等方面，形式多样、内容丰富，基本满足各种情形下的英语信息获取和英语交际需要。

现代商务英语写作集萃（修订版）

作者： 杨文慧
书号： ISBN 7-306-02517-3
中图法分类： H315
定价： 36.00 元
开本： 16
出版时间： 2008 年 12 月修订版
责任编辑： 杨捷
封面设计： 八度
责任技编： 黄少伟

本书介绍各类型商务英语的写作，并提供写作范例和说明，包括常用求职信件、进出口业务、合同、运输、银行、公司内部等方面的写作。

高级法律英语影像教程（含光盘）

作者：傅晓玲　李军军　曾春莲
书号：ISBN 978-7-306-03308-6
中图法分类：H31
定价：39.00 元
开本：16
出版时间：2009 年 4 月
责任编辑：葛洪
封面设计：贾萌
责任技编：黄少伟

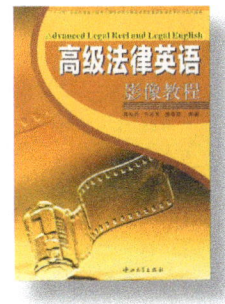

本书分 12 个主题分析讨论法律问题，每个主题包括 4 个部分。PanA 为法律概念，该部分简要介绍了与主题、电影片断相关的一些法律基本知识，包括陪审团制度、疑罪从无、司法认证、同性恋遭歧视等内容。PanB 为 12 部经典英语电影，该部分详细介绍了各部电影的故事梗概及精彩片断。PanC 为"60 分钟访谈"，该部分结合近年来社会生活中反映法律问题的重点内容，介绍了执法不当、药品回扣、虐囚事件、犯罪嫌疑人 DNA 与近亲的匹配等。PanD 为反思应用篇。

商务礼仪英语（第二版）

作者：杨文慧
书号：ISBN 978-7-306-03419-9
中图法分类：H31
定价：35.00 元
开本：16
出版时间：2009 年 8 月第 2 版
责任编辑：杨捷
封面设计：林绵华
责任技编：何雅涛

本书主要介绍了对外商贸活动中待人接物的礼节，商务信息的沟通、商贸文书的往来及各种庆典活动中的礼仪。

实用商贸英语

作者：（美）James Lam
书号：ISBN 978-7-306-03656-8
中图法分类：H31
定价：28.00 元
开本：16
出版时间：2010 年 5 月
责任编辑：熊锡源
封面设计：曾斌
责任技编：黄少伟

本书从商贸基本概念和惯用表达在商务环境中的应用入手，系统地介绍了商务实用基础知识，并为致力于提高英语交流水平的人士提供了职场上必备的英语书信写作技巧和口头报告常用表达及句型，旨在帮助商务英语学习者和工作者能够以更加高效的方法学习商务知识，增加自身商务交流实践能力，并同时提高英语水平。

英语基础模块（上册）

作者：宁理功　等
书号：ISBN 978-7-306-04185-2
中图法分类：G634.411
定价：21.50 元
开本：16
出版时间：2012 年 7 月
责任编辑：施兰娟
封面设计：思雅图
责任技编：何雅涛

本书的编写完全依据《中等职业学校英语教学大纲》（教职成 [2009]3 号）的要求而进行。全书共 10 个单元，涉及问候与道别、引荐与介绍、感谢与道歉、预约与邀请、祝愿与祝贺、求助与提供帮助、同意与不同意、接受与拒绝、外出吃饭、乘公共汽车等 10 个话题。

英语基础模块练习册（上、下册）

作者：吴美荣
书号：ISBN 978-7-306-04184-5
中图法分类：H31
定价：26.00 元
开本：16
出版时间：2012 年 7 月
责任编辑：施兰娟
封面设计：思雅图
责任技编：何雅涛

本练习册的编写紧扣《英语基础模块》（上册、下册）的内容，每个单元设置了词语解释、词语运用、完成对话、单项选择、句子翻译、完形填空、阅读理解等 7 种题型。本练习册旨在使学生能就教材涵盖的各个话题进行全面充分的练习。

高级学术英语（含光盘）

作者：曾蕾　傅晓玲
书号：ISBN 978-7-306-04326-9
中图法分类：H31
定价：42.00 元
开本：16
出版时间：2012 年 10 月
责任编辑：熊锡源
封面设计：曾斌
责任技编：黄少伟

本教程分三大部分。第一部分为学术英语指导，主要对学术英语理论与运用原则及技巧进行讨论；第二部分为学术英语听说实践部分，听说材料的主题为学术英语、英语问候语言与英语口音、英语学术讲座、英语学术阅读、英语学术写作、学术剽窃、英语学术讲座与辅导等；第三部分为学术英语影视，主要介绍一些以学术背景为体裁的英语经典影片和英语学术演讲。

英语基础模块（下册）

作者：宁理功
书号：ISBN 978-7-306-04312-2
中图法分类：G634.411
定价：20.50 元
开本：16
出版时间：2013 年 1 月
责任编辑：刘学谦
封面设计：思雅图
责任技编：何雅涛

本书的编写完全依据《中等职业学校英语教学大纲》（教职成 [2009] 3 号）的要求而进行。全书共 10 个单元，涉及劝告与建议、表扬与鼓励、情感表达、指令与要求、打电话、禁止与警告、讨价与还价、谈论人、谈健身、求职面试等 10 个话题。

高级学术英语学习指导

作者：曾蕾　傅晓玲
书号：ISBN 978-7-306-04364-1
中图法分类：H31
定价：36.00 元
开本：16
出版时间：2013 年 3 月
责任编辑：熊锡源
封面设计：曾斌
责任技编：黄少伟

本书为《高级学术英语》学习指导用书。主要内容包括与教材有关的文化知识、练习参考答案、听力文字材料和视频文字材料。这些材料可引导学习者进入有趣的学术前沿的话题，了解学术英语的基础知识，掌握英语国家与我国学术文化的差异，最大程度训练学术性英语的口语、写作、翻译等能力。

大学英语基础写作教程

作者：肖向阳　陈泽璇
书号：ISBN 978-7-306-04581-2
中图法分类：H315
定价：30.00元
开本：16
出版时间：2013年7月
责任编辑：刘学谦
封面设计：曾斌
责任技编：何雅涛

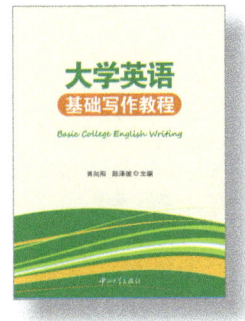

本书根据《大学英语课程教学要求》对写作的要求来编写。全书由5章组成，包括写前准备、写初稿、检查修改、常见作文类型写作及四、六级写作实战演练。教材从最基础的写作知识开始介绍，由词到句，由句到段，由段到篇，逐步深入；并介绍了四、六级写作中常考的作文类型，对考试真题进行分析讲解，为考生提供实战演练。

高等数学

高等数学

作者：盛光进
书号：ISBN 7-306-02299-7
中图法分类：O13
定价：28.00元
开本：16
出版时间：2004年6月
责任编辑：李文　立鹏
封面设计：朱霭华
责任技编：黄少伟

本书内容包括函数与初等模型、极限与连续、导数与微分、中值与导数的应用、不定积分与定积分、积分模型与应用、微分方程、数学模型、空间解析几何、多元微分与积分、级数等。

高等数学习题与考研题解析

作者：黄光谷　黄川　蔡晓英　李杨
书号：ISBN 7-306-02304-7
中图法分类：O13-44
定价：56.00元
开本：16
出版时间：2004年8月
责任编辑：李文
封面设计：朱霭华
责任技编：黄少伟

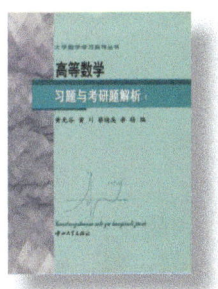

本书与同济大学所编《高等数学》（第5版）同步，内容包括各章主要公式、定理、例题增补、习题解析、考研题解析。

高等数学辅导·习题详解（第三版）

作者：马志敏
书号：ISBN 7-306-01976-7
中图法分类：O13
定价：21.80元
开本：32
出版时间：2005年9月第3版
责任编辑：张礼凤
封面设计：郭炜
责任技编：黄少伟

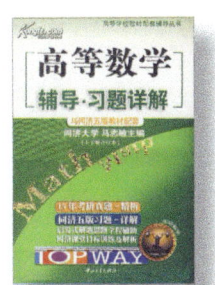

本书在原版的基础上，对精选的例题进行了分类，增加了"本章教材部分习题解析"一节，并对原版中的错误进行了更正。

高等数学

作者：刘贵濂　谭惠燕　黄国荣
书号：ISBN 7-306-02721-2
中图法分类：O13
定价：48.00元
开本：16
出版时间：2006年8月
责任编辑：李文
封面设计：曹巩华
责任技编：黄少伟

本教材分4个部分分别介绍了微积分、工程数学、线性代数、概率论与数理统计等知识。

上篇　30年出版成果择录回眸

高等数学及其 MATLAB 实现（上册）

作者：任玉杰　张世泽
书号：ISBN 978-7-306-04560-7
中图法分类：O13-39
定价：40.00 元
开本：16
出版时间：2013 年 8 月
责任编辑：赵丽华
封面设计：曾斌
责任技编：何雅涛

高等数学是高等院校经济类和理工类专业的公共基础课程。本书为《高等数学及其 MATLAB 实现》一书的上册，主要内容包括函数、极限、连续、一元函数的微积分学和微分方程。另外，还编制了 MATLAB 程序，便于学生理解。

经济数学

作者：黄国荣　谭惠燕　吴静
书号：ISBN 978-7-306-04662-8
中图法分类：F224.0
定价：48.00 元
开本：16
出版时间：2013 年 8 月
责任编辑：李文
封面设计：曾斌
责任技编：黄少伟

本书采用模块式结构，共分为 4 编，介绍了高等数学的基本概念与定理。主要内容包括函数的极限、导数及其应用、微积分的基本定理、积分及其应用、多元函数的微积分、行列式、矩阵、线性方程组及其应用、概率论与数理统计、数学实验等。每节、每章后都配有习题，习题答案附书后，便于学习使用。

大学语文

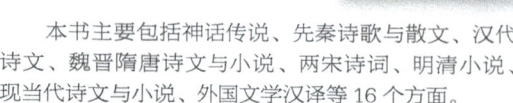

大学语文

作者：倪列怀
书号：ISBN 978-7-306-02894-5
中图法分类：H1
定价：25.00 元
开本：16
出版时间：2007 年 7 月
责任编辑：嵇春霞
封面设计：唐光忠
责任技编：黄少伟

本书主要包括神话传说、先秦诗歌与散文、汉代诗文、魏晋隋唐诗文与小说、两宋诗词、明清小说、现当代诗文与小说、外国文学汉译等 16 个方面。

大学语文

作者：孟颖　朱志德　杨宝霖
书号：ISBN 978-7-306-03097-9
中图法分类：H1
定价：33.50 元
开本：16
出版时间：2008 年 8 月
责任编辑：刘学谦
封面设计：罗春兰
责任技编：黄少伟

本书按以史为纲的脉络编写，每课配以课文注释、阅读提示及思考练习等栏目，帮助学生有条理、有针对性地学习。

大学语文

作者：李娟
书号：ISBN 978-7-306-04175-3
中图法分类：H19
定价：35.80 元
开本：16
出版时间：2012 年 6 月
责任编辑：廖丽玲
封面设计：柴文静
责任技编：黄少伟

本书打破现有"大学语文"的框架，以话题为核心构建单元，单元内以史为经，以体裁为辅线，以附录为补充，以不同作家的相关主题或相同体例为参照，构建篇章群。选文范围为三大领域，即中国古代诗文、现代散文和少量的外国文学作品，以古代诗文为主。

大学语文新编（修订本）

作者： 朱婵清　吴锦润　张海元　黄国璋
书号： ISBN 978-7-306-04269-9
中图法分类： H19
定价： 36.00 元
开本： 16
出版时间： 2012 年 8 月修订本
责任编辑： 刘丽丽
封面设计： 林绵华
责任技编： 黄少伟

本书是中山大学中文系编写的《大学语文新编》的修订本，增加和替换了一些篇目，在每篇课文后面增加了"提示"和"思考题"，为学生阅读文本提供切入点和背景资料，提高了本书的实用性。

大学体育

大学体育健康理论与实践

作者： 张保华　曹策礼　黄小华
书号： ISBN 7-306-02617-8
中图法分类： G807.4
定价： 26.00 元
开本： 16
出版时间： 2005 年 9 月
责任编辑： 阮继
封面设计： 大象
责任技编： 黄少伟

本书遵循"健康第一"和"身心合一"的体育教育观念而编写，为大学体育公共课教材。

大学体育与民族体育

作者： 宋卫　刘嘉丽
书号： ISBN 978-7-306-03447-2
中图法分类： ① G807.4　② G852.9
定价： 35.00 元
开本： 16
出版时间： 2009 年 9 月
责任编辑： 王润
封面设计： 黄明秋
责任技编： 黄少伟

本书以健身性与文化性、科学性与可接受性、选择性与时效性、时代性与民族性相结合的特点，为大学生体育学习和锻炼提供了切实可行的知识和方法。

大学体育与健康教程

作者： 付皆
书号： ISBN 978-7-306-04661-1
中图法分类： G807.4
定价： 28.80 元
开本： 16
出版时间： 2013 年 8 月
责任编辑： 周建华
封面设计： 鲍星凯
责任技编： 何雅涛

本书分为体育理论、传统运动项目、时尚运动 3 篇。其中，体育理论篇全面阐述了体育运动与健康的基本理论知识；传统运动项目篇系统介绍了田径、各种球类、游泳、武术等传统的有较大群众基础的运动项目，内容编排上图文结合，并配有科学系统的教程安排；时尚运动篇系统介绍了桥牌、定向运动、轮滑、高尔夫、瑜伽等受众相对较小的时尚运动，这些项目与传统项目相比趣味性更强且灵活性更大。

大学体育与健康

作者： 王忠宝　申秋燕
书号： ISBN 978-7-306-04640-6
中图法分类： G807.4
定价： 35.00 元
开本： 16
出版时间： 2013 年 8 月
责任编辑： 黄浩佳
封面设计： 曾雪萍
责任技编： 黄少伟

本书紧扣大学体育主题，编排科学、系统，并突出趣味性和娱乐性。全书共 11 章，除第一章为体育与健康概述外，其余各章均为具体锻炼项目，或为当今流行体育锻炼、球类运动玩法。

新编高职体育与健康

作者：王明　谢荣　文蔡雄
书号：ISBN 978-7-306-04641-3
中图法分类：G807.4
定价：29.50 元
开本：16
出版时间：2013 年 8 月
责任编辑：翁慧怡
封面设计：华品教育
责任技编：何雅涛

高等学校体育是我国体育的重要组成部分。本书系统地向大学生传授体育科学知识和方法，促进学生身心健康及全面发展，培养他们体育锻炼的良好习惯，是高校人才培养义不容辞的责任。本书分理论篇与实践篇两部分，共 10 章。理论篇包括了体育与健康概述、体育锻炼与健康、运动保健与营养、现代竞技运动概述、校园体育文化与体育竞赛等 5 个方面的内容，实践篇详细介绍了各种常见运动的基本技能。

入学教育与职业规划
● 入学教育

大学新生手册

作者：中山大学学生处
书号：ISBN 978-7-306-03686-5
中图法分类：G645.5-62
定价：20.00 元
开本：32
出版时间：2010 年 8 月
责任编辑：邹岚萍
封面设计：方雷
责任技编：何雅涛

高校辅导员迎新工作手册

作者：广东省高校学生工作专业委员会
书号：ISBN 978-7-306-04171-5
中图法分类：G645.1-62
定价：18.00 元
开本：32
出版时间：2012 年 6 月
责任编辑：赵婷
封面设计：方雷
责任技编：黄少伟

全书针对大学新生入学后因环境、角色等的改变，以及在学习、生活、人际交往、心理等方面引起的不适应、不协调，从实务上帮助他们摆脱困惑和烦恼，走出迷茫和无助状态，顺利渡过入学关。

本书充分吸收和借鉴国内外同行成功的经验和做法，参照了不少专家和实务工作者的最新研究成果，并结合高校实际工作中的传统做法整理编辑而成。初涉高校学生事务管理的高校辅导员，可参照本书，快速而全面地了解和掌握迎新工作的内容和方法。

形势与政策

作者：徐睿　滕丽娟
书号：ISBN 978-7-306-04576-8
中图法分类：G641.41
定价：32.00 元
开本：16
出版时间：2013 年 6 月
责任编辑：曾育林
封面设计：曾雪萍
责任技编：黄少伟

本书紧紧围绕大学生所关心的国内外问题，通俗易懂，贴近实际、贴近生活、贴近学生，力求突出实效性，切实提高大学生的思想品质修养，促进全面发展。

大学新生读本

作者：张斌　何隽菁　张伟强
书号：ISBN 978-7-306-04656-7
中图法分类：G645.5
定价：23.00 元
开本：16
出版时间：2013 年 8 月
责任编辑：廖丽玲
封面设计：华品教育
责任技编：何雅涛

本书由多位从事高职院校学生管理工作多年的老师编写。本书包括认识大学、生活适应、学习任务、成长平台、安全防范、善用网络、修身之路、健康成长 8 章。每个章节围绕相关的主题，通过个案分析等方法，解决大学新生最关注的问题，为他们如何走好成长之路指明了方向，启发大学新生对人生进行思考，过好大学中的每一天。

● 职业规划

高校毕业生就业手册（第四版）

作者：广东省高等学校毕业生就业指导中心　等
书号：ISBN 978-7-306-03446-5
中图法分类：G647.38-62
定价：9.00 元
开本：32
出版时间：2009 年 9 月第 4 版
责任编辑：李文
封面设计：贾萌
责任技编：黄少伟

本书分 5 篇，介绍了大学毕业生找工作需要知道的事项，对大学毕业生能顺利地走向工作岗位有指引作用。

大学生职业生涯规划

作者：李海燕
书号：ISBN 978-7-306-04179-1
中图法分类：G647.38
定价：30.00 元
开本：16
出版时间：2012 年 8 月
责任编辑：赵丽华
封面设计：林绵华
责任技编：何雅涛

本书对大学生职业生涯规划理论、职业生涯规划的环境分析、职业生涯规划的自我管理、职业生涯技能等内容进行了系统的阐述。本书将职业规划理论与真实案例分析结合起来，体现了职业规划的科学性，为大学生的职业规划提供了依据。

大学生职业生涯发展规划

作者：王锦屏　杨山
书号：ISBN 978-7-306-04418-1
中图法分类：G647.38
定价：34.50 元
开本：16
出版时间：2013 年 1 月
责任编辑：周建华　廖丽玲
封面设计：曾雪萍
责任技编：何雅涛

本书为高等院校公共课教材。在编写过程中，根据教育部高教厅《关于大学生职业发展与就业指导课程教学要求的通知》的精神，结合一线工作者的实践经验，通过大量生动的案例深入浅出地让学生理解职业生涯规划含义、方法，并对就业形势、政策、方法、技巧进行了讲解与分析，注重对学生创业意识的激发和培养。

大学生职业生涯规划

作者：张斌　何翠萍
书号：ISBN 978-7-306-04382-5
中图法分类：G647.38
定价：25.00 元
开本：16
出版时间：2013 年 1 月
责任编辑：徐诗荣
封面设计：曾斌
责任技编：何雅涛

本书围绕大学生职业生涯规划的内容展开，共 5 个单元内容，包括职业与职业生涯规划、自我认知、环境探索、大学生职业生涯规划及职业生涯的充分准备。本书特色鲜明，充分体现实用性，从理论讲解再到如何使用各种方法，渐进式对学生进行辅导，帮助学生学习利用各种手段进行自我认知和环境认知，指导学生最终能进行学业生涯规划和职业生涯规划，促进学生自觉学习，增加就业竞争力。

经济类专业就业指导

作者：李晓莉
书号：ISBN 978-7-306-04538-6
中图法分类：① F-4 ② G647.38
定价：10.00 元
开本：32
出版时间：2013 年 5 月
责任编辑：李海东
封面设计：曾斌
责任技编：黄少伟

本书主要内容包括：以广东外语外贸大学国际经济贸易学院2008—2011年的本科毕业生为案例，分析经济类专业本科毕业生的就业和升学概况；分析企业招聘经济类本科毕业生的一般招聘流程，并对会计行业、金融行业、通讯行业和外贸行业的就业前景与招聘环节，以及对毕业生的素质要求做具体的剖析；专门针对目前的就业热点国家公务员的招录情况、招聘环节和素质要求进行分析；介绍出国留学和国内升学的考录程序和准备工作。

职业生涯规划

作者：李树斌　陈建富　苏扬
书号：ISBN 978-7-306-04575-1
中图法分类：C913.2
定价：16.50 元
开本：16
出版时间：2013 年 7 月
责任编辑：曾育林
封面设计：思雅图
责任技编：黄少伟

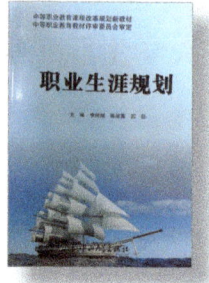

本书系统地介绍了职业生涯规划的相关基础理论和详细方法，拥有明晰的思路、通俗易懂的语言和丰富的案例，是中等职业学校的德育课教材，旨在对学生进行职业生涯教育和职业理想教育。

大学生职业发展与就业指导

作者：张生庭　李振华
书号：ISBN 978-7-306-04647-5
中图法分类：G647.38
定价：29.00 元
开本：16
出版时间：2013 年 8 月
责任编辑：王睿
封面设计：华品教育
责任技编：何雅涛

本书针对高职院校大学生的专业学业特点及未来职业就业趋势，介绍了大学生职业生涯规划和就业创业指导过程中的基本理论，列举了在这个过程中出现的若干问题，并提出了解决问题的途径和方法，有利于大学生顺利制定职业生涯规划，成功就业创业。

成人相关考试辅导教材

事业单位公开招聘考试／公务员考试／教师招聘考试系列

主编：卫晓东
开本：16
封面设计：中人教育设计中心
责任技编：黄少伟

书名	书号（ISBN）	中图法分类	定价（元）	出版时间	责任编辑
广东省事业单位公开招聘考试专用教材：公共基础知识	978-7-306-03895-1	D630.3	96.00（全套）	2011.07	余泓颖
广东省事业单位公开招聘考试专用教材：职业能力测验	978-7-306-03896-8	D630.3	86.00（全套）	2011.07	马霄行
广东省公务员考试专用辅导教材：申论（全3册）	978-7-306-03979-8	D630.3	89.00（全套）	2011.10	王睿、翁慧怡
广东省公务员考试专用辅导教材：行政职业能力测验（全3册）	978-7-306-03980-4	D630.3	98.00（全套）	2011.10	刘丽丽
广东省教师招聘考试专用教材：教育理论综合知识（全2册）	978-7-306-03998-9	G40	86.00（全套）	2011.10	施兰娟
广东省教师招聘考试专用教材：学科专业知识（小学）（全3册）	978-7-306-03997-2	G451.1	144.00（全套）	2011.10	施兰娟
广东省教师招聘考试专用教材：学科专业知识（中学）（全3册）	978-7-306-03996-5	G451.1	144.00（全套）	2011.10	林彩云
广东省教师招聘考试历年真题汇编及押题密卷（小学）（全3册）	978-7-306-03995-8	G635.11-44	78.00（全套）	2011.10	林彩云
广东省教师招聘考试历年真题汇编及押题密卷（中学）（全3册）	978-7-306-03999-6	G451.1-44	78.00（全套）	2011.10	赵丽华

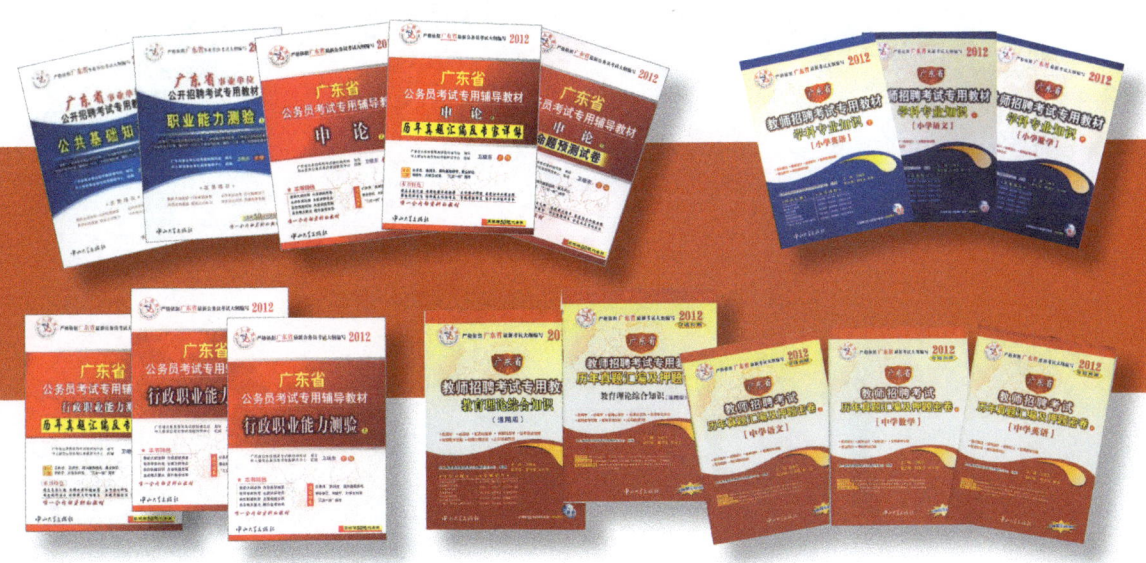

成人高考辅导教材系列

全国成人高考复习指导教材广东专版（2013）

作者：全国成人高考教材编写组
开本：16
封面设计：林绵华
责任技编：何雅涛

书名	书号（ISBN）	中图法分类	定价（元）	出版时间	责任编辑
（专科起点升本科）英语	978-7-306-04151-7	G724.4	35.00	2012.05	林彩云
（专科起点升本科）政治	978-7-306-04157-9	G724.4	33.00	2012.05	赵丽华
（高中起点升专科本科）语文	978-7-306-04153-1	G723.4	35.00	2012.05	林彩云
（高中起点升专科本科）数学	978-7-306-04156-2	G723.4	25.00	2012.05	赵丽华
（高中起点升专科本科）英语	978-7-306-04150-0	G723.4	38.00	2012.05	施兰娟
（专科起点升本科）高等数学	978-7-306-04525-6	O13	25.00	2013.05	李文

书缘书镜——中山大学出版社30年出版成果汇编

全国成人高考广东省专用备考辅导教材（2013）

作者：广州成考网教研委员会命题研究组
定价：30.00 元
开本：16
出版时间：2013 年 3 月
封面设计：曾斌
责任技编：黄少伟

书名	书号（ISBN）	中图法分类	责任编辑
专科起点升本科·高等数学（二）	978-7-306-04463-1	O13	李文
专科起点升本科·政治	978-7-306-04464-8	D0	赵丽华
专科起点升本科·英语	978-7-306-04470-9	H31	林彩云
高中起点升专科/本科·数学	978-7-306-04460-0	G723.46	赵丽华
高中起点升专科/本科·语文	978-7-306-04462-4	G723.4	赵丽华
高中起点升专科/本科·英语	978-7-306-04461-7	G723.441	施兰娟

中小学·幼儿园教参、教辅

初级英语步步高

作者： 李木海　李元盛　李梅芳
开本： 32
责任编辑： 孙新章
封面设计： 孔丽红
责任技编： 黄少伟

书名	书号（ISBN）	中图法分类	定价（元）	出版时间
初级英语步步高·1A	7-306-02154-0	G634.413	7.50	2003.09
初级英语步步高·2A	7-306-02154-0	G634.413	9.00	2004.01
初级英语步步高·温故知新 巩固提高	7-306-02243-1	G634.415	10.00	2004.03
初级英语步步高·6A	7-306-02156-7	G634.413	10.00	2004.12
初级英语步步高·3A（第二版）	7-306-02155-9	G634.413	10.00	2006.02
初级英语步步高·4A（第二版）	7-306-02155-9	G634.413	10.00	2006.02
初级英语步步高·5A（第二版）	7-306-02156-7	G634.413	10.00	2006.07
初级英语步步高·七年级上	7-306-02154-0	G634.413	10.00	2006.08
初级英语步步高·1000词汇活用大检阅（第二版）	7-306-02243-1	G634.413	10.00	2008.01

中小学古诗文

开本：32
责任编辑：嵇春霞
责任技编：黄少伟

书名	书号（ISBN）	中图法分类	作者	定价（元）	出版时间	封面设计
初中生必背古诗文70首（篇）	7-306-02407-8	G634.303	舒畅、崔秀娟、金学文	15.00	2004.12	子涵
古诗文迁移题目式阅读·初中分册	7-306-02450-7	G634.303	申易、崔秀娟、王宸骞、金学文	16.00	2005.02	八度
古诗文迁移题目式阅读·高中分册	7-306-02450-7	G634.303	申易、王宸骞、金学文、黄群	13.00	2005.06	八度
必背优秀古诗文手册	7-306-02749-2	G634.303	蔡德权	20.60	2006.10	李君宜
小学生必背古诗词70首（修订版）	978-7-306-02272-1	G624.203	丁波	8.00	2008.09	廖红宝
小学生必背古诗词80首（修订版）	978-7-306-02273-8	G624.203	丁波	9.00	2008.09	廖红宝

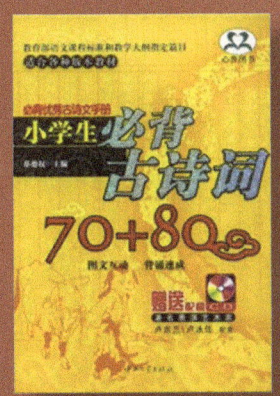
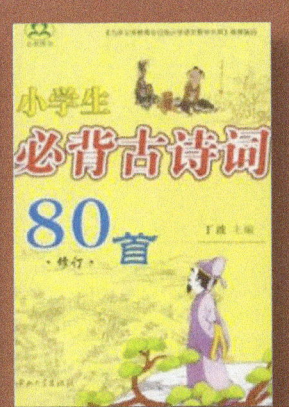
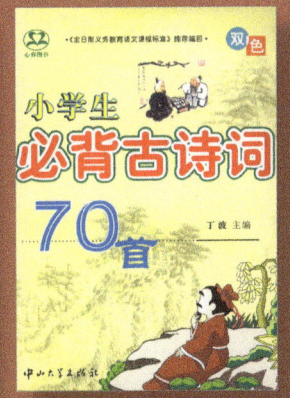
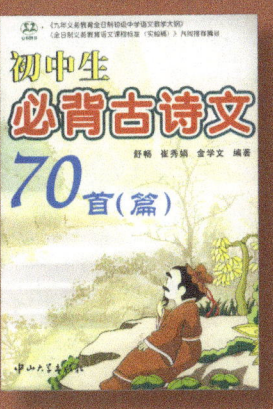
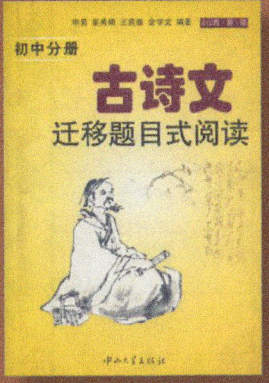

中小学公共安全教育读本

作者：中小学公共安全教育读本编委会
开本：32
责任编辑：曾纪川
封面设计：太一
责任技编：黄少伟

  本套丛书各分册内容均包括社会安全突发事故、公共卫生事故、意外伤害事故、自然灾害以及影响学生安全的其他事故等。

书名	书号（ISBN）	中图法分类	定价（元）	出版时间
中学公共安全教育读本（高中全一册）	978-7-306-02990-4	G634.203	3.79	2008.07
小学公共安全教育读本（全一册）	978-7-306-03121-1	G624.103	4.79	2010.01
中学公共安全教育读本（初中全一册）	978-7-306-02989-8	G634.203	4.70	2010.08

2009年广东省普通高中学业水平考试复习指导

作者：广东省教育厅教研室
中图法分类：G634
开本：16
出版时间：2009年2月
责任编辑：邓启铜
封面设计：腾茂
责任技编：黄少伟

  该套图书根据《2009年广东省普通高中学业水平考试大纲》的要求，注重引导学生全面准确地把握考试说明的基本要求，并附有两套学业水平模拟试题，让学生能熟悉题型和考试形式，顺利通过学业水平考试。

书名	书号（ISBN）	定价（元）
思想政治	978-7-306-02505-0	19.80
物理	978-7-306-02913-3	21.80
化学	978-7-306-02936-2	16.80
生物	978-7-306-02980-5	16.80
历史	978-7-306-03005-4	19.80
地理	978-7-306-03090-0	16.80

2010年广东省高考复习指导

作者： 广东省教育厅教研室
中图法分类： G634
开本： 16
出版时间： 2009年4月
封面设计： 腾茂
责任技编： 黄少伟

本套图书依据《2010年广东省高考新大纲》精神编写，注重高考试题的题型、考试难度的变化，同时注重培养学生的基础知识。

书名	书号(ISBN)	定价（元）	责任编辑
语文	978-7-306-03292-8	36.80	邓启铜
文科数学	978-7-306-03293-5	21.80	邓启铜
理科数学	978-7-306-03294-2	34.80	邓启铜
理科综合·物理	978-7-306-03295-9	44.80	邓启铜
理科综合·化学	978-7-306-03296-6	39.80	邓启铜
理科综合·生物	978-7-306-03304-8	29.80	邓启铜
文科综合·地理	978-7-306-03299-7	26.80	邓启铜
文科综合·思想政治	978-7-306-03297-3	38.80	邓启铜
文科综合·历史	978-7-306-03298-0	36.80	邓启铜
英语	978-7-306-03300-0	49.80	熊锡源

上篇 30年出版成果择录回眸

广东省普通高中学业水平考试复习指导（第二版）

主编： 广东省教育研究院教研室
中图法分类： G634
开本： 16
出版时间： 2009年8月第2版
责任编辑： 曾纪川
封面设计： 腾茂

书名	作者	书号（ISBN）	定价（元）	责任技编
思想政治	谢绍熺	978-7-306-03455-7	26.80	黄少伟
历史	魏恤民	978-7-306-03459-5	26.80	黄少伟
地理	周顺彬	978-7-306-03460-1	18.00	何雅涛
物理	姚跃涌	978-7-306-03456-4	28.00	黄少伟
化学	王益群	978-7-306-03457-1	22.00	黄少伟
生物	杨计明	978-7-306-03458-8	22.60	何雅涛

"疯狂英语"作文系列

开本：16

书名	作者	书号	中图法分类	定价（元）	出版时间	责任编辑	封面设计	责任技编
易背作文128+50篇（初中版）	李建萍	978-7-306-03400-7	G634.413	35.00	2009.09	黎恋恋	孙辉	黄少伟
易背作文128+50篇（高中版）	李建萍、张淑芳、李俊青	978-7-306-03401-4	G634.413	35.00	2009.09	黎恋恋	孙辉	何雅涛
小题大"作"（英语写作入门）	刘颖春、李喆、任明珠	978-7-306-03646-9	G634.413	29.80	2010.05	钟婕	大象设计	黄少伟
小题大"作"（英语写作提高）	栗丽娟、周芳、甘露	978-7-306-03664-3	H315	35.00	2010.06	赖艳艳	孙辉	黄少伟
新易背作文128+50篇（初中版）	黄玉虹	978-7-306-04466-2	G634.413	35.00	2013.03	林彩云	小鸟设计工作室	何雅涛
新易背作文128+50篇（高中版）	王秋实、吴瑜	978-7-306-04465-5	G634.413	35.00	2013.03	林彩云	小鸟设计工作室	何雅涛

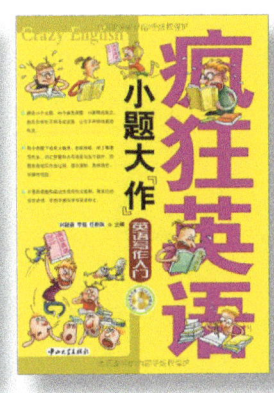

"疯狂英语"单词系列

开本：16
责任技编：何雅涛

书名	作者	书号（ISBN）	中图法分类	定价（元）	出版时间	责任编辑	封面设计
疯狂英语·单词王600	郑珠利	978-7-306-03771-8	G623.313	24.80	2010.11	黄龙飞	金世雅
疯狂英语·单词王1200	郑珠利	978-7-306-03772-5	G634.413	24.80	2010.11	傅琨	金世雅
疯狂英语·单词王2000	李静和	978-7-306-03770-1	G634.413	24.80	2010.11	傅琨	金世雅
疯狂英语·中考词汇2000	郭细喜	978-7-306-03841-8	G634.413	13.80	2011.03	刘学谦	曾斌
疯狂英语·高考词汇3500	郭细喜	978-7-306-03842-5	G634.413	18.00	2011.03	刘学谦	曾斌
疯狂英语·单词密码（初中）	李鹏飞、刘云霞	978-7-306-04141-8	G634.413	24.80	2012.05	刘学谦	小鸟设计工作室
疯狂英语·单词密码（高中）	李鹏飞、唐研	978-7-306-04140-1	G634.413	24.80	2012.05	刘学谦	小鸟设计工作室

儿童情商教育双语图书

作者：（美）麦特·卡斯帕（Matt Casper）（美）泰德·多尔西（Ted Dorsey）著
　　　恒艺美国际有限公司译
中图法分类：B842.6-49
定价：15.00 元
开本：16
出版时间：2011 年 5 月
责任编辑：周建华　黄龙飞
责任技编：何雅涛

书名	书号（ISBN）	封面设计
津津和睡眠的秘密——"意毛"儿童情商教育·疲倦情绪管理篇（含光盘）	978-7-306-03828-9	林绵华
阿巴斯和网霸——"意毛"儿童情商教育·尴尬情绪管理篇（含光盘）	978-7-306-03827-2	贾萌
真比去宿营——"意毛"儿童情商教育·受惊情绪管理篇（含光盘）	978-7-306-03826-5	林绵华
压力下的布巴——"意毛"儿童情商教育·快乐情绪管理篇（含光盘）	978-7-306-03825-8	贾萌、林绵华
康特生气了——"意毛"儿童情商教育·不满情绪管理篇（含光盘）	978-7-306-03824-1	贾萌、林绵华

初中作文指南

中图法分类：G634.343
定价：13.80
开本：16
责任编辑：曾育林
封面设计：林绵华
责任技编：何雅涛

本套图书围绕初中生比较薄弱的作文写作能力，结合各种知识的积累和写作技能的提高，全面提高学生的写作能力。各分册分课内阅读鉴赏、表达运用、课外阅读积累3个模块，共6个单元。

书名	作者	书号（ISBN）	出版时间
初中作文指南·七年级·上册	莫明珉、郭炫	978-7-306-03972-9	2011.08
初中作文指南·八年级·上册	莫明珉、马君慧	978-7-306-03971-2	2011.08
初中作文指南·九年级·上册	莫明珉、弓延红	978-7-306-03970-5	2011.08
初中作文指南·七年级·下册	莫明珉、郭炫	978-7-306-04096-1	2011.12
初中作文指南·八年级·下册	莫明珉、马君慧	978-7-306-04095-4	2011.12
初中作文指南·九年级·下册	莫明珉、弓延红	978-7-306-04097-8	2011.12

点读王

作者：肖启焜
中图法分类：G634.415
开本：16
出版时间：2012年1月
封面设计：成林
责任技编：黄少伟

根据高中学生的英语听力需求，提供大量听力练习，尽量做到覆盖面广、题材丰富、设题合理。声音文件处理上采取点读模式，实现了听力练习中的随心所欲，真正提高学生的学习效率。

书名	书号（ISBN）	定价（元）	责任编辑
点读王·高一英语听力经典强化训练	978-7-306-04101-2	48.80	施兰娟
点读王·高二英语听力经典强化训练	978-7-306-04100-5	48.80	林彩云
点读王·高三英语听力经典强化训练	978-7-306-03862-3	49.80	林彩云

生命教育十三讲

作者：郑晓江
书号：ISBN 978-7-306-04165-4
中图法分类：B083-49
定价：32.00元
开本：16
出版时间：2012年6月
责任编辑：李文
封面设计：林绵华
责任技编：何雅涛

本书从青少年的生命困顿情况出发，对他们在成长过程中遇到的困扰提出解决途径与方法。本书案例丰富，说理透彻，适合中小学老师辅导学生使用。

经典名作诵读

作者：炫风
中图法分类：G624.233
开本：32
出版时间：2012年9月
责任编辑：宋辉
封面设计：曾斌
责任技编：何雅涛

  本套图书的各分册均以辑为单位，按照由浅入深、从古到今、不同体裁的作品编排，体例新颖、匠心独运，囊括了2011年版新课标列出的课外必背古诗词，配套课本，还原经典。

书名	书号（ISBN）	定价（元）
经典名作诵读（小学卷·一年级）	978-7-306-04284-2	17.00
经典名作诵读（小学卷·二年级）	978-7-306-04285-9	15.00
经典名作诵读（小学卷·三年级）	978-7-306-04286-6	16.00
经典名作诵读（小学卷·四年级）	978-7-306-04287-3	17.00
经典名作诵读（小学卷·五年级）	978-7-306-04288-0	18.00
经典名作诵读（小学卷·六年级）	978-7-306-04289-7	18.00

益智图书

作者：鑫杰源
定价：128.00 元
开本：16
出版时间：2012 年 12 月
责任编辑：周建华　廖丽玲
封面设计：刘志勇
责任技编：何雅涛

书名	书号（ISBN）	中图法分类
小怪兽（赠玩具）	978-7-306-04365-8	1287.8
小恐龙麦克（赠玩具）	978-7-306-04366-5	1287.8
大运动（赠玩具）	978-7-306-04367-2	4613.7

疯狂英语·5 分钟突破系列

定价：39.80 元
开本：32
封面设计：小鸟设计工作室
责任技编：黄少伟

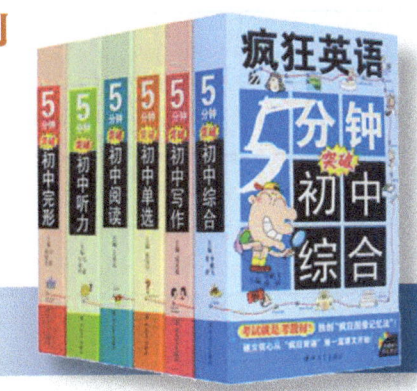

书名	作者	书号（ISBN）	中图法分类	出版时间	责任编辑
5 分钟突破初中写作	屈光涛	978-7-306-04358-0	G634.413	2013.03	林彩云
5 分钟突破初中听力	马甜、牛爱平	978-7-306-04356-6	G634.413	2013.04	林彩云
5 分钟突破初中完形	马甜、刘俊芳	978-7-306-04357-3	G634.413	2013.04	施兰娟
5 分钟突破初中阅读	王翠芬	978-7-306-04359-7	G634.413	2013.04	刘学谦
5 分钟突破初中综合	李鹏飞、唐研	978-7-306-04360-3	G634	2013.04	林彩云
5 分钟突破初中单选	张俊钊	978-7-306-04361-0	G634	2013.04	林彩云

上篇　30 年出版成果择录回眸

课堂过关8分钟

作者：花城初中数学中心备课组　花城初中英语中心备课组
中图法分类：G634
定价：15.00元
开本：32
封面设计：曾斌
责任技编：黄少伟

本套图书均由教学经验丰富的一线教师根据新课标教材的内容而编写。书中设计了难易不同的检测基础知识的综合检测题，题型各样，旨在从各方面考查学生掌握基础知识的能力，帮助学生较快地掌握教材的重点及常见考点。

书名	书号（ISBN）	出版时间	责任编辑
数学·七年级上册	978-7-306-04566-9	2013.06	陈文杰
数学·八年级上册	978-7-306-04567-6	2013.06	陈文杰
数学·九年级上册	978-7-306-04568-3	2013.06	陈文杰
英语·七年级上册	978-7-306-04570-6	2013.06	施兰娟
英语·九年级上册	978-7-306-04572-0	2013.06	林彩云
英语·八年级上册	978-7-306-04702-1	2013.09	林彩云
数学·九年级下册	978-7-306-04569-0	2013.11	曾一达
英语·九年级下册	978-7-306-04573-7	2013.11	林彩云
英语·七年级下册	978-7-306-04571-3	2013.12	林彩云

◆ 阅读重原创　品味在经典

中外名著选

开本：32
封面设计：意匠堂
责任技编：黄少伟

2001年和2003年，中华人民共和国教育部分别颁布了作为基础教育课程改革核心内容的《全日制义务教育语文课程标准》和《普通高中语文课程标准》。这两个语文课程标准均规定：初中生课外自读作品每学年不少于80万字，其中文学名著2～3部；高中生课外自读文学名著10部以上。本套中外名著就是以这两个语文课程标准指定书目为依据而精心挑选的。

书名	作者	书号（ISBN）	中图法分类	定价（元）	出版时间	责任编辑
三国演义（上、下）	罗贯中	978-7-306-02487-9	I242.4	32.00	2007.04	张松
水浒全传（上、下）	施耐庵、罗贯中	978-7-306-02491-6	I242.4	45.00	2007.04	中原
红楼梦（上、下）	曹雪芹、高鹗	978-7-306-02492-3	I242.4	43.00	2007.04	嵇春霞
西游记（上、下）	吴承恩	978-7-306-02489-3	I242.4	39.00	2007.04	张松
朝花夕拾 呐喊	鲁迅	978-7-306-02488-6	I210.2	10.00	2007.04	潘隆
童年·在人间·我的大学	（苏）高尔基著，刘雅婷编译	978-7-306-02493-0	I512.41	25.00	2007.04	嵇春霞
钢铁是怎样炼成的	（苏）奥斯特洛夫斯基著，廖丽霞编译	978-7-306-02490-9	I512.41	21.00	2007.04	继烈
爱的教育	（意大利）亚米契斯著，张玲苑编译	978-7-306-02865-5	I546.84	13.80	2007.06	张松
昆虫记	（法）法布尔著，张国志编译	978-7-306-02866-2	G96-49	12.00	2007.06	陆玲
简爱	（英）勃朗特著，冯文丽编译	978-7-306-02893-8	I561.44	21.00	2007.06	潘隆

叶启芳传

作者： 易新农　夏和顺
书号： ISBN 978-7-306-02882-2
中图法分类： K825.46
定价： 39.00 元
开本： 16
出版时间： 2007 年 12 月
责任编辑： 曾纪川
封面设计： 太一
责任技编： 黄少伟

　　本书详细地叙述了叶启芳从教堂孤儿成长为知名文化人的传奇人生，读后发人深省，可读性较强。

黄道婆传奇

作者： 庄黎黎　陈端鸿
书号： ISBN 978-7-306-03042-9
中图法分类： K826.16
定价： 36.00 元
开本： 16
出版时间： 2008 年 3 月
责任编辑： 曾纪川
封面设计： 曹巩华
责任技编： 黄少伟

　　本书以黄道婆在海南黎族人民中的生活为背景，以黄道婆技术创新与传播为主线，运用现实主义与浪漫主义描写了黄道婆的传奇生活，讴歌了民族团结的精神。

紧急状态

作者： 陈大光　陈沫
书号： ISBN 978-7-306-03536-3
中图法分类： I247.5
定价： 22.00 元
开本： 16
出版时间： 2009 年 12 月
责任编辑： 曾纪川
封面设计： 贾萌
责任技编： 黄少伟

　　本书描写南海海岛城市 H 市市长聘请留美女博士组成抗病救灾精英团队，抗击水源污染引发的传染病过程，讴歌了众多的平凡英雄形象，是一部反映当代都市应对突发事件的小说。

曾为梅花醉如泥——我这大半生

作者： 王嘉伦
书号： ISBN 978-7-306-03655-1
中图法分类： I25
定价： 48.00 元
开本： 16
出版时间： 2010 年 6 月
责任编辑： 邓启铜
封面设计： 嘉颖　婷婷
责任技编： 黄少伟

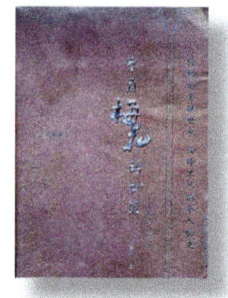

　　本书是作者的经历轨迹，描写了中国内地新中国成立前夕作者如何逃往香港，在香港又是如何通过不懈地努力，成功为香港友邦保险公司的高管。本书对人颇有启发与激励作用。

馀事集——中华当代教授诗词选

主编： 陈永正
书号： ISBN 978-7-306-03773-2
中图法分类： I227
定价： 50.00
开本： 16
出版时间： 2011 年 4 月
责任编辑： 刘丽丽
封面设计： 贾萌
责任技编： 何雅涛

　　本书选录了当代中国内地、香港、澳门以及台湾各地大学教授 50 多人（此书出版时在世者）的旧体诗词，通过古典诗词的形式反映当代社会生活。其诗词创作者皆为当世之优秀者。

"零时"起爆——罗布泊的回忆

作者：陈君泽　龙守谌
书号：ISBN 978-7-306-03985-9
中图法分类：I251
定价：45.00 元
开本：16
出版时间：2011 年 12 月
责任编辑：嵇春霞
封面设计：曾斌
责任技编：何雅涛

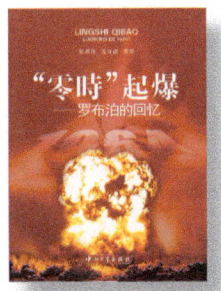

全书共分 4 编。第一编光辉历程，概说了"两弹"试验的发展历程；第二编史无前例，告诉读者许许多多在罗布泊核武器试验中第一次发生的故事；第三编难忘岁月，作者回忆在艰辛岁月所做出的努力与奉献、人生情怀以及充满生活气息的趣事；第四编岁月如歌，作者以诗言志、叙事抒情，情真意切，这是生命禁区里响起的生命赞歌，犹如孔雀河畔的奇葩，让人回味无穷。

梁羽生作品集

作者：梁羽生
中图法分类：I247.5
开本：32
责任编辑：何娴　熊锡源
封面设计：林卓萍　德斯裴设计
责任技编：林卓萍　林春光

书名	书号（ISBN）	定价（元）	出版时间
龙虎斗京华	978-7-306-04207-1	18.00	2012.08
草莽龙蛇传	978-7-306-04188-3	18.00	2012.08
七剑下天山（含《塞外奇侠传》）	978-7-306-04189-0	53.00	2012.08
江湖三女侠	978-7-306-04235-4	63.00	2012.08
白发魔女传	978-7-306-04209-5	46.00	2012.08
萍踪侠影录（含《还剑奇情录》）	978-7-306-04190-6	56.00	2012.08
冰川天女传（含《冰魄寒光剑》）	978-7-306-04263-7	65.00	2012.10
散花女侠	978-7-306-04344-3	48.00	2012.12
女帝奇英传	978-7-306-04314-6	42.00	2012.11
联剑风云录	978-7-306-04208-8	53.00	2012.08
云海玉弓缘	978-7-306-04191-3	68.00	2012.08
大唐游侠传	978-7-306-04262-0	49.00	2012.10
冰河洗剑录	978-7-306-04345-0	68.00	2012.12
龙凤宝钗缘	978-7-306-04261-3	59.00	2012.11

上篇　30 年出版成果择录回眸

狂侠天骄魔女（含《飞凤潜龙》）	978-7-306-04373-3	142.00	2012.12
风雷震九州	978-7-306-04318-4	69.00	2012.9
慧剑心魔	978-7-306-04346-7	57.00	2012.12
侠骨丹心	978-7-306-04329-0	61.00	2012.11
瀚海雄风	978-7-306-04374-0	66.00	2012.12
鸣镝风云录	978-7-306-04387-0	142.00	2012.12
游剑江湖	978-7-306-04388-7	88.00	2012.12
风云雷电	978-7-306-04389-4	81.00	2012.12
牧野流星	978-7-306-04390-0	86.00	2012.12
广陵剑	978-7-306-04375-7	83.00	2012.12
弹指惊雷	978-7-306-04392-4	54.00	2012.12
绝塞传烽录	978-7-306-04328-3	39.00	2012.12
剑网尘丝	978-7-306-04391-7	65.00	2012.12
幻剑灵旗	978-7-306-04394-8	37.00	2012.12
武林天骄	978-7-306-04393-1	33.00	2012.12
武当一剑	978-7-306-04395-5	59.00	2012.12

英雄的孤独谁能懂

作者：燕语
书号：ISBN 978-7-306-04170-8
中图法分类：I247.8
定价：38.00 元
开本：16
出版时间：2012 年 8 月
责任编辑：嵇春霞
封面设计：林绵华　曹巩华
责任技编：何雅涛

本书共 10 个故事，覆盖心灵、爱情、婚姻、家庭、职场、创业等方方面面，是一部反映"中国当代民营企业家创业心路"的创作故事，源于生活真实的题材背景，通过跌宕起伏的故事情节对中国当代民营企业家创业人生的全景式揭示，深刻地鼓舞、启发、感动创业人和即将踏入创业征程的人，在如饥似渴的精神灵魂需求中，把握人生、坚定信心、寻找方法、增长智慧，走向创业成功之路。

中国商人

作者：下里巴人衣
书号：ISBN 978-7-306-04377-1
中图法分类：I247.5
定价：49.00 元
开本：16
出版时间：2013 年 3 月
责任编辑：熊锡源
封面设计：原色设计工作室

本书讲述的是父子两代人经商的故事。父亲禾仲黎于新中国成立前跟朋友在大连办卷烟厂，成了大资本家。想去台湾没去成，资金给了朋友，自己在内地因为身份受到打压，从大资本家，到小商人，最后沦为工人。儿子禾乃东受父亲教育影响颇深，他在中国内地与香港以及美国等都开创了自己的事业。本书不仅讲述了两代人曲折的经商经历，还讲述了他们的爱国情、亲情与友情。

古龙精品集

作者：古龙
中图法分类：I247.5
开本：32
责任编辑：何娴　熊锡源
封面设计：李小祖
责任技编：林春光

书名	书号（ISBN）	定价（元）	出版时间
楚留香传奇	978-7-306-04546-1	78.00	2013.05
大旗英雄传	978-7-306-04547-8	76.00	2013.05
孤星传	978-7-306-04548-5	45.00	2013.05
浣花洗剑录	978-7-306-04549-2	73.00	2013.05
情人箭	978-7-306-04550-8	73.00	2013.05
湘妃剑	978-7-306-04551-5	43.00	2013.05
剑气书香	978-7-306-04614-7	29.80	2013.07

对庐诗文集

作者：徐续
书号：ISBN 978-7-306-04605-5
中图法分类：I217.2
定价：230.00 元
开本：32
出版时间：2013 年 8 月
责任编辑：李达强　周建华
封面设计：卓风出版创意机构

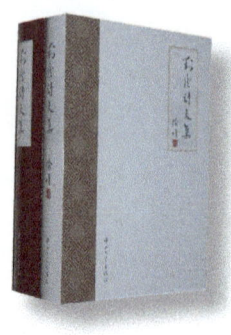

本书为徐续诗文全集，汇集其已发表的全部诗词、楹联作品，以及生前整理的近 20 多年所发表的文章，包括对庐诗词集、对庐文集两部分。

朱的传

作者：林韩璋
书号：ISBN 978-7-306-04645-1
中图法分类：K825.38
定价：228.00 元
开本：16
出版时间：2013 年 8 月
责任编辑：赵婷
封面设计：林绵华
责任技编：黄少伟

本书记述了"南粤慈善家"朱的先生传奇的一生。在青年时代，他投身革命事业，成为一名好战士；在中年时代，他投身社会主义建设，成为一名好公仆；在改革开放之初，他弃政从商，艰苦创业，成为一名享誉南粤的慈善家。本书通过朱的先生一生许多平凡而又不平凡的故事，反映其崇高的精神世界，刻画其持之以恒播洒人间大爱的光辉形象。

罗布泊之歌

作者：杨吉纯
书号：ISBN 978-7-306-04710-6
中图法分类：I247.5
定价：70.00 元
开本：16
出版时间：2013 年 10 月
责任编辑：嵇春霞
封面设计：曾斌
责任技编：何雅涛

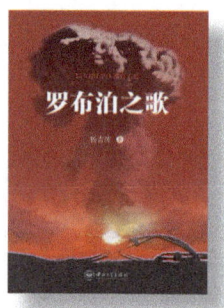

该长篇小说以中国在 1964 年至 1980 年之间进行大气层核试验为背景，以核试验基地取样队采蘑菇云的故事为主线，真实而又艺术地再现了新中国第一代青年知识分子投笔从戎、献身国防、不畏艰难的精神风貌和鏖战于蘑菇云下的风采，热情地讴歌了他们热爱祖国、艰苦奋斗、无私奉献的"两弹一星"精神，同时也生动地刻画了他们的爱情、友情、亲情和家庭生活等各个方面。

老大回——三代人在美国的传奇

作者：吴中柱
书号：ISBN 978-7-306-04268-2
中图法分类：K837.126.2
定价：38.00 元
开本：16
出版时间：2013 年 11 月
责任编辑：陈珂
封面设计：林绵华
责任技编：何雅涛

本书是作者根据自己的经历撰写的自传，回忆描述了作者从 20 世纪 60 年代至今，跨越 40 年的行医梦。作者出生于广州，受父辈影响，从小就将行医积善作为人生目标。他年少时就读于中山医学院，后因"文化大革命"的冲击，偷渡去香港，历经艰辛后赴美，终于在美国实现了自己的行医梦。本书的另一条主线是作者与中山眼科中心创始人，中国眼科泰斗陈耀真、毛文书夫妇的千金陈之昭的旷世之恋。本书情节起伏跌宕，引人入胜。

下篇 XIA PIAN

▶▶ **30年出版成果简表**

编者语

下篇收录的为上篇未列出的图书，内容包括书号、书名、作者、出版时间、定价、责任编辑，以出版时间先后为序编排，以见我社图书出版之大端。

1984 年

统一书号	书名	作者	出版月份	定价（元）	责任编辑
13339·4	微型计算机 BASIC 语言	林卓然 编著	8	1.10	吴伟凡
17339·1	专利基础知识	蔡茂略等 编著	8	0.70	张晋丰
4339·1	香港经济问题初探	郑德良 编著	9	1.40	刘翰飞
13339·3	随机点过程	戴永隆 编著	9	2.00	张晋丰
7339·3	写作大要	刘孟宇等 主编	10	1.80	王家声
7339·4	写作文选	中国写作学会广东分会 编	10	1.30	袁广达
10339·1	西方文论辨析	潘萃菁 编著	10	2.50	王家声
11339·1	孙中山与辛亥革命论集	陈锡祺 编著	10	1.50	刘翰飞
7339·1	中学语文总复习自测设计	何增光等 编著	11	1.20	王家声
9339·1	粤语区人学习普通话趣谈	傅雨贤等 编著	11	0.80	陈必胜

1985 年

统一书号	书名	作者	出版月份	定价（元）	责任编辑
7339·5	公文与常用文书	叶春生等 编著	2	0.90	袁广达
10339·2	论古代戏曲诗歌小说	中山大学中文系 主编	3	1.55	王家声等
10339·3	现当代作家作品论	中山大学中文系 主编	3	2.00	王家声等
10339·4	典型与美及其它	中山大学中文系 主编	3	1.20	王家声等
4339·2	发展广州外经外贸问题初探	广州经济社会发展研究中心 编	4	1.50	谭广洪
7339·11	中国体育明星选	本社编辑部 选编	6	1.30	王家声
17339·4	大气污染物质排放源发生过程与排放系数	（美）R.L 杜普勒 著；张冠友 译	6	0.70	张晋丰
10339·8	《文学概论》自学考试复习纲要	郭正元 编著	7	0.55	袁广达

7339·10	大学语文读本	中山大学、华南师范大学 编	8	1.80	陈必胜
7339·6	英语阅读技巧与训练（第一、二册）	中山大学外语系英语教研室 编	8	2.60	刘翰飞
10339·5	唐人咏物诗评注	刘逸生 选注	8	1.80	陈必胜
13339·6	脊椎动物比较解剖学	李国藩等 编著	8	3.50	李玉杏
3339·2	大学政治理论课复习资料	王乐夫等 主编	9	1.55	方绪源
7339·8	英语语法与阅读理解习题集	廖世健 主编	9	2.20	刘翰飞
7339·9	自然科学发展史	张华夏等 编著	9	2.90	刘翰飞
13339·7	实用预测方法BASIC程序库	郑宗成等 编著	9	1.95	吴伟凡
2339·1	社会主义社会矛盾概论	高云齐、刘景泉 主编	10	3.20	谭广洪
2339·4	普通逻辑课本	林铭钧 主编	10	1.80	刘翰飞
3339·1	科学社会主义	孔繁锦 主编	10	1.75	谭广洪
7339·12	高中文言文疑难语句集解	甄树荣等 编著	10	0.90	王家声
2339·2	哲学原理自学纲要	刘景泉 编著	11	1.50	方绪源
7339·2	写作艺术论集	中国写作学会广东分会 编	11	2.00	王家声
13339·11	PASCAL程序设计基础	肖金声 编著	11	1.85	吴伟凡
2339·3	唯物史观和人道主义、异化问题	叶汝贤 编著	12	1.50	谭广洪
2339·5	南海康先生口说	吴熙钊等 校点	12	1.00	黎国器
4339·3	亚洲大型企业一百家	王乐夫等 译编	12	1.80	方绪源
7339·13	高考数学命题标准化题型练习	中山大学数学系 编	12	1.55	吴伟凡
10339·11	江西派诗选注	陈永正 选注	12	2.40	陈必胜
10339·9	中国近代文学研究（第三期）	中山大学中文系 编	12	2.20	刘翰飞
11339·2	林则徐奏稿、公牍、日记补编	陈锡祺 主编	12	2.20	黎国器
11339·3	林则徐与鸦片战争论稿	陈胜粦 编著	12	3.90	黎国器
13339·8	海南岛生态环境质量分析与综合评价	董汉飞等 主编	12	2.50	徐希扬

1986 年

统一书号	书名	作者	出版月份	定价（元）	责任编辑
7339·15	大学英语教程（第一册 甲 学生用书）	陈美洁、温庚林 编著	1	1.10	温庚林
7339·16	大学英语教程（第一册 乙 快速阅读）	陈美洁、温庚林 编著	1	2.20	温庚林
7339·17	大学英语教程（第一册 丙 教师用书）	陈美洁、温庚林 编著	1	1.75	温庚林
10339·10	亿兆心香荐巨人（鲁迅纪念诗词集）	饶鸿竞 主编	1	1.00	刘翰飞
13339·9	有花植物（木兰植物）分类大纲	（苏）A.L 塔赫他间 著；黄云晖 译	1	1.60	李玉杏
9339·2	古文字学与语言学论集	中山大学中文系 主编	2	3.50	王家声
12339·1	经济地理学主要理论问题研究	曹廷藩 编著	2	1.80	徐希扬
17339·2	广东人口状况分析与预测	广东省人口普查办公室 编	2	1.75	刘翰飞
7339·22	图书馆学基础知识	谭迪昭 主编	3	1.00	袁广达
12339·2	中国经济地理题解百例	刘琦等 编著	3	1.40	徐希扬
15339·1	天平使用与维修	庄冠发等 编著	3	0.80	张晋丰
2339·6	马克思主义哲学发展史	叶汝贤等 编著	4	2.45	徐俊忠
2339·7	简明伦理学	章海山 编著	4	1.95	谭广洪
4339·4	广东经济体制改革研究	广东经济学会 编	6	3.00	方绪源
17339·6	大瓶螺（福寿螺）	梁羡园等 编著	6	0.50	李玉杏
7339·6	干部实用写作教程	李承志 主编	7	2.00	袁广达
6339·1	法律常识新编	黄文俊等 编著	8	1.50	黎国器
7339·21	人类学论文选集（1）	中山大学人类学系 编	8	4.40	方绪源
7339·23	人的美学	陆一帆 编著	8	1.30	王家声
7339·7	英语阅读技巧与训练（第三、四册）	中山大学外语系大学英语教研室 编	8	3.20	刘翰飞
13339·16	环境质量评价	唐永銮等 编著	8	1.00	徐希扬

统一书号/ISBN	书名	作者	出版月份	定价（元）	责任编辑
7339·27	企业党委书记科学领导概论	邹永图 主编	9	1.70	袁广达
10339·13	冯乃超文集（上卷）	《冯乃超文集》编辑委员会 编	9	2.95	刘翰飞
13339·13	单纯不动点算法基础	王则柯 编著	9	3.00	吴相辉
2339·8	简明心理学	郑云珍 主编	10	2.40	谭广洪
6339·2	环境法学	罗辉汉 编著	10	1.50	刘翰飞
7339·24	比较与探索	中山大学中文系 主编	10	1.35	王家声
9339·15	中国近代文学的特点、性质和分期	中山大学中文系 主编	10	2.20	王家声
11339·4	孙中山——壮志未酬的爱国者	（美）韦慕廷 著；杨慎之 译	10	4.30	黎国器
13339·14	APPLE II 微电脑使用方法与技巧	林卓然等 编著	10	1.50	吴伟凡
14339·1	心血管生理学	（美）R.M 伯恩等 编著；许实波等 译	10	2.50	李玉杏
15339·2	八位微处理器接口技术	宁冠中 编著	10	2.45	张晋丰
13339·15	经济预测与决策的数学方法	邓集贤等 编著	11	1.90	吴伟凡
7339·18	大学英语教程（第二册 甲 学生用书）	陈美洁、温庚林 编著	12	1.20	刘翰飞
13339·18	杂交水稻产量生理	王永锐 编著	12	1.25	李玉杏
17339·7	写作成语类典	袁广达、容本镇 编著	12	1.80	黎国器

1987年

统一书号/ISBN	书名	作者	出版月份	定价（元）	责任编辑
7339·19	大学英语教程（第二册 乙 快速阅读）	陈美洁、温庚林 主编	1	2.35	刘翰飞
7339·20	大学英语教程（第二册 丙 教师用书）	陈美洁、温庚林等 编著	1	1.45	刘翰飞
7339·28	高考数学标准化命题及试题分析（1986年）	林和曾等 编著	1	1.30	张德贞
7339·29	语文标准化考试题型研究	张百栋等 编著	1	1.00	王家声
7339·30	政治常识自学辅导	罗祖约 编著	1	1.20	谭广洪

书号	书名	作者		定价	责编
7-306-00001-2	马克思主义哲学简明教程	李长天等 主编	1	1.90	谭广洪
7-306-00002-0	成功之道（国际管理文摘）	本社编辑部 编	2	1.00	袁广达
4339·10	工业企业财务管理	广东省财政科学研究所 编	3	3.00	袁广达
10339·16	中国近代文学史（上册）	陈则光 编著	3	1.70	王家声
13339·19	微积分入门指导与思考方法	朱匀华 编著	3	1.85	吴相辉
7-306-00004-7	语文阅读水平测量（三）教师用书 小学六年级	莫雷 编著	3	1.90	王家声
7-306-00006-3	语文阅读水平测量（二）教师用书 初三适用	莫雷等 编著	3	2.00	王家声
7-306-00053-5	语文阅读水平测量（一）测试用书 高三适用	莫雷 编著	3	1.20	王家声
7-306-00055-1	语文阅读水平测量（二）测试用书 初三适用	莫雷等 编著	3	0.90	王家声
7-306-00057-8	语文阅读水平测量（三）测试用书 小学六年级	莫雷 编著	3	0.90	王家声
2339·10	普列汉诺夫哲学思想述评	何梓焜 编著	4	1.60	谭广洪
13339·17	实用络合滴定法	（捷）R.蒲希比 编著；李焕然等 译	4	3.20	张德贞
2339·15	中国现代哲学史稿（上卷）	袁伟时 编著	6	4.40	方绪源
13339·20	种子生理的研究进展	徐是雄等 编著	6	3.60	徐希扬
15339·3	微型计算机在工业控制中的应用	翁拔炎 编著	6	2.00	张晋丰
7-306-00000-4	中国小市镇的发展	许学强等 编著	6	3.50	徐希扬
7-306-00016-0	反思和开拓的十年	刘嵘 编著	6	1.90	谭广洪
7-306-00027-6	职业道德读本	广东省总工会等 合编	6	1.20	袁广达
7-306-00009-8	香港经济问题初探（增订本）	郑德良 编著	7	2.65	刘翰飞
7-306-00012-8	现代资本主义经济简明教程	王境 主编	7	1.40	舒宝明
7-306-00020-9	泰国传统文化与民俗（平装）	（泰）披耶阿努曼拉查东 编著；马宁 译	7	3.10	欧锐
7-306-00021-7	泰国当代文化名人（平装）	中山大学东南亚历史研究所编；段立生 译	7	3.20	李明珍
7-306-00032-2	泰国传统文化与民俗（精装）	（泰）披耶阿努曼拉查东 编著；马宁 译	7	4.40	欧锐

ISBN	书名	作者	月	定价	责编
7-306-00033-0	泰国当代文化名人（精装）	中山大学东南亚历史研究所 编 段立生 译	7	4.50	李明珍
7-306-00011-X	中华揽胜	胡长书等 编著	8	3.50	袁广达
7-306-00015-2	简易塑料鉴定法	（德国）D.布劳恩 编著；叶丽梅 译	8	0.70	张德贞
7-306-00017-9	合同法案例选释	姚栋华 编著	8	0.50	刘翰飞
7-306-00018-7	遥感基础与应用	关履基等 编著	8	1.80	徐希扬
7-306-00035-7	竞争策略	本社编辑部 编	8	1.10	袁广达
7-306-00046-2	高级市场营销学	郑林书、温力虎 主编	8	3.80	方绪源
7-306-00169-8	致胜策略（国际管理文摘）	本社编辑部 编	8	1.10	袁广达
7-306-00026-8	定安县文物志	许荣颂 编著	9	2.00	黎国器
7-306-00031-4	IBM磁盘操作系统	周扬等 编著	9	3.90	吴相辉
7-306-00045-4	建筑业道德讲话	广东建筑工程总公司政治处 等 编	9	0.55	陈必胜
7-306-00063-2	宋应星思想研究及诗文注译	杨维增 编著	9	2.30	李宗桂等
7-306-00013-6	社会主义政治经济学教程	汤其高等 主编	10	1.40	刘翰飞
7-306-00022-5	微型计算机CP/M操作系统原理与使用	郭嵩山 编著	10	1.85	吴相辉
7-306-00023-3	比较国际私法	唐表明 编著	10	2.50	刘翰飞
7-306-00036-5	人类学论文选集（2）	中山大学人类学系 编	10	2.00	王家声
7-306-00038-1	政治科标准化考试题型	徐惠华等 编著	10	1.35	谭广洪
7-306-00049-7	石油工人职业道德	陈灼华等 主编	10	1.20	刘翰飞
7-306-00059-4	企业经济管理学概论	陈继忠 编著	10	8.20	袁广达
13339·21	分子生物学引论	罗进贤 编著	11	3.25	张德贞
7-306-00010-1	清文比较评析	罗东升等 编著	11	2.50	陈必胜
7-306-00024-1	信宜方言志	罗康宁 编著	11	2.70	黎国器
7-306-00051-9	广州经济（1987年）	广州市人民政府办公厅调研室 编	11	7.00	方绪源等

书号(ISBN)	书名	作者	出版月份	定价(元)	责任编辑
7-306-00054-3	语文阅读水平测量(一)教师用书 高三适用	莫雷 编著	11	1.80	王家声
7-306-00028-4	基础光学	李良德 编著	12	2.80	张晋丰
7-306-00029-2	《资本论》中辩证法、认识论、逻辑的同一性	黄春生 编著	12	1.60	谭广洪
7-306-00030-6	鱼类生殖生理学	(加拿大)W.S 霍尔等 编著;林浩然等 译	12	3.70	李玉杏
7-306-00034-9	高考数学命题标准化题型练习(修订本)	中山大学数学系 编	12	1.70	张德贞
7-306-00040-3	社会学在现代社会经济发展中的应用	中山大学哲学系 编	12	2.55	王家声
7-306-00044-6	科学哲学导论	(美)R.卡尔纳普 编著;张华夏等 译	12	1.70	谭广洪
7-306-00047-0	线性代数(非数学专业)	林金桢等 编著	12	1.35	吴相辉
7-306-00048-9	生物电子显微技术	张景强等 编著	12	2.20	李玉杏
7-306-00052-7	鱼类营养与配合饲料	林鼎等 编著	12	1.40	李玉杏
7-306-00064-0	新的挑战	本社编辑部 编	12	1.10	舒宝明
7-306-00065-9	亚洲"四小龙"经济的崛起(内部发行)	刘志庚等 主编	12	4.00	袁广达
7-306-00068-3	中学数学解题方法、技巧及其应用(上册)	王堂新 主编	12	1.65	张德贞
7-306-00081-0	中学数学解题方法、技巧及其应用(下册)	王堂新 主编	12	1.65	张德贞
7-306-00155-8	数学	中山大学数学系 编	12	2.15	张德贞

1988年

书号(ISBN)	书名	作者	出版月份	定价(元)	责任编辑
7-306-00037-3	人口社会学导论	裴德·马特拉斯 编著;方时壮等 译	1	2.40	陈必胜
7-306-00060-8	古文字学纲要	陈炜湛等 编著	1	1.80	黎国器
7-306-00067-5	VAX BASIC 程序设计	朱铁夫 编著	1	1.35	骆益祥
7-306-00073-X	历史标准化考试题型分析	李军 编著	1	1.00	杨权
7-306-00014-4	马克思主义哲学概论	刘歌德 主编	2	1.95	谭广洪

ISBN	书名	作者	月	定价	责任编辑
7-306-00114-0	中国社会主义建设	石祖培等 主编	2	1.50	施国胜
7-306-00050-0	计算机审计	（英）安德鲁·张伯思 编著；王景坚 译	3	1.30	吴伟凡
7-306-00062-4	跨越障碍	（美）史洛利·布洛特 编著；王美音等 译	3	2.80	袁广达
7-306-00074-8	中学生物标准化试题参考	《标准化试题》编写组 编	3	1.95	李玉杏
7-306-00084-5	中国革命史	梁山 主编	3	2.40	杨权
7-306-00085-3	珠海特区经济与金融	顾广 编著	4	6.20	陈必胜
7-306-00069-1	笑的心理学	(新西兰)拉尔夫·皮丁顿 编著；潘智彪 译	5	1.20	王家声
7-306-00082-9	澳门	缪鸿基等 编著	5	3.50	徐希扬
7-306-00087-X	日本经营管理术	符树民 编著	5	1.50	袁广达
7-306-00096-9	海丰县文物志	郑正魁 主编	5	3.50	黎国器
7-306-00111-6	学习改革理论，坚持改革实践	孔庆榕等 主编	5	2.50	刘翰飞
7-306-00113-2	康有为早期遗稿述评	黄明同等 主编	5	4.95	杨权
7-306-00061-6	大气环境学	唐永銮等 编著	6	2.15	徐希扬
7-306-00070-5	绩效审计	李克勤 译	6	0.60	吴伟凡
7-306-00079-9	英美报刊小品101篇	黎秀石等 编注	6	0.70	温庚林
7-306-00090-X	肉用鸽疾病防治技术新编	刘沛珍等 编著	6	1.50	李玉杏
7-306-00129-9	文史荟萃	张志诚 主编	6	4.50	黎国器
7-306-00090-X	《德意志意识形态》简明教程	乐志强 编著	7	2.00	谭广洪
7-306-00098-5	港澳与珠江三角洲关系的研究	雷强等 主编	7	5.00	徐希扬
7-306-00102-7	香港经济的成长特征	郑德良 编著	7	1.50	方绪源
7-306-00110-8	法理学教程	吴世宦 主编	7	2.30	刘翰飞
7-306-00121-3	股份经济	张宪成等 主编	7	2.20	袁广达
7-306-00130-2	珠江三角洲的发展与城市化	许学强等 编著	7	5.50	徐希扬

书号	书名	作者	月	定价	责编
7-306-00136-1	珠江三角洲自然资源与演变过程	中山大学地理系丛书编委会 编	7	6.20	徐希扬
7-306-00139-6	珠江三角洲城市环境与城市发展	中山大学地理系丛书编委会 编	7	5.00	徐希扬
7-306-00078-0	现代数学分析基础	（美）R.约翰逊鲍等 著；邓永录 译	8	3.45	陈曼华
7-306-00086-1	深圳经济特区建设的辩证法	高齐云 主编	8	2.70	谭广洪
7-306-00091-8	广韵研究	方孝岳等 编著	8	2.20	黎国器
7-306-00094-2	论藏族文化的起源形成与周围民族的关系（平）	格勒 著	8	9.70	黎国器
7-306-00095-0	论藏族文化的起源形成与周围民族的关系（精）	格勒 著	8	11.50	黎国器
7-306-00099-3	市场研究方法	郑宗成等 编著	8	2.60	张德贞
7-306-00103-5	男性心理学	（日）小林添 编著；黄崇道 译	8	1.90	谭广洪
7-306-00106-X	观众心理学	陆一凡 编著	8	3.80	王家声
7-306-00108-6	独漉堂集	（清）陈恭尹 撰；郭培忠 校点	8	11.00	黎国器
7-306-00109-4	吴文化研究论文集	江苏省吴文化研究会 编	8	3.00	刘翰飞
7-306-00118-3	广州经济（1988年）	广州市人民政府办公厅调研室 编	8	20.00	袁广达
7-306-00153-1	大庆油田思想政治工作	陈烈民等 编著	8	1.40	刘翰飞
7-306-00071-3	泛函微分方程与测度微分方程	徐远通 编著	9	2.20	陈曼华
7-306-00097-7	古汉语常见同义词辨析	张百栋等 编著	9	1.95	王家声
7-306-00101-9	红杏山房集	（清）宋湘 编著；黄园声 校辑	9	4.90	黎国器
7-306-00117-5	景颇族山官制社会研究	龚佩华 编著	9	2.50	杨权
7-306-00144-2	大学生思想修养	苏英博等 主编	9	2.00	黎国器
7-306-00149-3	珠江三角洲水土资源	缪鸿基等 编著	9	3.20	徐希扬
7-306-00151-5	工会工作管理知识500题	冯友才 编著	9	3.50	袁广达
7-306-00115-9	现代西方经济学原理	李翀 编著	10	2.80	舒宝明
7-306-00124-8	新时期文艺论辨	黄伟宗 编著	10	4.70	王家声

书号（ISBN）	书名	作者	出版月份	定价（元）	责任编辑
7-306-00135-3	椹川诗选	张志诚 主编	10	3.40	黎国器
7-306-00066-7	大学英语语法	《大学英语语法》编写组 编	11	2.20	温庚林
7-306-00093-4	争端的解决	陈致中等 译	11	3.50	李慈
7-306-00104-3	付里叶变换光谱学原理	张光昭 编著	11	1.65	吴伟凡
7-306-00105-1	粘性流体力学教程	张涤明等 编著	11	2.15	黄海
7-306-00116-7	现代香港对外贸易	张作乾 编著	11	1.70	邱琼英
7-306-00119-1	有机化学实验	许遵乐等 主编	11	4.10	张德贞
7-306-00128-0	《高考数学命题标准化题型练习》（修订本）选解	中山大学数学系 编	11	1.30	李文
7-306-00134-5	康南海政史文选	沈茂骏 主编	11	5.50	杨权
7-306-00138-8	辩证逻辑学	梁庆寅 编著	11	2.10	谭广洪
7-306-00117-5	深圳特区劳动管理研究	曾曲宏等 主编	12	1.90	蔡浩然
7-306-00131-0	浪漫的女人	家庭杂志社 编	12	2.90	舒宝明
7-306-00132-9	不老的爱情	家庭杂志社 编	12	3.70	舒宝明
7-306-00133-7	爱情随想录	家庭杂志社 编	12	1.68	舒宝明
7-306-00143-4	吴川县文物志	杨振泉 主编	12	20.00	黎国器
7-306-00147-7	博罗县文物志	黄观礼 主编	12	5.00	黎国器
7-306-00175-2	推销学	庄国强等 编著	12	4.80	袁广达
7-306-00178-7	深宫怨女	历史大观园杂志编辑部 编	12	2.50	吴相辉

1989 年

书号（ISBN）	书名	作者	出版月份	定价（元）	责任编辑
7-306-00125-6	量子力学	罗倍玲 编著	1	3.35	骆益祥
7-306-00150-7	英语完形填充	张宝祥等 编著	1	1.30	温庚林

7-306-00156-6	物理	华师大物理系、中学物理教材教法研究室 编	1	2.50	骆益祥
7-306-00157-4	化学	刘立寿等 编著	1	2.90	张德贞
7-306-00159-0	语文	蓝光中等 编著	1	2.00	陈红平
7-306-00160-4	政治	云大堂等 编著	1	1.40	谭广洪
7-306-00161-2	历史	李军 编著	1	1.95	杨权
7-306-00162-0	英语	何东兵等 编著	1	1.80	温庚林
7-306-00171-X	公共关系学简明教程	廖为建 著	1	2.30	谭广洪
7-306-00180-9	闲话皇帝	历史大观园杂志编辑部 编	1	2.50	吴相辉
7-306-00127-2	新编写作文选	中国写作学会广东分会 编	2	2.15	袁广达
7-306-00142-6	高中物理学习指导	徐旭昭等 编著	2	3.50	骆益祥
7-306-00126-4	近代物理实验	郑裕芳等 编著	3	5.15	骆益祥
7-306-00152-3	给大学生一把钥匙	张诚 编著	3	2.60	温庚林
7-306-00154-X	英语教程——餐旅企业管理适用（第一册）	陈美洁等 主编	3	2.05	温庚林
7-306-00173-6	高考语文备考指要	杨一经等 编著	3	2.10	袁广达
7-306-00174-4	计算机辅助审计技术	美国计算机服务执行委员会 编；陈婉玲 译	3	0.85	吴相辉
7-306-00183-3	企业家成功之道	温力虎 编著	3	2.50	邱琼英
7-306-00189-2	外向型经济管理	郑林书等 主编	3	4.00	施国胜
7-306-00195-7	闪光的轨迹	羊城晚报新闻编辑室、广州南方传播事务所 编	3	3.90	袁川
7-306-00196-5	微型计算机BASIC语言（修订本）	林卓然 编著	3	2.30	吴相辉
7-306-00140-X	中西医结合儿科诊疗手册	李凤仙等 编著	4	3.40	李玉杏
7-306-00148-5	香港经济教程	甘长求 编著	4	4.20	方绪源
7-306-00167-1	佛山市财政志	佛山市财政局 编	4	11.95	蔡浩然
7-306-00172-8	古代摩尼教艺术	（西德）克林凯特 著；林悟殊 译	4	3.20	吴相辉

7-306-00187-6	中学数学思考方法与解题技巧	朱匀华 编著	4	1.70	吴相辉
7-306-00192-2	中学地理重难点问题解析	陈如彬等 编著	4	1.70	徐希扬
7-306-00201-5	十年改革开放之广州	广州市政府办公厅 编	4	4.80	方绪源
7-306-00210-4	青春梦	黄金时代杂志社 编	4	2.50	卢锡铭
7-306-00141-8	国际法院、国际法庭和国际仲裁的案例	陈致中等 译	5	5.20	李慈
7-306-00164-7	模态逻辑导论	（美）B.F.切莱士 编著；郑文辉等 译	5	2.50	谭广洪
7-306-00166-3	向量空间简明教程	陈继承等 编著	5	2.35	吴相辉
7-306-00170-1	近海环境海洋学	（澳）汤姆·比尔 著；甘雨鸣等 译	5	2.50	徐希扬
7-306-00194-9	辩证逻辑概论	刘景泉 编著	5	2.30	谭广洪
7-306-00218-X	婴幼儿喂养常识	崔燕薇等 主编	5	1.50	李玉杏
7-306-00145-0	半导体器件物理	余兼才等 编著	6	3.50	骆益祥
7-306-00165-5	纪念陈寅恪教授国际学术讨论会论文集	纪念陈寅恪教授国际学术讨论会秘书组 编	6	15.00	杨权
7-306-00184-1	中国古代巫术	梁钊韬 著	6	4.80	庄昭
7-306-00186-8	市场学原理	何永祺、杨振燕、傅汉章 主编	6	3.00	舒宝明
7-306-00190-6	鱼病学	吕军仪 编著	6	3.05	李玉杏
7-306-00191-4	创新与成功	本社编辑部 编	6	2.20	邱琼瑛
7-306-00197-3	法国大革命史词典	端木正 主编	6	8.30	庄昭
7-306-00203-1	国际企业经营	吴经邦 编译	6	2.75	关智生
7-306-00207-4	香港经济发展与文化	郑德良 编著	7	2.90	李宗桂
7-306-00221-X	高等教育评估研究与实践	张大经等 编著	7	2.95	施国胜
7-306-00250-3	双语双方言	陈恩泉 主编	7	4.50	施国胜
7-306-00219-8	国际经济法学	罗辉汉 编著	8	3.45	钟旋辉
7-306-00240-6	腹部疾病B超超声诊断	姜良进 主编	8	3.00	李玉杏

书号	书名	作者	月	价格	责编
7-306-00158-2	生物	金永培等 编著	9	1.50	李玉杏
7-306-00206-6	国际法教程	陈致中 编著	9	3.50	李慈
7-306-00215-5	中国哲学的探索与困惑（殷商—魏商）	冯达文 编著	9	4.90	谭广洪
7-306-00199-X	连南八排瑶语	巢宗祺等 编著	10	4.90	陈寿英
7-306-00202-3	微型计算机 CP/M 操作系统原理与使用（增订本）	郭嵩山 编著	10	7.70	吴相辉
7-306-00222-8	涉外经济法教程	黎学玲 主编	10	6.90	蔡浩然
7-306-00237-6	实用英语语音教程	何广铿 编著	10	1.20	温庚林
7-306-00245-7	世界商战奇观	黄泳瑜 编著	10	2.50	施国胜
7-306-00253-8	龙滩水电工程对珠江三角洲生态和环境影响的研究	中山大学环科所、中山大学地理系 编	10	5.90	徐希扬
7-306-00224-4	文学理论基础教程	郭正元 编著	11	6.25	袁广达
7-306-00239-2	茂名华侨志	梁基毅 编著	11	4.00	黎国器
7-306-00263-5	标准化模拟测试题（全六科）	高运生等 主编	11	3.40	李文
7-306-00198-1	车王府曲本提要	郭精锐、陈伟武、麦耘、仇江 编著	12	12.00	何志平
7-306-00238-4	简明中美关系史	蒋相泽等 主编	12	2.45	庄昭
7-306-00241-4	广州话教程	黄宗皇 主编	12	5.90	施国胜
7-306-00247-3	潮州三阳志辑稿 潮州三阳图志辑稿	陈香白 辑校	12	2.40	刘翰飞
7-306-00251-1	崛起的惠州经济	暨南大学惠州经济调研组 编著	12	4.00	蔡浩然
7-306-00277-5	足球的幽默	严俊君 主编	12	6.80	马锦炽
7-306-00279-1	椰乡曲	苏英博 编著	12	1.80	黎国器

1990年

书号（ISBN）	书名	作者	出版月份	定价（元）	责任编辑
7-306-00244-9	高考数学练习——分步设计问题	中山大学数学系 编	1	2.90	李文
7-306-00246-5	现代西方国际经济学概论	李翀 著	1	2.80	舒宝明
7-306-00254-6	信宜人物传略	陈启著等 编撰	1	2.90	黎国器
7-306-00256-2	珠江口水上居民（疍家）的研究	黄新美 编著	1	3.50	陈必胜
7-306-00259-7	台山方言（广州话、普通话对照）	黄剑云 编著	1	5.50	黎国器
7-306-00282-1	中华学习机普及教程	邱达生 编著	1	2.95	吴相辉
7-306-00188-4	大学英语听说教程	张美芳等 编著	2	2.90	温庚林
7-306-00242-2	琼山县文物志	郭克辉 主编	2	4.50	黎国器
7-306-00255-4	法律基础教程	林华 主编	2	6.90	杨晓光
7-306-00257-0	工业企业管理	伍爱等 编著	2	6.50	施国胜
7-306-00287-2	行政法学教程	赵克仁 主编	2	3.90	谭广洪
7-306-00288-0	十三届四中全会以来政策的连续性和新发展	广东省委宣传部 编	2	0.72	谭广洪
7-306-00193-0	英语—法语变通教程（上、下册）	陈那福 编著	3	6.10	温庚林
7-306-00243-0	广州话分韵词林	杨予静等 编著	3	6.70	袁广达
7-306-00260-0	简易英语阅读（附题析）	吴仲湛等 合编	3	2.25	温庚林
7-306-00285-6	国际私法教程	杨贤坤 编著	3	6.90	陈寿英
7-306-00290-2	工业社会学	符祥青 主编	3	5.90	杨晓光
7-306-00299-6	学雷锋歌曲集	本社编辑部 编	3	0.45	袁广达
7-306-00300-3	学生爱唱的歌	广东省学生联合会等 编	3	1.80	袁川
7-306-00301-1	海南美	周昌彪 编著	3	2.60	黎国器
7-306-00303-8	轻工企业质量管理	郑自敏等 编著	3	8.00	罗以琳

下篇 30年出版成果简表

7-306-00305-4	论剧（第一辑）	王季思等 主编	3	3.00	康保成
7-306-00308-9	党的基本知识讲话	陈学琳 主编	3	2.70	朱超凡
7-306-00309-7	学校青年工作研究	李正慈等 主编	3	2.50	杨晓光
7-306-00217-1	南园前五先生诗　南园后五先生诗	（明）孙蕡、梁大任 编著；梁守中等 点校	4	12.30	陈永正
7-306-00249-X	氦—氖激光器实验教程	（印）R.S.瑟罗希 编著；伍钧锵等 译	4	2.90	罗以琳
7-306-00306-2	中学语文课文德育阐析	黄显裕 主编	4	2.98	蔡浩然
7-306-00316-X	意大利'90（上册）	严俊君 主编	4	5.80	马锦炽
7-306-00319-4	计算机病毒的诊治与免疫	高忠等 编著	4	4.00	吴相辉
7-306-00258-9	神奇的马王堆汉墓	侯良 编著	5	1.40	杨权
7-306-00286-4	社会心理学的生理基础	周信铭 编著	5	1.95	蓝崇钰
7-306-00296-1	现代领导学	王乐夫等 编著	5	4.80	施国胜
7-306-00314-3	供材料作文指导	李忠镛等 主编	5	2.60	袁广达
7-306-00322-4	大学英语六级考试模拟试题集（上、下册）	钟宫瓔 编著	5	13.00	温庚林
7-306-00248-1	柳永和他的词	曾大兴 编著	6	7.90	陈必胜
7-306-00261-9	孙孺经济论文选	广东省社科院《孙孺经济论文选》编辑组 编	6	7.40	施国胜
7-306-00264-3	开放型的市场营销	李克华 编著	6	5.50	施国胜
7-306-00280-5	佛山史话	林乃燊 主编	6	5.50	黎国器
7-306-00283-X	纪念梁方仲教授学术讨论会文集	汤明燧等 主编	6	9.20	邱琼英
7-306-00289-9	马克思主义哲学体系的原生、次生、再生形态	高齐云 主编	6	5.50	谭广洪
7-306-00292-9	情报科学导论	华勋基 主编	6	2.60	李慈
7-306-00302-X	孙中山廖仲恺与中国革命	（美）陈福霖 编著	6	7.80	庄昭
7-306-00310-0	中国优秀民歌选	陈华卓等 编	6	1.90	黎国器
7-306-00312-7	恋爱、婚姻、家庭100个怎么办	黄国平 编著	6	3.20	舒宝明

7-306-00317-8	新编食品卫生必读	赖威民 主编	6	3.45	罗以琳
7-306-00318-6	文化与交流	（英）爱德华·利奇 著；郭凡等 译	6	2.50	杨权
7-306-00320-8	中国人事管理	梁裕楷 主编	6	4.95	施国胜
7-306-00321-6	VAX Rad/VMS 关系数据库管理系统使用入门	林卓然 编著	6	4.20	吴相辉
7-306-00325-9	中国近代爱国主义讲话	文宇 主编	6	2.80	邱琼英
7-306-00326-7	国际商务谈判业务与技巧	邹建华 编著	6	4.90	蔡浩然
7-306-00330-5	珠江三角洲企业管理人员人力及培训需求	中大管院珠三角企业管理人员人力调研组 著	6	3.00	蔡浩然
7-306-00298-8	现代青年婚恋心理	家庭杂志社 编	7	3.00	舒宝明
7-306-00315-1	外国法制史论文集	林榕年等 主编	7	9.30	杨晓光
7-306-00329-1	广丰糖厂志	袁庆禧 主编	7	18.00	黎国器
7-306-00293-7	热学基础	罗蔚茵等 编著	8	3.60	罗以琳
7-306-00339-9	中德地理学发展与地理教育	许学强等 主编	8	8.00	徐希扬
7-306-00340-2	基本国情与基本路线简明教程	谭思哲 主编	8	2.50	杨权
7-306-00341-0	意大利'90（下册）	严俊君 主编	8	9.80	马锦炽
7-306-00342-9	现代质量管理统计方法	杨维权等 编著	8	5.80	李文
7-306-00346-1	广东十年经济体制改革研究	吴奕新 编著	8	4.90	蔡浩然
7-306-00419-0	经济管理数学	郑宗成 主编	8	7.15	罗以琳
7-306-00185-X	世界经济特区与发展战略	曾凡益 编著	9	6.00	蔡浩然
7-306-00278-3	水化学与水污染	汪晋三等 编著	9	5.10	张德贞
7-306-00311-9	英国史（1688年至今）	（美）戴维·罗伯兹 编著；鲁光桓 译	9	3.70	杨权
7-306-00327-5	外商投资实务	樊成玮 编著	9	4.90	蔡浩然
7-306-00334-8	犯罪侦查的理论与技术	张毓泰 编著	9	3.90	杨晓光
7-306-00338-0	应用写作教程	张振昂、陈少夫 主编	9	3.30	袁广达

7-306-00345-3	体育统计学	戎家增 编著	9	6.90	吴相辉
7-306-00350-X	唯实	黄守登 主编	9	3.60	朱超凡
7-306-00378-X	马克思主义哲学基础	谢峰 主编	9	3.45	谭广洪
7-306-00337-2	八排文化	杨鹤书等 编著	10	4.80	邱琼英
7-306-00348-8	企业实用经济合同法答疑	徐天庆等 编著	10	3.80	施国胜
7-306-00357-7	广州地名古今谈（第一辑）	广州市地名学研究会等 编	10	4.30	黎国器
7-306-00359-3	企业走向世界（宝安县特辑）	郭清泉 主编	10	8.00	施国胜
7-306-00225-2	微电脑 APPLE II 适用方法与技巧（修订本）	林卓然、莫日华 编著	11	4.80	吴相辉
7-306-00331-3	廉江县二轻工业志	曾方熙 主编	11	5.00	黎国器
7-306-00333-X	车王府曲本选（精装）	刘茂烈等 编	11	14.80	洪哲雄
7-306-00336-4	廉江县供销社志	廉江县供销合作社 编	11	18.00	黎国器
7-306-00347-X	名城广州常识	广州历史文化名城研究会、广州古都学会 编	11	2.90	蔡浩然
7-306-00349-6	林则徐与鸦片战争论稿（增订本）	陈胜粦 编著	11	29.00	黎国器
7-306-00358-5	海南名人辞典	苏英博 编著	11	19.80	黎国器
7-306-00080-2	语言学文选	陈永培等 选编	12	7.20	温庚林
7-306-00146-9	大学英语常用词用法词典（英汉双解）	张汉成等 编著	12	8.10	温庚林
7-306-00181-7	英语教程——餐旅企业管理适用（第二册）	陈美洁等 主编	12	2.50	温庚林
7-306-00284-8	热带气象学	梁必骐等 编著	12	5.60	徐希扬
7-306-00294-5	微型计算机 CP/M 操作系统结构分析	郭嵩山 编著	12	7.80	吴相辉
7-306-00343-7	经济特区法教程	黎学玲等 编著	12	2.30	杨晓光
7-306-00355-0	连阳八排风土记	（清）李来章 撰；黄志辉 校注	12	4.90	刘翰飞
7-306-00360-7	高等学校科技法制	蔡礼义等 主编	12	4.90	骆益祥
7-306-00361-5	旅游市场营销与饭店管理	温力虎等 编著	12	7.50	施国胜

7-306-00362-3	广东新军庚戌起义资料选编	仇江 编著	12	5.85	陈必胜
7-306-00370-4	教育文集	陈志仁等 主编	12	6.95	黎国器
7-306-00376-3	消化道生理学	张经济 主编	12	8.90	李玉杏

1991年

书号（ISBN）	书名	作者	出版月份	定价（元）	责任编辑
7-306-00351-8	社区概论	何肇发 主编	1	3.05	邱琼英
7-306-00354-2	区域研究与农业区划	梁溥 编著	1	2.70	骆益祥
7-306-00367-4	在改革中崛起	覃玉岗 主编	1	5.00	李元元
7-306-00368-2	深圳干部人事工作实务	吴树君 主编	1	6.50	谭广洪
7-306-00369-0	五公诗词选（增订本）	岑婉薇等 编注	1	1.95	袁广达
7-306-00372-0	交际的技巧与策略	林雅居等 编著	1	2.80	炎平
7-306-00377-1	梅州金融志	林高如 主编	1	——	谭广洪
7-306-00379-8	花县英烈（平装）	花县县委党史研究室、花县民政局 编	1	6.50	骆益祥
7-306-00383-6	股市运作技巧	程柏江、钟立军 编著	1	5.50	谭广洪
7-306-00344-5	在生活的海洋中——《涉世之初》续集	赖济煌 主编	2	2.60	舒宝明等
7-306-00364-X	投资决策的经济分析	王旭 编著	2	3.30	蔡浩然
7-306-00373-9	简易英语专题测试	王永玲等 合编	2	2.10	温庚林
7-306-00386-0	工商企业经营探索	邓文亮等 编著	2	5.50	蔡浩然
7-306-00307-0	数学科学英语	周之铭 编著	3	5.85	李文
7-306-00335-6	台山侨乡与新宁铁路	郑德华等 编著	3	7.20	邱琼英
7-306-00366-6	范柏祥新闻作品选评	萧德明 主编	3	5.65	黎国器
7-306-00385-2	中山大学学生社会实践文集	中山大学社会实践工作领导小组 编	3	2.30	潘智彪

书号	书名	作者	月	定价	责编
7-306-00387-9	在巨人的光照下	广东鲁迅研究小组、广东鲁迅研究会 编	3	5.60	黎国器
7-306-00411-5	自学英语应试指导（上册）	龙应华 主编	3	2.20	陈那福
7-306-00412-5	自学英语应试指导（下册）	龙应华 主编	3	2.60	陈那福
7-306-00415-8	组织细胞化学技术细胞膜	（日）小川和朗等 主编；朴英杰等 译	3	12.00	罗深秋
7-306-00403-4	广州市流动人口研究	广州市流动人口研究课题组 编著	4	5.00	蔡浩然
7-306-00295-3	TURBO PASCAL 5.0 程序设计指南	李师贤等 编著	5	7.30	吴相辉
7-306-00353-4	潮汕人物辞典	孙淑彦等 编著	5	11.80	邱琼英
7-306-00365-8	中级美国英语听说训练	（美）Barbara H. Feley 编著；许为础 改编译注	5	6.90	温庚林
7-306-00384-4	成功企业之道	邱勇 编著	5	3.30	李慈
7-306-00390-9	中国计算机应用软件人员水平考试（程序员级）试卷答案与分析	傅昭阳等 主编	5	5.80	吴相辉
7-306-00392-5	VAX CFMS 中文表格管理系统应用入门	巫张荣等 编著	5	4.60	吴相辉
7-306-00393-3	南雄珠玑巷人南迁史话	本书筹委会 编	5	3.40	周群健
7-306-00409-3	新诗三十年	金钦俊 编著	5	6.40	袁广达等
7-306-00421-2	任人唯贤思想研究	陈学琳 编著	5	3.30	朱超凡
7-306-00426-3	香港法教程	李启欣 主编	5	4.35	杨晓光
7-306-00429-8	史诗小说初探	裴树海 编著	5	4.60	于星
7-306-00363-1	汉唐佛史探真	谭世保 编著	6	7.80	邱捷
7-306-00391-7	中国计算机应用软件人员水平考试（高级程序员级）试卷答案与分析	傅昭阳等 主编	6	5.60	吴相辉
7-306-00395-X	公共关系策划	熊源伟、徐晨、吴予敏等 著	6	4.90	谭广洪
7-306-00396-8	简明犯罪心理学	陈绍彬 编著	6	5.40	谭广洪
7-306-00399-2	最新汉俄、俄汉双向词汇	舒宜 编著	6	16.00	袁广达等
7-306-00402-6	茂名大事记	茂名市地方志办公室 编	6	3.60	邱琼英

ISBN	书名	作者	月	定价	责编
7-306-00404-2	基层党组织建设导论	王鸿津等 主编	6	4.80	方绪源
7-306-00424-7	深圳证券交易所	深圳证券交易所编写组 编	6	4.80	谭广洪
7-306-00470-0	省港大罢工研究	任振池等 主编	6	5.00	张东升
7-306-00394-1	企业形象	许晨 编著	7	4.30	谭广洪
7-306-00405-0	银行财务管理	伍绍平 编著	7	3.80	蔡浩然
7-306-00416-6	粮食对外贸易知识	邓广培 主编	7	5.60	施国胜
7-306-00423-9	南社研究（第一辑）	马以君 主编	7	3.80	李慈等
7-306-00433-6	2000年前后中国与东南亚展望	中山大学东南亚研究所 编	7	4.50	汪新生
7-306-00434-4	三花集	从化县庆祝中国共产党诞生70周年小组 编	7	3.50	徐希扬
7-306-00441-7	侨乡党课系列讲座	容英烈等 主编	7	2.50	谭广洪
7-306-00454-9	线性不等式组	（苏）A.S.索罗道尼可夫 编著；李树明等 译	7	3.20	李文
7-306-00281-3	大学物理简明教程	关祖杰等 编著	8	8.05	骆益祥
7-306-00371-2	高分子物理实验	刘振兴等 编著	8	3.95	张德贞
7-306-00381-X	辛亥革命运动史	林家有 主编	8	6.10	衡之
7-306-00406-9	车王府曲本菁华（宋卷）	刘烈茂等 主编	8	15.50	刘翰飞
7-306-00413-1	分析化学实验	陈焕光等 主编	8	2.95	徐镜昌
7-306-00417-4	生命在延伸	张伟儒 编著	8	5.50	陈必胜等
7-306-00418-2	河源水利志	广东省河源市郊区水电局等 编著	8	20.00	衡之
7-306-00420-4	中国对外经济论	王伟民 主编	8	5.90	蔡浩然
7-306-00430-1	实用生物体视学技术	申洪等 编著	8	6.40	史然
7-306-00431-X	名言、警句、赠辞（青少年）	竹草等 编著	8	4.60	蔡静
7-306-00442-5	哲理名言荟萃	马建成 编著	8	6.90	袁广达
7-306-00450-6	卡拉OK金曲	伟纬 编著	8	4.80	沙微

7-306-00451-4	爱国爱乡的霍英东	庄昭等 主编	8	13.00	施国胜
7-306-00389-5	冯乃超文集（下卷）	冯乃超文集编辑委员会 编	9	6.90	刘翰飞
7-306-00398-4	怒潮晨曲	邓慈煌 整理	9	3.00	潘智彪
7-306-00401-8	数学规划及其应用	周勤等 编著	9	9.50	李文
7-306-00408-5	人际传播学	熊源伟、余明阳 编著	9	6.10	谭广洪
7-306-00410-7	微型计算机软件实验教程	余正方、张宏杰 编著	9	10.80	骆益祥
7-306-00422-0	粤西南金矿成矿规律	邓璟等 编著	9	4.00	徐希扬
7-306-00427-1	汉字 dBASEIII 基础教程	关朵霖 编	9	5.50	吴相辉
7-306-00443-3	广东省五华县国土治理与开发综合试验研究	中国科学院广州分院等 著	9	8.50	李玉杏
7-306-00453-0	深圳特区的昨天、今天和明天	本书编写组 编著	9	4.50	谭广洪
7-306-00461-1	趣味语文故事（第三集）	柯焕德 编著	9	2.80	林立
7-306-00462-X	语文笑话（第三集）	柯焕德 编著	9	2.80	梁小勉
7-306-00463-8	奇趣动物故事	柯焕德 编著	9	2.80	朱敏英
7-306-00464-6	软件开发规范的实施文档	黄思曾等 编著	9	7.30	吴相辉
7-306-00428-X	文化人类学	梁钊韬 编著	10	4.30	黎国器
7-306-00435-2	城市生态环境研究	杨士弘 编著	10	4.00	徐希扬
7-306-00440-9	大众媒介通论	欧阳康 著	10	5.80	陈必胜
7-306-00445-X	企业制胜的法宝	卢明高等 编著	10	6.50	施国胜
7-306-00446-8	简明社交粤语（广州话、普通话对译）	黄宗皇 主编	10	3.30	施国胜
7-306-00447-6	世界名犬与中国名犬	辛景禧等 编著	10	13.80	史然
7-306-00452-2	魏双凤论文选	李心光 主编	10	6.00	李玉杏
7-306-00458-1	南沙群岛历史地理研究专集	中国科学院南沙综合科学考察队 著	10	5.00	赵徐懿
7-306-00460-3	中国博士精英	周勇等 编著	10	5.50	舒宝明

书号	书名	作者	月	定价	责编
7-306-00466-2	现代阅读学	胡继武 编著	10	2.40	袁广达
7-306-00476-X	广州概况（1991年版）	李祯荪 主编	10	6.80	蔡浩然
7-306-00216-3	中山大学教授名录	中山大学人事处师资管理办公室 编	11	50.00	蔡浩然
7-306-00400-X	广东当代作家传略	陈衡等 主编	11	23.30	谭广洪
7-306-00432-8	梁钊韬与人类学	中山大学人类学系 编	11	8.00	梁之
7-306-00437-9	中国涉外经济法概论	孙遥春 主编	11	6.50	施国胜
7-306-00455-7	材料力学总复习与计算新方法	李伯琼 编著	11	6.90	罗以琳
7-306-00457-3	对外汉语教学研究	张维耿等 主编	11	5.20	施国胜
7-306-00471-9	智趣数学游戏	戴乃彬 编著	11	1.90	李文
7-306-00474-3	企业文化	郭纪金 著	11	5.20	谭广洪
7-306-00211-2	东印度公司对华贸易编年史（第三卷）	（美）马士 著；区宗华 译	12	13.00	刘翰飞、邱琼瑛
7-306-00212-0	东印度公司对华贸易编年史（第四、五卷）	（美）马士 著；区宗华 译	12	23.00	刘翰飞、邱琼瑛
7-306-00356-9	广义相对论基本教程	郑庆璋等 编著	12	4.10	骆益祥
7-306-00374-7	基因操作技术	（日）村松正富 编著；罗红等 译	12	5.90	李玉杏
7-306-00438-7	LOGO的递归与妙用	梁伟强等 编著	12	3.10	吴相辉
7-306-00448-4	市场营销学	李升、罗惠芬 主编	12	5.30	施国胜
7-306-00459-X	南沙群岛及其邻近海区第四生物类群	中国科学院南沙考察队 著	12	130.00	温庚林
7-306-00467-0	宏观经济计划与管理	谭作平 主编	12	5.40	蔡浩然
7-306-00477-8	现代文阅读能力的培养	张百栋、邵祖戊 编著	12	3.00	冼岱
7-306-00479-4	南华农场志	《南华农场志》编纂委员会 编	12	12.00	潘智彪等
7-306-00482-4	宝剑与骊珠	广东省文学艺术界联合会 编	12	6.80	黎国器
7-306-00483-2	涉外民事经济法律研究	黎学玲等 主编	12	9.80	钟明霞
7-306-00496-4	个体工商业户经营指南	白云等 主编	12	2.80	袁广达

1992年

书号（ISBN）	书名	作者	出版月份	定价（元）	责任编辑
7-306-00414-X	出口单据业务	许罗丹、王集寨 编著	1	9.80	蔡浩然
7-306-00478-6	麻将探奇	峇士 编著	1	3.45	舒宝明
7-306-00497-2	茂名公安志	茂名市公安局史志编写组 编	1	3.50	朱江
7-306-00473-5	现代家庭管理艺术	省妇女干部学校、省人民广播电台教育台 编	2	4.00	李慈
7-306-00484-0	大庆油田思想政治工作（增订版）	陈烈民等 编著	2	4.60	刘翰飞
7-306-00486-7	现代领导科学	王乐夫 主编	2	5.90	施国胜
7-306-00495-6	冼夫人在海南	陈雄 编著	2	6.60	熊洲
7-306-00506-5	教师道德教育简明教程	杨儒柏等 主编	2	3.95	熊洲
7-306-00519-7	初值问题的差分方法	袁国兴等 译	2	9.50	吴相辉
7-306-00523-5	侨乡建设的哲学思考	谭思哲等 主编	2	6.00	郎青云
7-306-00252-X	非线性边值问题的一些解法	（法）Lions,J.L 著；郭柏灵等 译	3	18.80	吴相辉
7-306-00444-1	人口社会学基础	李若建 编著	3	3.50	邱琼英
7-306-00456-5	广州报业（1927—1990）	梁群球 主编	3	7.50	史然
7-306-00468-9	缅甸戏剧	（缅甸）貌阵昂 编著；吴文辉 译	3	7.00	潘智彪
7-306-00475-1	港台文化与海外华文教育	黄皇宗 主编	3	6.20	施国胜
7-306-00488-3	饮食与健康指南及华南食物成分	曾育生等 编著	3	8.50	罗以琳
7-306-00491-3	中外国际私法案例述评	杨贤坤 主编	3	6.90	杨晓光
7-306-00504-9	建设有中国特色的社会主义与教育	梁琼芳等 编著	3	3.90	程焕文
7-306-00505-7	彩陶刻划人面新释	叶馥山 编著	3	2.00	钟永源
7-306-00507-3	语文阅读指津	蓝天等 编著	3	2.30	谭广洪
7-306-00535-9	精神、生产力	许柏粦 主编	3	4.80	郎青云

7-306-00608-8	南社研究（2）	马以君 主编	3	3.70	刘翰飞
7-306-00407-7	车王府曲本菁华（元明卷）	刘烈茂等 主编	4	18.00	刘翰飞
7-306-00449-2	大气环境化学	唐永銮 主编	4	4.65	徐希扬
7-306-00472-7	使用武力、战争、中立、和约	中山大学法学研究所国际法研究室 译	4	12.00	李慈
7-306-00492-1	妇女工作手册	广东省妇女干部学校 编	4	4.80	邱琼英
7-306-00510-3	新时期农村党支部建设	谢俊忠 主编	4	2.50	李慈
7-306-00512-X	外汇黄金投资指南	赵家乐等 编著	4	12.00	黎国器
7-306-00513-8	海南伊斯兰文化	姜木越等 主编	4	4.80	万泉仁
7-306-00515-4	邱浚、海瑞在海南的故事	黎国器等 辑录整理	4	1.60	岑婉薇
7-306-00521-9	深圳证券交易所（1991）年报	深圳证券交易所 编	4	38.00	甄秦安
7-306-00529-4	中国名城著名老字号（广州分册）	《中国历史文化名城丛书》编辑部 编	4	16.00	简光沂
7-306-00223-6	朗曼英语语法	L.G.亚力山大 著；周庆锦等 译	5	15.80	温庚林
7-306-00485-9	旅游宾馆英语口语	许剑雄、纪经纬、李建英、吴增生 编	5	6.90	袁哲
7-306-00490-5	《唯物主义和经验批判主义》简明教程	陈长畅 编著	5	2.60	吴茗
7-306-00493-X	汉英泰 英汉泰 泰汉英常用词典	班弨 主编	5	27.00	袁哲
7-306-00494-8	信宜历代诗选	陈启著等 主编	5	5.20	陈乃彪
7-306-00503-0	宋词审美浅说	黎小瑶 编著	5	4.50	陈必胜
7-306-00525-1	应用文病例评析	李炳棠等 主编	5	2.30	章伟
7-306-00533-2	爱的误解	张曦明 编著	5	3.60	浩气
7-306-00534-0	犯罪与改造工程	叶扬 编著	5	3.90	张毓泰
7-306-00542-1	生产力经济学	张长生等 主编	5	4.40	蔡浩然
7-306-00550-2	增加智慧的最佳方法	龚建华等 编著	5	2.10	史然
7-306-00551-0	走向成功塑造成功者形象	楚岛生 编著	5	3.10	史然

7-306-00559-6	粮食市场营销	邓广培 主编	5	5.60	施国胜
7-306-00605-3	妊娠与分娩大全	（日）冈本茂久 主编	5	4.50	岑婉薇
7-306-00667-3	国际公法百科全书（第四专辑）	陈致中、林致平 译校	5	15.00	李慈
7-306-00487-5	精妙雄辩术	肖沛雄 编著	6	4.35	浩然
7-306-00501-4	现代西方哲学探究文集	罗克汀 著	6	5.80	谭广洪
7-306-00508-1	六莹堂集	（清）梁佩兰 撰；吕永光 校点补辑	6	14.80	潘智彪
7-306-00511-1	护法舰队史	汤锐祥 著	6	5.60	杨权
7-306-00514-6	海南名人传略	朱逸辉 主编	6	19.80	伍芝山
7-306-00517-0	大亚湾之声	李金涛 主编	6	7.60	邱琼英
7-306-00530-8	车王府曲本菁华（明清卷）	刘烈茂等 主编	6	17.50	刘翰飞
7-306-00541-3	社会主义经济理论与实践	徐位碧等 主编	6	5.70	蔡浩然
7-306-00543-X	蒲蛰龙选集	中山大学、广东省科学技术协会 组编	6	——	张德贞、李玉杏
7-306-00548-0	魅力四射——幽默成功术	梁兆雄等 编著	6	3.10	史然
7-306-00549-9	才能显露的艺术	龚建华等 编著	6	2.20	史然
7-306-00561-8	改革开放中的广东经济	张志铮等 主编	6	6.80	施国胜
7-306-00566-9	马克思主义基本原理简明教程	邢福石 主编	6	3.80	万泉仁
7-306-00574-X	西方文化与管理	徐文俊 编著	6	4.80	施国胜
7-306-00498-0	怎样阅读英语报刊	黎秀石等 编著	7	7.95	温庚林
7-306-00516-2	核技术生物学应用	陈舜华等 编著	7	4.00	史然
7-306-00520-0	国际私法知识	杨贤坤 编著	7	3.70	谢石松等
7-306-00581-2	环境管理与环境规划	陈新庚 主编	7	8.50	姚云等
7-306-00609-6	南社研究（3）	马以君 主编	7	3.00	刘翰飞
7-306-00642-8	中山大学外国语学院教师论坛	中山大学外国语学院 编	7	——	袁哲

7-306-00666-5	神武今鉴	王杏元 编著	7	6.80	袁广达
7-306-00526-X	行政诉讼法知识	刘恒 编著	8	3.70	陈惠庆
7-306-00527-8	电白县大事记	梁华等 主编	8	4.20	杨权
7-306-00531-6	婚姻家庭法知识	卓冬青 编著	8	4.20	钟明霞
7-306-00554-5	新加坡行（市）政管理	夏书章 编著	8	7.50	施国胜
7-306-00555-3	港澳教育评析	吴福光 编著	8	5.30	施国胜
7-306-00558-8	经济法教程	李钢、沈乐平 主编	8	6.50	黄巧燕、谭广洪
7-306-00560-X	粮食经济导论	汤标中 主编	8	5.50	施国胜
7-306-00562-6	对外经济贸易理论与实务	金贵鑫 主编	8	6.00	蔡浩然
7-306-00585-5	珠江三角洲经济发展回顾与前瞻	中大珠三角经济发展与管理研究中心 编	8	16.00	蔡浩然
7-306-00587-1	启发性研究生英语教材	黄家祐 主编	8	7.50	袁哲
7-306-00594-4	教书育人优秀论文选	化州县教育局等 编	8	6.50	李文
7-306-00499-9	华南港湾	罗章仁等 编著	9	10.00	徐希扬
7-306-00518-9	香港社会问题研究	何肇发等 主编	9	5.30	黎国器
7-306-00537-5	中国涉外经济法知识	崔峰 编著	9	4.20	谢石松
7-306-00538-3	经济合同法知识	罗伯森 编著	9	3.20	黄巧燕
7-306-00556-1	英汉国际经贸缩略语手册	李汝陶、周庆坤、任柏孙 编	9	9.90	朱超凡
7-306-00563-4	运用英语的技巧	夏纪梅 编著	9	5.80	袁哲
7-306-00577-4	实用应酬术	秋君 编著	9	4.20	浩然
7-306-00578-2	多体钢笔字帖	欧广勇等 编著	9	3.80	岑婉薇
7-306-00579-0	掇瓦集	吴健民 编著	9	4.80	邱琼英
7-306-00589-8	江苏省高等教育自学考试论文集	陈乃林 主编	9	7.85	施国胜
7-306-00593-6	食疗百味——补疗食谱大全	李振强 主编	9	4.60	骆益祥

7-306-00500-6	电介质材料物理和应用（平装）	李景德等 主编	10	4.90	罗以琳
7-306-00536-7	国际贸易法知识	谢石松 编著	10	3.90	罗伯森
7-306-00544-8	行政法知识	刘恒 编著	10	4.60	陈惠庆
7-306-00546-4	电子琴和弦指法	姚晓强 编著	10	5.00	李玉杏
7-306-00552-9	探索与争鸣	中山大学中文系 编	10	4.30	章伟
7-306-00553-7	名城广州小百科	广州历史文化名城研究会、广州古都学会 编	10	26.00	蔡浩然等
7-306-00569-3	涉外婚姻指南	周杏开 主编	10	4.50	袁哲
7-306-00570-7	广州汽车尾汽污染的动态规律及对策研究	唐永銮 主编	10	20.00	史然
7-306-00571-5	辛亥革命与民族问题	林家有 编著	10	12.80	黎国器
7-306-00590-1	医学免疫学	姚堃 编著	10	5.55	李文
7-306-00596-0	新的思考（一）	朱文辉等 主编	10	8.00	谭广洪
7-306-00599-5	彭湃	刘汉升等 编著	10	3.80	李玉杏
7-306-00600-2	烛光集	蔡楚标等 编著	10	3.40	李玉杏
7-306-00601-0	汕尾风光	林相永等 主编	10	3.00	李玉杏
7-306-00603-7	女性社交打扮技巧	高雅容 编著	10	4.30	衡之
7-306-00611-8	COBOL 程序设计导引	姚卿达等 编	10	7.60	吴相辉
7-306-00621-5	国际贸易原理	李子江等 编著	10	8.00	蔡浩然
7-306-00625-8	自然地理与环境研究	《自然地理与环境研究》编辑委员会 编	10	12.00	李慈
7-306-00635-5	惠州市劳动局志	尹兰河等 编著	10	4.50	朱超凡
7-306-00647-9	海峡两岸检察制度比较	孙大有 主编	10	6.00	江振良
7-306-00481-6	汉藏系语言概要	高华年 编著	11	5.80	济伟矢
7-306-00572-3	哲学争鸣与反思	黄春生等 主编	11	3.30	吴茗
7-306-00591-X	药理学	王幼林等 主编	11	9.45	罗以琳

书号（ISBN）	书名	作者	出版月份	定价（元）	责任编辑
7-306-00595-2	公安行政复议导论	王仲兴等 主编	11	5.70	蔡浩然
7-306-00597-9	中国股市投资指南	李安民 编著	11	6.30	谭广洪
7-306-00612-6	香蕉生产技术	许林兵 执笔	11	3.80	李慈
7-306-00626-6	情书情诗情语精选	伟鸿 编著	11	3.40	江柳
7-306-00627-4	情书妙语	翔鹰 编著	11	3.40	凌杰
7-306-00628-2	情书怎样写	俊生 编著	11	3.40	沙薇
7-306-00567-7	现代会计学原理	钟英祥 主编	12	3.90	蔡浩然
7-306-00582-0	价值是什么	王克千 编著	12	6.90	杨晓光
7-306-00584-7	报苑笔耕录	王志光 编著	12	7.00	杨权
7-306-00602-9	农学概论	徐莉菲 主编	12	5.00	廖潮钦
7-306-00610-X	看图学地理	陈如彬等 编著	12	2.90	徐希扬
7-306-00614-2	市场营销中的公关艺术	周延风、黄光、姚跃卿 编著	12	4.30	李玉杏
7-306-00618-5	广州市药品检验所论文选编40周年所庆特辑	广州市药品检验所 编	12	24.00	李慈
7-306-00619-3	开放区价格改革探索	李克华 编著	12	6.50	施国胜
7-306-00623-1	中共花县组织概况	中共花县委员会党史研究室 编	12	24.00	骆益祥
7-306-00641-X	专家系统PROLOG程序设计	陈家发 主编	12	3.80	吴相辉
7-306-00652-5	关贸总协定与中国	张作乾 编著	12	6.30	谭广洪

1993年

书号（ISBN）	书名	作者	出版月份	定价（元）	责任编辑
7-306-00547-2	中华学习机使用入门	林卓然等 编	1	3.80	吴相辉
7-306-00565-0	10分钟周易	雷士铎 编	1	5.75	舒宝明
7-306-00598-7	文言短章阅读与能力训练	李忠镛、邓治安、张文华 编著	1	3.80	袁川、禾益

书号	书名	作者		定价	责编
7-306-00620-7	潮剧闻见录	林淳钧 编著	1	15.00	陈必胜
7-306-00632-0	历史教科书上常见的人物手册	陈洪运 编著	1	3.00	邱琼瑛
7-306-00645-2	海康方言志	蔡叶青 著	1	8.80	黎国器
7-306-00655-X	茂南区水利志	李崇材 主编	1	20.00	杨权
7-306-00659-2	企业结构的经济性	侯建平、李沃群 著	1	3.20	朱超凡、蔡浩然
7-306-00672-X	潮汕竹枝百唱	张华云 著	1	3.90	袁广达
7-306-00677-0	英语难点释疑及应试技巧	范润洪、黄保明、杨钦明、徐静等 编	1	3.50	潘智彪
7-306-00633-9	金鼓集	陈复苏 著	2	9.80	岑婉薇
7-306-00654-1	外商投资企业会计	黄元生 主编	2	8.90	蔡浩然
7-306-00662-2	亚洲"四小龙"经济的腾飞	刘志庚 主编	2	11.80	袁广达
7-306-00668-1	吴冠玉行书琼诗四十八首	吴冠玉 书写	2	4.80	岑婉薇
7-306-00671-1	最新中级英语阅读理解精选	赖其栋 主编	2	3.75	温庚林
7-306-00674-6	妙笔生辉	潘健生 书	2	3.95	蔡浩然
7-306-00675-4	莘子文集	麦有斌 主编	2	5.00	黎国器
7-306-00678-9	沿海地带行政区划研究	广东省行政区划研究会 编	2	13.80	李文
7-306-00700-9	中国革命史	魏知信、朱兆中 主编	2	7.70	施国胜
7-306-00714-9	文学理论基础教程（修订本）	郭正元 编著	2	9.80	袁广达
7-306-00436-0	新编中国革命史话（上、下册）	钟康模 编	3	10.60	杨权
7-306-00489-1	电话图文传真机知识手册	蒋郁成 编	3	8.80	元良
7-306-00606-1	玉轮轩前集	王季思 著	3	6.50	陈必胜
7-306-00607-X	粤北晚三叠世植物化石	王士俊 著	3	14.60	史然
7-306-00640-1	几种常用微机操作实践与技巧	许龙飞等 编	3	11.90	骆益祥
7-306-00644-4	中国社会主义市场经济导论	金健 编著	3	7.90	蔡浩然

7-306-00660-6	领导性格心理学	张辽湘 编著	3	5.30	谭广洪
7-306-00673-8	外商投资企业财务管理与分析	李金秀 编著	3	7.40	李文
7-306-00684-3	锦霞满天	（英）哈特臣 著；黄佩仪、汤丽仪 译	3	—	徐希扬
7-306-00685-1	少女知己	容慕 著	3	3.95	罗以琳
7-306-00686-X	家庭生活参谋	李振琼 主编	3	3.50	骆益祥
7-306-00688-6	中国法律基础	林华 主编	3	8.90	江振良
7-306-00694-0	LOTUS（2.0版）及其在会计中应用	陈启强 编著	3	9.80	吴相辉
7-306-00702-5	民族社会心理学	吴江霖 主编；戴健林、陈卫旗、王宁 著	3	9.80	黎国器
7-306-00703-3	首届海南国际椰子节	陆军 主编	3	7.80	黎国器
7-306-00728-9	现代质量管理统计方法（第二版）	杨维权、吴雪梅、夏应存、庄友炎 编	3	7.50	李文
7-306-00573-1	猜词技巧	邱若深 编著	4	7.00	罗以琳
7-306-00575-8	信息分析方法	卢泰宏 著	4	5.20	李慈
7-306-00651-7	现代推销学	李桂荣 编著	4	5.90	施国胜
7-306-00663-0	商标标志设计作品	郑雨田 著	4	3.00	邱琼瑛
7-306-00679-7	处世奇谋	郑希平 编著	4	3.80	潘智彪
7-306-00681-9	心系海疆	孙秀银 著	4	15.00	李玉杏
7-306-00689-4	政治经济学自学与应试指导	李开云、卓鸥 编著	4	6.80	施国胜
7-306-00690-8	《大学语文》古文译注	胡昭著、罗淑珍 译注	4	5.60	刘翰飞、杨晓光
7-306-00691-6	红太阳、红太阳	萧鱼 编	4	—	蔡浩然
7-306-00698-3	英语常用词汇分类手册	陈那福 编	4	3.30	袁广达
7-306-00704-1	普通逻辑自学与应试指导	林铭钧 主编	4	7.50	施国胜
7-306-00710-6	婚变奇观	范幸 著	4	4.30	舒宝明
7-306-00713-0	写信必读	张文锋 著	4	—	李文

7-306-00717-3	哲学自学与应试指导	陈福雄、刘歌德 编	4	9.30	冯平、广达
7-306-00676-2	经商谋略	郑冷月 编著	5	3.80	丛双
7-306-00699-1	黎族文化溯源	邢植朝 著	5	5.90	伍芝山
7-306-00706-8	区域大气环境质量管理信息系统	朱冠友 主编	5	—	罗以琳
7-306-00712-2	会计准则与会计制度改革指南	魏明海、谭劲松、漆江娜、谭燕 编著	5	13.80	丛双、谷禧
7-306-00718-1	优秀作文选评与作文考前强化训练	祝伟豪 主编	5	2.95	廖潮钦
7-306-00719-X	市场推销术	陈设 编	5	3.80	袁哲
7-306-00722-X	汉字输入一天速成	陈朱鹤 编著	5	9.80	张亚拉
7-306-00733-5	中专语文检测题集	唐淑蓉等 编	5	—	史然
7-306-00753-X	义务教育九年制初中新教材测试指南·代数	江志 编著	5	3.20	黄砥平
7-306-00818-8	大气污染生物监测方法	余叔文 主编	5	6.80	陈曼华
—	集雅斋藏画（1994年挂历）	广州新华书店（集团）图书仪器公司	6	33.00	廖潮钦
7-306-00617-7	龙康侯选集	中山大学 组编	6	40.00	张德贞、张大经
7-306-00658-4	晚霞	江静波 著	6	5.20	陈必胜
7-306-00680-0	生活中的妙用	张炳生、张国明、杜进明 编著	6	5.50	李玉杏
7-306-00683-5	马克思哲学观和恩格斯	乐志强 著	6	4.30	吴茗
7-306-00696-7	中国当代政治制度	罗成徽 主编	6	6.80	施国胜
7-306-00708-4	广州市中学生诗文选	黄显裕 主编	6	2.80	谭广洪
7-306-00720-3	狮在华夏	王宾、阿让·热·比松 主编	6	13.00	李玉杏
7-306-00723-8	交际推销谈判语言艺术200题	肖沛雄 编著	6	8.90	蔡浩然
7-306-00724-6	广州话普通话日常用语对照	林凌 编著	6	4.50	骆益祥、刘启昌
7-306-00725-4	经济法新论	程信和 著	6	12.00	卞恩才、蔡浩然
7-306-00727-0	西方财务会计	谭劲松、曾祥高 主编	6	13.80	蔡浩然

编号	书名	作者	栏目	价格	责编
7-306-00729-7	电脑操作与键盘打字基础训练	刘美莲 编	6	9.60	李文
7-306-00730-0	小学语文成语故事大全	祝伟豪 主编	6	4.20	骆益祥
7-306-00731-9	外经与商贸应用文书阅读写作200题	陆佩鹤、张业松、何少轩 编著	6	8.30	蔡浩然
7-306-00732-7	地方产业研究	杨禾生、林良俊 主编	6	22.00	吴伟凡
7-306-00734-3	中国耳穴诊治学	王正、余德贤、王素云 编著	6	7.80	蔡浩然
7-306-00736-X	关陇武将与周隋政权	张伟国 著	6	8.90	黎国器
7-306-00737-8	后勤改革实践与研究	岑健玲 主编	6	6.80	黎国器
7-306-00738-6	义务教育九年制初中新教材测试指南·地理	李家清 主编	6	3.80	黄砥平
7-306-00743-2	义务教育九年制初中新教材测试指南·语文	邓黔生 主编	6	3.00	黄砥平
7-306-00750-5	教书育人优秀论文选（二）	杨冠潮、莫德高 编	6	7.50	李文
7-306-00751-3	新的思考（二）	朱文辉、余晖鸿 主编	6	11.00	谭广洪
7-306-00752-1	义务教育九年制初中新教材指南·思想政治	邢安仁 主编	6	3.20	黄砥平
7-306-00766-1	广州广告场所（一）	张大文 主编	6	18.00	徐希扬
7-306-00776-9	全新初级英语词汇学习手册	陈福华 主编	6	3.00	陈那福
7-306-00789-0	凭祥市志	凭祥市志编委会 编	6	50.00	袁广达
7-306-00793-9	大学生写作能力的培养	萧德明 编著	6	5.50	袁广达、李中生
7-306-00797-1	全真北宗思想史	邝国强 撰	6	8.80	潘智彪、黎国器
7-306-00701-7	中国大革命史纲	王宗华、马菊英 主编	7	6.65	邱琼瑛
7-306-00707-6	李硕勋烈士传	何锦洲、张添亮 著	7	9.60	史然
7-306-00721-1	中国社会主义建设(修订本)	石祖培、洪永崧 主编	7	6.20	施国胜
7-306-00735-1	唐诗宋词钢笔字帖	颜宝存 编；梁鼎光 书写	7	3.90	岑婉薇
7-306-00739-4	义务教育九年制初中新教材测试指南·英语	舒白梅 主编	7	4.50	友方、砥平
7-306-00747-5	中国共产党历史讲义	吴恩壮、钟康模、杨清 编著	7	6.65	康球

书号	书名	作者	月	定价	责编
7-306-00748-3	世界经济与政治	苏志尧 译	7	7.80	李玉杏
7-306-00758-0	计划生育B超诊断知识及图谱	林佩娟 编著	7	13.80	骆益祥
7-306-00850-1	粤港市场（食品专集）	广东省信息中心粤港市场编辑部 编	7	—	施国胜
7-306-00664-9	周易和住房风水	杨维增 著	8	5.50	杨晓光
7-306-00692-4	风骚奇观	刘中国 编	8	4.30	蔡浩然、辛磊
7-306-00693-2	风流奇观	刘中国 编	8	4.30	蔡浩然、辛磊
7-306-00697-5	风月奇观	刘中国 编	8	4.30	蔡浩然、辛磊
7-306-00741-6	车王府曲本菁华（先秦两汉魏晋南北朝卷）	刘烈茂、苏寰中、郭精锐 主编	8	17.50	刘翰飞
7-306-00746-7	全国学生获奖作文精选	邓勿、黄巨龙 主编	8	3.20	骆益祥
7-306-00749-1	南粤百镇丛书——大沥卷	刘孟宇 主编	8	6.00	刘翰飞
7-306-00760-2	论广州与海上丝绸之路	广州市历史文化名城研究会等 编	8	6.80	蔡浩然
7-306-00764-5	今晚有好餸（上、下）	刘昌 编	8	7.96	徐希扬
7-306-00767-X	螺旋力与螺旋运动	何代文 著	8	5.60	骆益祥
7-306-00783-1	老火靓汤	刘生 编	8	2.85	凌杰、骆益祥
7-306-00785-8	表形码汉字输入和WPS文字处理系统	张亚拉 编著	8	10.00	李文
7-306-00787-4	卡拉OK金曲精选	余欣 编	8	4.96	郝器
7-306-00837-4	走出英语教学的误区	张国扬、黄子成 编著	8	4.30	朱超凡
7-306-00383-6	股市运作技巧（第二版）	程柏江、钟立军 编著	9	5.50	谭广洪
7-306-00597-9	中国股市投资指南	李安民 编著	9	6.30	谭广洪
7-306-00657-6	植物激素及其应用	李卓杰 编著	9	6.35	史然
7-306-00665-7	容易读错写错的汉字汇编	何让 编著	9	6.30	吴伟凡、骆益祥
7-306-00709-2	车王府曲本菁华（综合卷）	刘烈茂、苏寰中、郭精锐 主编	9	15.00	章伟
7-306-00726-2	县域规划的理论方法与实践	刘琦、司徒尚纪、倪兆球等 著	9	12.00	徐希扬

7-306-00745-9	进出口业务与报关	廖庆薪、廖力平 编著	9	6.90	蔡浩然
7-306-00754-8	中国革命史（修订本）	梁山 主编	9	9.50	邱琼瑛
7-306-00755-6	现代酒店财务会计	陈国强、林源 主编	9	9.80	蔡浩然
7-306-00756-4	涉外行政法概论	范颖慧、李捷云、钟元茂 编著	9	11.00	杨权
7-306-00759-9	当代资本主义经济	郑佩玉 主编	9	6.50	邱琼瑛
7-306-00762-9	中山大学文献资料信息论文集	中山大学图书馆 编	9	13.00	刘翰飞
7-306-00763-7	广东省公路志	广东省公路管理局 编	9	15.00	李慈
7-306-00777-7	中国海商法知识	金正佳 编著	9	4.20	谭广洪
7-306-00778-5	基础会计	魏明海 主编	9	8.90	蔡浩然
7-306-00779-3	股市技术操作实务	陈儒、管斌 编著	9	8.80	谭广洪
7-306-00781-5	企业新会计制度实用手册	广州市财政局编写组 编	9	15.00	谭广洪
7-306-00784-X	魅力说话术	陈才俊 编著	9	4.80	吴相辉
7-306-00786-6	智拼七巧板	孙少豪 著	9	2.98	骆益祥
7-306-00792-0	IBM PC 及其兼容机 BASIC 语言和常用算法	张亚拉、曾毅夫 编著	9	10.00	罗以琳
7-306-00794-7	行政复议实务	广州市府法制局、中山大学法律学系 编	9	8.50	谭广洪
7-306-00798-X	孙中山研究论文集	贺守仁、许炳城、黄德智、胡波 编	9	8.80	卞恩才、黎国器
7-306-00800-5	小幽默精选	李晋 编	9	3.60	蔡浩然
7-306-00807-2	中山大学出版社出版成果汇编（1983-1993）	中山大学出版社 编	9	18.00	吴洁芳
7-306-00808-0	阳光下的骗术	邱勇 编	9	5.80	郝器
7-306-00740-8	车王府曲本菁华（隋唐宋卷）	刘烈茂、苏寰中、郭精锐 主编	10	18.50	陈必胜
7-306-00757-2	中国革命史自学与应试指导	马菊英、杨世兰 编著	10	7.80	施国胜
7-306-00782-3	搜索求解与编程	唐瑞圭、韩靖 编著	10	7.00	吴相辉
7-306-00788-2	不和弦的短笛	黎国光 著	10	3.80	吴伟凡、骆益祥

7-306-00796-3	育苗集	裘宏谟 著	10	——	朱超凡
7-306-00799-8	育人文萃	裘宏谟、朱超凡 主编	10	——	钊繁
7-306-00803-X	吴冠玉钢笔行书字帖	吴冠玉 书	10	8.80	丛双
7-306-00804-8	新的思考（三）	朱文辉、余晖鸿 主编	10	6.30	谭广洪
7-306-00809-9	好孩子手册	潘光玲、廖萍、梅媛周、张永峰等 编著	10	3.60	廖潮钦、骆益祥
7-306-00711-4	桥牌技巧精华——挤杀法	田僖锡 编著	11	5.80	李慈
7-306-00744-0	滨海城市岸线规划研究	吴永铭等 著	11	8.00	史然
7-306-00790-4	建设有中国特色社会主义概论	王乐夫、万先进 主编	11	7.80	卞恩才、施国胜
7-306-00802-1	聪明人故事	朝晖 编	11	2.80	鑫达、袁广达
7-306-00811-0	东方的发见	（日）三锅泰彦 著 黄春春、张永和 译	11	5.80	施国胜
7-306-00830-7	现代政治经济学概论	刘云彬 主编	11	7.50	章伟
7-306-00841-2	论美国反托拉斯法及其域外适用	高菲 著	11	10.00	李文、王新
7-306-00851-X	政治学专题理论	张书昌 编著	11	8.00	刘翰飞
7-306-00669-X	鼎湖山志	刘明安、张云岭 主编	12	30.00	徐希扬
7-306-00716-5	数字电路与逻辑设计	陈学泮 主编	12	10.50	吴伟凡、罗以琳
7-306-00742-4	中国菜精华大全	王洪 选编	12	10.00	张德贞
7-306-00761-0	社会统计学	丘海雄 编著	12	5.85	邱琼瑛
7-306-00780-7	实用神经针灸学	王照浩、林明花、王铠 编著	12	7.80	蔡浩然
7-306-00791-2	王季思从教七十周年纪念文集	黄天骥 主编	12	15.00	陈必胜
7-306-00795-5	汉字 FoxBASE+(V2.10) 编程技术	蔡淑贤、符菊英、赖剑煌、李乔祥 编著	12	26.00	吴相辉
7-306-00805-6	城市·空间·发展	胡华颖 著	12	6.00	徐希扬
7-306-00806-4	科海采珠	杜玲芳、林宝山 著	12	7.00	林湘汉、张德贞
7-306-00810-2	最新实用广州话普通话对话800句	石华 编	12	3.80	丛双、黎国器

书号（ISBN）	书名	作者	出版月份	定价（元）	责任编辑
7-306-00813-7	世界妙语精选钢笔字帖	冯宝佳 书	12	4.95	徐希扬
7-306-00814-5	中国历史教科书中常见的历史事件手册	陈洪运 编	12	3.80	黎国器
7-306-00815-3	手风琴初级教程	苏宝龙 编著	12	12.00	丛双
7-306-00816-1	芝苑吟草	卓之 编著	12	5.60	陈必胜
7-306-00817-X	民事诉讼法学	蔡彦敏 主编	12	11.80	杨权
7-306-00820-X	商业银行会计学	葛敬东 主编	12	13.50	章伟
7-306-00821-8	《实践论》《矛盾论》导读	陈福雄 主编	12	6.20	施国胜
7-306-00822-6	乡镇经济管理	赵过渡 主编	12	6.20	施国胜
7-306-00824-2	台湾散文名篇欣赏（第一集）	张百栋 编著	12	4.80	刘翰飞
7-306-00827-7	现代会计学基础	陈学存 主编	12	9.40	章伟
7-306-00828-5	广州话研究与教学	郑定欧 主编	12	12.80	袁广达、李中生
7-306-00829-3	投资基金概论	王喜义 主编	12	20.00	谭广洪
7-306-00834-X	灯谜1000条	卢成波 编著	12	2.80	吴伟凡
7-306-00838-2	乡镇干部法学简明教程	林锦峰 主编	12	9.50	施国胜
7-306-00839-0	乡镇政权建设	王文 编著	12	4.80	施国胜
7-306-00854-4	林业政策法规概述	屈家树 编著	12	6.80	谭广洪
7-306-00873-0	世界华人初级汉语教程	郑定欧、黄皇宗 主编	12	8.00	施国胜
7-306-00910-9	高等数学（上册）	吴葵光、王辉丰 主编	12	4.20	黎国器

1994年

书号（ISBN）	书名	作者	出版月份	定价（元）	责任编辑
7-306-00826-9	工业产权法知识	李宣汉 编著	1	4.80	谭广洪、钟明霞
7-306-00843-9	华客文化	张维耿、潘小洛 编著	1	12.80	袁广达

7-306-00870-6	中级英语阅读理解系列测试	莫济森 编著	1	3.90	温庚林
7-306-00832-3	国际法知识	吴明场 编著	2	4.50	石松、广洪
7-306-00835-8	财务会计	谭燕、谭劲松 主编	2	14.80	蔡浩然
7-306-00849-8	深圳农村股份合作制研究	李大胜、刘业华 主编	2	5.60	李玉杏
7-306-00812-9	泐史漫笔	陈序经 著	3	7.00	刘翰飞
7-306-00836-6	毛泽东思想与现代中国	马菊英、陈流章 主编	3	7.60	陈必胜
7-306-00848-X	哲学与美学文集	马采 著	3	19.00	施国胜
7-306-00868-4	电话图文传真机知识手册（第二版）	蒋郁成 编著	3	8.80	袁广达
7-306-00872-2	最新英语语法填空疑难精解	赖其栋 编著	3	6.80	温庚林
7-306-00819-6	文献计量学概论	罗式胜 主编	4	11.80	李慈
7-306-00825-0	计算机会计系统	韦沛文、陈婉玲 编著	4	9.30	吴相辉
7-306-00831-5	信息与信息系统	刘子明、肖唐金 编译	4	7.00	吴相辉
7-306-00863-3	CIS 战略——企业系统形象策划	左章健 编著	4	8.90	章伟
7-306-00864-1	Microsoft 中文 Windows 入门	罗运模 编著	4	8.00	张亚拉
7-306-00871-4	毛泽东与毛泽东思想研究	肖如川 主编	4	14.80	刘翰飞
7-306-00874-9	股份制企业财务会计	陈舜、文军 编著	4	8.80	张亚拉
7-306-00670-3	实用广州音字典	苏翰翀 编著	5	14.80	黎国器
7-306-00823-4	珠江三角洲局地强风暴	罗会邦 主编	5	5.90	定番、李慈
7-306-00856-0	英美当代小品 201 篇	黎秀石、汪克柔 编注	5	7.60	温庚林
7-306-00866-8	归侨林应扬国画选	林应扬 绘	5	42.00	吴相辉
7-306-00879-X	茂名海外名人录	梁基毅 编著	5	6.80	黎国器
7-306-00880-3	计算机操作系统实验教程	黄祥喜 编著	5	28.00	张亚拉
7-306-00882-X	UNIX 操作系统入门	黄祥喜 编著	5	8.00	张亚拉

7-306-00886-2	DOS命令全集与技巧	叶鹰、金玮 编著	5	6.80	李文
7-306-00844-7	房地产法知识	程信和、李挚萍、刘国臻、李正华 编著	6	4.50	谭广洪
7-306-00852-8	现代经济学入门	邓斌、陈华、罗永炎、王则柯 编著	6	6.80	吴相辉
7-306-00855-2	溃疡病药物疗法	陈蔚文、李茹柳、徐颂芬 编写	6	5.60	李慈
7-306-00857-9	新编统计学	毛伟君 主编	6	7.50	施国胜
7-306-00858-7	民法知识	钟明霞 编著	6	5.80	谭广洪
7-306-00861-7	工商企业会计	魏明海、谭劲松、任永平 主编	6	12.00	蔡浩然
7-306-00862-5	澳门法律概论	杨贤坤 主编	6	12.00	谭广洪
7-306-00865-X	新劳动价值理论	饶轩、傅予行、江炎、晓清 译	6	6.90	蔡浩然
7-306-00883-8	深圳：迈向社会主义市场经济	深圳市委宣传部、社科研究中心 编著	6	11.00	谭广洪
7-306-00888-9	全国会计员·助理会计师·会计师资格考试应试习题精选	《应试习题精选》编委会 编	6	22.00	骆益祥
7-306-00897-8	常用动态调试软件	朱彤 编著	6	7.80	张亚拉
7-306-00859-5	玉轮轩后集	王季思 著	7	7.20	陈必胜
7-306-00869-2	疼痛之谜与头面部疼痛的防治	吴玉安、于丽艳 编著	7	6.20	李慈
7-306-00875-7	乡镇行政管理	陈瑞莲、邹庆环 主编	7	8.90	施国胜
7-306-00877-3	国际贸易	余波、王衡生 主编	7	7.00	章伟
7-306-00884-6	期货交易——客户与经纪人必读	徐印州 主编	7	6.90	章伟
7-306-00890-0	教书育人优秀论文选（三）	杨冠潮、莫德高 编著	7	6.30	李文
7-306-00892-7	作文的开头与结尾	陈向华、梁耀新 编著	7	6.50	李玉杏
7-306-00933-8	经济应用数学	杨慎辉、涂努民 主编	7	12.00	章伟
（94）粤印准字第352号	中山大学博士生导师名录	陈田香 编	8	——	陈必胜
7-306-00881-1	公司经济学——企业经营理论与实践	毛蕴诗、王三银 著	8	12.80	蔡浩然
7-306-00905-2	英汉汉英实用现代海关词典	郑永茂 编	8	38.00	袁广达

7-306-00906-0	公共关系学基础	徐印州 主编	8	4.90	章伟
7-306-00909-5	企业财务管理	漆江娜、黄元生 主编	8	9.80	蔡浩然
7-306-00911-7	中国黎族大辞典	苏英博、韦经照、邢关英、梁定基 编著	8	26.80	黎国器
7-306-00913-3	酒店市场营销	余春容 编著	8	7.80	施国胜
7-306-00914-1	邓小平理论与广东实践	张难生、刘景泉 主编	8	12.00	谭广洪
7-306-00916-8	现代交际粤语	伍尚光 编著	8	4.50	施国胜
7-306-00924-9	常见疫情、灾情、中毒处理手册	黄斐 编著	8	9.00	李文
7-306-00927-3	护理应用解剖学	尹保国 主编	8	11.00	李玉杏
7-306-00930-3	中国现代保险理论与实务	李龙、蔡扬大 编著	8	8.90	蔡浩然
(94) 粤印准字第353号	中山大学科学技术成果选编	中山大学科技处 主编	9	——	徐镜昌
7-306-00867-6	善恶的彼岸：大学生道德的时代状况	任剑涛 主编	9	9.80	谭广洪
7-306-00876-5	FoxBASE+(2.10)管理软件开发实用工具	陈大正 编著	9	8.50	吴相辉
7-306-00878-1	科技应用写作	陈声涛 主编	9	10.00	李玉杏
7-306-00887-0	大地构造学原理简明教程	陈国能、张珂 编著	9	7.80	李慈
7-306-00891-9	教学撷英	中山大学教务处 编	9	15.00	陈必胜
7-306-00898-6	大学英语惯用法集萃	何维湘、颜钰 著	9	13.00	章伟
7-306-00899-4	社会主义市场经济法制研究	李启欣 主编	9	12.50	蔡浩然
7-306-00901-X	广东社团大全（一）	广东省民政厅 编	9	22.00	谭广洪
7-306-00904-4	中山大学研究生教育文集	陈田香、王伟彬 主编	9	——	陈必胜
7-306-00908-7	从林则徐到孙中山——近代中国十八先贤传	中山大学近代中国研究中心 编	9	26.00	方绪源
7-306-00915-X	苏联社会哲学研究	李尚德 主编	9	8.00	刘翰飞
7-306-00918-4	临床科学研究 设计 测量 评价	洪明晃 主编	9	13.00	李玉杏
7-306-00920-6	会计理论新体系探索（一）	魏明海 著	9	13.00	骆益祥

7-306-00926-5	改革中的广东科技成果精选	宋培云 编	9	18.80	施国胜
7-306-00929-X	中山大学概况	中山大学校长办公室 编	9	4.90	刘翰飞
7-306-00938-9	哲学基础教程	王振鸣、邓文智、宋婕 编著	9	12.00	骆益祥
7-306-00894-3	"孙中山与亚洲"国际学术讨论会论文集	广东省孙中山研究会 编	10	28.00	卞恩才
7-306-00895-1	郑午楼研究文丛	段立生 主编	10	6.00	施国胜
7-306-00896-X	改革·开放·振兴——高等教育研究文集	吴福光 主编	10	12.00	施国胜
7-306-00902-8	区域规划原理和方法	魏清泉 编著	10	6.90	徐希扬
7-306-00912-5	精明理财术	邱勇 编著	10	3.98	蔡浩然
7-306-00917-6	世界政治经济与国际关系	韦感恩、陈天祥 主编	10	8.50	施国胜
7-306-00921-4	中山大学书林概览：1949——1993	中山大学教务处 编	10	70.00	张德贞
7-306-00937-0	IBM微机文字处理与数据库基础	赖远明、骆益祥、麦耀全 等 编	10	12.80	骆益祥
7-306-00939-7	广州陈氏书院文化研究	广东民间工艺博物馆 编	10	40.00	孙新章
7-306-00940-0	法国史研究文选	端木正 著	10	4.80	刘翰飞
7-306-00941-9	郑午楼传	段立生 著	10	9.90	施国胜
7-306-00943-5	吴兆奇诗词选	吴兆奇 著	10	7.30	袁广达
7-306-00948-6	中山大学校友名录	本书编委会 编	10	150.00	刘翰飞
7-306-00950-8	办公自动化教程	本书编委会 编	10	16.00	张亚拉
7-306-00952-4	科学育儿大全	宝平 编著	10	16.00	丛双
7-306-00960-5	中山工商黄页	本书编委会 编	10	30.00	王琪、孙新章
7-306-01018-2	写作大要（第三版）	刘孟宇、诸孝正 主编	10	19.80	袁广达
7-306-00682-7	电白方言志	戴由武、戴汉辉 主编	11	12.00	杨权
7-306-00842-0	木材解剖学	何天相 编著	11	20.00	玉杏、汝槐
7-306-00847-1	Clipper(5.01)教程	欧贵文 编著	11	23.00	吴相辉

7-306-00949-4	特区党建的实践与思考	李统书 编	11	8.00	陈必胜
7-306-00860-9	著编工作规范化指南	张德贞 编	11	5.80	徐镜昌
7-306-00885-4	广东公路史 第二册现代公路	广东省公路管理局 编	11	25.00	李慈
7-306-00893-5	大学物理实验（Ⅰ）	周云标、丘仲兴、温仓琪、宋文英 编著	11	15.00	骆益祥
7-306-00923-0	现代汉语简易语法表解	何让 编著	11	5.60	骆益祥
7-306-00928-1	AUTOCAD使用指南	贺继钢 编著	11	9.80	李慈
7-306-00931-1	点破玄机	何斌辉 著	11	13.80	潘智彪
7-306-00932-X	环境影响评价的原理和方法	陈新庚 编著	11	10.00	徐希扬
7-306-00934-6	办公自动化教程续编	本书编写组 编	11	13.00	张亚拉
7-306-00955-9	走向开放的道德	李萍、钟明华 主编	11	7.50	谭广洪
7-306-00956-7	邓小平建设有中国特色社会主义理论在深圳的应用	深圳党建研究会 编	11	8.00	孙新章
7-306-00958-3	计算机操作实验	《计算机操作实验》编写组 编	11	7.00	张亚拉
7-306-00959-1	中国税收制度	杨卫华、周凯 主编	11	10.90	施国胜
7-306-00972-9	南国都市电影研究论集	黄大德、陆环 主编	11	12.00	施国胜
7-306-00765-3	化学计算分类与技巧	刘再华 编	12	8.80	徐镜昌
7-306-00907-9	新会侨乡凝聚力	孔庆榕、梁山 主编	12	16.00	廖潮钦
7-306-00922-2	跨世纪的追赶	政协佛山市委员会、佛山大学 编	12	10.00	蔡浩然
7-306-00936-2	IBM及其兼容机电脑基础知识与操作	黄佩玲、彭金泉、谢宝永 编著	12	7.80	李慈
7-306-00945-1	涉外经济法理论与实务	沈木珠、石岗、马鸿翔 编著	12	—	谭广洪
7-306-00947-8	中国改革开放15年纪事	张添亮、何锦洲 编	12	—	罗以琳
7-306-00953-2	国际金融	宋建军 主编	12	9.80	章伟
7-306-00957-5	普宁市乡镇概览	陈克寒、陈诗茂、陈欣映、秦敬香 编	12	6.80	吴相辉
7-306-00962-1	造才新径	李本钧、黄绍清 主编	12	9.30	朱超凡
7-306-00967-2	粤菜精选	若愚 编	12	8.90	潘智彪

书号（ISBN）	书名	作者	出版月份	定价（元）	责任编辑
7-306-00970-2	NOVELL 网络入门	刘建军、刘建超 编著	12	6.80	李文
7-306-00971-0	中国广州大型企业排序（1993）	广州市企业评价协会 编	12	88.00	李玉杏
7-306-00975-3	计算机美术与动画技术	龚世生 编著	12	25.00	吴相辉
7-306-00976-1	奇难怪病临床随笔	李宗唐 著	12	4.80	李慈
7-306-00977-X	小学生语文古诗导读与欣赏	祝伟康、邓勿、宋学娟 编著	12	4.00	廖潮钦
7-306-00984-2	文海寻踪	陈衡 著	12	9.80	钟光

1995 年

书号（ISBN）	书名	作者	出版月份	定价（元）	责任编辑
7-306-00935-4	电话英语	林连书 编	1	3.50	吴相辉
7-306-00985-0	计算机应用基础教程	潘小轰、高水英 编著	1	9.80	李文
7-306-00986-9	中日管理比较研究	毛蕴诗、万成博 主编	1	60.00	蔡浩然
7-306-00903-6	质量工作者手册	伍爱 主编	2	18.50	施国胜
7-306-00951-6	科技兴渔	施主佑 著	2	12.00	李慈
7-306-00963-X	财政学	吴厚德 主编	2	9.80	章伟
7-306-00964-8	现代市场营销	蔡新春、黄寿德 主编	2	9.00	蔡浩然
7-306-01005-0	求医问药指南	孙淑卿 编著	2	9.50	罗以琳
7-306-00840-4	聚酯化学·物理·工艺	杨始堃、陈玉君 著	3	56.00	张德贞
7-306-00944-3	微波技术	吴宏雄、丘秉生 编著	3	16.00	骆益祥
7-306-00946-X	BASIC 语言简明教程	林卓然 编著	3	9.80	吴相辉
7-306-00966-4	信息科学与信息产业	胡继武 编著	3	9.50	李慈
7-306-00973-7	刑法知识	王仲兴 编著	3	7.60	陈红
7-306-00974-5	饭店物业投资决策与管理形式	汪纯孝 编著	3	9.80	蔡浩然

ISBN	书名	作者		定价	责编
7-306-00982-6	基因诊断原理与临床	伍新尧、罗超权、杨英浩 编著	3	24.00	李玉杏
7-306-00993-1	英语交际常识	夏纪梅 主编	3	7.50	袁广达
7-306-00996-6	数学精解	中山大学数学系 编著	3	7.80	骆益祥
7-306-00942-7	鉴江流域水资源生态环境与经济发展	董汉飞、骆世明、刘琦、黄泮光等 著	4	40.00	徐希扬
7-306-00954-0	项目投资经济评价与风险分析	林文俏 编著	4	11.00	章伟
7-306-00978-8	近代科学中机械论自然观的兴衰	林定夷 著	4	13.00	谭广洪
7-306-00980-X	国际税收与国际税法	罗晓林、谭楚玲 编著	4	11.00	郭小聪
7-306-00991-5	Foxpro For DOS 程序设计	刘金玉、王大明 编著	4	22.00	张亚拉
7-306-00997-4	计算机系统维护工具与数据修复技术	杨钦梁 编著	4	20.00	张亚拉
7-306-00998-2	对世界各国（地区）出口业务须知	马丙炎 编著	4	9.80	蔡浩然
7-306-01006-9	鸡肋集	（明）王佐 著；王中柱 校注	4	16.80	丛双
7-306-01009-3	国际贸易	张作乾 主编	4	9.00	谭广洪
7-306-01010-7	邓小平理论——当代中国的马克思主义	刘歌德、施锦珊、孔祥勋、彭铁山、黄椰婴 著	4	14.50	袁广达
7-306-01011-5	施工及房地产开发企业会计实务	严兴华、唐虎延、冯静梅、谭劲松 主编	4	15.00	舒宝明
7-306-01014-X	珠江三角洲经济发展新透视	珠江三角洲经济发展研究中心 编	4	80.00	谭广洪
7-306-01021-2	山高水长	中山大学校长办公室 编	4	80.00	谭广洪
7-306-00983-4	新编团课教材	彭良圣、邱东生 编著	5	7.95	廖潮钦
7-306-00990-7	钻石音响的使用与维修手册	刘煌光、钟穗萍、陆日强、陈建明 编著	5	14.50	罗以琳
7-306-00994-X	房地产价格评估	萧骥 主编	5	13.80	王琪
7-306-00995-8	广东"三资"企业绩效分析	吴能全 著	5	19.80	蔡浩然
7-306-00999-0	教授谈高校专业（一）	文科专业编委会 编著	5	8.00	张亚拉
7-306-01000-X	教授谈高校专业（二）	理科专业编委会 编著	5	7.80	李慈
7-306-01001-8	教授谈高校专业（三）	工科专业编委会 编著	5	8.60	李文

7-306-01002-6	教授谈高校专业（四）	农科专业编委会 编著	5	5.80	李玉杏
7-306-01003-4	教授谈高校专业（五）	医科专业编委会 编著	5	6.80	王琪
7-306-01013-1	计算机一级水平考试综合指导教程	徐富荣 主编	5	16.00	骆益祥
7-306-01016-6	企业产权知识100问	谢贤星 主编	5	16.50	陈红
7-306-01023-9	汽车尾气污染	覃有钧、陈鲁言 编著	5	15.00	李慈
7-306-01025-5	珠江文明的灯塔	曾骐 著	5	8.00	施国胜
7-306-01064-6	教书育人优秀论文选（四）	杨冠潮、莫德高 主编	5	16.00	李文
7-306-01090-5	护理专业药理学	雷启骏、曹雅槐 编著	5	12.00	李玉杏
7-306-00979-6	广州房地产	广东省经济技术活动中心 编	6	100.00	章伟
7-306-00981-8	刑事诉讼法通论	钟永年 主编	6	14.00	谭广洪
7-306-00989-3	果蔬的采后生理及保鲜	李卓杰 编著	6	12.00	罗以琳
7-306-01008-5	现代市场经济理论与实务	陈赞晓 主编	6	16.50	蔡浩然
7-306-01024-7	论高等工程专科学校学生能力培养与评价	李昌回 著	6	10.00	骆益祥
7-306-00925-7	太空放射生物学	杨垂绪、梅曼彤 编著	7	15.00	李玉杏
7-306-00992-3	票据法的理论与实务	谢石松 著	7	12.80	陈红
7-306-01029-8	税务干部基础知识	陈胜生 主编	7	9.50	章伟
7-306-00622-3	数学模型	朱思铭 主编	8	15.80	李文
7-306-00965-6	微机操作系统与数据库系统教程	张宏杰 编著	8	22.00	骆益祥
7-306-00988-5	冼玉清文集	黄炳炎、赖适观 主编	8	35.00	陈必胜
7-306-01012-3	新编国际金融学	陈建梁 主编	8	18.80	蔡浩然
7-306-01017-4	美的形态学	柯汉琳 著	8	16.00	谭广洪
7-306-01026-3	微机及其应用基本教程	邝小平、陈斌、龙小波 编	8	18.50	吴相辉
7-306-01028-X	梦想与奋斗——特区人的价值观研究	章海山、施国胜 主编	8	8.50	郭小聪

7-306-01030-1	现代企业管理原理	金玉阶 主编	8	14.80	陈红
7-306-01032-8	计算机·通信·网络	刘侠、吴更生 编著	8	15.00	王琪
7-306-01036-0	邓小平财政思想研究	谢贤星 编著	8	8.90	陈红
7-306-01037-9	华学（第一期）	饶宗颐 主编	8	30.00	刘翰飞、刘昭瑞
7-306-01040-9	广东地方税	《广东地方税》编写组 编	8	23.00	陈红
7-306-01045-X	审计基础与实践	黄应华、张树桃、李学柔 主编	8	13.80	蔡浩然
7-306-00853-6	国际商事法律理论与实务	张菊辉、郑丽娜、康卫东 编著	9	18.00	谭广洪
7-306-00968-0	数学题典（初中部分）	伍家德、钱吉林、裴光亚 主编	9	19.00	张德贞
7-306-00969-9	语文题典（初中部分）	杨友生、吕尧新、林少书、夏腊初 主编	9	10.00	陈必胜
7-306-01015-8	国际常规簿记学	张宝华 编著	9	15.00	谭广洪
7-306-01019-0	混沌初开——来自当代大学生心灵的报告	雷渡桥 主编	9	10.00	陈红
7-306-01020-4	新编国际贸易	杨全发 编著	9	14.80	李长虹
7-306-01022-0	投资学	刘婵 编著	9	15.50	李长虹
7-306-01027-1	海洋里奇趣的头足类	吕荣书、张宪昌、蒙致民、李永明 编著	9	8.80	廖潮钦
7-306-01031-X	商务英汉翻译教程	郭颐顿、张颖 编著	9	10.00	李玉杏
7-306-01033-6	关系数据库出错分析处理及程序设计技巧	罗伟其 编著	9	29.00	吴相辉
7-306-01041-7	新编会计原理	冯钧陶 主编	9	14.30	施国胜
7-306-01043-3	训诂学概要	陈焕良 编著	9	10.00	刘翰飞
7-306-01047-6	英语教育测评	林燕华 编著	9	8.00	杨权
7-306-01052-2	广东省股份制企业	广东省经济体制改革委员会等 编	9	100.00	章伟
7-306-01053-0	计算机二级水平考试综合指导教程	徐富荣 主编	9	28.00	骆益祥
7-306-01055-7	电脑操作与dBASEⅢ基础教程	关朵霏、薛春香、潘小轰、宋利平 编著	9	18.50	吴相辉
7-306-01058-1	中国合同法教程	罗伯森、谢晓尧、严文标 编著	9	18.00	李玉杏

7-306-00831-5	计算机应用基础	李冠英、邬家炜、谭志民、游超松 编著	10	18.00	相辉、宝明
7-306-01007-7	海岸动力地貌学研究及其在华南港口建设中的应用	杨干然、李春初、罗章仁、应秩甫等 著	10	30.00	李慈
7-306-01054-9	矿物物理与矿物材料新工艺	彭明生、张惠芬 主编	10	60.00	张德贞
7-306-01061-1	鱼虾类营养研究进展	林鼎、萧锡延 主编	10	80.00	吴相辉
7-306-01062-X	形意三码	罗英辉、张亚拉 著	10	11.00	李文
7-306-01070-0	河源市城市环境保护规划	温琰茂、赖勇 主编	10	25.00	钟永源、骆益祥
7-306-01071-9	UNIX 系统程序设计	黄祥喜 编著	10	26.00	李文
7-306-00961-3	张宏达文集	《张宏达文集》编辑组 编	11	75.00	骆益祥
7-306-01035-2	秦汉史论集（外三篇）	张荣芳 著	11	18.00	邱捷
7-306-01039-5	微观信息经济学	谢康 编著	11	15.00	李长虹
7-306-01057-3	当代与未来的认识方法	陈智祥 著	11	13.00	潘智彪
7-306-01059-X	公关口才教程	陈大海 编著	11	19.00	谭广洪
7-306-01081-6	口岸管理简明教程	翁宗勇 主编	11	6.80	谭广洪
7-306-01082-4	科技步步高	吴润扬 著	11	7.50	钟永源
7-306-01034-4	天地玄黄	杨依现 著	12	18.00	陈必胜
7-306-01038-7	点评金庸	施爱东 编著	12	19.80	李长虹
7-306-01042-5	进出口贸易	许罗丹、杨全发 编著	12	18.00	李长虹
7-306-01063-8	中国对外贸易	许罗丹、谢康 编著	12	15.00	李长虹
7-306-01065-4	新编中国对外贸易概论	廖庆薪、廖力平 编著	12	16.80	蔡浩然
7-306-01066-2	酒店公共关系	陈继光、唐扬耀 编著	12	8.80	李长虹
7-306-01068-9	旅游概论	黄维理 编著	12	7.80	李长虹
7-306-01075-1	成功的策略	黄焕猷 译	12	25.00	李长虹
7-306-01077-8	中文 Word 6.0 for Windows 文字及图表编辑	高水英、莫日华 编著	12	19.00	骆益祥

| 7-306-01080-8 | 普宁采风集 | 陈欣映 著 | 12 | 8.80 | 吴相辉 |
| 7-306-01086-7 | 残疾人就业指南 | 广东省残疾人劳动就业服务中心 编 | 12 | 12.00 | 李海东 |

1996 年

书号（ISBN）	书名	作者	出版月份	定价（元）	责任编辑
7-306-01050-6	经济学简明教程	何浩堃、邱创英 编著	1	10.80	谭广洪
7-306-01076-X	计算机应用基础	周云洁、陈广怀、李绮琳 编著	1	20.00	张亚拉
7-306-01078-6	旅游职业道德	刘子富 主编	1	7.50	李长虹
7-306-01079-4	当代青年学生的素质与修养	陈赞晓、符文品 主编	1	17.20	蔡浩然
7-306-01083-2	教你写好信	苏跃 编	1	7.95	舒宝明
7-306-01085-9	大学英语六级篇章改错精选	孙少豪 著	1	5.80	夏华
7-306-01088-3	雨过天晴	梁基毅 编著	1	10.00	黎国器
7-306-01089-1	15种常用汉字输入法	余向阳 编著	1	12.00	张亚拉
7-306-01099-9	汉字FOXBASE+实用教程	赖剑煌、蔡淑贤、符菊英 编著	1	23.80	李文
7-306-01100-6	非线性发展方程和无穷维动力系统国际会议论文集	郭柏灵 编	1	——	吴相辉
7-306-01102-2	税务稽查	谢贤星、杨子立 主编	1	30.80	舒宝明
7-306-01103-0	运筹学中的随机模型	邓永录 编著	1	18.00	李文
7-306-01095-6	国际营销学原理	董小麟 主编	2	16.50	舒宝明
7-306-01105-7	多媒体的制作与应用	黄小姗 著	2	28.00	张亚拉
7-306-01049-2	新编西方经济学原理	李善民 主编	3	18.60	蔡浩然
7-306-01056-5	珠江三角洲水源污染防治的研究	唐永銮 著	3	9.50	王国颖
7-306-01060-3	管理学概论	邵冲 编著	3	13.80	谭广洪
7-306-01073-5	实用英文写作	刘礼进 编著	3	18.50	舒宝明

书号	书名	作者		定价	责编
7-306-01091-3	CI 战略与广告攻心传播	段赛民 编著	3	12.30	谭广洪
7-306-01094-8	黄金点子 168	黄绍汪 主编	3	9.80	蔡浩然
7-306-01110-3	青少年信息学（计算机）奥林匹克竞赛	郭蒿山、邹家炜、黄叶亭 编著	3	22.00	吴相辉
7-306-01113-8	图书馆学概论	谭迪昭 编著	3	8.90	王国颖
7-306-01254-1	有机化学	肖畴阡、宋光泉 主编	3	19.80	张亚拉
7-306-00979-6	广东无线电通讯业	省无线电管理委员会、省经济技术活动中心 编	4	—	章伟
7-306-01048-4	查帐理论与技能	林举亮 编著	4	45.00	陈红
7-306-01048-4	会计报表帐簿凭证的审查	徐盛扬 编著	4	45.00	陈红
7-306-01048-4	商品流通企业流转税所得税的审查	李乃香、刘惠中 编著	4	45.00	陈红
7-306-01048-4	工业企业流转税所得税的审查	杨仁、张洁霞、莫小飞、黄志英 编著	4	45.00	陈红
7-306-01048-4	企业其他税种的审查	凌一进、骆惠华 编著	4	45.00	陈红
7-306-01048-4	税务稽查工作底稿	冯向前、石真、吴彦红、邓绮文、庄惠德、吴健明 主编	4	45.00	陈红
7-306-01048-4	外商投资企业各税的审查	冯向前、江思建、石真、邓绮文、石锦洪、吴彦红 主编	4	45.00	陈红
7-306-01098-0	澳门基本法知识	邓伟平 编著	4	9.60	章伟
7-306-01106-5	性格分析学	（美）妮蒂雅 著；黄思泓 译	4	25.00	李长虹
7-306-01111-1	外商投资企业成本费用管理实务	何英汉 编著	4	28.00	骆益祥
7-306-01112-X	百弹不厌的中外电子琴名曲精选 100 首	张建兴、张玉梅 编	4	16.00	王琪
7-306-01114-6	中国民俗学通论	陈启新 著	4	14.00	郭小聪
7-306-01116-2	NMET 应试的误区与辨析	李远鹰 编著	4	12.00	夏华
7-306-01067-0	工商企业会计（第二版）	魏明海、谭劲松、任永平 主编	5	19.80	蔡浩然
7-306-01069-7	外商投资企业会计（第二版）	黄元生 主编	5	16.00	蔡浩然
7-306-01087-5	法定传染病流行病学	史鹏达、卢关平 编著	5	24.00	骆益祥
7-306-01108-1	中国地方税论	罗晓林、敖卫平 著	5	9.80	章伟

7-306-01126-X	保险学导论	申曙光 编著	5	16.00	李长虹
7-306-01128-6	广州农民运动讲习所人物传略	陈登贵、林锦文 主编	5	18.00	邱捷
7-306-01130-8	利率与货币掉期	陆军、林泽铨 编	5	58.00	骆益祥
7-306-01133-2	企业会计核算原理与实务	鞠建华、孔祥银 主编	5	16.80	施国胜
7-306-01138-3	审计基础与实践（第二版）	黄应华、张树桃、李学柔 主编	5	13.80	蔡浩然
7-306-01072-7	微机 386/486 流行软件操作与实践	韦沛文、陈婉玲、石涌岭、唐国庆 编著	6	22.00	吴相辉
7-306-01093-X	应用写作教程（第二版）	陈少夫、张振昂 编著	6	13.80	袁广达
7-306-01097-2	代价与发展	孙云 著	6	11.00	吴相辉
7-306-01104-9	客房实务	王更力、关少云、赵之强 编著	6	12.80	李长虹
7-306-01107-3	货币银行学概论	杨建民 主编	6	13.80	王琪
7-306-01109-X	最新电脑选购与组装技术	梁宇翀、梁勇 编著	6	21.00	骆益祥
7-306-01124-3	大学英语四、六级统考模拟试题及疑难详解	董基凤、申保才 编著	6	16.00	王琪
7-306-01129-4	社会调查研究方法及其在行政管理中的运用	张郧 著	6	14.80	谭广洪
7-306-01132-4	行政效率研究	夏书章 主编	6	15.00	施国胜
7-306-01136-7	城市初级卫生保健管理	郭清 主编	6	18.80	骆益祥
7-306-01137-5	简繁汉字表形码 BXMNT 一日通 for Windows 95	柴鸿斌、陈民、毛文达、王怡怀 编著	6	12.00	李海东
7-306-01139-1	四大文献索引及联机检索	杨均辉、刘娅、廖小翎 编著	6	8.00	张亚拉
7-306-01140-5	辉煌的广州（平装）	广州市城庆工作委员会办公室 编	6	13.80	刘亦文
7-306-01141-3	辉煌的广州（精装）	广州市城庆工作委员会办公室 编	6	19.00	刘亦文
7-306-01142-1	社会可持续发展	市计委、中大市场经济与人口发展中心 主编	6	20.00	谭广洪
7-306-01143-X	开拓者之歌	刘愉快 主编	6	—	李玉杏
7-306-01145-6	'96 英豪小星星作文选	崔青青、丘力 主编	6	7.20	李海东
7-306-01118-9	自然地理学研究与应用	梁必骐 主编	7	28.00	骆益祥

7-306-01119-7	现代英语财经报道阅读教程	尚媛媛、傅继锋 编著	7	11.00	夏华
7-306-01121-9	美国生活小品118篇	黎秀石、汪克柔 编译	7	10.00	章伟
7-306-01122-7	审计学	钟秀琴、陈婉玲 主编	7	19.50	骆益祥
7-306-01134-0	基础英语阅读技巧	李达森 编著	7	7.80	夏华
7-306-01146-4	企业战略管理	童臻衡 编著	7	18.00	蔡浩然
7-306-01149-9	内耗与超声衰减	张进修、黄元士 编著	7	15.00	骆益祥
7-306-01153-7	新编企业经济活动分析	朱健仪、苏淑欢 主编	7	16.50	骆益祥
7-306-01158-8	新编中国法律基础（第三版）	林华 主编	7	17.80	陈红
7-306-01166-9	Progress in Geochemistry（地球化学进展）	涂光炽、赵振华 主编	7	38.00	涂光炽
7-306-01178-2	迎挑战·探新路·育英才	中山大学教务处 编	7	16.80	施国胜
7-306-01205-3	光辉的一页	钟远蕃 编著	7	7.00	龙莉
7-306-01044-1	西蒙·库兹涅茨的经济思想研究	李翀 著	8	13.00	舒宝明
7-306-01101-4	茂名财政志	茂名市财政志编写组 编	8	13.80	黎国器
7-306-01115-4	清廉古鉴	苏森祜 编著	8	11.50	刘翰飞
7-306-01144-8	揭穿涉资亿元的"水变油"大骗局	郭正宜 主编	8	8.00	张亚拉
7-306-01147-2	ORACLE7数据库系统导引	刘向民、洪展志、姚航 编著	8	38.00	吴相辉
7-306-01151-0	国际企业管理	邓志阳、董黎明 主编	8	11.00	杨权
7-306-01152-9	实用翻译教程	刘季春 编著	8	12.50	夏华
7-306-01154-5	现代自然哲学与科学哲学	张华夏、叶侨健 编著	8	23.00	施国胜
7-306-01162-6	企业会计实务简明教程	徐汉广 主编	8	12.50	王国颖
7-306-01163-4	经济社会学	梁向阳 编著	8	9.80	王国颖
7-306-01167-7	小学班主任工作概论	邓人忠、李德弟 编著	8	9.80	李海东
7-306-01169-3	电脑绘图基础教程	王献章 编著	8	38.00	李海东

7-306-01171-5	银行实用文体写作	廖丽霞 主编	8	14.90	施国胜
7-306-01174-X	INTERNET 国际互连网	华南理工大学信息网络工程研究中心 编著	8	30.00	张亚拉、李文
7-306-01175-8	大众 INTERNET 及其商机	刘诚杰、陈建志 编著	8	38.00	张亚拉
7-306-01181-2	文献信息学导论	谭祥金 编著	8	18.80	施国胜
7-306-01183-9	警惕祸国殃民的伪气功	何祚庥 主编	8	10.00	张亚拉
7-306-01184-7	扫除用科学语言包装的封建沉渣	郭正谊、祝永华 主编	8	12.00	张亚拉
7-306-01187-1	当代美国经济与贸易	沈伯明 著	8	10.80	蔡浩然
7-306-01197-9	轻松快乐学 Delphi	陈宗兴、蔡碧洲 编著	8	65.00	李海东
7-306-01267-3	21 世纪冲击波——第一生产力论	胡仲初、李永华、周鼎安 著	8	—	朱超凡
7-306-01127-8	待人技巧	（美）里斯·加伯林 著；江雅苓 译	9	8.00	李长虹
7-306-01131-6	国际贸易（第二版）	王衡生、吴有必 主编	9	12.80	章伟
7-306-01135-9	企业财务报告编制与分析	袁志明 编著	9	14.00	章伟
7-306-01148-0	海关管理理论	王意家 著	9	13.80	陈红
7-306-01155-3	当代资本主义经济	孔丽华 主编	9	15.20	施国胜
7-306-01156-1	会计英语教程	张铁维、韩涌波 主编	9	9.80	陈红
7-306-01157-X	法治系统工程	杨建广、骆梅芬 编著	9	19.50	陈红
7-306-01164-2	中国对外贸易法律制度	刘恒、谢晓尧 主编	9	15.00	谭广洪
7-306-01170-7	新编国际营销	侯亚峰 编著	9	13.00	杨权
7-306-01176-6	到新加坡打工去	曾前福 编	9	6.80	张亚拉
7-306-01179-0	计算机病毒及其防治技术	肖俊良 编著	9	18.00	李文
7-306-01182-0	英汉计算机网络技术辞典	张凌等 编	9	68.00	李文
7-306-01188-X	科学世界观方法论概论	刘歌德 主编	9	16.20	施国胜
7-306-01190-1	INTERNET 实用操作指南	叶鹰、金玮 编著	9	13.80	李海东

7-306-01191-X	放眼世界的孙中山	段云章 著	9	24.00	刘翰飞
7-306-01192-8	尼姑潭	蔡鸿生 著	9	18.00	邓启铜
7-306-01194-4	论南雄设市与边区经济	刘琦、胡华颖、邓良炳等 编著	9	18.00	李海东
7-306-01201-0	新编市场营销学	李升、李桂荣 编著	9	17.50	施国胜
7-306-01203-7	教学研究文集	广东商学院教务处 编	9	19.00	卓欧
7-306-01204-5	中国金融体制改革研究	李翀 著	9	20.00	舒宝明
7-306-01207-X	学报研究文集	廖文慧 主编	9	6.80	刘翰飞
7-306-01208-8	经济预测方法程序和实例	余锦华、王振堂 编著	9	18.00	李文
7-306-01209-6	审美社会学	潘智彪 著	9	11.00	施国胜
7-306-01165-0	华夏情怀——历代名诗英译及探微	卓振英 著	10	18.00	夏华
7-306-01168-5	国际关系及西方史学论集	蒋相泽 著	10	16.50	刘翰飞
7-306-01172-3	国际结算	常慧君、许罗丹 编著	10	19.60	夏华
7-306-01173-1	石湾陶瓷艺术史	佛山大学石湾陶瓷艺术研究课题组 编著	10	280.00	骆益祥
7-306-01177-4	硕士研究生入学考试英语强化训练	林烈城、黄继炎、张艳梅 主编	10	19.80	王国颖
7-306-01189-8	商务基础日语	羊昭红 编著	10	15.60	欧燕华
7-306-01193-6	孙中山与华侨	中山大学孙中山研究所 编	10	15.50	邱捷、杨权
7-306-01196-0	英语写作技巧入门	李美玲 编著	10	15.00	刘学谦
7-306-01210-X	《大学英语·精读》课堂小测题1	华南师范大学大学英语部 编	10	3.50	王国颖
7-306-01211-8	青少年思想教育	本书编写组 编	10	27.00	张敏、李洁
7-306-01212-6	餐饮实务	张粤华、张少珍 编著	10	13.00	施国胜
7-306-01213-4	逻辑导论	中山大学逻辑教研室 编著	10	19.80	施国胜
7-306-01215-0	行政法与行政诉讼法	魏赛娟 编著	10	14.80	谭广洪
7-306-01216-9	岭南文化与孙中山	胡波 著	10	22.00	潘智彪

7-306-01217-7	电影美学教程	陈培湛 编著	10	12.00	施国胜
7-306-01219-3	《大学英语·精读》自测题1	华南师范大学大学英语部 编	10	5.80	王国颖
7-306-01220-7	计算机图形学	罗笑南、王若梅 编著	10	25.00	李玉杏
7-306-01226-6	进出口商品企业指南	中华人民共和国广东进出口商品检验局 编	10	80.00	罗文辉
7-306-01051-4	傅家瑞论文选集	本书编委会 编	11	75.00	骆益祥
7-306-01199-5	轻松快乐学Power Point 4.0中文版	洪锦魁 编著	11	46.00	张亚拉
7-306-01221-5	雷电与避雷工程	苏邦礼、崔秉球、吴望平、苏宇燕 编著	11	25.80	李文
7-306-01222-3	轻松快乐学Windows 95中文版	博士群工作室 主编	11	38.00	李文
7-306-01225-8	国际组织与世界	陈天祥、谭毅 编著	11	13.90	施国胜
7-306-01227-4	震撼心灵	陈大海 评点	11	16.80	谭广洪
7-306-01229-0	理论电视新闻学	黄匡宇 著	11	18.00	张亚拉
7-306-01232-0	开创·探索·前进	司徒尚纪 主编	11	30.00	李海东
7-306-01233-9	《孙子兵法》与现代管理	夏书章 著	11	13.90	施国胜
7-306-01236-3	光辉业绩 历史丰碑	肖如川、钟康模 主编	11	160.00	刘翰飞
7-306-01253-3	科学·哲学·文化	张华夏、张志林、叶侨健 主编	11	26.00	卓鸥
7-306-01218-5	第二届国际姜科植物学术讨论会论文集	吴德邻、吴七根、陈忠毅 主编	12	48.00	李玉杏
7-306-01228-2	育才篇	朱超凡 主编	12	12.70	王国颖
7-306-01238-X	第五届欧洲亚洲化学学术会议论文集（英文）	本书编委会 编	12	268.00	毛宗万
7-306-01255-X	上证30指数大全	龚浩成 主编	12	148.00	张亚拉
7-306-01258-4	丰顺人物辞典	林韩璋 主编	12	138.00	李玉杏
7-306-01262-2	邢台发电厂新厂建设工程专辑	孙惠明 主编	12	88.00	李玉杏
7-306-01272-X	广东省灯塔盆地自然资源与环境生态	李定强、黄煜祯 主编	12	25.00	李海东
7-306-01356-4	华学（第二辑）	《华学》编辑委员会 编	12	50.00	刘翰飞、陈伟武

1997 年

书号（ISBN）	书名	作者	出版月份	定价（元）	责任编辑
7-306-01092-1	语文精解	孔宪志 编著	1	14.80	舒宝明
7-306-01117-0	经济合同法律理论与实务	赵旭东、李忠武、徐觉非、王秋华 编著	1	13.00	陈红
7-306-01180-4	电脑编程基础教程	谢碧景 著	1	45.00	李文、张亚拉
7-306-01185-5	中国五大经济特区	魏开杨 主编	1	6.80	李海东
7-306-01186-3	中外名人与音乐	周广平 编著	1	5.80	李文
7-306-01198-7	轻松快乐学 VISUAL C++	曾中浩、徐文斌、陈劲州、徐华声 编著	1	36.80	李海东
7-306-01200-2	智海奇趣 168	黄绍汪、傅希能 主编	1	10.80	蔡浩然
7-306-01223-1	广州金花街旧城改造研究	魏清泉 主编	1	15.00	骆益祥
7-306-01224-X	财政与税收	李善民、欧阳桃花 主编	1	15.70	蔡浩然
7-306-01234-7	轻松快乐计算机知识扫盲	胡昭民、高荣钦 编著	1	35.00	何丰如
7-306-01237-1	中专语文检测题集第一册	王虹、李成林、唐淑蓉 主编	1	7.50	黄国信
7-306-01245-2	中专语文检测题集第二册	王虹、李成林、唐淑蓉 主编	1	7.50	欧燕华
7-306-01246-0	中专语文检测题集第三册	王虹、李成林、唐淑蓉 主编	1	7.50	衡之
7-306-01247-9	中专语文检测题集第四册	王虹、李成林、唐淑蓉 主编	1	7.50	衡之
7-306-01248-7	数据库管理系统简明教程	符菊英、蔡淑贤、赖剑煌 编著	1	17.50	李海东
7-306-01251-7	现代统计学原理	陈平、李兆和 编著	1	11.80	陈红
7-306-01252-5	技术经济分析与项目评估的要求与应用	吕匡纯、龙镇辉 著	1	27.00	施国胜
7-306-01256-8	微型计算机原理及系统维护	赖剑煌、张磊、缪平 编著	1	17.80	张亚拉
7-306-01257-6	微机操作系统与应用软件	周勤学、姜丽帆 编著	1	20.00	孙新章
7-306-01259-2	计算机局域网络基础教程	伍小明、伍丽华 编著	1	15.50	李文
7-306-01260-6	中国特色社会主义建设导论	李龙 主编	1	15.80	施国胜

书号	书名	作者		定价	责编
7-306-01261-4	环境科学与技术研究	《环境科学与技术研究》编委会 编	1	18.00	李文
7-306-01268-1	OS/2 WARP 一周无师自通	王大明、刘金玉、张亚拉 译	1	58.00	李海东
7-306-01271-1	廉江市城乡规划研究	倪兆球、邹春洋等 编著	1	15.00	李海东
7-306-01273-8	托起明天的太阳	家庭杂志社、中山大学出版社 编	1	16.80	王国颖
7-306-01274-6	我爱我的家	家庭杂志社、中山大学出版社 编	1	8.00	谭广洪
7-306-01277-0	国际金融	邵学言 主编	1	13.60	蔡浩然
7-306-01286-X	实用计算机会计网络系统	蔡淑贤、符菊英 编著	1	29.80	王琪
7-306-01150-2	跨国公司战略竞争与国际直接投资	毛蕴诗 著	2	14.80	蔡浩然
7-306-01214-2	简明消费心理学	陈映侨 编著	2	9.80	施国胜
7-306-01230-4	C 语言编程基础	陈庆祥、周勤学 编著	2	22.50	骆益祥
7-306-01264-9	广告技巧·创意·纠纷	陆佩鹤 编著	2	13.80	蔡浩然
7-306-01270-3	世界政治经济与国际关系	韦感恩 主编	2	17.50	施国胜
7-306-01275-4	男人与女人	家庭杂志社、中山大学出版社 编	2	12.80	舒宝明
7-306-01276-2	分析化学	容庆新、陈淑群 编著	2	26.00	徐镜昌
7-306-01280-0	LISTEN LOOK AND SAY	张加孟 主编	2	60.00	欧燕华
7-306-01284-3	股市名家 '97 谋略	余俊 主编	2	16.80	李海东
7-306-01285-1	市场行为监督管理	钟文、汪艳生、张宝业 主编	2	9.00	王国颖
7-306-01242-8	企业经济决策	廖力平 编著	3	19.80	蔡浩然
7-306-01244-4	现代企业营销	邓樵、杨群祥、朱冽炜 编著	3	13.00	施国胜
7-306-01249-5	刑事诉讼法知识	张毓泰 编著	3	11.00	陈红
7-306-01265-7	作家精选精评——中学生作文必览	孙伦 编著	3	6.80	李玉杏
7-306-01266-5	作家精选精评——小学生作文必览	孙伦 编著	3	4.80	李玉杏
7-306-01279-7	现代房地产估价理论与方法	曹军建 编著	3	16.90	王国颖

7-306-01282-7	现代广告学	杨群祥 编著	3	11.50	施国胜
7-306-01283-5	中国近现代发展史论	王付昌、郭文亮 主编	3	19.50	施国胜
7-306-01287-8	品牌策划与市场传播	钟育赣、万万 编著	3	13.80	谭广洪
7-306-01291-6	寻找一种谈论方式	程文超 著	3	28.00	章伟
7-306-01292-4	《大学英语·精读》课堂小测题2	华南师范大学大学英语部 编	3	4.90	王国颖
7-306-01293-2	电脑音乐的演奏与制作	张悦海 编著	3	16.50	李慈
7-306-01295-9	商业服务规范	陈少夫 主编	3	10.00	谭广洪
7-306-01296-7	《大学英语·精读》自测题2	华南师范大学大学英语部 编	3	6.60	王国颖
7-306-01159-6	国际旅游宾馆英语	李建英 编著	4	12.50	章伟
7-306-01278-9	中学英语学用指南	郭洛 主编	4	18.00	燕华、亚拉
7-306-01281-9	培养你周围的领导人才	江雅苓、黄思泓 合译	4	25.00	施国胜
7-306-01289-4	企业制度创新通论	吴海 编著	4	16.60	施国胜
7-306-01290-8	英语高考指南	丁仲昆 编著	4	11.60	章伟
7-306-01294-0	现代市场探测学	张建伟 编著	4	18.60	施国胜
7-306-01299-1	中国共产党与各民主党派合作革命史	何锦洲 著	4	12.00	骆益祥
7-306-01300-9	著作权法知识	庄伟光 编著	4	9.80	谭广洪
7-306-01301-7	现代人员推销学	雷鸣 编著	4	14.30	施国胜
7-306-01302-5	计算机应用基础习题集	柳青、王敏 主编	4	12.00	李海东、张亚拉
7-306-01303-3	OS/2 LOTUS SMARTSUITE 使用指南	刘星成、印鉴、张磊 译	4	59.80	张亚拉
7-306-01206-1	英语同义词、易混淆词辨析	王友贵 主编	5	29.00	夏华
7-306-01235-5	轻松快乐 BBS & INTERNET	林启清 编著	5	45.00	何丰如
7-306-01239-8	政府经济职能与宏观管理	郭小聪 编著	5	22.00	谭广洪
7-306-01250-9	现代都市人类学	周大鸣 编著	5	15.00	谭广洪

7-306-01288-6	启迪智慧168	黄绍汪、王恺 主编	5	12.50	陈红
7-306-01298-3	妙趣逻辑168	黄绍汪、傅希能 主编	5	10.80	谭广洪
7-306-01304-1	OS/2 WARP轻松入门	刘金玉、易露霞、王丽仪 译	5	33.00	李文
7-306-01305-X	英语专业四级水平试题精解	朱亚夫、余东、席秋香 编著	5	15.50	张亚拉、欧燕华、李玉杏
7-306-01307-6	东方采菁录	吴文辉 著	5	18.00	杨权
7-306-01310-6	中山英烈（第一辑）	中共中山市市委党史研究室 编	5	10.00	李海东
7-306-01313-0	心电理论与实践	尹炳生 主编	5	40.00	李玉杏
7-306-01339-4	现代汉语介词研究	傅雨贤、周小兵、李炜、范干良、江志如 著	5	10.00	欧燕华
7-306-01342-4	经济贝类养殖技术	刘景旋 编著	5	26.00	李玉杏
7-306-01202-9	新编实用五金手册	简光沂 主编	6	68.00	蔡浩然
7-306-01231-2	多媒体系统与应用	张光昭 编著	6	22.00	骆益祥
7-306-01297-5	MICROSOFT SQL SERVER实用指南	刘斌、袁锦华 编著	6	22.80	舒宝明、吴相辉
7-306-01309-2	社会审计	李学柔 主编	6	19.80	蔡浩然
7-306-01317-3	《大学英语·精读》课堂小测题3	华南师范大学大学英语部 编	6	4.50	王国颖
7-306-01323-8	哲学原理应试读本	刘歌德 编著	6	18.80	施国胜
7-306-01338-6	文艺学新论	陆一帆 著	6	15.00	潘智彪
7-306-01369-6	粤北超大型铅锌矿床地质地球化学	李兆麟、郭洪中 著	6	16.00	李海东
7-306-01161-8	管理学基础英语读本	邱学斗、邵冲 编译	7	14.00	章伟
7-306-01319-X	中国环境问题的分析及其对策	唐永銮 著	7	15.00	李海东
7-306-01320-3	酒店管理基础知识	刘子富 编著	7	12.80	施国胜
7-306-01321-1	礼貌礼节礼仪	陈继光 主编	7	9.50	施国胜
7-306-01324-6	计算机基础实用教程	方树昌、叶其纲、吴凡 编著	7	22.80	王琪
7-306-01329-7	可持续发展战略导论	孙志东、谢林平、詹颂生 主编	7	18.50	谭广洪

书号	书名	作者	月	定价	责任编辑
7-306-01340-8	人生修养导论	李萍、钟明华 主编	7	13.80	施国胜
7-306-01345-9	财政学教程	傅道忠 主编	7	12.60	夏华
7-306-01240-1	商务英语应用文写作	何维湘 编著	8	12.80	邓启铜、章伟
7-306-01243-6	证券投资组合及其选择	陈云贤、朱敢林 译	8	32.00	舒宝明
7-306-01269-X	中国科协第二届青年学术年会佛山卫星会议论文集	中国科协第二届青年学术年会佛山卫星会议执行委员会 编	8	40.00	王琪
7-306-01311-4	英语精解	戚国南 编著	8	8.50	骆益祥
7-306-01312-2	现代旅游英语	曾蕾 编著	8	13.80	刘学谦
7-306-01314-9	现代西方经济学原理（第二版）	李翀 编著	8	19.00	舒宝明
7-306-01315-7	与印度尼西亚开展经济合作指南	陈衍说 编译	8	12.00	李慈
7-306-01316-5	办公自动化与信息高速公路	李蝶 编著	8	11.00	王国颖
7-306-01318-1	国际商法	吴兴光 主编	8	15.60	蔡浩然
7-306-01322-X	环境地质学与城市地质学基础	夏法 编著	8	16.50	李慈
7-306-01325-4	物理精解	苏文华 主编	8	13.00	孙新章、骆益祥
7-306-01326-2	家有好医生	家庭杂志社、中山大学出版社 编	8	40.00	王国颖
7-306-01327-0	解除爱的烦恼	家庭杂志社、中山大学出版社 编	8	20.00	王国颖
7-306-01328-9	电算化会计中级教程	广州市财政局《电算化会计中级教程》编写组 编	8	30.00	谭广洪
7-306-01331-9	《大学英语·精读》自测题3	华南师范大学大学英语部 编	8	7.50	王国颖
7-306-01332-7	西方文化史	沈之兴、张幼香 主编	8	23.50	王国颖
7-306-01335-1	改革与实践（三）	中山大学教务处 编	8	16.80	施国胜
7-306-01341-6	国际商业英语听说教材（初级）	唐桂民 编著	8	18.00	刘学谦
7-306-01343-2	现代法律英语	李斐南、黄瑶 编著	8	13.50	欧燕华
7-306-01344-0	实用日本语教程（上、下）	刘小珊、陈访泽 编著	8	30.00	夏华、欧燕华
7-306-01348-3	Accounting Principles 会计原理	黄伟新、郭桂杭 编著	8	25.00	夏华

7-306-01349-1	中国税制	于海峰、石卫祥、阎学英 编著	8	17.50	夏华、章伟
7-306-01351-3	财会英语	刘光友、任文君、任虹 编著	8	13.80	刘学谦
7-306-01354-8	市场学原理（第二版）	何永祺、傅汉章 主编	8	18.00	舒宝明
7-306-01357-2	法律基础教程	王学沛 主编	8	12.80	章伟
7-306-01358-0	澳门法律研究	杨贤坤、邓伟平 主编	8	36.50	李玉杏
7-306-01359-9	孕产妇中医保健	蒋庚太、胡金茄、张洁 编著	8	7.00	李海东
7-306-01361-0	会计学原理	陈玫君 主编	8	13.80	王琪
7-306-01362-9	微机常用软件实用教程	柳青 编著	8	25.00	李文
7-306-01366-1	实用个人计算机技术	何丰如、喻萍 编著	8	33.00	章民凯
7-306-01367-X	中学文学鉴赏与写作	陈孟皆 编著	8	12.50	李玉杏
7-306-01370-X	醒醉楹联书画集	沈芳 著	8	88.00	舒宝明
7-306-01382-3	经济发展与地方政府	王乐夫 主编	8	13.00	施国胜
7-306-01350-5	现代财经英语	尚媛媛 编著	9	13.00	欧燕华
7-306-01360-2	建国后台湾海峡两岸关系新论	邓家倍 编著	9	10.00	刘学谦
7-306-01363-7	宋代的潮州	庄义青 著	9	16.00	杨权、李慈
7-306-01365-3	稽愆集	翁辉东 重辑；陈香白 点校	9	16.00	黎国器
7-306-01368-8	艺术学与艺术史文集	马采 著	9	29.90	施国胜
7-306-01387-4	明辨与探索	吴文辉 主编	9	19.00	葛洪
7-306-01241-X	国际贸易标准单据	许罗丹、王集寨 著	10	18.90	蔡浩然
7-306-01333-5	李硕勋赵君陶的光辉历程	何锦洲、谢东红 著	10	13.00	骆益祥
7-306-01352-1	爱你有商量	家庭杂志社、中山大学出版社 编	10	19.80	谭广洪
7-306-01353-X	家庭法律顾问	家庭杂志社、中山大学出版社 编	10	9.80	谭广洪、陈红
7-306-01355-6	国际互联网络Internet技术及其应用	罗伟其、姚国祥、蒋克、毛涛 编著	10	23.80	舒宝明

7-306-01371-8	新编货币银行学	于翠萍、关晓红 编著	10	16.80	周建华
7-306-01372-6	海关概论	王意家、甄鸣、孙国权 编著	10	16.00	陈红
7-306-01375-0	《市场学原理》学习指南与习题解答	余庆瑜 主编	10	18.00	刘学谦
7-306-01376-9	新编宾馆餐馆英语	林文涛、林辉明、林文辽 编译	10	13.80	欧燕华
7-306-01377-7	多媒体在中师历史教学中的应用	蔡定基 主编	10	9.80	葛洪
7-306-01379-3	担保法探论	吴家清、徐朝贤 著	10	25.00	章伟
7-306-01380-7	广东营销专家列传	温力虎 主编	10	50.00	阁声
7-306-01308-4	潮汕生物资源志略	吴修仁 编著	11	28.00	李慈
7-306-01337-8	中国戏曲史研究	黄仕忠 著	11	28.00	陈必胜
7-306-01347-5	环境水力学	黄克中 编著	11	14.50	李海东
7-306-01384-X	英语相似词语辨析	冯启忠、林裕音 编著	11	20.00	夏华、刘学谦
7-306-01385-8	计算机基础学习与实验指导	叶其纲、吴凡、方树昌 编著	11	13.80	王琪
7-306-01388-2	市场经济法学	吴家清 主编	11	25.00	夏华、章伟
7-306-01400-5	广州与海洋文明	蔡鸿生 主编	11	25.00	刘翰飞
7-306-01346-7	在国家与社会之间	刘志伟 著	12	14.00	戴和
7-306-01374-2	数学单元复习导引	张圻锋 主编	12	16.00	李海东
7-306-01389-0	初级英语语法训练	陈那福 主编	12	6.50	王琪
7-306-01391-2	大学英语四、六级考试主观题大突破	程世禄 编著	12	11.00	刘学谦
7-306-01392-0	邓小平理论概说	刘景泉 著	12	22.00	谭广洪
7-306-01393-9	家庭幽默	家庭杂志社、中山大学出版社 编	12	7.00	陈红
7-306-01394-7	广钢"安人"管理系统工程实践与理论探索	中共广州市委宣传部、广州钢铁集团有限公司 编	12	28.80	王国颖
7-306-01396-3	实用英语应试题集	唐桂民、汪凤翎、李冬云 编	12	15.80	刘学谦
7-306-01398-X	商品学概论	吴源鸿 主编	12	11.00	李慈

| 7-306-01399-8 | 语文研究群言集 | 黄国文、张文浩 主编 | 12 | 26.00 | 夏华 |
| 7-306-01401-3 | 广东山区开发理论与实践 | 刘筠谦、杨永材 主编 | 12 | 16.80 | 王国颖 |

1998 年

书号（ISBN）	书名	作者	出版月份	定价（元）	责任编辑
7-306-01334-3	植物生理学	陈润政、黄上志、宋松泉、傅家瑞 编著	1	29.90	骆益祥
7-306-01386-6	《社会审计》学习指导书	李学柔 主编	1	13.90	浩然
7-306-01395-5	计算机网络基础教程	陈育华、陈大正 编著	1	20.00	舒宝明、吴相辉
7-306-01397-1	普通逻辑应试读本	刘锦方、梁彪、黄弈显、梁庆寅 编著	1	13.80	施国胜
7-306-01402-1	招商引资实务	王德业 主编	1	19.80	谭广洪
7-306-01403-X	英语听力1000题模拟测试	盛银萍 主编；邓汝锐 主审	1	10.00	李海东、欧燕华
7-306-01405-6	过敏反应疾病及其防治	顾之燕、顾瑞金、杨立华 编著	1	16.50	李文
7-306-01406-4	《大学语文》（应用专科）自学考试辅导书	裴汉康 主编	1	10.80	王国颖
7-306-01407-2	共有制与现代化	周大鸣、曹孟君、林玉萍 著	1	12.80	谭广洪
7-306-01409-9	现代推销学（第二版）	李桂荣 编著	1	16.00	舒宝明
7-306-01410-2	计算机应用基础实验指导	邓达基、阎子刚、冯源 编著	1	10.00	李海东
7-306-01411-0	计算机会计系统操作与实习	何日胜 编著	1	19.90	舒宝明
7-306-01413-7	观察联想与创作	曾小兰、罗易 主编	1	8.80	李海东
7-306-01419-6	元素无机化学	蔡少华、黄坤耀、张玉容 编著	1	32.50	周建华
7-306-01096-4	C语言程序设计实验教程	李宏新、陈斌 编著	2	26.00	舒宝明、吴相辉
7-306-01195-2	计算机图形学习题集	龚世生、刘建宾 主编	2	25.00	吴舒
7-306-01364-5	计算机原理与体系结构	李敬章 编著	2	39.80	舒宝明、吴相辉
7-306-01381-5	广州话研究与教学（第三辑）	郑定欧、蔡建华 主编	2	14.00	王国颖

7-306-01412-9	营销案例基础教程	吴源鸿 主编	2	8.50	李慈
7-306-01415-3	饭店物业投资决策与管理形式（第二版）	汪纯孝 编著	2	13.80	浩然
7-306-01336-X	现代社区概论	黎熙元、何肇发 主编	3	17.00	舒宝明
7-306-01404-8	国际服务贸易	谢康 编著	3	23.80	施国胜
7-306-01414-5	文学的选择	郭正元 著	3	15.00	钟光、吴茗
7-306-01416-1	世界华文微型小说研究	刘海涛 著	3	14.80	葛洪
7-306-01408-0	中国法律思想史纲	马作武 著	4	20.00	侯利荣
7-306-01417-X	舌苔原理研究	吴正治 著	4	16.00	李慈
7-306-01418-8	广东政区体系	司徒尚纪 著	4	15.60	李海东
7-306-01420-X	外国税收理论与制度	罗晓林 主编	4	16.80	刘学谦
7-306-01421-8	中专英语语法与词汇训练	赵淑雯、喻珈、褶淑贤 编著	4	11.50	周海鸥
7-306-01422-6	政府预算	刘虹、廖爱兰 编著	4	16.80	王琪
7-306-01426-9	白塞病	杨希山 主编	4	8.50	李海东
7-306-00963-X	财政学（第二版）	吴厚德 主编	5	19.00	章伟
7-306-01158-8	新编中国法律基础（第四版）	林华 主编	5	19.80	陈红
7-306-01263-0	白孔雀	（英）D.H.苏伦斯 著；章伟 注释	5	19.80	夏华
7-306-01330-0	签名艺术举要	李国运 著	5	15.80	舒宝明
7-306-01424-2	游戏宝典	唐颖、阿苇 编著	5	16.00	李文
7-306-01428-5	传统与现代逻辑概论	梁庆寅 主编	5	19.80	施国胜
7-306-01425-0	市场经济运行的法律机制	黎学玲、程信和 主编	6	24.50	陈红
7-306-01429-3	现代企业营销管理	吴长顺 编著	6	17.90	刘学谦
7-306-01431-5	外事礼宾实用手册	广东省外事办公室礼宾处 编	6	10.00	李慈
7-306-01433-1	英豪风采	朱家健 主编	6	45.00	宗隐

ISBN	书名	作者		定价	责编
7-306-01434-X	保险点金笔	刘波 著	6	18.80	刘学谦
7-306-01446-3	信息分析	卢泰宏 编著	6	19.80	王国颖
7-306-01435-8	抓住顾客心	吉尔·格里芬 著；王秀华 译	7	18.80	王国颖
7-306-01436-6	乐在沟通	肯·白克、凯特·白克 著；顾淑馨 译	7	17.80	王国颖
7-306-01437-4	演讲其实很容易	威廉·穆尼、唐纳德·诺尼 著；董守信 译	7	14.80	王国颖
7-306-01438-2	挑战生涯	迪梅尔、苏茉菲 著；李淑娴 译	7	18.80	王国颖
7-306-01442-0	破解工作苦	斯蒂芬·斯崔瑟、约翰·西奈 著；萧德兰 译	7	14.80	陈红
7-306-01443-9	保持好情绪	李志厚 编著	7	16.80	王国颖
7-306-01447-1	FoxPro for Windows 程序设计	柳青 主编	7	27.50	李文、李海东
7-306-01452-8	《高等数学》（经济管理类）自学考试辅导书	杨茂信、洪潮兴 主编	7	15.50	王国颖
7-306-01444-7	医学人类学导论	陈华 编著	8	10.00	夏华
7-306-01448-X	《现代西方经济学原理》学习指导与习题解答	李翀 编著	8	17.00	舒宝明
7-306-01451-X	历代词三百首	罗斯宁、罗镇邦 选注	8	15.60	飞燕
7-306-01454-4	领导学	王乐夫 编著	8	17.00	施国胜
7-306-01457-9	证券投资学	李益民、吴元水、肖斌 主编	8	13.80	周文海
7-306-01460-9	20世纪中国文学史（平装）	黄修己 主编	8	52.00	章伟
7-306-01464-1	天方夜谭	（美）詹姆斯·伯德温 改写；简清国 主编	8	7.00	章伟
7-306-01464-1	呼啸山庄	（英）爱米莉·勃朗特 著；简清国 主编	8	7.00	章伟
7-306-01464-1	莎士比亚的故事	（英）查尔斯·兰姆、玛丽·兰姆 著；简清国 主编	8	7.00	刘学谦
7-306-01464-1	莫泊桑短篇小说	（法）基·德·莫泊桑 著；简清国 主编	8	7.00	刘学谦
7-306-01464-1	双城记	（英）查尔斯·狄更斯 著；简清国 主编	8	7.00	刘学谦

ISBN	书名	作者	月	定价	责编
7-306-01464-1	格列佛游记	（英）乔纳森·斯威夫特 著；简清国 主编	8	7.00	刘学谦
7-306-01464-1	红字	（美）纳撒尼尔·霍桑 著；简清国 主编	8	7.00	夏华
7-306-01464-1	大卫·科波菲尔	（英）查尔斯·狄更斯 著；简清国 主编	8	7.00	章伟
7-306-01464-1	三个火枪手	（法）亚历山大·大仲马 著；简清国 主编	8	7.00	章伟
7-306-01464-1	圣诞颂歌	（英）查尔斯·狄更斯 著；简清国 主编	8	7.00	夏华
7-306-01464-1	汤姆叔叔的小屋	（美）哈里特·比彻姆·斯托 著；简清国 主编	8	7.00	夏华
7-306-01464-1	金银岛	（英）罗伯特·路易斯·史蒂文森 著；简清国 主编	8	7.00	夏华
7-306-01465-X	20世纪中国文学史（精装）	黄修己 主编	8	72.00	章伟
7-306-01467-6	现代政治经济学	叶祥松、刘苍劲、孟祥德 主编	8	22.00	章伟
7-306-01471-4	太阳照样升起	（美）欧内斯特·海明威 著；白蕨 注释	8	12.80	章伟
7-306-01430-7	陈炯明集	段云章、倪俊明 编	9	69.00	邹岚萍
7-306-01439-0	马克思主义哲学原理读本	刘歌德 主编	9	17.50	陈红
7-306-01440-4	中国城市人口	朱云成 主编	9	20.00	邹岚萍
7-306-01455-2	分析化学实验（第二版）	陈焕光、李焕然、张大经、谢天尧、黄滨等 编著	9	20.00	徐镜昌
7-306-01456-0	现代企业财务管理	刘娥平、龚凯颂 编著	9	23.80	周建华
7-306-01462-5	邓小平理论概论	刘歌德、张小平、陈武光、温天权 主编	9	17.50	施国胜
7-306-01463-3	劳动人事管理理论与实务	朱淑倩 编著	9	48.00	王国颖
7-306-01466-8	'99MBA英语考试辅导练习	邱学斗 主编	9	28.00	夏华
7-306-01468-4	公关写作与编辑	宗世海 著	9	22.50	葛洪
7-306-01470-6	果蔬采后生理实验手册	李卓杰 编著	9	13.60	骆益祥
7-306-01472-2	'99MBA数学管理语文逻辑考试辅导练习	邵冲、林和曾、余望之、朱婵清、刘锦方 编	9	18.80	章伟

7-306-01473-0	丰顺诗艺录	何葆玉 辑撰	9	48.00	李玉杏
7-306-01474-9	系统工程概论	林定夷 编著	9	15.00	李海东
7-306-01475-7	物业管理英语	唐玉华 编著	9	12.00	刘学谦
7-306-01445-5	大学生自我心理保健	景怀斌 主编	10	14.80	潮钦、夏华
7-306-01449-8	西藏西南部蛇绿岩及其地体构造	夏斌、郭令智、施央申 著	10	12.00	李海东
7-306-01453-6	植物地理学	缪汝槐 编著	10	17.00	李慈
7-306-01458-7	房地产法概论	刘国臻 著	10	17.00	夏华
7-306-01459-5	新刑法典导论	王仲兴 编著	10	25.00	何缨、陈红
7-306-01476-5	进出口业务与报关（第三版）	廖力平、廖庆薪 编著	10	19.90	蔡浩然
7-306-01478-1	强化英语口语教程	林裕音、张海青、常晨光 编著	10	13.80	刘学谦
7-306-01481-1	中专英语听说教程（学生用书）	盛银萍 编著	10	10.00	李海东
7-306-01482-X	中专英语听说教程（教师用书）	盛银萍 编著	10	13.60	何凡
7-306-01484-6	硕士研究生英语学位课程统考指南	王喆、翁显雄 编著	10	20.00	葛洪
7-306-01487-0	物业管理财务基础	胡志勇、邵国良 编著	10	17.50	舒宝明
7-306-01432-3	粤大记	（明）郭棐 撰；黄国声、邓贵忠 点校	11	80.00	刘翰飞
7-306-01480-3	广东高等西医教育史	翁宗奕 主编	11	15.00	陈红
7-306-01493-5	大型公众活动策划	方圆 著	11	18.00	夏华
7-306-01502-8	中专英语词汇用法手册	温新元、朱仲发 主编	11	18.00	周建华
7-306-01477-3	历程	黄见秋、杨小平 著	12	19.50	吴伟凡
7-306-01479-X	香港物业管理	卢国礼 著；翁虹宇 译	12	7.00	夏华
7-306-01491-9	社会保险学	申曙光 著	12	19.00	施国胜
7-306-01494-3	出版技术经营研究论文集	广东省版协出版技术经营研究委员会 编	12	18.80	裴大泉
7-306-01497-8	学者风范 学子楷模	本书编委会 编	12	28.00	施国胜

1999 年

书号（ISBN）	书名	作者	出版月份	定价（元）	责任编辑
7-306-01306-8	先秦两汉文学史	孙立、师飚 编著	1	14.00	葛洪、施国胜
7-306-01306-8	魏晋南北朝隋唐文学史	罗锡诗、夏晴 编著	1	18.00	葛洪、施国胜
7-306-01306-8	明清文学史	戚世隽、董上德 编著	1	15.00	葛洪
7-306-01306-8	宋辽金元文学史	罗斯宁、彭玉平 编著	1	21.00	葛洪
7-306-01423-4	房地产开发企业的税务审查	凌一进 编著	1	7.00	陈红
7-306-01423-4	交通运输企业的税务审查	凌一进、杨貌 编著	1	7.00	陈红
7-306-01423-4	金融保险企业的税务审查	凌一进 编著	1	7.00	陈红
7-306-01423-4	旅游饮食服务企业的税务审查	凌一进 编著	1	7.00	陈红
7-306-01423-4	邮电通信企业的税务审查	凌一进 编著	1	7.00	陈红
7-306-01423-4	施工企业的税务审查	杨仁 编著	1	7.00	陈红
7-306-01450-1	高等教育中女性地位研究	张建奇 著	1	9.20	卢异华、凌杰
7-306-01461-7	中国少数民族社会与文化	杨鹤书 编著	1	15.60	李文波、刘学谦
7-306-01485-4	计算机应用基础教程（Windows98/95版）	林卓然 编著	1	20.00	周文清
7-306-01489-7	乡镇企业管理学	杨明 编著	1	19.60	周建华
7-306-01490-0	财务电算化企业的税务审查	冯向前 编著	1	9.00	陈红
7-306-01492-7	马克思恩格斯文艺理论史简说	邓志远 编著	1	15.00	葛洪
7-306-01495-1	香港对外贸易	张作乾 编著	1	20.00	王国颖
7-306-01499-4	微格教学	陈传锋 主编	1	14.80	舒宝明
7-306-01500-1	统计学	胡学锋 主编	1	23.80	章伟
7-306-01508-7	爱情是一种谬误	卓振英 编著	1	10.00	夏华
7-306-01509-5	逛街——一种在伦敦的体验	关胜渝 编著	1	6.80	夏华

下篇 30年出版成果简表

7-306-01510-9	热血、苦斗、汗水和眼泪	卓振英 编著	1	5.00	夏华
7-306-01511-7	青春与健康读本	车今知 主编	1	10.00	刘学谦
7-306-00119-1	有机化学实验（第二版）	许遵乐、刘汉标、陆慧宁 编著	2	20.00	骆益祥
7-306-01373-4	经济改革中的政治问题研究	郭小聪 主编	2	15.00	施国胜
7-306-01469-2	近代中国与东南亚关系史	余定邦、喻常森等 著	2	30.00	葛洪
7-306-01496-X	现代亿万富豪营销传奇	杨昆 编著	2	13.80	施国胜
7-306-01501-X	刘明洲简体楷书千字文	刘明洲 书	2	15.00	舒宝明
7-306-01515-X	杏坛百花	陈贤彪 主编	2	15.50	周建华
7-306-01518-4	漂白剂及其应用	崔英德、梁亮 主编	2	19.80	周建华
7-306-01488-9	鸟类学	常弘、关贯勋 编著	3	23.60	周建华
7-306-01498-6	地下水资源与环境	刘尚仁 编著	3	23.00	李海东
7-306-01504-4	梦里又飞花	程鹭眉 著	3	12.00	葛洪
7-306-01505-2	只因那醉人的一瞬	莲子（徐春莲） 著	3	15.00	葛洪
7-306-01506-0	是我的朋友跟我走	程丹梅 著	3	15.00	葛洪
7-306-01507-9	当代道德的转型和建构	章海山 著	3	19.80	谭广洪
7-306-01512-5	日本新闻视听	林丽 编著	3	12.00	欧燕华
7-306-01514-1	世界主要国家经济与贸易	沈伯明 主编	3	16.80	周建华
7-306-01516-8	南海资源与环境研究文集	梁松 主编	3	45.00	刘学谦
7-306-01520-6	哲学与时代（平装）	章海山、李平、梁庆寅 主编	3	40.00	葛洪
7-306-01521-4	简明民间文艺学教程导读	叶春生 编	3	7.00	章伟
7-306-01522-2	英语综合技能	陈明初 编著	3	15.00	夏华、刘学谦
7-306-01523-0	英美概况（新编本）自学考试辅导书	黎家勇、麦桂演 编	3	15.00	刘学谦
7-306-01525-7	中国文学通史自学考试辅导书	中山大学中文系当代文学教研室 编	3	12.00	谢迎芳、葛洪

7-306-01529-X	改革与实践（五）	中山大学教务处 编	3	18.00	施国胜
7-306-01542-7	物业管理实务（上）	陈德豪、杨振标 主编	3	19.80	舒宝明、夏华
7-306-01543-5	行政现代化	卞苏徽 著	3	16.80	王国颖
7-306-01546-X	法语词汇研究	程依荣 著	3	16.00	郝平
7-306-01239-8	政府经济职能与宏观管理（第二版）	郭小聪 编著	4	22.00	谭广洪
7-306-01517-6	企业管理概论	覃家君、张玉意 主编	4	15.00	王国颖
7-306-01519-2	《公文写作教程》练习与指导	邱平 主编	4	9.00	邹岚萍
7-306-01526-5	中国人事管理	梁裕楷、邝少明、陈天祥 编著	4	19.80	施国胜
7-306-01527-3	高等医学院校素质教育与管理策略研究	刘义海 编著	4	15.00	夏华
7-306-01528-1	社会主义意识形态研究	郑永廷、叶启绩、郭文亮等 著	4	18.00	王国颖
7-306-01531-1	孙中山与近代中国的改革	中山大学孙中山研究所 编	4	20.00	夏华
7-306-01530-3	无机化学基本原理	蔡少华、龚孟濂、史华红 编著	5	32.50	周建华
7-306-01532-X	王永锐水稻文集	《王永锐水稻文集》编辑组 编	5	78.00	周建华
7-306-01535-4	人力资源开发与管理	梁裕楷、袁兆亿、陈天祥 编著	5	19.60	施国胜
7-306-01536-2	语文精读自学指导第一册	王虹、唐淑蓉 主编	5	14.00	李海东、欧燕华
7-306-01537-0	语文精读自学指导第二册	王虹、李浩 主编	5	14.00	李海东、欧燕华
7-306-01538-9	语文精读自学指导第三册	王虹、王梅 主编	5	16.00	李燕华、欧海东
7-306-01539-7	语文精读自学指导第四册	王虹、郑佩瑗 主编	5	16.00	欧燕华、李海东
7-306-01544-3	大学生体育教程	李思 主编	5	8.50	吴伟凡
7-306-01545-1	物业管理法	刘兴桂 主编	5	12.50	一梵
7-306-01534-6	海关征税	刘广平、王家意、林利忠 编著	6	20.00	陈红
7-306-01548-6	简明民间文艺学教程	叶春生 著	6	15.00	章伟
7-306-01549-4	工商管理硕士（MBA）入学考试英语练习	邱学斗 编	6	29.60	夏华

7-306-01550-8	工商管理硕士（MBA）入学考试管理练习	邵冲 编	6	13.80	刘学谦
7-306-01551-6	工商管理硕士（MBA）入学考试语文练习	朱婵清 编	6	19.00	裴大泉
7-306-01552-4	工商管理硕士（MBA）入学考试数学练习	林和曾 编	6	16.00	周建华
7-306-01553-2	工商管理硕士（MBA）入学考试逻辑练习	刘锦方 编	6	14.60	邹岚萍
7-306-01555-9	金融风险的识别与管理	杜金岷 编著	6	14.00	阮继
7-306-01564-8	服务性企业整体质量管理	汪纯孝、岑成德、朱沆、谢礼珊、徐栖玲 著	6	19.80	钟永源、谢迎芳
7-306-01611-3	教学撷英（二）	中山大学教务处 编	6	16.80	施国胜
7-306-01612-1	改革与实践（六）	中山大学教务处 编	6	22.00	施国胜
7-306-01441-2	论衡丛书（第一辑）	李翀 主编	7	28.00	王国颖
7-306-01540-0	广东省广播影视辉煌成就二十年（1978—1998）	广东省广播电影电视厅 编	7	60.00	远程
7-306-01557-5	保育员工作指南	严凤英 主编	7	15.00	夏华、刘学谦
7-306-01567-2	文学创作基础	许桂燊 编著	7	17.00	远程
7-306-01314-9	现代西方经济学原理（第三版）	李翀 编著	8	22.00	舒宝明
7-306-01485-4	计算机应用基础教程（Windows98/95版）（第二版）	林卓然 编著	8	21.00	周文海
7-306-01558-3	探索者的足迹	广东省中专语文教研会 编	8	22.00	欧燕华
7-306-01562-1	英语语言问题研究	黄国文 著	8	18.00	谢迎芳、夏华
7-306-01565-6	ISO14000环境管理体系实施指引	万肇忠、区岳州 编著	8	16.00	蔡浩然
7-306-01572-9	语言·文化·教学	龚毓秀 主编	8	19.00	谢迎芳
7-306-01573-7	社会文化与青年工人观念	利文 主编	8	12.00	刘学谦
7-306-01574-5	金融学	黄正新、宋建军 主编	8	22.80	谢迎芳
7-306-01575-3	投资通论	黄正新 主编	8	21.00	章伟
7-306-01578-8	出版人语	李敏康 主编	8	10.00	梅竹

7-306-01533-8	情感管理	（美）罗伯特·库伯、艾门·萨瓦夫 著；张美惠 译	9	15.00	邹岚萍
7-306-01559-1	有机立体化学	苏镜娱、曾陇梅 编著	9	28.00	张亚拉
7-306-01560-5	你怎么能背叛我	（美）珍·葛瑞尔、玛吉莉·罗森 著；张慧英 译	9	12.80	王国颖
7-306-01561-3	与孩子快乐相处	（美）安东尼·沃尔夫 著；缪妙坊 译	9	15.00	王国颖
7-306-01563-X	"卖"向成功	（英）茱蒂·詹姆斯 著；陈淑惠 译	9	10.00	刘学谦
7-306-01566-4	升迁捷径	吴经邦、张晓玲、朱峻梅、管久祀 译	9	19.80	陈红
7-306-01568-0	理论与政党	翁宗弈、魏东海 编著	9	28.00	刘学谦
7-306-01569-9	新诗研究	金钦俊 著	9	16.80	裴大泉
7-306-01570-2	放手与放心的管理	（美）肯恩·梅尔罗斯 著；罗若苹 译	9	15.00	夏华、邹岚萍
7-306-01576-1	会说真话	（美）凯瑟琳·瑞安等 著；陈秀娟 译	9	16.80	王国颖
7-306-01579-6	基础会计学实操	苏淑欢 主编	9	30.00	骆益祥
7-306-01580-X	反叛之路	程文超 编著	9	16.00	章伟
7-306-01581-8	木腿正义	冯象 著	9	15.50	章伟
7-306-01582-6	法律的隐喻	刘星 著	9	14.00	舒宝明
7-306-01583-4	制度是如何形成的	苏力 著	9	16.00	舒宝明
7-306-01584-2	居住在文化空间里	高丙中 著	9	13.00	葛洪
7-306-01585-0	大学生心理与训练	肖沛雄、陈国海、许国彬 主编	9	19.80	陈红
7-306-01586-9	艺术史研究（第一辑）	中山大学艺术学研究中心 编	9	80.00	裴大泉
7-306-01587-7	研究生英语听力教程（学生用书）	王喆、叶李枚、李军军、康志洪 编	9	15.00	葛洪
7-306-01589-3	技术创新的理论与政策	张永谦、郭强 主编	9	28.00	葛洪、周建华
7-306-01590-7	广东行政改革研究	陈瑞莲 编著	9	16.80	施国胜
7-306-01592-3	PETS备考指南	陈明初 主编	9	10.00	欧燕华

7-306-01593-1	大学语文自学考试作文辅导	裘汉康 主编	9	7.80	邹岚萍
7-306-01594-X	研究生英语听力教程（学习指导）	王喆、叶李枚、李军军、康志洪 编	9	15.00	葛洪
7-306-01600-8	从面试到经理	（美）吉姆·罗森威格等 著；吴能全、张晓玲 编译	9	10.00	章伟、夏华
7-306-01601-6	春华秋实	周修杰等 著	9	18.00	熊锡源
7-306-01220-7	计算机图形学（第二版）	罗笑南、王若梅 编著	10	26.00	周建华
7-306-01571-0	孙中山与中山大学（平装）	中山大学档案馆 编	10	6.80	刘翰飞、钟永源
7-306-01595-8	农村信用社会计实务	王泉、罗方辉 编	10	12.00	郝平
7-306-01596-6	个体私营企业会计实务	王泉 编	10	12.80	章伟
7-306-01597-4	村合作经济组织会计实务	王泉、陈小平 编	10	9.50	陈红
7-306-01598-2	中专、中学、小学校会计实务	王泉 编	10	8.50	陈红
7-306-01602-4	中山大学史稿（精装）	黄义祥 编著	10	39.00	刘翰飞
7-306-01604-0	中山大学年鉴（1997、1998）	中山大学校长办公室 编	10	——	刘翰飞、钟永源
7-306-01606-7	物业管理学	林广志、甘元薪 主编	10	15.00	刘学谦
7-306-01541-9	哲学·逻辑与智能计算机	鞠实儿、梁庆寅、梁彪 编	11	48.00	施国胜
7-306-01547-8	澳门回归与中国和欧盟的经济关系	周运源 主编	11	12.80	阮继
7-306-01556-7	全国公共英语等级考试作文与口试训练教程	朱江 主编	11	6.00	李海东
7-306-01603-2	地理学在中山大学七十年（1929—1999）	司徒尚纪 主编	11	38.00	李海东
7-306-01610-5	简帛兵学文献探论	陈伟武 著	11	11.00	刘翰飞
7-306-01613-X	广东灾害性气候的分析和预测研究	高由禧 名誉主编	11	28.00	周建华
7-306-01609-1	近代东北城市建设史	吴晓松 编著	12	20.00	阮继
7-306-01614-8	全国公共英语等级考试1～2级听力练习册	温新元、朱仲发 主编	12	12.00	李海东
7-306-01616-4	物业管理实务（下）	杨振标、杨戟、陈德豪 主编	12	12.00	王国颖
7-306-01620-2	现代海关英语	谢春锦、葛磊、李惠芳 编著	12	19.00	刘学谦

书号（ISBN）	书名	作者	出版月份	定价（元）	责任编辑
7-306-01621-0	新编研究生英语词典（平装）	《新编研究生英语词典》编写组 编	12	38.00	吴影
7-306-01622-9	高由禧院士文集	《高由禧院士文集》编辑委员会 编	12	100.00	李慈
7-306-01624-5	PETS 1、2级模拟试题集	温新元、朱仲发 主编	12	16.00	欧燕华
7-306-01628-8	新时期职业教育与教学研究	袁吉林、张翌鸣 主编	12	38.00	谢迎芳
7-306-01629-6	近代广东侨汇研究	林家劲、罗汝材、陈树森、潘一宁、何安举 著	12	15.00	钟永源
7-306-01650-4	产学研联合的探索与实践	崔英德、蔡立彬、李大光、陈朴、宋启煌 编著	12	20.00	周雨

2000年

书号（ISBN）	书名	作者	出版月份	定价（元）	责任编辑
7-306-00919-2	电算化会计基础教程（修订版）	广州市财政局 编	1	20.00	刘华萍
7-306-00959-1	中国税收制度（第二版）	杨卫华、周凯 主编	1	33.80	施国胜
7-306-01030-1	现代企业管理原理（第二版）	金玉阶 主编	1	14.80	陈红
7-306-01251-7	现代统计学原理（第二版）	陈平、李兆和 编著	1	11.80	陈红
7-306-01607-5	全新中文版WORD 2000培训教程	宋利平 编著	1	16.80	周文海
7-306-01608-3	图像信息理论与压缩编码技术	肖自美 编著	1	65.00	骆益祥、李文
7-306-01615-6	利润法则101	（英）史提夫·派卜 著；杨馥恺 译	1	11.50	舒宝明
7-306-01617-2	现代公共政策分析	郭巍青、卢坤建 著	1	18.80	施国胜
7-306-01618-0	数据库技术与应用	许龙飞 编著	1	29.00	骆益祥
7-306-01619-9	保险监管	申曙光 著	1	22.00	施国胜
7-306-01625-3	电脑123 FOR WINDOWS	曾宪庭、朱智伟、莫家庆、盘炜生 编著	1	26.00	周建华
7-306-01630-X	企业创新与产品开发管理	吴源鸿 编著	1	12.00	李慈
7-306-01626-1	植物学（形态解剖部分）	朱念德 编著	2	22.00	周建华
7-306-01627-X	植物学（系统分类部分）	叶创兴、廖文波、戴水连、李筱菊 编著	2	39.00	周建华

7-306-01632-6	世界贸易组织知识100题	沈伯明 编著	2	7.00	章伟
7-306-00820-X	商业银行会计学（第二版）	葛敬东 著	3	28.00	章伟
7-306-01605-9	王国维诗词全编校注	陈永正 校注	3	28.00	刘翰飞
7-306-01631-8	概率论与数理统计	余锦华、石北源、杨维权 编著	3	29.00	李慈
7-306-01633-4	政企关系演变的实证逻辑	王珺 著	3	18.00	章伟
7-306-01635-0	统计学原理解题思路与方法	黄思霞 主编	3	10.00	邹岚萍
7-306-01637-7	口试备考训练	温新元、朱仲发 主编	3	6.00	张亚拉
7-306-01638-5	广东文献综录	骆伟 主编	3	39.00	刘翰飞
7-306-01640-7	报关员资格考试指南	曹维新 编著	3	38.00	吴迪
7-306-01641-5	会计学基础	李心、冯钧陶 主编	3	18.80	施国胜
7-306-01642-3	证券法导论	庄伟光、黄桦 主编	3	18.80	施国胜
7-306-01643-1	哲学与现代化（第一辑）	叶汝贤 主编	3	15.00	谭广洪
7-306-01646-6	财务会计学实操	苏淑欢 主编	3	19.80	李文
7-306-01074-3	新编经济法教程（修订版）	沈乐平、雷兴虎 主编	4	15.00	邹岚萍
7-306-01429-3	现代企业营销管理（第二版）	吴长顺 编著	4	20.00	刘学谦
7-306-01591-5	近代中国社会思潮论集	陈胜粦 主编	4	25.00	谢迎芳
7-306-01644-X	物业管理疑难解答	罗小钢、王友华、徐耘 著	4	19.00	刘学谦
7-306-01645-8	广东省大专实用英语统一考试模拟试题集	温新元 主编	4	13.50	李海东
7-306-01647-4	理性的边缘	徐文俊 著	4	17.00	施国胜
7-306-01648-2	高等学校教学管理	潘琪 编著	4	13.80	施国胜
7-306-01649-0	走马观花访美国	翁宗奕 著	4	11.00	吴迪
7-306-01651-2	企业财务管理学	郑裕权 编著	4	25.00	周建华
7-306-01652-0	五百四峰堂诗钞	（清）黎简 撰；梁守中 校辑	4	39.00	刘翰飞

ISBN	书名	作者	月	定价	责编
7-306-01656-3	中国意象诗探索	吴晟 著	4	25.00	章伟、刘翰飞
7-306-01215-0	行政法与行政诉讼法（修订版）	魏赛娟 编著	5	16.80	谭广洪
7-306-01513-3	《新编经济法教程（修订版）》辅导	沈乐平、雷兴虎 主编	5	14.00	邹岚萍
7-306-01653-9	现代读写说	刘海涛 编著	5	12.50	葛洪
7-306-01654-7	小说的读与写	刘海涛 编著	5	11.50	葛洪、谢迎芳
7-306-01658-X	英语疑难词辨析	廖小陵、廖达材 编译	5	16.80	刘学谦
7-306-01660-1	南天山东段韧性剪切带金矿床地质地球化学	李兆麟、孙晓明、杨荣勇等 著	5	23.00	李慈、李海东
7-306-01549-4	2001版MBA联考辅导练习·英语	邱学斗 编	6	29.60	刘学谦
7-306-01550-8	2001版MBA联考辅导练习·管理	邵冲 编	6	13.80	刘学谦
7-306-01551-6	2001版MBA联考辅导练习·语文	朱婵清 编	6	19.00	裴大泉
7-306-01552-4	2001版MBA联考辅导练习·数学	林和曾 编	6	16.00	周建华
7-306-01553-2	2001版MBA联考辅导练习·逻辑	刘锦方 编	6	14.60	邹岚萍
7-306-01659-8	全国公共英语等级考试1,2级考试词汇用法手册	温新元、朱仲发 主编	6	15.00	李海东
7-306-01661-X	教师语言学	马显彬 编著	6	15.00	刘学谦
7-306-01662-8	导游学概论	刘静艳等 编著	6	——	舒宝明
7-306-01663-6	计算机网络信息安全认识与防范	温世让、邱璟 编著	6	12.00	周建华
7-306-01664-4	PETS 2级英语培训教程（上）	吴旭东 主编	6	20.00	林连书、欧燕华
7-306-01328-9	电算化会计中级教程（第二版）	广州市财政局《电算化会计中级教程》编写组 编	7	30.00	周建华、李文
7-306-01456-0	现代企业财务管理（第二版）	刘娥平 编著	7	23.80	周建华
7-306-01634-2	竞争的革命	（美）本杰明·古莫斯·卡瑟尔斯 著	7	28.00	章伟
7-306-01636-9	大学生心理与辅导	胡德辉 主编	7	19.80	邹岚萍
7-306-01639-3	刘易斯的经济思想研究	陈广汉 著	7	14.00	舒宝明
7-306-01665-2	计算机应用基础习题集（第四版）	柳青、王敏 主编	7	13.50	林子祥

书号	书名	作者	月	定价	责编
7-306-01666-0	医学科研设计	钟南山 主编	7	25.00	阮继
7-306-01700-4	新世纪高校政治理论教育途径与方法探索	张孝宜 主编	7	15.80	施国胜
7-306-01463-3	劳动人事管理理论与实务（第二版）	朱淑倩 编著	8	48.00	邹岚萍
7-306-01669-5	多媒体课件制作教程	唐圣权、熊喜兰 编著	8	18.00	李健
7-306-01670-9	物理化学	刘冠昆、车冠全、陈六平、童叶翔 编著	8	49.00	钟永源
7-306-01672-5	计算机应用基础 WINDOWS 98与OFFICE 2000	林卓然 编著	8	22.00	李文、周建华
7-306-01673-3	电脑围棋小洞天	陈志行 著	8	18.00	李子祺
7-306-01701-2	中国昆虫名录第一卷	华立中 编	8	280.00	张亚拉
7-306-01702-0	中国丹霞地貌及其研究发展	彭华 著	8	26.00	李海东
7-306-01475-7	物业管理英语（第二版）	唐玉华 编著	9	12.00	刘学谦
7-306-01655-5	香港精萃散文赏析	王剑丛、肖向明、周婉琪、韩会敏 编著	9	22.80	方微之
7-306-01668-7	化州市教育志	《化州市教育志》编纂委员会 编	9	118.00	李文、周建华
7-306-01671-7	二战后东南亚华侨华人史	温广益 主编	9	23.00	谢迎芳
7-306-01674-1	OFFICE 2000中文版简明教程	张宏杰、蒋志洁、朱蕾、丁伟、麦杏欢 编著	9	29.00	周建华、李文
7-306-01675-X	适应与超越	古月群、漆小萍、杨婉 主编	9	11.00	邹岚萍
7-306-01676-8	海关公文写作	陈本俊 编著	9	20.00	陈红
7-306-01677-6	学者的风范	古月群、漆小萍、杨婉 主编	9	12.00	邹岚萍
7-306-01678-4	高校工会、教代会工作研究文集	谢良骥 主编	9	10.00	葛洪
7-306-01679-2	大学生人生修养专题研究	罗芝馨、梁世雄、韩东才 主编	9	15.00	葛洪
7-306-01680-6	进出口业务与报关（第四版）	廖力平、廖庆薪 编著	9	23.00	蔡浩然
7-306-01685-7	经验与科学	翁宗奕 编著	9	20.00	阮继
7-306-01686-5	中国古代文体形态研究	吴承学 著	9	28.00	章伟
7-306-01687-3	名辩学新探	林铭钧、曾祥云 著	9	20.00	阮继

ISBN	书名	作者	月	定价	责编
7-306-01692-X	法律文书写作	刘波 主编	9	20.00	章伟
7-306-01459-5	刑法学（修订本）	王仲兴 编著	10	28.50	陈红
7-306-01681-4	现代中国对外贸易概论	廖庆薪、廖力平 编著	10	23.00	蔡浩然
7-306-01683-0	市场经济中国个案	王则柯、蔡荣鑫、王晓刚 主编	10	13.00	舒宝明
7-306-01689-X	世界贸易组织与中国"入世"教程	沈伯明 编著	10	19.00	蔡浩然
7-306-01690-3	日本语复合动词的研究	林翠芳 著	10	25.00	刘学谦
7-306-01691-1	大学英语四级考试语法与词汇	王小海、何勇斌 编著	10	19.60	刘学谦
7-306-01693-8	大学英语六级考试语法与词汇	何勇斌、王小海 编著	10	16.00	刘学谦
7-306-01695-4	红树林植物秋茄及其湿地系统研究	陈桂珠、缪绅裕 著	10	12.80	阮继
7-306-01696-2	公共行政学：历史与思想	唐兴霖 编著	10	29.60	施国胜
7-306-01372-6	海关概论（第二版）	王意家、甄鸣、孙国权 编著	11	20.00	陈红
7-306-01616-4	物业管理实务（下）（第二版）	杨振标、杨戟、陈德豪 主编	11	16.00	邹岚萍
7-306-01664-4	PETS 2级英语培训教材（下）	吴旭东 主编	11	20.00	熊锡源
7-306-01684-9	社会保障在美国	王则柯、王尔山 编著	11	11.50	舒宝明
7-306-01688-1	实验教学改革与探索	丘仲兴 主编	11	26.00	李健
7-306-01697-0	现代数学和力学(MMM)-VIII	陈树辉、程昌钧、戴世强、贾保国 主编	11	50.00	黎革
7-306-01698-9	商业银行财务分析	谢海成 主编	11	18.00	徐镜昌
7-306-01699-7	大学英语四级考试词汇速成	刘绍龙、孟祥代、周志华、沈献芹 编著	11	35.00	刘学谦
7-306-01703-9	大学英语六级考试改错与完形填空	何恒幸 编著	11	16.50	刘学谦
7-306-01704-7	成本会计学实操	苏淑欢 主编	11	15.00	李文
7-306-01705-5	中国早期方术与文献丛考	胡文辉 著	11	29.00	裴大泉
7-306-01707-1	绿色营销导论	温力虎 编著	11	14.00	施国胜
7-306-01708-X	数据结构与算法	王若梅、罗笑南 编著	11	26.00	周建华

书号（ISBN）	书名	作者	出版月份	定价（元）	责任编辑
7-306-01709-8	现代化学信息基础教程	沈勇、张大经、郑康成 编著	11	28.00	徐镜昌
7-306-01712-8	现代国际商务谈判实务	邹建华、陈腾华、彭东慧、常晓苏 编著	11	16.00	蔡浩然
7-306-01713-6	大学英语四级考试完形填空	肖武东、侯香勤、殷俊 编著	11	12.00	刘学谦
7-306-01716-0	大学英语六级考试阅读与简答	尚敏锐、郁婷婷 编著	11	15.00	刘学谦
7-306-01729-2	互联网课堂——上网冲浪篇	广州市飞华电信工程有限公司 编著	11	15.00	周建华
7-306-01732-2	PETS 2级英语培训教材（教师用书）	吴旭东 主编	11	15.00	熊锡源
7-306-01737-3	法国现当代史	（法）米歇尔·穆尔 著；刘文立、黎拥华 译	11	25.00	章伟
7-306-00964-8	现代市场营销（第二版）	蔡新春、黄寿德 主编	12	14.60	蔡浩然
7-306-01542-7	物业管理实务（上）（第二版）	陈德豪、杨振标 主编	12	19.80	舒宝明
7-306-01545-1	物业管理法（第二版）	刘兴桂 主编	12	12.50	一梵
7-306-01682-2	激励机制	申海、黄文平、王晓刚、王则柯 编写	12	15.00	刘翰飞、舒宝明
7-306-01734-9	儿童心理解读	陈光山 主编	12	13.00	邹岚萍
7-306-01738-1	《电算化会计中级教程》（修订版）习题集	广州市财政局、广州会计电算化协会 编	12	8.00	周建华、李文
7-306-01739-X	地区形象理论与实践	罗治英 主编	12	38.00	刘翰飞
7-306-01748-9	中山大学年鉴（1999）	中山大学校长办公室 编	12	——	钟永源
7-306-01749-7	屈大均诗词编年笺校	陈永正 主编	12	98.00	刘烈茂
7-306-01750-0	艺术史研究（第二辑）	中山大学艺术学研究中心 编	12	98.00	裴大泉

2001年

书号（ISBN）	书名	作者	出版月份	定价（元）	责任编辑
7-306-01694-6	我们的中大	罗永明 主编	1	22.00	杨权
7-306-01706-3	计算机网络	张光昭、吴筠、刘星成 编著	1	39.80	张亚拉
7-306-01710-1	应用电化学	杨绮琴、方北龙、童叶翔 编著	1	29.80	徐镜昌

书号	书名	作者	册数	定价	责编
7-306-01714-4	大学英语四级考试阅读、翻译与简答	万宝林、陈叶、滕传永 编著	1	12.00	刘学谦
7-306-01715-2	大学英语六级考试词汇速成	周志华、仇菁苗、张锦文 编著	1	30.00	刘学谦
7-306-01717-9	人力资源管理及开发手册	人力资源经理杂志社 编	1	12.80	章伟、王国颖
7-306-01719-5	人力资源管理实务及案例	人力资源经理杂志社 编	1	30.00	章伟
7-306-01721-7	企业组织自我诊断及改善	人力资源经理杂志社 编	1	7.00	章伟、王国颖
7-306-01722-5	人力资源管理专业性评测试题	人力资源经理杂志社 编	1	12.80	章伟、王国颖
7-306-01724-1	绩效伙伴	（美）Tony Moglia 著；李军军、王哲 译	1	20.00	舒宝明
7-306-01725-X	有效的绩效评估	（美）Robert B. Maddux 著；王哲、张珺 译	1	20.00	舒宝明
7-306-01726-8	个人绩效合约	（美）Roger Fritz 著；朱珊、朱仁宏、王哲 译	1	20.00	舒宝明
7-306-01727-6	提高员工生产效率	（美）Lynn Tylczak 著；王哲、李军军 译	1	20.00	舒宝明
7-306-01728-4	互联网课堂——上网初级篇	广州市飞华电信工程有限公司 编著	1	12.00	李文
7-306-01731-4	电子商务——技术·策略·应用	郭清顺、苏顺开、卞静 编著	1	18.00	周建华、李文
7-306-01741-1	各种资产评估：方法·过程·案例	顾凯 主编	1	68.00	章伟
7-306-01742-X	企业资产评估：运作技巧、案例分析	顾凯 主编	1	82.00	章伟
7-306-01743-8	PETS 1,2级书面表达应试200篇	温新元、朱仲发 编著	1	8.00	张亚拉
7-306-01744-6	高考英语突破·听力	张运青、曹加锋 主编	1	7.00	刘华
7-306-01745-4	高考英语突破·口语	王三立 主编	1	9.00	刘华
7-306-01746-2	高考英语突破·写作	汪吟、陈惠根 主编	1	9.00	刘华
7-306-01747-0	高考英语突破·阅读	陈勤英、项性定 主编	1	12.00	刘华
7-306-01752-7	顺德书画人物录	顺德市博物馆 编	1	25.00	钟永源
7-306-00963-X	财政学（第三版）	吴厚德 编著	2	29.80	章伟

下篇 30年出版成果简表

书号	书名	作者	季度	定价	责编
7-306-01487-0	物业管理财务基础（第二版）	胡志勇、邵国良 编著	2	17.50	舒宝明
7-306-01640-7	报关员资格考试指南（第二版）	曹维新 编著	2	48.00	刘学谦
7-306-01740-3	智力型企业经营管理	汪纯孝、谢礼珊、岑成德、申文果、韩小芸 著	2	49.90	郝言
7-306-01751-9	中海壳牌石化项目环境管理	黄秋生 编著	2	45.00	周建华
7-306-01753-5	改革与实践（七）	中山大学教务处 编	2	28.00	李慈
7-306-01754-3	现代统计学	毛伟君、刘惠慧 主编	2	14.30	浩然
7-306-01755-1	中级财务会计学	许义生 主编	2	26.00	章伟
7-306-01635-0	统计学原理解题思路与方法（第二版）	黄思霞 主编	3	10.00	邹岚萍
7-306-01718-7	员工教育训练实务及案例	人力资源经理杂志社 编	3	20.00	章伟
7-306-01720-9	人事行政管理实务及案例	人力资源经理杂志社 编	3	30.00	章伟、王国颖
7-306-01733-0	老年心理解读	黄翔岳、辛利 编	3	12.00	邹岚萍
7-306-01735-7	广东畲族古籍资料汇编	朱洪、李筱文 主编	3	16.00	邹岚萍
7-306-01736-5	报关员资格考试必读	曹维新 编著	3	48.00	邹岚萍
7-306-01756-X	政治科学原理（平装）	施雪华 主编	3	79.00	施国胜
7-306-01757-8	世界档案工作	粟舜英 编	3	12.00	邹岚萍
7-306-01758-6	现代实用推销学	陈思、潘平子 编著	3	14.30	蔡浩然
7-306-01759-4	计算机文化基础	周安宁等 编著	3	25.00	李文
7-306-01760-8	中等教育职业指导的理论与实践	苏国炎、彭卓平 主编	3	20.00	徐镜昌
7-306-01761-6	中大管理评论（第1卷第1辑）	中大管理评论编委会 编	3	16.00	谭广洪
7-306-01762-4	科学·社会·成才	林定夷 编	3	18.00	钟永源
7-306-01093-X	应用写作教程（第三版）	陈少夫、丘国新 编著	4	16.80	邹岚萍
7-306-01763-2	现代教育理论	广东教育学院教育系 编著	4	12.00	熊锡源
7-306-01764-0	现代学校管理	广东教育学院教育系 编著	4	14.00	熊锡源

7-306-01767-5	中小学生视力保健手册	刘欣华 主编	4	5.00	周建华
7-306-01768-3	中大管理案例（第一辑）	中山大学管理学院案例开发中心 编	4	8.00	刘学谦
7-306-01770-5	人力资源管理	陈天祥 编著	4	26.80	晓白
7-306-01593-1	大学语文自学考试作文辅导（第二版）	裘汉康 主编	5	10.00	邹岚萍
7-306-01766-7	动态网页设计	周安宁 主编	5	16.00	李健
7-306-01771-3	画说《特种设备质量监督与安全监察规定》	国家质量技术监督局、广东省质量技术监督局 编	5	10.00	杨权
7-306-01772-1	《电算化会计基础教程》（修订版）习题集	广州市财政局、广州会计电算化协会 编	5	8.00	周建华、李文
7-306-01778-0	广东疍民社会调查	广东省民族研究所 编	5	12.00	邹岚萍
7-306-01150-2	跨国公司战略竞争与国际直接投资（第二版）	毛蕴诗 著	6	19.90	郝言
7-306-01665-2	计算机应用基础习题集（第五版）	柳青、王敏 主编	6	9.50	李海东
7-306-01773-X	体育与健康（三年制）	邓树勋 主编	6	16.00	阮继
7-306-01781-0	教练的智慧	黄俊华 著；曹国轩 绘	6	20.00	章伟
7-306-01782-9	社会主义市场经济论纲	李金亮 著	6	15.00	郝言
7-306-01784-5	回声——刘㕙南与他的语文教学	刘㕙南 著	6	18.60	周建华、李文
7-306-01855-8	广东省高新技术产业"十五"发展规划研究	广东省发展计划委员会 编	6	28.00	李文、周建华
7-306-01493-5	大型公众活动策划（第二版）	方圆 著	7	22.00	刘学谦
7-306-01676-8	海关公文写作（第二版）	陈本俊 编著	7	20.00	邹岚萍
7-306-01786-1	计算机基础教程Windows98与Office2000	林卓然 编著	7	25.00	李文、周建华
7-306-01787-X	现代学校心理	广东教育学院教育系 编著	7	12.00	葛洪
7-306-01788-8	《应用写作教程》教与学参考书	陈少夫、丘国新 编著	7	8.00	邹岚萍
7-306-01789-6	科技论文写作	吴春煌、万肇忠 著	7	19.90	郝言
7-306-01793-4	行政案例分析	陈瑞莲 主编	7	18.00	施国胜
7-306-01774-8	粤港澳经济关系	郑天祥 主编	8	20.00	周建华

7-306-01775-6	粤港澳法律关系	程信和 主编	8	18.00	张亚拉
7-306-01776-4	粤港澳社会关系	李伟民 主编	8	8.00	刘翰飞、周建华
7-306-01777-2	粤港澳文化关系	许锡挥、李萍 主编	8	14.00	刘翰飞、周建华
7-306-01779-9	国家金融市场	李翀 编著	8	19.00	李海东
7-306-01785-3	线性代数	张鸿亮、陈庆桢 主编	8	12.00	周建华
7-306-01791-8	物业管理金典	罗小钢、王友华、方中东 主编	8	49.80	刘学谦
7-306-01794-2	师老板的故事	朱淑倩 著	8	15.00	周建华
7-306-01795-0	流金岁月	易汉文 主编	8	6.80	刘翰飞、钟永源
7-306-01796-9	现代营销心理学	陈思 编著	8	15.60	熊锡源
7-306-01797-7	国际商法（第二版）	吴兴光 主编	8	19.80	浩然
7-306-01806-X	应用语言学实验研究方法	林连书 著	8	28.00	熊锡源
7-306-01812-4	实验教学改革与探索（二）	丘仲兴 主编	8	26.00	周建华
7-306-01769-1	企业激励机制与绩效评估设计	谢康 著	9	18.00	周建华、李文
7-306-01783-7	国际金融市场	李翀 编著	9	13.50	李海东
7-306-01790-X	边想边说	（美）Marlene Caroselli 著；丁蔚苒等 译	9	15.00	周建华
7-306-01790-X	提出和接受反馈意见	（美）Patti Hathaway 著；李飒 译	9	15.00	周建华
7-306-01790-X	有效的会议技巧	（美）Marion E. Haynes 著；李飒 译	9	15.00	刘学谦
7-306-01790-X	50个改善沟通的一分钟窍门	（美）Phillip E. Bozek 著；丁祖彦等 译	9	15.00	周建华
7-306-01790-X	沟通的艺术	（美）Bert Decker 著；李军军、王哲 译	9	15.00	刘学谦
7-306-01790-X	聆听技巧	（美）Diane Bone 著；王哲、李军军 译	9	15.00	周建华
7-306-01798-5	物业管理员上岗考证考前必读	简光沂、刘君里、穆汉卿 主编	9	17.00	刘学谦
7-306-01799-3	实用英语口语初级教程	林碧玲、秦玉红 编著	9	10.00	区倩

7-306-01800-0	简明英语语法教程	陈开举、彭启贵、徐英 编著	9	19.80	熊锡源
7-306-01801-9	英语快慢速听力教程（1）	郑宏山、赵珂 编著	9	14.00	刘学谦
7-306-01803-5	柳永和他的词（第二版）	曾大兴 著	9	19.80	裴大泉
7-306-01804-3	道德规范论	王征国 著	9	25.00	欧燕华
7-306-01805-1	水环境评价与规划	陈晓宏、江涛、陈俊合 编著	9	23.00	李海东
7-306-01807-8	大学生心理保健	王希永、金庆昕 主编	9	16.50	邹岚萍
7-306-01808-6	大学生事业生涯设计与发展	王希永、李晓珍 主编	9	15.00	邹岚萍
7-306-01809-4	冷战后国际关系与中国战略	韦感恩、朱跃、谭毅、贺希荣 编著	9	16.00	吴伟凡、施国胜
7-306-01810-8	上网直通车	商景桂 主编	9	68.00	张亚拉
7-306-01811-6	大学英语精读课文辅导	王兴扬 主编	9	50.00	熊锡源
7-306-01813-2	会计学原理	苏淑欢 主编	9	19.00	李文
7-306-01814-0	导游学教程	刘静艳、徐颂军、杨四海 编著	9	15.00	周建华、李文
7-306-01815-9	高级商务英语	李建英、刘阳春、朱仁宏 编	9	30.00	周建华、李文
7-306-01816-7	生物无机化学导论（第二版）	计亮年、黄锦汪、莫庭焕 等 编著	9	29.80	徐镜昌
7-306-01817-5	岭南历史人文地理	司徒尚纪 著	9	25.00	李海东
7-306-01818-3	现代西方思潮	叶启绩 主编	9	18.00	吴伟凡、施国胜
7-306-01819-1	淘金式巧攻大学英语词汇	伍乐其 主编	9	29.60	熊锡源
7-306-01820-5	大学生文明礼仪	谭树芬 主编	9	20.00	阮继
7-306-01825-6	默默的播火者	李尚德 主编	9	28.00	刘翰飞、钟永源
7-306-01826-4	粤港澳台高校德育比较研究	郑永廷、李萍、钟明华等 著	9	18.00	周建华
7-306-01827-2	《会计学原理》学习指导	苏淑欢 主编	9	18.00	李文
7-306-01828-0	浸入式学前英语（上册）	编写组 编	9	38.00	葛洪
7-306-01838-8	新世纪学校模式	冯增俊 主编	9	23.00	葛洪

ISBN	书名	作者	月	定价	责编
7-306-01765-9	经济伦理论	章海山 著	10	25.00	施国胜
7-306-01802-7	中国改革的价值选择	叶汝贤、王征国 著	10	20.00	刘学谦
7-306-01823-X	新时期高校保密工作的理论与实践	李尚德 主编	10	12.00	徐镜昌
7-306-01824-8	红楼梦引论	曾扬华 著	10	18.00	裴大泉
7-306-01831-0	高等数学简明教程（文科专业用）	叶小平 编著	10	21.00	李文
7-306-01836-1	高中英语阅读268篇	肖鹏 编著	10	19.80	欧燕华
7-306-01837-X	最新大学英语考试全真试题名师讲解	马远翔 主编	10	25.00	熊锡源
7-306-01839-6	凝聚中大精神	李尚德 主编	10	25.00	李慈
7-306-01840-X	现代公文写作（第三版）	曾昭乐 主编	10	12.00	邹岚萍
7-306-01833-7	媒介通论	高红玲 编著	11	16.00	邹岚萍
7-306-01842-6	现代物流配送管理	马健平、贾艳廷、郝渊晓、李健等 编著	11	39.80	李海东
7-306-01843-4	现代物流技术学	裴少峰、翟书斌、曹利强、杨树旺、刘帮成 编著	11	23.60	郝言
7-306-01844-2	现代物流管理学	胡怀邦、郝渊晓、刘全洲、马源平 主编	11	38.90	周建华
7-306-01846-9	英语万词主题阅读	单小明、单国荣 主编	11	24.50	熊锡源
7-306-01848-5	广州百景	刘君里 主编	11	16.00	何凡
7-306-01851-5	体育与健康（高职版）	邓树勋 主编	11	25.00	阮继
7-306-01854-X	刑事诉讼法	杨建广 主编	11	35.00	晓白
7-306-01835-3	禹山秋耕集	司徒彤 著	12	19.00	杨权
7-306-01841-8	现代物流信息化	张宗成 主编	12	49.90	邹岚萍
7-306-01847-7	铸造旧砂再生利用及污染治理	郭景纯、郭思福 著	12	36.00	徐镜昌
7-306-01852-3	走近信用镇	刘为霖、梁山 主编	12	25.80	李文
7-306-01859-0	现代化大厦管理规范	杨戟 主编	12	39.00	周建华
7-306-01860-4	IT业跨国投资与国家竞争力	肖静华 编著	12	16.00	周建华

书号（ISBN）	书名	作者	出版月份	定价（元）	责任编辑
7-306-01861-2	信息产业促进经济发展的机制	王明明 著	12	16.00	周建华
7-306-01862-0	信息产业与信息技术的经济计量分析	周先波 编著	12	16.00	周建华
7-306-01884-1	中山大学年鉴（2000）	中山大学校长办公室 编	12	31.80	钟永源
7-306-01905-8	服务性企业整体质量管理（第二版）	汪纯孝、岑成德、谢礼珊、温碧燕、韩小芸 著	12	29.80	钟永源
7-306-01921-X	艺术史研究（第三辑）	中山大学艺术学研究中心 编	12	85.00	裴大泉

2002年

书号（ISBN）	书名	作者	出版月份	定价（元）	责任编辑
7-306-01845-0	市场研究实务	郑宗成、陈进 著	1	39.90	浩然
7-306-01853-1	公司治理中的股权结构	郑德埕、沈华珊 著	1	20.00	欧燕华
7-306-01856-6	金融资产投资	李翀 编著	1	18.50	李海东
7-306-01857-4	VB程序设计简明教程	林卓然 编著	1	19.00	李文
7-306-01858-2	WTO与中国教育	冯增俊、唐兆良 主编	1	25.00	葛洪
7-306-01863-9	公共行政组织原理：体系与范围	唐兴霖 主编	1	22.00	施国胜
7-306-01864-7	物业管理创优考评指南	王友华、王一翌 编著	1	16.80	刘学谦
7-306-01865-5	司机行车作业宝典	杨亚基等 著	1	45.00	张亚拉
7-306-01866-3	电脑DIY系列	商景桂 著	1	68.00	张亚拉
7-306-01867-1	物业管理习题解答（下）	徐红、胡志勇、潘群华 编著	1	16.80	刘学谦
7-306-01868-X	21世纪商学院MBA全球最新案例（上、下）	祁军、喻世友、杜会杰 编著	1	48.00	李华
7-306-01869-8	大学英语四级全方攻略 写作	方玲玲 主编	1	7.80	阮继
7-306-01870-1	大学英语四级全方攻略 阅读	梁国光 主编	1	14.00	阮继
7-306-01871-X	大学英语四级全方攻略 听力	张杰 主编	1	9.00	阮继
7-306-01872-8	大学英语四级全方攻略 词汇与语法	蒋澄生 主编	1	15.00	阮继

ISBN	书名	作者	册	定价	责任编辑
7-306-01876-0	航道行政执法	王志超 主编	1	19.80	徐镜昌
7-306-01878-7	物业管理习题解答（上）	甘元薪、王怀志 编著	1	20.00	刘学谦
7-306-01880-9	党建实践与探索	中山大学党委组织部 编	1	15.80	吴伟凡、钟永源
7-306-01881-7	行政奇才——周恩来	夏书章、汪淑钧 编著	1	25.00	施国胜
7-306-01906-6	诚信是金	弘农 点评	1	11.00	李文
7-306-01875-2	初级财务会计学	许义生、陈茵、于敏 编著	2	14.00	章伟
7-306-01879-5	物业管理习题解答（中）	陈德豪、甘元薪、王怀志 编著	2	15.80	刘学谦
7-306-01882-5	普通形式逻辑	关老健 主编	2	23.80	徐镜昌
7-306-01883-3	聚焦研究性学习	刘婉华、罗朝猛 主编	2	18.60	曹巩华、阮继
7-306-01890-6	放眼高等教育	梁英 编著	2	22.00	林宏新、钟永源
7-306-01792-6	中外音乐鉴赏	蔡觉民 编著	3	15.00	葛洪
7-306-01834-5	杨荣国教授学术论文选	杨淡以 编	3	24.00	杨权
7-306-01873-6	21世纪商学院MBA中国实战案例	祁军 主编	3	48.00	李海东
7-306-01877-9	婚姻家庭法	卓冬青、刘冰 主编	3	35.00	蔡浩然
7-306-01885-X	21世纪大学英语听说读写教程课文辅导（2）	潘晓燕、赵蓉 主编	3	16.00	熊锡源
7-306-01886-8	21世纪大学英语听说读写教程课文辅导（4）	潘晓燕、赵蓉 主编	3	16.00	熊锡源
7-306-01887-6	新编大学英语课文辅导（2）	许力生、刘绍龙 主编	3	16.00	欧燕华
7-306-01888-4	新编大学英语课文辅导（4）	许力生、刘绍龙 主编	3	16.80	欧燕华
7-306-01889-2	现代物业设备管理	杨戟 编著	3	39.00	熊锡源
7-306-01892-2	《大学语文》应用专科自学考试辅导书（第二版）	裘汉康 主编	3	13.80	刘学谦
7-306-01893-0	经济管理类专业毕业论文写作指南	储佩成 著	3	16.90	蔡浩然
7-306-01895-7	美国经济概况	周富强 编著	3	16.80	刘学谦
7-306-01896-5	现代遗传学教程	贺竹梅 编著	3	48.00	周建华

7-306-01897-3	当代中国改革发展的理论与实践	王学君 主编	3	16.50	施国胜
7-306-01899-X	华学（第五辑）	饶宗颐 主编	3	70.00	裴大泉
7-306-01900-7	同等学力人员申请硕士学位英语水平全国统一考试应试指南	王哲、翁显雄、赵伟礼、李军军 编	3	30.00	葛洪
7-306-01901-5	哲学与现代化（第二辑）（平装）	叶汝贤 主编	3	22.00	李慈
7-306-01902-3	中国经济增长、通货膨胀与就业关系研究	舒元、王曦 著	3	13.80	钟永源
7-306-01903-1	教练的智慧(II)	黄俊华 著	3	20.00	微之
7-306-01907-4	体育与健康·四年制	邓树勋 主编	3	26.00	阮继
7-306-01910-4	新世纪 新探索	施铝、吴伟平 主编	3	18.00	李文
7-306-01998-8	国际环境法缘起	李耀芳 著	3	15.00	郝言
7-306-01874-4	哈佛商学院MBA全球总经理学	喻世友、祁军 主编	4	48.00	何凡
7-306-01894-9	中国入世承诺、WTO规则与例外	广东省WTO事务咨询服务中心 编	4	22.00	周建华
7-306-01898-1	人口普查资料开发利用方法与技术	叶健夫 主编	4	15.80	徐镜昌
7-306-01904-X	经济法概论	袁绍岐 主编	4	19.80	徐镜昌
7-306-01908-2	破译高考英语难题	肖鹏 编著	4	11.50	李华
7-306-01909-0	VFP程序设计简明教程	彭金泉 编著	4	19.00	李文、周建华
7-306-01911-2	企业文化创新	林平凡、詹向明等 著	4	23.00	徐镜昌
7-306-01912-0	白蚁防治教程	戴自荣、陈振耀 主编	4	29.80	徐镜昌
7-306-01913-9	创造一个自己的太阳	孔蕃干 编著	4	12.00	徐镜昌
7-306-01914-7	医学微生物学实验指导	王传恩 主编	4	15.00	徐镜昌
7-306-01915-5	劳动价值论研究	雷晓明 著	4	48.80	浩然
7-306-01916-3	现代法律文书写作	刘汉民 编著	4	18.00	邹岚萍
7-306-01917-1	考试的革命	蒲卫宁 主编	4	16.00	李文
7-306-01918-X	教育在思想中璀璨	李东平 著	4	20.00	周建华

书号	书名	作者		定价	责编
7-306-01919-8	《实用英语综合教程》同步学习指导第一册	古萍英、贾少宁 主编	4	18.80	熊锡源
7-306-01920-1	《实用英语综合教程》同步学习指导第二册	吴寒、刘子毅 主编	4	18.50	熊锡源
7-306-01922-8	环境科学与技术研究	《环境科学与技术研究》编委会 编	4	50.00	葛洪
7-306-01938-4	法学概论	邓伟平 主编	4	30.00	章伟
7-306-01996-1	联合国与人权保障国际化	王运祥、刘杰 著	4	18.00	欧燕华
7-306-01923-6	政治学基础理论的观念	严强、孔繁斌 著	5	18.00	杨权、国胜
7-306-01927-9	美学原理	潘智彪 编著	5	10.00	嵇春霞
7-306-01927-9	外国文学史	夏茵英 编著	5	10.00	嵇春霞
7-306-01927-9	中国古代文论	彭玉平 编著	5	10.00	嵇春霞
7-306-01927-9	唐宋名家词导读	彭玉平 编著	5	10.00	嵇春霞
7-306-01927-9	现代汉语语法学	傅雨贤、刘衡生 编著	5	10.00	嵇春霞
7-306-01927-9	语言学概论	余伟文、皮鸿鸣 编著	5	10.00	嵇春霞
7-306-01927-9	中国古代文学史（一）	师飙 编著	5	10.00	嵇春霞
7-306-01927-9	中国古代文学史（二）	彭玉平 编著	5	10.00	嵇春霞
7-306-01927-9	民间文学概论	叶春生、施爱东 编著	5	10.00	嵇春霞
7-306-01927-9	中国现代文学史	邓国伟 编著	5	10.00	嵇春霞
7-306-01928-7	计算机网络基础教程（第二版）	陈育华、陈大正 编著	5	23.80	周建华
7-306-01929-5	初级英语专题精讲精练	李木海、李梅芳、李元盛 编著	5	18.00	孙新章
7-306-01931-7	语篇·语言功能·语言教学	黄国文 主编	5	17.00	熊锡源
7-306-01932-5	外汇交易快速入门	（新加坡）许强 著	5	20.00	钟永源、蔡睿
7-306-01933-3	南天风雷	易汉文 主编	5	12.80	刘翰飞
7-306-01935-X	小学综合英语教师手册	罗丹 编著	5	10.00	葛洪
7-306-01936-8	荀子韩非子的社会历史哲学	周炽成 著	5	13.80	刘翰飞、钟永源

ISBN	书名	作者	月	定价	责编
7-306-01937-6	岭南历史名人研究	刘圣宜 主编	5	21.80	刘翰飞、钟永源
7-306-01939-2	新世纪学校素质教育与教育创新探索	本书编委会 编	5	258.00	潘隆
7-306-01993-7	中国与荷兰国际私法比较研究	袁泉 著	5	20.50	欧燕华
7-306-01812-4	实验教学改革与探索（三）	林明河 主编	6	18.00	周建华
7-306-01930-9	中级英语专题精讲精练	李木海、李梅芳、李元盛 编著	6	15.00	孙新章
7-306-01934-1	高校政治理论课参考文献	周全华 主编	6	20.00	邹岚萍
7-306-01941-4	中国临床肿瘤学教育辑·2002	吴一龙、谷力加、王思愚 主编	6	50.00	舒煦
7-306-01942-2	珠江三角洲网河河床演变	罗宪林、杨清书、贾良文、彭钜新、陈耀泰等 著	6	30.00	嵇春霞
7-306-01943-0	探索中的中国公共管理	张梦中、马克·霍哲 主编	6	46.50	葛洪
7-306-01944-9	岭峤春秋——海洋文化论集（三）	广东炎黄文化研究会、东莞市政协 编	6	20.00	刘翰飞、钟永源
7-306-01945-7	预防接种实用手册	李苑 主编	6	12.00	郝言
7-306-01948-1	雏鹰展翅趋鲲鹏	林浪 主编	6	16.00	王辉、曹巩华
7-306-02009-9	引进外资的产业选择	彭强、郑汉林、蔡亲海、李小聪 编著	6	18.00	阮继
7-306-01940-6	肯定你的潜能	斯吉·罗斯、卡罗尔·卡尔森 著；许忠建 译	7	17.00	施国胜
7-306-01946-5	现代办公设备操作技能培训教程	陈少夫 主编	7	13.00	邹岚萍
7-306-01949-X	区域营销	王定一 编著	7	20.00	郝言
7-306-01950-3	广东省高等教育自学考试汉语言文学专业本科生毕业论文选萃	邓志远 主编	7	40.00	潘智彪、潘隆
7-306-01956-2	古文字与汉语史论集	曾宪通 主编	7	68.00	裴大泉
7-306-01969-4	广东革命历史博物馆论丛	江铁军 主编	7	21.80	钟永源
7-306-01675-X	适应与超越（第二版）	古月群、漆小萍、叶深南、王自成 主编	8	12.80	邹岚萍
7-306-01951-1	21世纪大学英语听说读写教程课文辅导·1	潘晓燕、赵蓉 主编	8	13.00	熊锡源
7-306-01952-X	21世纪大学英语听说读写教程课文辅导·3	潘晓燕、赵蓉 主编	8	13.80	熊锡源

书号	书名	作者		定价	责编
7-306-01953-8	新编大学英语课文辅导·第1册	许力生 主编	8	15.80	欧燕华
7-306-01954-6	新编大学英语课文辅导·第3册	许力生 主编	8	16.00	欧燕华
7-306-01955-4	全国高等教育自学考试法学专业通关宝典	徐爱国 主编	8	49.90	蔡浩然
7-306-01958-9	汇率与利率	刘巍 著	8	19.90	周建华
7-306-01959-7	广州越秀古书院概观	广州市越秀区地方志办公室等 编	8	15.00	吉水
7-306-01961-9	ISO 9000 质量管理体系基础	喻金平、厥师鹏 主编	8	20.90	章伟
7-306-01962-7	EWB 与计算机电路基础仿真技术	王惟言 编著	8	12.50	李海东
7-306-01963-5	中国税制（第二版）	于海峰、石卫祥、阎学英 编著	8	27.00	章伟
7-306-01964-3	证券公司财务会计	葛敬东 主编	8	18.80	章伟
7-306-01968-6	世纪之交的健康社会科学	张开宁、邓启耀 主编；王泽 译	8	18.00	邓贵忠、钟永源
7-306-01970-8	民法总论	傅静坤 主编	8	28.90	浩然
7-306-01971-6	民法债权	张民安、邓鹤 主编	8	39.80	浩然
7-306-01972-4	商事法学	张民安、刘兴桂 主编	8	49.90	浩然
7-306-01973-2	民法物权	于海涌、丁南 主编	8	38.90	浩然
7-306-01974-0	计算机应用基础	胡子建 主编	8	30.00	元阜
7-306-01975-9	大学通识教育探索	黄俊杰 著	8	12.00	嵇春霞
7-306-01979-1	区域经济整合	陈广汉、郑宇硕、周运源 主编	8	45.00	李海东
7-306-01982-1	科技时代的反思	詹颂生 著	8	15.00	邹岚萍
7-306-01983-X	新编应用文写作	邱平 主编	8	18.00	邹岚萍
7-306-01984-8	比较政治学	赵虎吉 著	8	37.80	葛洪
7-306-01985-6	权力下放与课程政策变革	谢少华 著	8	48.40	葛洪
7-306-01988-0	项目投资决策经济分析（第二版）	林文俏 编著	8	14.80	吴相辉、章伟
7-306-01989-9	全新版大学英语综合教程课文辅导	胡洁 主编	8	50.00	熊锡源

ISBN	书名	作者	月	价格	责编
7-306-01991-0	知识产权法	李颖怡 主编	8	37.80	浩然
7-306-01992-9	民商法法规汇编	于海涌、卓冬青、李颖怡、豆景俊 编	8	39.90	浩然
7-306-02045-5	教学研究与实践	中山大学教务处 编	8	50.00	钟永源
7-306-01093-X	应用写作教程（第四版）	陈少夫、丘国新 编著	9	19.80	邹岚萍
7-306-01579-6	基础会计学实操（第二版）	苏淑欢 主编	9	32.00	李文
7-306-01957-0	城市土地使用的外部效果与规划控制研究	姜崇洲 著	9	25.00	李文
7-306-01960-0	当代中国政治体制改革的理论与实践研究	王乐夫、郭巍青等 著	9	19.00	施国胜
7-306-01976-7	高等数学辅导	马志敏 主编	9	20.00	李文
7-306-01977-5	资产评估学	苏淑欢、朱健仪 编著	9	36.00	李文
7-306-01980-5	现代企业人力资源管理	孙海法 编著	9	53.00	刘学谦
7-306-01981-3	国际离岸金融市场理论与实践	左连村、王洪良 著	9	19.00	刘学谦
7-306-01987-2	综合英语实验教材（1）	国际合作综合英语教学实验课题组 编	9	42.00	葛洪
7-306-01994-5	酒店营销知与行	迟晓 著	9	20.00	元阜
7-306-01999-6	技能人才创业精萃（1）	张明德 主编	9	10.00	邹岚萍
7-306-02000-5	大学语文新编	朱婵清、吴锦润、张海元、黄国璋 编	9	14.80	徐镜昌
7-306-02002-1	合同法比较研究	吴兴光、龙著华、周新军、叶昌富 著	9	26.00	郝言
7-306-00918-4	临床科学研究 设计 测量 评价（第二版）	洪明晃 主编	10	20.00	阮继
7-306-01978-3	生物学专业英语	张润杰、周昌清、周强 编著	10	29.90	周建华
7-306-01990-2	淘金式巧攻大学英语阅读160篇	潘晓燕 主编	10	29.60	熊锡源
7-306-01995-3	现代生产与运作管理	陈志祥 编著	10	45.00	周建华
7-306-01997-X	促进我国中小企业发展政策研究	欧江波等 著	10	19.60	杨捷
7-306-02003-X	管理学概论（第二版）	邵冲 编著	10	35.00	刘学谦
7-306-02016-1	简帛典籍异文研究	吴辛丑 著	10	35.00	裴大泉
7-306-02004-8	高职高专实用英语词汇通	古萍英、吴寒 主编	11	19.60	熊锡源

7-306-02005-6	广东省建筑技术研究进展	曹华光 主编	11	80.00	李慈、钟永源
7-306-02008-0	遏制的困境	唐小松 著	11	16.50	欧燕华
7-306-02010-2	领导学（第二版）	王乐夫 编著	11	32.00	施国胜
7-306-02017-X	中国法制史	万安中 主编	11	18.00	刘学谦
7-306-02019-6	综合英语实验教材（2）	国际合作综合英语教学实验课题组 编	11	49.00	葛洪
7-306-02022-6	一个家庭超前教育的纪实	周扬、周围 著	11	10.00	嵇春霞
7-306-02093-5	企业教练：领导力革命	梁立邦、段传敏 著	11	50.00	方微之
7-306-01701-2	中国昆虫名录第二卷	华立中 编	12	300.00	周建华
7-306-01884-1	中山大学年鉴.2001	中山大学校长办公室 编	12	48.00	钟永源
7-306-01891-4	公共管理研究	王乐夫 主编	12	28.00	葛洪
7-306-01921-X	艺术史研究（第四辑）	中山大学艺术史研究中心 编	12	80.00	裘大泉
7-306-02001-3	企业经营管理创新决策	林平凡 著	12	25.00	徐镜昌
7-306-02006-4	转型时期的俄罗斯国家安全战略	王树春 著	12	16.80	杨捷
7-306-02007-2	美国早期土地制度研究	孔庆山 著	12	20.50	杨捷
7-306-02013-7	扩招后的学生教育与管理	广东省普通高等学校学生工作专业委员会 编	12	48.00	邹岚萍
7-306-02020-X	走进家庭素质教育	彭顺生 著	12	16.80	杨捷
7-306-02021-8	你可以做得更好	黄俊华 著；梁立邦 点评	12	50.00	章伟
7-306-02024-2	卫生事业管理	谭树芬、刘俊文 主编	12	25.00	阮继
7-306-02091-9	史学方法论	林家有 著	12	15.00	邹岚萍
7-306-02092-7	广州职业指导文集	邢诒波、陈洁吾 主编	12	35.00	潘隆
7-306-02099-4	来自基层的实践报告	黄镇清、卜灿雄、欧康寿 主编	12	20.00	潘隆
7-306-02100-1	岭南经济论坛	舒元、王珺、陈平 主编	12	70.00	周建华
7-306-02167-2	当代美国教育问题透视	郑文 编著	12	18.00	葛洪

2003 年

书号（ISBN）	书名	作者	出版月份	定价（元）	责任编辑
7-306-02011-0	行政官僚与现代社会	蓝志勇 编著	1	28.00	葛洪
7-306-02012-9	中国税收制度（第三版）	杨卫华、周凯 主编	1	33.80	施国胜
7-306-02015-3	城市社会学	蔡禾 主编	1	24.80	施国胜
7-306-02018-8	财务管理	肖仰烈 主编	1	26.00	章伟、吴相辉
7-306-02023-4	实用赏石	司徒为、罗达明 编著	1	37.00	葛洪
7-306-02025-0	新世纪中学教学管理之路	李伟明 主编	1	26.00	杨捷
7-306-02026-9	少儿美术创意课例 彩画童真	邓仲荣、李颖 编著	1	25.00	朱霭华
7-306-02028-5	新编小学生作文手册	《新编小学生作文手册》编写组 编	1	54.40	元阜
7-306-02029-3	新编小学生图解字典	《新编小学生图解字典》编写组 编	1	90.40	元阜
7-306-02030-7	德国社会发展研究	马桂琪、黎家勇 著	1	26.50	李海东
7-306-02033-1	高中起点升专本科速成教程与应试精要·语文	全国成人高考统一考试应试辅导编写组 编	1	33.00	吴文化
7-306-02034-X	高中起点升专本科速成教程与应试精要·数学	全国成人高考统一考试应试辅导编写组 编	1	32.00	李文
7-306-02035-8	高中起点升专本科速成教程与应试精要·英语	全国成人高考统一考试应试辅导编写组 编	1	38.00	刘学谦
7-306-02037-4	妈祖真迹	林庆昌 著	1	38.00	大雨
7-306-02097-8	现学现用英语Ⅱ（丛书）	曼妮 策划	1	72.00	林宏新
7-306-01073-5	实用英文写作（第二版）	刘礼进 编著	2	23.80	舒宝明
7-306-01220-7	计算机图形学（第三版）	罗笑南、王若梅 编著	2	29.00	周建华
7-306-01646-6	财务会计学实操（第二版）	苏淑欢 主编	2	23.00	李文
7-306-01667-9	商业银行会计学（第三版）	葛敬东 著	2	28.00	章伟
7-306-02031-5	足迹	唐燕、漆小萍、张继芳 主编	2	20.00	刘学谦
7-306-02036-6	Visual BASIC 程序设计教程	江志文 主编	2	39.00	元阜

7-306-02038-2	现代企业管理与技术经济分析	吴拓 主编	2	18.90	熊锡源
7-306-02039-0	会计综合实习与分析	苏淑欢 主编	2	55.00	李文
7-306-02040-4	纳税会计与纳税筹划	苏淑欢 著	2	35.00	周建华
7-306-02047-1	心理学基础知识及其应用	古海、蔡楷有、谭德礼、胡卫标 编著	2	23.00	王辉
7-306-02049-8	商务礼仪英语	杨文慧、周瑞琪 编著	2	20.50	杨捷
7-306-02050-1	品质成本管理	王绍印 编著	2	27.00	章伟
7-306-02095-1	贺氏英语语法全书	贺立民 编著	2	128.00	杨捷
7-306-02098-6	口袋英汉词典	吴建平 主编	2	20.00	邓启铜
7-306-02032-3	宏观金融理论解析	刘巍 编著	3	19.00	周建华
7-306-02042-0	成人高考高中起点升本、专科命题应考指南	全国成人高考大纲修订组 编	3	60.00	雯丽
7-306-02046-3	新编电子商务英语	林昭文、陈荷、郭江峰 编著	3	14.00	欧燕华
7-306-02048-X	商路崎岖	孙雄 编著	3	38.00	张松
7-306-02051-X	计算机实用软件教程	曾海、伍秀娟、叶翔鹰、曾文 编著	3	58.00	邓启铜
7-306-02053-6	广东省企业管理现代化实践	罗佛光 主编	3	32.00	李文
7-306-01967-8	卢仲山诗词选集	卢仲山 著	4	11.80	钟永源
7-306-02044-7	成人高考英语词汇词组即时通	李继红 主编	4	80.00	邓启铜
7-306-02055-2	贸易自由化对环境的影响及其国际协调	孙茂辉 著	4	16.00	徐镜昌
7-306-02056-0	实用英语应用写作	吴寒、刘子毅 主编	4	16.80	熊锡源
7-306-02057-9	成功企业人力资源科学管理研究范例（上）	欧阳洁、曹晓峰、陈竞晓、范岚 著	4	35.00	周建华
7-306-02058-7	议论文写作的纵横捭阖	李东平 著	4	18.00	周建华
7-306-02059-5	英语易混词语精讲精练	李木海、李元盛、李梅芳 编著	4	10.00	孙新章
7-306-02060-9	砚塘文存	崔华龙 主编	4	36.00	钟永源
7-306-02063-3	故障模式和影响分析（FMEA）	王绍印 编著	4	27.00	方微之

书号	书名	作者		定价	责编
7-306-02064-1	中国：海峡两岸民商法律问题之比较	沈乐平、李永然 主编	4	50.00	章伟
7-306-02065-X	中国内地与香港民商法律问题之比较	沈乐平、雷兴虎 主编	4	28.80	谭广洪
7-306-02067-6	"生活、个性、快速"多维互动作文	周国强 主编	4	36.00	嵇春霞
7-306-01680-6	进出口业务与报关（第五版）	廖力平、廖庆薪 编著	5	23.00	蔡浩然
7-306-01681-4	现代中国对外贸易概论（第二版）	廖庆薪、廖力平 编著	5	23.00	蔡浩然
7-306-01786-1	计算机基础教程Windows98与Office2000（第二版）	林卓然 编著	5	25.00	里引
7-306-01869-8	大学英语四级全方攻略 写作（第二版）	方玲玲 主编	5	8.00	阮继
7-306-01870-1	大学英语四级全方攻略 阅读（第二版）	梁国光 主编	5	14.00	阮继
7-306-01871-X	大学英语四级全方攻略 听力（第二版）	张杰 主编	5	10.50	阮继
7-306-01872-8	大学英语四级全方攻略 词汇与语法（第二版）	蒋澄生 主编	5	15.00	阮继
7-306-01947-3	研究系与五四时期的新文化运动	彭鹏 著	5	18.00	欧燕华
7-306-02043-9	大学英语词汇词组即时通	李继红 主编	5	100.00	邓启铜
7-306-02054-4	现代物流采购管理	郝渊晓、王茜草、郝彬、相里六续等 编著	5	28.60	郝言
7-306-02061-7	土力学	何思为 主编	5	32.00	周建华
7-306-02066-8	教师的学习与成长	关老健、陈观瑜 著	5	12.00	徐镜昌
7-306-02068-4	小学语文课堂创新教学模式	孙春成 编著	5	13.80	徐镜昌
7-306-02069-2	中学语文课堂创新教学模式	孙春成 编著	5	19.80	徐镜昌
7-306-02071-4	中大管理案例	中山大学管理学院案例研究中心 编	5	10.00	刘学谦
7-306-02072-2	校园春芽	窦萍珍 主编	5	12.50	嵇春霞
7-306-02062-5	解读网络	漆小萍、林莉、陈鹏 主编	6	12.80	邹岚萍
7-306-02070-6	公司法律制度新论	钟明霞 著	6	22.00	邹岚萍
7-306-02073-0	钟南山——永远的青春之歌	魏东海 主编	6	45.00	阮继
7-306-02075-7	计算机基础教程Windows2000与Office2000	林卓然 编著	6	26.00	里引

书号	书名	作者		定价	责编
7-306-02076-5	动态网页设计教程	骆耀祖、龚洵禹 主编	6	28.00	李文
7-306-02077-3	生物信息学网络资源与应用	黄韧、薛成、任瑞文、徐晓立、蒋红霞 编著	6	48.00	周建华
7-306-02079-X	新编小学生字词句篇图解手册	《新编小学生字词句篇图解手册》编写组 编	6	95.00	嵇春霞
7-306-02080-3	领导策略与团队管理	孙海法 著	6	30.00	周建华
7-306-02084-6	新小学语文活动课程设计	张云鹰 编著	6	18.00	嵇春霞
7-306-02085-4	小学语文自主学习与素质检测	张云鹰、邓蝴梅 编著	6	14.00	杨捷
7-306-02086-2	电子商务概论	乔万林、蒋吉频 主编	6	23.00	李文
7-306-02103-6	WTO与农村金融改革	温伟胜 编著	6	20.00	周建华
7-306-02114-1	中国公共管理评论（CPAR）	张梦中、（美）马克·霍哲 主编	6	45.00	葛洪
7-306-02115-X	小学生语文数学手册·语文卷	《小学生语文数学手册·语文卷》编写组 编	6	60.00	嵇春霞
7-306-02116-8	小学生语文数学手册·数学卷	《小学生语文数学手册·数学卷》编写组 编	6	30.00	杨捷
7-306-01812-4	实验教学改革与探索（四）	林明河 主编	7	22.00	周建华
7-306-02027-7	英语基础教程	谭立新 主编	7	28.00	邓启铜
7-306-02041-2	跨越零点计算机教程	刘景龙 主编	7	119.00	张跃飞
7-306-02082-X	小学生轻松作文	蔡德权 主编	7	40.00	小萌
7-306-02083-8	小学生快乐作文	丁波 主编	7	60.00	微之
7-306-02087-0	新小学数学活动课程设计	张云鹰、唐翠娥 编著	7	18.00	杨捷
7-306-02088-9	岭峤春秋——雷州文化论文集	广东炎黄文化研究会、中共湛江市委宣传部 编	7	28.00	刘翰飞
7-306-02109-5	决策管理：理论、方法、技巧与运用	欧阳洁 著	7	60.00	周建华
7-306-02119-2	非典：反思与对策	梁庆寅 主编	7	23.00	周舟
7-306-02121-4	世纪之交的佛山人口	佛山市第五次人口普查办公室、佛山市统计局 编	7	33.00	李文
7-306-02124-9	粤港经贸合作新机遇	黄永智 主编	7	15.00	周建华

7-306-02128-1	体验式学习的力量	（英）柯林.比尔德、约翰.威尔逊 著；黄荣华 译	7	50.00	章伟
7-306-02129-X	中国外汇监管法律制度研究	彭虹 著	7	16.00	吴伟凡
7-306-02147-8	《计算机文化基础》教学参考	李瑜波 主编	7	10.00	阮继
7-306-01397-1	普通逻辑应试读本（第二版）	刘锦方、梁彪、黄弈显、梁庆寅 编著	8	21.80	施国胜
7-306-01448-X	《现代西方经济学原理》学习指导与习题解答（第三版）	李翀 编著	8	18.00	舒宝明、李海东
7-306-01704-7	成本会计学实操（第二版）	苏淑欢 主编	8	21.00	李文
7-306-01819-1	淘金式巧攻大学英语词汇·六级分册	伍乐其 主编	8	14.80	熊锡源
7-306-02045-5	教学研究与实践	中山大学教务处 编	8	68.00	钟永源
7-306-02081-1	学生工作的设计与评估	漆小萍 编著	8	19.80	碧茗
7-306-02089-7	法律基础教程	谢朝凤、宁清华 主编	8	23.00	刘学谦
7-306-02090-0	经济法教程	陈英、王力彬 主编	8	23.00	周建华
7-306-02096-X	大学体育理论与实践教程	黄茂武、陈智勇 执行主编	8	27.80	忠平
7-306-02101-X	新编法学概论	钟明霞 主编	8	25.00	邹岚萍
7-306-02104-4	公司法	张民安、蔡元庆 主编	8	45.80	浩然
7-306-02105-2	保险法	彭虹、豆景俊 主编	8	35.90	浩然
7-306-02106-0	合同法	张民安、王红一 主编	8	49.90	浩然
7-306-02107-9	海商法	王千华、白越先 主编	8	43.90	浩然
7-306-02112-5	计算机应用技术基础	陈建勋、杨有安 主编	8	28.50	李文
7-306-02118-4	世纪之交的广州人口	陈锦德 主编	8	18.00	李海东
7-306-02120-6	货币银行学	陈伟光 主编	8	20.00	刘学谦
7-306-02123-0	双语教育与综合英语	冯增俊、柯森 主编	8	20.00	刘学谦
7-306-02125-7	公共卫生检验采抽样技术	罗建波、刘礼平 主编	8	45.00	周建华

7-306-02127-3	国际商法	吴兴光 主编	8	32.80	浩然
7-306-02130-3	PCM 杠杆营销	马苏 编著	8	28.00	徐镜昌
7-306-02131-1	转轨经济中中国企业的跨国经营行为	顾乃康 著	8	25.00	李慈
7-306-02134-6	计算机应用基础教程	周猛 主编	8	33.80	张礼凤
7-306-02137-0	现代企业管理原理（第三版）	金玉阶、孙宁华 主编	8	15.80	刘学谦
7-306-02138-9	珠江三角洲研究文献指引	李郇、郭永清、徐江、叶嘉安 主编	8	60.00	李海东
7-306-02139-7	提升大珠江三角洲国际竞争力研究	陈广汉、周运源、叶嘉安、薛凤旋 主编	8	38.00	李海东
7-306-02140-0	变革社会的公共治理	郭正林 主编	8	26.00	施国胜
7-306-02143-5	审计学	刘德银 主编	8	25.00	章伟
7-306-02144-3	财政学（第四版）	吴厚德 编著	8	38.00	方微之
7-306-02146-X	计算机文化基础(Windows XP 与 Office XP)	陆志峰 主编	8	45.00	元阜
7-306-02148-6	线性代数辅导与习题全解	马志敏、张华隆、濮燕敏 主编	8	12.80	张礼凤
7-306-02151-6	高级财务会计学	葛敬东 主编	8	28.00	章伟
7-306-02153-2	SARS 临床及 X 线图析	江山平、陈锡龙、周经兴 编	8	58.00	阮继
7-306-02157-5	实用口语交际艺术	朱传玲 主编	8	20.00	林宏新
7-306-02159-1	大学英语作文应试技巧	李望国 主编	8	22.00	邓启铜
7-306-02160-5	大学英语快速阅读技巧	顾乾毅 著	8	23.00	邓启铜
7-306-02165-6	临床药理学	赵香兰、黄民 主编	8	29.80	元阜
7-306-01976-7	高等数学辅导·习题详解（第二版）	马志敏 主编	9	25.00	张礼凤
7-306-02126-5	会议文书写作	丘国新、陈少夫 主编	9	22.80	邹岚萍
7-306-02132-X	中考英语冲刺阅读	肖鹏 编著	9	12.00	陈文杰
7-306-02133-8	高考英语冲刺阅读	肖鹏 编著	9	18.00	陈文杰
7-306-02135-4	淘金式巧攻大学英语词汇.四级分册	伍乐其 主编	9	14.80	熊锡源

书号	书名	作者	月	定价	责编
7-306-02136-2	名师家教	袁锦萍 主编	9	52.00	杨捷
7-306-02142-7	GIS及遥感技术在水文水资源及环境中的应用	陈洋波 主编	9	30.00	李华
7-306-02149-4	综合英语实验教材（3）	国际合作综合英语教学实验课题组 编	9	49.00	葛洪
7-306-02150-8	中考秘笈	莫乃文、麦东亮、黄永光、林良驹 主编	9	43.00	易青
7-306-02155-9	初级英语步步高·3A	李木海、李元盛、李梅芳 编著	9	9.50	孙新章
7-306-02158-3	多媒体研究生英语教程	王哲、陈慈、杜敏、曾春莲、马海燕、李军军 编	9	38.00	葛洪
7-306-02161-3	计算机基础应用教程	杨宇 主编	9	30.00	邓启铜
7-306-02162-1	梦想成真	陈安嗣 编著	9	15.00	刘学谦
7-306-02163-X	案例学习研究	（美）应国瑞 著；张梦中 译	9	28.00	葛洪
7-306-02164-8	政府业绩与质量测评	（美）阿里·哈拉契米 著；张梦中、丁煌 译	9	30.00	葛洪
7-306-02166-4	国际货币制度论	周文贵、肖鹞飞 编著	9	23.80	刘学谦
7-306-02168-0	迎接业绩导向型政府的挑战	（美）纽科默等 主编；张梦中、李文星等 译	9	27.00	葛洪
7-306-02169-9	当代美国教育技术	颜辉 编著	9	15.00	葛洪
7-306-02171-0	新编西方经济学原理（第二版）	李善民 编著	9	26.80	浩然
7-306-02172-9	大学体育实践指南	张学研、张洪顺 主编	9	25.00	元阜
7-306-02174-5	超越台湾	陈云 著	9	29.00	周建华
7-306-02122-2	教育的艺术	刘守旗、丁勇、俞润生 主编	10	18.00	嵇春霞
7-306-02141-9	韶关城市总体发展概念规划	梁韶灵、薛德升 主编	10	100.00	欧燕华
7-306-02170-2	企业聚群竞争力	林平凡、陈诗仁等 著	10	19.80	徐镜昌
7-306-02173-7	泛欧几何	刘鸿健 著	10	39.00	周建华
7-306-02175-3	科学社会主义理论与实践导论	钟明华、叶启绩、郭文亮 主编	10	20.00	舒宝明
7-306-02176-1	软件工程与CMM	罗笑南 主编	10	—	舒宝明
7-306-02177-X	广州市社会保障卡的发行与应用	胡勇 编著	10	15.00	舒宝明

ISBN	书名	作者	月	定价	责编
7-306-02185-0	计算机科学与技术导论	胡金柱 主编	10	23.50	里引、唐源
7-306-02186-9	昆虫世界与人类社会	陈振耀 编著	10	23.00	徐镜昌
7-306-02187-7	当代美国中小学教育绩效责任探析	邱白莉 编著	10	15.00	葛洪
7-306-02188-5	广东图书馆学会40年	程焕文 主编	10	80.00	李海东
7-306-02191-5	Exotic Pests and Their Control	张润杰、周昌清 编	10	45.00	周建华
7-306-00807-2	中山大学出版社出版成果汇编·Ⅱ（1993—2003）	中山大学出版社 编	11	—	孙新章
7-306-01977-5	资产评估学（第二版）	苏淑欢、朱健仪 编著	11	38.00	李文
7-306-02039-0	会计综合实习与分析（第二版）	苏淑欢 主编	11	55.00	李文
7-306-02094-3	文化视野中的青年道德社会化	李萍、钟明华 主编	11	17.00	舒宝明
7-306-02179-6	足球	周毅、李静波 主编	11	10.00	阮继
7-306-02180-X	排球	吴征宇、陈卓源 主编	11	10.00	阮继
7-306-02181-8	武术与养生	李旺华 主编	11	12.75	阮继、曹巩华
7-306-02182-6	体育舞蹈与健美运动	邓援朝、邓红妮、黄明强 主编	11	9.60	嵇春霞
7-306-02184-2	定向运动与野外生存训练	陈小蓉 主编	11	12.00	阮继、曹巩华
7-306-02189-3	大学英语语法应试技巧	郑岩芳 主编	11	25.00	邓启铜
7-306-02190-7	现代公文模具	陈功伟、陈涵平、项昌贵 编	11	23.00	葛洪
7-306-02192-3	成功企业人力资源科学管理研究范例（下）	欧阳洁、曹晓峰、陈竞晓、范岚 著	11	48.00	周建华
7-306-02194-X	票据法	杨小强、孙晓萍 主编	11	29.80	浩然
7-306-02195-8	证券法	杨峰、刘兴桂 主编	11	36.90	浩然
7-306-02196-6	竞聘演讲词赏析与评改	刘汉民 编著	11	20.00	邹岚萍
7-306-02197-4	企业集团法律问题	沈乐平 著	11	20.00	邹岚萍
7-306-02198-2	广东省社会科学院决策研究年报	广东省社会科学院 编	11	50.00	刘学谦
7-306-02199-0	广东省社会科学院学术年报	广东省社会科学院 编	11	50.00	周建华

书号（ISBN）	书名	作者	出版月份	定价（元）	责任编辑
7-306-02201-6	幼教与教师	（日）小田丰 著；孙诚等 译	11	10.00	葛洪
7-306-02202-4	幼教与家长	（日）小田丰 著；孙诚等 译	11	10.00	葛洪
7-306-02203-2	幼儿心理教育	（日）小田丰 著；孙诚等 译	11	10.00	葛洪
7-306-02206-7	教育对经济增长贡献的国际比较	姚益龙 著	11	25.00	杨捷
7-306-01884-1	中山大学年鉴·2002	中山大学校长办公室 编	12	35.00	钟永源
7-306-02178-8	《普通逻辑原理》自学考试辅导	吴志雄 编著	12	17.00	舒宝明
7-306-02204-0	岭峤春秋——黄节研究论文集	广东炎黄文化研究会、顺德市政府文体局 合编	12	20.00	黄国声、钟永源
7-306-02205-9	岭峤春秋——广府文化与阮元论文集	广东炎黄文化研究会、广州炎黄文化研究会 编	12	26.00	刘翰飞、钟永源
7-306-02211-3	信仰·运思·悟道	冯达文、张宪 主编	12	36.00	杨海文、舒宝明
7-306-02212-1	语言的向度	王宾 主编	12	32.00	朱镱华
7-306-02213-X	价值之思	冯平、翟振明、（美）G.M.Abbarno 主编	12	39.00	朱镱华
7-306-02214-8	系统观念与哲学探索	张志林、张华夏 主编	12	33.00	朱镱华
7-306-02215-6	珠海市教育事业发展规划研究	孔杰等 著	12	18.00	廖潮钦、徐镜昌
7-306-02219-9	红楼梦作者新证	温云英 著	12	23.00	吴文化
7-306-02254-7	艺术史研究（第五辑）	中山大学艺术史研究中心 编	12	90.00	裴大泉

2004年

书号（ISBN）	书名	作者	出版月份	定价（元）	责任编辑
7-306-01891-4	公共管理研究（2）	王乐夫 主编	1	43.00	葛洪
7-306-02155-9	初级英语步步高·4A	李木海、李元盛、李梅芳 编著	1	9.00	孙新章
7-306-02200-8	小学生快乐语文故事（共5册）	徐军 主编	1	55.00	嵇春霞
7-306-02208-3	韶州瑶人：粤北瑶族社会发展跟踪调查	李默 著	1	20.00	李海东
7-306-02209-1	申论写作技巧	刘汉民 编著	1	22.00	邹岚萍

书号	书名	作者		定价	责编
7-306-02210-5	C程序设计基础	黄远林 主编	1	26.80	里引、唐源
7-306-02221-0	管理会计学	车嘉丽、罗建华、金小军 编著	1	25.00	章伟
7-306-02222-9	公路工程质量控制与试验检测方法	林艳华 主编	1	25.00	张礼凤
7-306-02223-7	知识产权经济新引擎正在轰鸣	唐善新 主编	1	25.00	潘隆
7-306-02224-5	超级大脑训练营（全七册）	红星工作室 编	1	63.00	邓启铜、罗振龙
7-306-02225-3	大学英语四级考试全能训练	刘绍龙 主编	1	16.80	熊锡源
7-306-02226-1	大学英语六级考试全能训练	刘绍龙 主编	1	16.80	熊锡源
7-306-02227-X	淘金式巧攻双频阅读词汇·四级分册	伍乐其 主编	1	15.80	熊锡源
7-306-01770-5	人力资源管理（第二版）	陈天祥、王国颖 编著	2	35.00	郑吴志、方微之
7-306-02108-7	新编商法教程	沈乐平 主编	2	21.00	邹岚萍
7-306-02216-4	小学生能力作文（共5册）	徐军、丁波、王海蓉、李友元 主编	2	60.00	小萌
7-306-02217-2	中学生能力作文（共5册）	祝正洲、丁波 主编	2	60.00	小萌
7-306-02220-2	写作大要新编	陈子典 编著	2	26.00	邹岚萍
7-306-02228-8	淘金式巧攻双频阅读词汇·六级分册	伍乐其 主编	2	17.80	熊锡源
7-306-02229-6	计算机基础实用教程	陈达宏 主编	2	33.00	张礼凤
7-306-02230-X	商法总则	张民安、龚赛红 著	2	39.80	浩然
7-306-02232-6	中日比较文学比较文化研究	佟君、陈多友 主编	2	38.50	熊锡源
7-306-02233-4	新专利法基础教程	吴拓 编著	2	18.80	熊锡源
7-306-02235-0	新编应用写作教程	陈利加 主编	2	21.60	王辉、原跻
7-306-02236-9	《Visual Basic程序设计教程》实验与习题集	江志文 主编	2	15.00	元阜
7-306-02247-4	中国程序法	郑文辉 著	2	68.00	施国胜
7-306-02183-4	游泳与实用水上运动	李仲明 主编	3	14.50	阮继、曹巩华
7-306-02207-5	现代公司理财	姚益龙 主编	3	32.00	杨捷

7-306-02218-0	地道英语口语核心单词1000	（英）莱顿、崔明明 著	3	25.00	陈文杰
7-306-02237-7	广州地区应用软件成果汇编	广州市科学技术局 编	3	68.00	周建华
7-306-02238-5	英汉互译高级教程	傅晓玲、尚媛媛、曾春莲 编著	3	36.00	葛洪
7-306-02239-3	中元论	曾庆宾、刘明勋 著	3	18.00	朱霭华
7-306-02240-7	临门一脚·高考仿真冲刺题（共7册）	黄晓江 主编	3	35.00	葛洪
7-306-02241-5	中外文学名作选读	李丽蓉 主编	3	23.50	熊锡源
7-306-02245-8	无机化学习题解答	蔡少华、龚孟濂、刘杰 编著	3	38.00	周建华
7-306-02249-0	本科教学改革与实践	中山大学生命科学学院 编	3	25.00	何凡
7-306-02251-2	机动车驾驶员学习教材	吴诰珪 主编	3	23.00	元阜
7-306-02231-8	英语习语与人际意义	常晨光 著	4	25.00	熊锡源
7-306-02242-3	中学生议论文论点论据大全	焦芳 主编	4	19.50	小萌
7-306-02248-2	奇妙的世界（共12册）	星星 编著	4	57.60	邓启铜、罗振龙
7-306-02250-4	汽车国际贸易	薛伟、姚喜贵、马光 编著	4	19.80	杨捷、曹巩华
7-306-02253-9	管理对抗与逃亡	方瑞宁 著	4	23.80	熊锡源
7-306-02255-5	对外汉语教学入门	周小兵、李海鸥 主编	4	33.00	李海东
7-306-02256-3	侵权行为法中的因果关系——理论和实践	范利平 著	4	19.00	杨捷
7-306-02257-1	物业信息管理学习与实践指导书	曾海 主编	4	35.00	邓启铜
7-306-02258-X	高等学校英语应用能力考试综合训练（共2册）	本书编委会 编	4	48.00	张礼凤、邓启铜
7-306-01912-0	白蚁防治教程（第二版）	戴自荣、陈振耀 主编	5	29.80	徐镜昌
7-306-02114-1	中国公共管理评论(CPAR)(3)	张梦中、（美）马克·霍哲 主编	5	49.00	葛洪
7-306-02234-2	《中国税制》习题集	于海峰、石卫祥、闫学英、龙笔锋 编	5	18.00	方微之
7-306-02259-8	品牌知行	郑宗成、汪德宏、姚承纲 著	5	49.80	李海东
7-306-02260-1	中学生创新作文100招	章登享 主编	5	36.00	刘学谦

7-306-02261-X	海商法案例与评析	金正佳 主编	5	49.60	蔡浩然
7-306-02262-8	合同法案例与评析	汪兴林、苏祖耀 主编	5	35.90	蔡浩然
7-306-02263-6	债法总论案例与评析	钟勇生 主编	5	25.80	蔡浩然
7-306-02265-2	对外贸易经济效益研究	袁欣 著	5	18.00	周建华
7-306-02266-0	对外贸易结构的动态演进	袁欣 著	5	26.00	周建华
7-306-02267-9	宏观经济运行中的货币	刘巍、郝雁 著	5	20.00	周建华
7-306-02269-5	农产品市场竞争力	张昱 著	5	18.00	刘学谦
7-306-02270-9	城市与区域的可持续发展	刘力 著	5	18.00	刘学谦
7-306-02271-7	营销城市	谭昆智 主编	5	25.00	嵇春霞
7-306-02272-5	小学生必背古诗词70首	丁波 主编	5	6.50	嵇春霞
7-306-02273-3	小学生必背古诗词80首	丁波 主编	5	7.50	嵇春霞
7-306-02277-6	近代西欧哲学及其宗教背景	徐文俊 著	5	22.00	施国胜
7-306-02278-4	中国后现代话语	王岳川 主编	5	42.00	嵇春霞
7-306-02280-6	文化青山	曹直 编著	5	16.00	徐镜昌
7-306-02281-4	达德岁月——香港达德学院纪念集	《达德岁月》编委会 编	5	80.00	徐镜昌
7-306-02282-2	海事法专题研究	金正佳 主编	5	25.00	张礼凤
7-306-02283-0	海事裁判文书精选	金正佳 主编	5	32.00	张礼凤
7-306-02284-9	海事裁判文书精选（英文版）	金正佳 主编	5	20.00	张礼凤
7-306-01786-1	计算机基础教程Windows98与Office2000（第三版）	林卓然 编著	6	25.00	里引
7-306-02156-7	初级英语步步高·5A	李木海、李元盛、李梅芳 编著；张婉瑜 绘图	6	9.50	孙新章
7-306-02264-4	傲慢与偏见	施爱国 著	6	20.00	李海东
7-306-02268-7	国际金融（第二版）	邵学言、肖鹞飞 主编	6	28.80	刘学谦

编号	书名	作者	6/7	定价	责编
7-306-02274-1	跨文化交际技巧	何维湘、(美)约翰、(美)彼得、(美)凯特琳 编著	6	18.00	欧燕华、章伟
7-306-02286-5	中国南方九省区宏观经济模型	刘巍 著	6	15.00	周建华
7-306-02287-3	实用企业文化营销	周小明 编著	6	19.80	翁容
7-306-02295-4	中国贸易收支研究	邵学言、郝雁 著	6	18.00	周建华
7-306-02297-0	现代实用英语语法精要	李国杰、李婷 编著	6	32.00	孙新章
7-306-02298-9	中国农村税费改革中的公平问题研究	吕亚荣 著	6	20.00	立早
7-306-02300-4	复变函数	孙清华、孙昊 编	6	19.00	李文、李立鹏
7-306-02301-2	微积分	欧贵兵、袁子厚、黄光谷 主编	6	27.00	周建华、李立鹏
7-306-02302-0	线性代数	梅家斌、袁子厚、唐强 主编	6	19.00	李文、李立鹏
7-306-02303-9	概率论与数理统计	孙清华、侯谦民 主编	6	23.00	周建华、李立鹏
7-306-02317-9	中外投资银行比较	贺显南、王园林 著	6	36.00	周建华
7-306-02326-8	国际贸易	何元贵 主编	6	23.80	刘学谦
7-306-01650-4	产学研联合的探索与实践(第二版)	崔英德、蔡立彬、李大光、陈朴、宋启煌 编著	7	20.00	周建华
7-306-02244-X	小学趣味数学(共6册)	何燕成 主编	7	45.00	哲言
7-306-02252-0	形体与形象塑造	樊莲香、阿理、汤海燕 编著	7	32.00	嵇春霞
7-306-02285-7	计算机基础知识教程	石朝阳、李国良 主编	7	27.00	张礼凤
7-306-02311-X	现代饭店经营管理	董观志 主编	7	29.80	杨捷
7-306-02312-8	数据结构	杨薇薇、张胜利、殷贤亮 编	7	29.00	里引、唐源
7-306-02313-6	高等数学辅导	马志敏 主编	7	20.00	张礼凤
7-306-02314-4	初中英语阅读大突破(共3册)	徐瑞平 主编	7	42.00	刘学谦
7-306-02315-2	现代市场营销学	李升 主编	7	34.80	施国胜
7-306-02321-7	滨海旅游理论与实践	池雄标 主编	7	38.00	邓启铜
7-306-02323-3	全球经济中的发展中国家	刘力 著	7	18.00	刘学谦

7-306-02324-1	兰台春秋	易汉文 主编	7	16.00	原声
7-306-02325-X	国际金融市场与投资	左连村 主编	7	23.00	周建华
7-306-02332-2	哲学范例式教学教程	许维安 编著	7	16.00	嵇春霞、曹巩华
7-306-02341-1	金色思维·大综合	吴炬 主编	7	34.00	嵇春霞、李文
7-306-02355-1	大学生军事教程	徐超 主编	7	27.00	王辉
7-306-01785-3	线性代数（第二版）	贺铁山、张鸿亮、陈庆桢 编著	8	16.00	周建华
7-306-02075-7	计算机基础教程 Windows2000与Office2000	林卓然 编著	8	26.00	里引
7-306-02243-1	初级英语步步高·1000词汇活用大检阅	李木海、李元盛、李梅芳 编著	8	9.50	孙新章
7-306-02306-3	线性代数习题与考研题解析	邓泽清、黄光谷、陈晓坤 编	8	19.00	周建华、李立鹏
7-306-02307-1	运筹学习题选解与题型归纳	詹明清 主编	8	26.00	李文、韩晓军
7-306-02308-X	经济管理数学学习指导与习题解析	梅家斌、欧贵兵、郭文秀、唐强 编	8	29.00	周建华、李立鹏
7-306-02309-8	线性代数学习指导与习题解析	张学元 主编	8	28.00	李文、李立鹏
7-306-02316-0	公务员录用面试技巧	刘汉民 著	8	20.00	邹岚萍
7-306-02318-7	C++语言及面向对象程序设计	曹计昌、袁志勇、朱莉、闵华凇 编著	8	46.00	里引、唐源
7-306-02320-9	师生互动（共7册）	东方 主编	8	114.00	周建华
7-306-02322-5	中国特色的现代企业管理理论与发展战略	廖力平、廖庆薪 编著	8	14.90	浩然
7-306-02327-6	企业价值评估与投资决策	冯春丽、李正伦 著	8	18.00	刘学谦
7-306-02328-4	大学教育	张祥云 著	8	28.00	葛洪
7-306-02329-2	电路与电子技术基础	王金矿、乔万林、朱建华 编著	8	49.90	周建华
7-306-02333-0	高考快递——满分作文	李光 主编	8	13.80	哲言
7-306-02334-9	幼儿教育小班读本（共5册）	云浮市幼儿教育研究会 编	8	32.00	符琼菊
7-306-02335-7	幼儿教育中班读本（共5册）	云浮市幼儿教育研究会 编	8	38.00	符琼菊
7-306-02336-5	幼儿教育大班读本（共5册）	云浮市幼儿教育研究会 编	8	42.00	符琼菊

7-306-02337-3	幼儿教育学前班读本（共4册）	云浮市幼儿教育研究会 编	8	16.00	符琼菊
7-306-02338-1	家庭心理辅导：做好你高中孩子的心理辅导师	颜农秋 主编	8	16.80	叶展铭
7-306-02340-3	淘金式巧攻考研英语词汇	伍乐其 主编	8	23.80	熊锡源、许玲
7-306-02342-X	数据结构（C语言版）	曾东海、陈莉莹 主编	8	15.00	张礼凤
7-306-02343-8	幼儿园主题教育活动套材·大班·上学期	卢莫愁、费广洪 主编	8	30.00	翁容
7-306-02344-6	幼儿园主题教育活动套材·中班·上学期	卢莫愁、费广洪 主编	8	30.00	翁容
7-306-02345-4	幼儿园主题教育活动套材·小班·上学期	卢莫愁、费广洪 主编	8	30.00	翁容
7-306-02346-2	幼儿园主题教育活动套材教师参考用书上学期（共3册）	卢莫愁、费广洪 主编	8	45.00	翁容
7-306-02349-7	基础生命支持：供医护人员使用	《基础生命支持》编译组 编译	8	90.00	阮继
7-306-02352-7	计算机应用教程	徐超 主编	8	33.00	张礼凤
7-306-01916-3	现代法律文书写作（第二版）	刘汉民 编著	9	19.50	邹岚萍
7-306-02014-5	当代美国学校模式重建	卢海弘 著	9	18.00	葛洪
7-306-02275-X	从学业人生到事业人生	穆林 编著	9	16.00	黄江
7-306-02310-1	学生工作的创新与发展	广东省普通高等学校思想政治教育研究会学生工作专业委员会 组编	9	39.00	碧茗
7-306-02319-5	教师言语美	陈涵平 编著	9	18.00	嵇春霞
7-306-02348-9	小学生真情作文（共5册）	蔡德权 主编	9	50.00	嵇春霞
7-306-02350-0	人力资源管理理论与实务	曾建权 著	9	23.00	徐镜昌
7-306-02353-5	物理（必修1）学习指导	广州市中学物理教研会 编	9	5.50	张礼凤、周建华
7-306-02356-X	外国经典作家作品探幽	胡健生 著	9	16.80	刘叔伦
7-306-02359-4	微积分习题与考研题解析（上下册）	张海洋、张学元 编	9	52.00	周建华、李立鹏
7-306-02365-9	微积分学习指导与例题、习题解析	欧贵兵、黄光谷、袁子厚 主编	9	36.50	张礼凤、李美珍
7-306-02370-5	中考快递——满分作文	李光 主编	9	13.80	哲言
7-306-02372-1	"入世"与中国国际直接投资战略	沈伯明、何元贵、聂聆、郜晓惠 著	9	18.00	周建华

书号	书名	作者	月	定价	责任编辑
7-306-02374-8	现代跨国公司的区位体系与世界经济	郑京淑 著	9	25.00	周建华
7-306-02375-6	国际经济学论纲	周文贵 等编著	9	26.00	刘学谦
7-306-01812-4	实验教学改革与探索（五）	林明河 主编	10	20.00	周建华
7-306-02096-X	大学体育理论与实践教程（第二版）	黄茂武、陈智勇 执行主编	10	27.80	忠平
7-306-02110-9	"金石"家话	夏书章、汪淑钧 著	10	12.00	施国胜
7-306-02279-2	幼儿的世界	星星 编著	10	48.00	邓启铜、罗振龙
7-306-02289-X	幼儿科学综合课程·3～4岁·秋季（共6册）	陆玲 主编	10	48.00	嵇春霞
7-306-02291-1	幼儿科学综合课程·4～5岁·秋季（共6册）	陆玲 主编	10	48.00	嵇春霞
7-306-02293-8	幼儿科学综合课程·5～6岁·秋季（共6册）	陆玲 主编	10	48.00	嵇春霞
7-306-02331-4	新广告文案学	王国全等 编著	10	39.00	邹岚萍
7-306-02351-9	名师精讲+精练（共3册）	袁锦萍、周涛 主编	10	54.00	哲言
7-306-02360-8	客家话通用词典	罗美珍、林立芳、饶长溶 主编	10	43.50	孙新章
7-306-02364-0	物理学实验教程（共6册）	《物理学实验教程》编写组 编	10	128.00	陈文杰、立早
7-306-02366-7	行政法：原理与案例	史蒂文.J.卡恩 著；张梦中、曾二秀、蔡立辉等 译	10	98.00	葛洪
7-306-02369-1	通货紧缩治理与经济发展研究	刘群 著	10	25.00	杨捷
7-306-02371-3	名师教你心算口算速算（共6册）	刘文鑫 主编	10	39.00	哲言
7-306-02376-4	岭南状元传及诗文选注	仇江、曾燕闻、李福标 编	10	28.00	徐镜昌
7-306-02378-0	现代体育经济学	张保华 编著	10	25.00	阮继
7-306-02379-9	脊髓损伤	沈慧勇 主编	10	96.00	忠平
7-306-02380-2	家庭心理辅导：做好你小学孩子的心理辅导师	颜农秋 主编	10	14.80	叶展铭
7-306-02381-0	当代中国青年心理素质概论	陈友良 著	10	33.00	刘叔伦
7-306-02382-9	高职大学生实用心理学教程	邹亚超、张传龄 主编	10	20.00	潘隆
7-306-01926-0	物质·信息·生命	刘量衡 著	11	20.00	邓启铜

7-306-02361-6	中等旅游学校教程（共10册）	冒超球 主编	11	228.00	邓启铜
7-306-02373-X	珠江水利简史	珠江水利委员会《珠江水利简史》编委会 编著	11	20.00	李海东
7-306-02377-2	海南经济史研究	陈光良 著	11	38.00	徐镜昌
7-306-02389-6	我国农村产权制度改革与农村城镇化发展	李胜兰 著	11	26.00	李海东
7-306-02425-6	规则的分析与建构	杨永福 著	11	20.00	李文
7-306-02426-4	多边贸易体制的理论与实践	黄静波 著	11	22.00	李文
7-306-02427-2	中国转型经济总需求分析：微观基础与总量运行	王曦 著	11	28.00	李海东
7-306-02429-9	中国农村二元金融结构研究	周天芸 著	11	15.00	张礼凤
7-306-02430-2	融资结构的变迁研究	劳平 著	11	15.00	李文
7-306-01925-2	高校师资管理新探·第5集	谢绳武 主编	12	50.00	姚明基、高惠贞
7-306-02405-1	丹霞山地貌考察记	黄进 著	12	80.00	李海东
7-306-02406-X	小学生注音看图作文（共6册）	吴庆芳 主编	12	30.00	嵇春霞
7-306-02408-6	现代汽车营销	胡大志、姚喜贵、薛伟 编著	12	22.50	杨捷、曹巩华
7-306-02409-4	服务公平性顾客消费情感与顾客和企业的关系	温碧燕、汪纯孝、岑成德 著	12	25.00	周建华
7-306-02410-8	高校学生事务管理	漆小萍、唐燕等 主编	12	33.00	碧茗
7-306-02412-4	澳门特别行政区法律通览	杨贤坤、邓伟平、邢益强 主编	12	115.00	杨捷
7-306-02413-2	新编应用文写作	张秉钊 主编	12	32.00	邓启铜
7-306-02414-0	康寿秘笈	谌建平 主编	12	18.00	嵇春霞
7-306-02415-9	中小企业集群生成机制研究	符正平等 著	12	38.00	周建华
7-306-02419-1	中国人的精神三十讲	黎红雷 主编	12	24.00	潘隆
7-306-02434-5	公共卫生实验室质量技术与安全	罗建波、刘礼平 主编	12	118.00	周建华

2005 年

书号（ISBN）	书名	作者	出版月份	定价（元）	责任编辑
7-306-01970-8	民法总论（第二版）	傅静坤 主编	1	28.90	蔡浩然
7-306-01972-4	商事法学（第二版）	张民安、刘兴桂 主编	1	49.90	蔡浩然
7-306-01991-0	知识产权法（第二版）	李颖怡 主编	1	38.80	蔡浩然
7-306-02240-7	临门一脚·高考第二轮复习专题训练	本书编委会 编	1	62.00	葛洪
7-306-02296-2	中学生英汉对照世界名著精选（共12册）	马文华 改编	1	168.00	徐诗荣
7-306-02320-9	师生互动（第二版）	东方 主编	1	15.00	周建华
7-306-02417-5	创业赢家	马苏、贺小刚、宋尚杨 著	1	36.00	徐镜昌
7-306-02418-3	计算机组成原理	莫正坤、邵平凡 编	1	28.00	里引、唐源
7-306-02431-0	英语示范作文大全（共3册）	祝正洲 主编；（英）汉森·艾略特 审读	1	45.80	小萌
7-306-02432-9	C语言程序设计实验与题解	黄远林、张冬梅、范玉莲 编	1	17.00	里引、唐源
7-306-02433-7	金牌阅读：语文课外语段阅读200篇（共2册）	刘文鑫 主编	1	36.00	嵇春霞
7-306-02435-3	工商行政管理教程	曹英耀、曹毅 编著	1	25.00	周建华
7-306-02437-X	风雨青春：广东迳口农场知青、干部文集	杨智 主编	1	25.00	朱霭华
7-306-02438-8	中学生精品作文宝库（共4册）	黎维斌 主编	1	118.00	嵇春霞
7-306-02439-6	小学生精品作文宝库（共4册）	黎维斌 主编	1	118.00	小萌
7-306-02440-X	破产法	王艳梅、孙璐 著	1	38.90	蔡浩然
7-306-02441-8	物理（必修2）学习指导	广州市中学物理教研会 编	1	5.50	张礼凤
7-306-02442-6	反倾销与反补贴法研究	蔡镇顺、范利平、帅海燕 著	1	25.00	张礼凤
7-306-02443-4	侵权法	张民安、梅伟 著	1	29.90	蔡浩然
7-306-02445-0	中年警钟	谌建平 主编	1	20.00	嵇春霞
7-306-02447-7	车辆保险知识与案例	罗向明 编著	1	15.00	杨捷、张礼凤

7-306-02456-6	工会工作简明读本	陈文杰 主编	1	22.00	刘学谦
7-306-02458-2	2004广东城市调查年鉴	广东省城市社会经济调查队 编	1	240.00	于丽波
7-306-01701-2	中国昆虫名录（第三卷）	华立中 编	2	300.00	周建华
7-306-01924-4	国朝诗人征略	（清）张维屏 编撰；陈永正 点校	2	80.00	衡之
7-306-02276-8	多元统计分析与应用	余锦华、杨维权 编著	2	38.00	李慈
7-306-02448-5	新编物业管理法	戴霞、甘元薪 编著	2	19.80	刘学谦
7-306-02449-3	公共关系教程新编	陈观瑜 编著	2	18.00	徐镜昌
7-306-02460-4	信息应用基础	张建民、李月梅 主编	2	28.00	李文
7-306-02462-0	企业经济活动分析（第三版）	朱健仪、苏淑欢 主编	2	35.00	李文
7-306-02463-9	通用物理实验	王克强、潘玲珠 编著	2	19.90	周建华
7306·37（统一书号）	儿童描红	九如公司 编	3	6.00	符琼菊
7-306-02446-9	广东地税咨询实用手册	杨楚潮 主编	3	80.00	沛儿
7-306-02452-3	幼儿园主题教育活动套材教师参考用书（下学期共3册）	"幼儿园主题教育活动套材"编写委员会 编	3	45.00	和智
7-306-02453-1	幼儿园主题教育活动套材·大班·下学期	卢莫愁、费广洪 主编	3	15.00	和力
7-306-02454-X	幼儿园主题教育活动套材·中班·下学期	卢莫愁、费广洪 主编	3	30.00	和智
7-306-02455-8	幼儿园主题教育活动套材·小班·下学期	卢莫愁、费广洪 主编	3	30.00	和智
7-306-02459-0	计算机组装及维护实训教程	刘刚 主编	3	18.00	里引、唐源
7-306-02464-7	现代微机系统与接口技术	周功业、黄文兰、卢建华 等 编著	3	36.00	里引、唐源
7-306-02465-5	初中语文阅读总复习	李光 主编	3	13.80	嵇春霞
7-306-02466-3	中学生话题作文材料大全	王海洋 主编	3	20.00	嵇春霞
7-306-02468-X	解读心理教育：多学科的视野	崔景贵 著	3	28.00	嵇春霞
7-306-02469-8	美容院超级赢销解密	杨柳根 编著	3	30.00	安洋、徐诗荣
7-306-02470-1	开放条件下企业发展的制度建设研究	舒元、王珺 著	3	22.00	李海东

下篇 30年出版成果简表

书号	书名	作者		定价	责编
7-306-02507-4	中考作文制胜技巧与突破	邓柏华、邓升华 编著	3	19.80	邓启铜
7-306-02510-4	现代体育营销学	张保华 编著	3	20.00	阮继
7-306-01093-X	应用写作教程（第五版）	陈少夫、丘国新 编著	4	24.80	邹岚萍
7-306-02053-6	广东省企业管理现代化实践（第二版）	省企管现代化成果评审委员会、省企业联合会 编	4	38.00	沛儿
7-306-02436-1	财务总监实务指南	颜俊添 著	4	36.80	王辉
7-306-02467-1	加强城区党的执政能力建设的实践与探索	中共广州市东山区委党史研究室、区委党校 编	4	18.00	余禹
7-306-02508-2	效益审计基础	曾寿喜、李学柔 编著	4	12.00	李海东
7-306-02509-0	心理教育活动论	沈贵鹏 著	4	26.00	嵇春霞、张礼凤
7-306-02511-2	证券法案例与评析	梁廷婷、王波 主编	4	35.80	蔡浩然
7-306-02512-0	可可西里·狼	温雅 著	4	18.00	余禹
7-306-02518-X	华学（第七辑）	《华学》编辑委员会 编	4	70.00	裴大泉
7-306-02519-8	实践 理论 探索	中共广东省纪委宣教室 编	4	18.00	刘叔伦
7-306-02520-1	实验教学研究与实践	中山大学设备与实验室处 编	4	39.00	张礼凤
7-306-02521-X	营销管理	谭昆智 编著	4	25.00	嵇春霞、李海东
7-306-02523-6	中外礼仪文化比较	刘佩华 主编	4	22.00	熊锡源
7-306-02531-7	动感青春	谌建平 主编	4	18.00	嵇春霞、张礼凤
7-306-02532-5	城市品牌与竞争力	孙晓生、伍星葵 主编	4	25.00	刘叔伦
7-306-01935-X	小学综合英语教师手册（第二版）	罗丹 编著	5	12.00	葛洪
7-306-02513-9	国际象棋入门十课通	曾海明、孙世文 编著	5	16.00	符琼菊
7-306-02522-8	知识型花瓶式有威慑作用的独立董事	唐清泉 著	5	22.00	李海东
7-306-02533-3	会计盈余信息有用性及其决定因素研究	施鲲翔 著	5	12.00	刘学谦
7-306-02536-8	影响小学生的100篇作文（共5册）	李光 主编	5	80.00	王辉
7-306-02538-4	脑出血	黄如训、解龙昌 著	5	10.00	阮继

ISBN	书名	作者		定价	责编
7-306-02539-2	类风湿性关节炎	汤美安、戴冽 著	5	10.00	阮继
7-306-02540-6	高血压	陈国伟、张振弘 著	5	10.00	阮继
7-306-02541-4	腰腿痛及脊柱侧凸	刘尚礼、彭焰 著	5	10.00	阮继
7-306-02542-2	胃炎	胡品津、任明 著	5	10.00	阮继
7-306-02544-9	教育以人为本：我国现代学校教育的回眸与思考	颜普元 著	5	20.00	李海东
7-306-02553-8	会展商务管理	郑志军 主编	5	50.00	谭广洪
7-306-02560-0	上市公司管理层盈利预测研究	张雁翎 著	5	15.00	方微之
7-306-01755-1	中级财务会计学（第二版）	许义生 主编	6	28.00	微之
7-306-01763-2	现代教育理论（第二版）	广东教育学院教育系 编著	6	27.00	葛洪
7-306-01812-4	实验教学改革与探索（六）	林明河 主编	6	28.00	周建华
7-306-01877-9	婚姻家庭法（第二版）	卓冬青、刘冰 主编	6	36.90	蔡浩然
7-306-01932-5	外汇交易快速入门（第二版）	（新加坡）许强 著	6	25.00	钟永源、蔡睿
7-306-01965-1	外汇交易实战图表与交易心理	（新加坡）许强、（美）韦斯（Gary Weiss）著	6	25.00	钟永源、蔡睿
7-306-01973-2	民法物权（第二版）	于海涌、丁南 主编	6	38.90	蔡浩然
7-306-01986-4	综合英语教学论	袁春艳 编著	6	16.00	葛洪
7-306-02100-1	岭南经济论坛（第二辑）	舒元、王珺、陈平 主编	6	80.00	周建华
7-306-02152-4	艺术文本的结构	（苏联）洛特曼 著；王坤 译	6	28.00	嵇春霞
7-306-02420-5	讲饮讲食	徐俊 编著	6	23.00	孙新章
7-306-02524-4	债法总论（第二版）	张民安、李婉丽 主编	6	29.60	蔡浩然
7-306-02527-9	侵权法案例与评析	张民安 主编	6	39.90	蔡浩然
7-306-02528-7	保险法案例与评析	张民安 主编	6	29.90	浩然
7-306-02535-X	影响中学生的100篇作文	章登享 主编	6	80.00	王辉
7-306-02537-6	学生工作的绩效与评估	广东省高校学生工作专业委员会 组编	6	42.00	碧若

7-306-02543-0	公司职员管理培训金典	欧阳洁 著	6	19.80	周建华
7-306-02545-7	基础会计	李炳先 编著	6	29.90	周建华
7-306-02554-6	老师和家长需要知道的100个幼儿园法律问题	周天枢 主编	6	20.00	叶亦梵
7-306-02555-4	富裕时代的家庭教育	王晓春 著	6	15.00	叶亦梵
7-306-02556-2	一个故事一堂课	家庭杂志社 编；孙云晓 点评	6	28.00	叶亦梵
7-306-02558-9	现代体育管理学	张保华 编著	6	33.50	阮继
7-306-02559-7	我们奉献自己	孙昌林 著	6	20.00	阮继
7-306-02563-5	外汇交易实战技法与期权	（新加坡）许强、陈展鹏 著	6	25.00	钟永源、蔡睿
7-306-02565-1	诉讼法理论与实践	陈光中、徐静村 主编	6	136.00	阮继
7-306-02566-X	高等教育大众化与学生工作创新	汤耀平、张鸿平、穆林 主编	6	35.00	李文
7-306-02567-8	大学计算机基础（Windows XP与Office XP）	林卓然 编著	6	27.00	李文、周建华
7-306-02568-6	纯真少儿	谌建平 主编	6	16.00	嵇春霞
7-306-02581-3	德育功能论	王仕民 主编	6	25.00	李海东
7-306-02582-1	加入WTO与我国社会主义意识形态发展研究	郭文亮 主编	6	29.80	李海东
7-306-02583-X	国外经济学的理论与实践	付春光 主编	6	20.00	张礼凤
7-306-02584-8	评价的认识本质和真理性	江传月 著	6	16.00	刘学谦
7-306-02585-6	俄国民粹主义再认识	夏银平 著	6	15.00	刘学谦
7-306-02594-5	全球化背景下中国特色社会主义价值研究	叶启绩 主编	6	22.00	邹岚萍
7-306-02595-3	国际货币合作研究	谭毅 著	6	20.00	邹岚萍
7-306-02606-2	心理治疗方法论	王仕民 编著	6	29.50	李海东
7-306-02631-3	中国古代矛盾观的演变	韦感恩、陈荣冠 著	6	21.00	邹岚萍
7-306-01585-0	大学生心理与训练（第二版）	肖沛雄、陈国海、许国彬 主编	7	24.80	邹岚萍
7-306-01788-8	《应用写作教程》教与学参考书（第二版）	陈少夫、丘国新、郑崇民 编著	7	29.00	邹岚萍

7-306-02240-7	临门一脚·文理大综合考点总复习	本书编委会 编	7	15.00	葛洪
7-306-02285-7	计算机基础知识教程（第二版）	石朝阳、李国良 主编	7	27.00	张礼凤
7-306-02341-1	金色思维·大综合（第二版）	吴炬 主编	7	39.00	嵇春霞、李文
7-306-02526-0	婚姻家庭法案例与评析	朱和庆 主编	7	39.90	蔡浩然
7-306-02534-1	小学生日记轻松写（共5册）	李友元 主编	7	60.00	王辉
7-306-02562-7	体育与健康教程	龙秋生、章德胜 主编	7	27.00	嵇春霞
7-306-02564-3	新闻评论：发现与表现	李法宝 著	7	34.00	邹岚萍
7-306-02569-4	制度变迁中的城乡土地市场发育研究	刘小玲 著	7	20.00	李海东
7-306-02577-5	经济伦理及其范畴研究	章海山 著	7	22.00	施国胜
7-306-02580-5	迦梨陀娑诗歌戏剧选	（印度）迦梨陀娑 著；吴文辉 编译	7	25.00	东方
7-306-02586-4	控股股东类型、股权集中度与上市公司经营分析	苏赟 著	7	15.00	方微之
7-306-01283-5	中国近现代发展史论（第二版）	王付昌、郭文亮 主编	8	22.00	施国胜
7-306-02042-0	成人高考高中起点升本、专科命题应考指南2	全国成人高考大纲修订组 北京师联教育研究所 编	8	60.00	金童
7-306-02096-X	大学体育理论与实践教程（第三版）	黄茂武、陈智勇 执行主编	8	27.80	忠平
7-306-02333-0	高考快递（第二版）	李光、李芳 主编	8	13.80	张礼凤
7-306-02337-3	幼儿教育学前班读本（共12册）	云浮市幼儿教育研究会 编	8	45.00	符琼菊
7-306-02370-5	中考快递（第二版）	李光 主编	8	13.80	张礼凤
7-306-02557-0	世上最划算的教育	冯夏婷 主编	8	15.00	叶亦梵、符琼菊
7-306-02572-4	私营企业主阶层的政治参与	敖带芽 著	8	30.00	徐镜昌
7-306-02576-7	经济学教程	张亚丽 编著	8	33.90	浩然
7-306-02578-3	现代计算机图形学	汪厚祥、杨薇薇、陈东方、陈娟娟 编	8	22.00	里引、唐源
7-306-02579-1	管理学概论（第三版）	邵冲 编著	8	35.00	刘学谦
7-306-02590-2	中小学校园安全规程与安全教育读本	谭晓玉 编著	8	15.00	葛洪

书号	书名	作者	月	定价	责编
7-306-02591-0	基础会计	孙晓梅、李勤、张江洋 主编	8	30.00	张礼凤
7-306-02592-9	《基础会计》学习指导与思考练习	孙晓梅、李勤 主编	8	29.80	张礼凤
7-306-02593-7	管理学教程	许洁虹 主编	8	28.00	刘学谦
7-306-02597-X	财务会计学	金根宝、刘虹 主编	8	22.80	张礼凤
7-306-02598-8	我读名人我成长：小学时光的450个启程故事（共10册）	汪洋 主编	8	125.00	符琼菊、叶亦梵
7-306-02600-3	学校心理健康教育	胡永萍 主编	8	17.00	熊锡源
7-306-02605-4	文学研究与学术规范	王坤、潘智彪 主编	8	40.00	安洋
7-306-02607-0	当代美国中小学课程概观	柯森等 著	8	20.00	葛洪
7-306-02621-6	法律英语实务	李斐南、黄瑶、曾报春、任崇正 编译	8	23.50	熊锡源
7-306-02313-6	高等数学辅导	马志敏 主编	9	16.80	张礼凤
7-306-02529-5	民法总论案例与评析	张民安 主编	9	29.90	浩然
7-306-02587-2	人工智能逻辑讲义	李小五 编著	9	35.00	黄国荣、李文
7-306-02588-0	现代逻辑学讲义（共2册）	李小五 编著	9	35.00	黄国荣、李文
7-306-02589-9	计算机技术基础及应用	顾兵 主编	9	25.00	里引、唐源
7-306-02596-1	高校毕业生就业手册	广东省高等学校毕业生就业指导中心等 编	9	8.00	李文
7-306-02599-6	哲学的感悟	郭振华 著	9	28.00	潘隆
7-306-02601-1	新世纪高职高专英语综合教程课文辅导（1）	杨应鹏 主编	9	13.80	熊锡源、胡敏
7-306-02604-6	国际财务报告准则	（英）RobertGreenwood、（英）David Eyles 著	9	200.00	刘学谦
7-306-02608-9	淘金式巧攻智能分频词汇四级分册	伍乐其 主编	9	16.80	熊锡源、袁惠
7-306-02609-7	在生命的斜坡上求共识求共进	易江 著	9	20.00	邓启铜
7-306-02610-0	新实用营销学：理论、方法、实务	李艳娥 编著	9	29.80	邹岚萍
7-306-02611-9	腹股沟疝外科学	陈双 主编	9	48.00	钟永源、陈中新
7-306-02612-7	荀悦治道思想研究	程宇宏 著	9	22.00	朱彊华

书号	书名	作者	月	定价	责编
7-306-02613-5	《淮南子》治道思想研究	戴黍 著	9	20.00	朱霭华
7-306-02614-3	黄老治道及其实践	张增田 著	9	22.00	朱霭华
7-306-02615-1	刘劭人才思想研究	阎世平 著	9	23.00	朱霭华
7-306-02616-X	贾谊礼治思想研究	唐雄山 著	9	23.00	朱霭华
7-306-02620-8	广东省技工学校优秀科研成果集	何锦发 主编	9	30.00	邹岚萍、张礼凤
7-306-02623-2	云浮，可爱的家乡（共4册）	广东省云浮市小学地方乡土教材编委会 编	9	7.80	符琼菊
7-306-01282-7	现代广告学（第二版）	杨群祥 编著	10	22.00	施国胜
7-306-02471-X	中国湿地专题报告	陈桂珠 主编	10	40.00	李文
7-306-02525-2	知识产权法案例与评析	赵盛和 主编	10	36.90	浩然
7-306-02619-4	Oracle 数据库应用技术	符海东 主编	10	25.00	里引、唐源
7-306-02622-4	《喜福会》的人物话语和思想表达方式	戴凡 著	10	19.50	熊锡源
7-306-02628-3	法理逻辑基础	关老健 编著	10	19.80	徐镜昌
7-306-02632-1	滩涂海水种植——养殖系统技术研究	陈桂珠、彭友贵 主编	10	30.00	李文
7-306-02633-X	没有网瘾戒不了——国内6大高手救治网瘾纪实	翟永存 著	10	20.00	叶亦梵、翁容
7-306-02635-6	老庄人性思想的现代诠释与重构	唐雄山 著	10	23.90	朱霭华
7-306-02472-8	品牌文化	乔春洋 编著	11	24.00	李海东
7-306-02475-2	百年历程——1905—2005中山大学的政治学与行政学	张紧跟 编	11	38.00	刘学谦
7-306-02477-9	南粤教坛的一朵奇葩	廖珂 主编	11	29.80	嵇春霞
7-306-02480-9	《高等语文》辅导读本	刘卫国、杨敬宇 主编	11	16.00	嵇春霞
7-306-02624-0	Visual C++ 面向对象程序设计	戴光明、李向 主编	11	27.00	里引、唐源
7-306-02625-9	现代尿道下裂外科学	张金明 主编	11	50.00	阮继
7-306-02626-7	质变与重构——信息时代的科学教育探索	吴向东 著	11	28.00	徐镜昌
7-306-02627-5	释放语文学习的原动力	江伟英 著	11	22.00	徐镜昌

书号（ISBN）	书名	作者	出版月份	定价（元）	责任编辑
7-306-02629-1	民法物权案例与评析	赵云川 主编	11	34.90	蔡浩然
7-306-02630-5	公司法案例与评析	陈国辉 主编	11	34.80	蔡浩然
7-306-02634-8	现代科技革命与广东小康之路	吴素香 著	11	20.00	李海东
7-306-02638-0	品牌定位	乔春洋 编著	11	16.00	李海东
7-306-02639-9	品牌论	乔春洋 编著	11	29.80	李海东
7-306-02481-7	铸魂工程——大学生思想政治教育研究	韩东才、罗芝馨、殷丽萍 主编	12	16.00	元阜
7-306-02482-5	实用临床放射肿瘤学	崔念基、卢泰祥、邓小武 主编	12	160.00	阮继
7-306-02650-X	中大政治学评论	肖滨、郭忠华 主编	12	39.00	葛洪

2006 年

书号（ISBN）	书名	作者	出版月份	定价（元）	责任编辑
7-306-02441-8	物理（必修2）学习指导（第二版）	广州市中学物理教研会 编	1	6.50	张礼凤
7-306-02478-7	现代诊断病理学	刘旭明、何建方 主编	1	980.00	钟永源、陈文杰、孙新章
7-306-02479-5	影视传播学	史可扬 著	1	23.50	邹岚萍
7-306-02484-1	公选、竞争上岗考试论文写作要略	刘汉民 编著	1	29.00	邹岚萍
7-306-02640-2	淘金高阶考研英语词霸Google考典	伍乐其 主编	1	45.80	熊锡源、胡敏
7-306-02642-9	淘金高阶考研英语词汇Google联想	伍乐其 主编	1	33.80	熊锡源、陈文慧
7-306-02643-7	市场监管法律问题研究	谭玲 主编	1	39.90	浩然
7-306-02646-1	基于UML可视化设计实验教程	衣杨、常会友、印鉴、路永和、肖志娇 编著	1	15.00	张礼凤
7-306-02647-X	市场营销	梁晓萍、胡穗华 主编	1	33.90	刘学谦
7-306-02655-0	中国非物质文化遗产（第九辑）	中山大学中国非物质文化遗产研究中心 编	1	60.00	钟文、凌远清
7-306-02636-4	中国省区经济增长分布的演进：1978-1998	徐现祥 著	2	24.00	杨捷
7-306-02641-0	淘金高阶考研英语全真题典	钦寅 主编	2	26.80	熊锡源

7-306-02649-6	新实用英语（上、下册）	本书编委会 编	2	68.00	张礼凤
7-306-02651-8	当代高龄名人谈养生	崔普权、刘国荣 著	2	28.00	嵇春霞
7-306-02657-7	技能人才创业精萃（2）	臧立 主编	2	13.80	邹岚萍
7-306-02659-3	国际商务管理	胡松华 编著	2	35.00	方微之
7-306-02660-7	监所管理实用法律手册	刘培辉 主编	2	28.80	王辉
7-306-02663-1	数值计算方法（MATLAB语言版）	李林、金先级 编	2	20.00	里引、周建华、唐源
7-306-02669-0	管理心理学	吴晓义、杜今锋 编著	2	22.00	徐诗荣
7-306-02672-0	小学生超级优秀作文	王海蓉 主编	2	40.00	张松
7-306-02673-9	小学毕业班压轴题（共5册）	何燕成 主编	2	75.00	张松
7-306-02674-7	小学毕业总复习（共3册）	袁锦萍 主编	2	54.00	张松
7-306-02677-1	现代办公自动化	顾兵、程海英、吴奕 编	2	24.00	里引、周建华、唐源
7-306-02637-2	中国地区间的贸易保护	李杰 著	3	17.00	杨捷
7-306-02664-X	超级无畏班作文（共6册）	王海蓉、李友元、戴元湘 主编	3	45.00	王辉
7-306-02671-2	计算机基础培训教程（共6册）	古月 主编	3	105.00	余禹
7-306-02676-3	诚信·成人·成才	广东省高校学生工作专业委员会 组编	3	22.00	碧茗
7-306-02682-8	SOC/ASIC设计、验证和测试方法学	沈理 编著	3	35.00	周建华
7-306-02684-4	校园伦理智慧论	宋晔 著	3	23.00	嵇春霞
7-306-01779-9	国家金融市场（第二版）	李翀 编著	4	26.00	李海东
7-306-02053-6	广东省企业管理现代化实践（第三版）	广东省企业管理现代化成果评审委员会等 编	4	45.00	李文
7-306-02661-5	初中英语讲与练	严福俊 主编	4	72.00	哲言
7-306-02665-8	小学生快乐英语（共5册）	蔡德权、刘朝霞 主编	4	74.00	小萌
7-306-02666-6	名师教你英语作文入门（共3册）	朱秀华 主编	4	39.00	小萌
7-306-02675-5	反洗钱机制研究	匡国建 主编	4	40.00	徐镜昌

7-306-02680-1	第三方物流服务分包管理	田宇 著	4	20.00	李海东
7-306-02681-X	中国股市分形结构：理论与实证	黄诒蓉 著	4	18.00	李海东
7-306-02683-6	第三方物流项目管理	田宇 著	4	20.00	李海东
7-306-02686-0	破产法案例与评析	钟勇生 主编	4	29.90	蔡浩然
7-306-02687-9	票据法案例与评析	张民安 主编	4	24.90	蔡浩然
7-306-02694-1	认字、识字就等于早期阅读吗	黄娟娟 主编	4	35.00	嵇春霞
7-306-02658-5	领导学：理论、实践与方法（第三版）	王乐夫 编著	5	38.00	施国胜
7-306-02679-8	案例通略	丁朝霞 主编	5	59.80	张礼凤
7-306-02692-5	区域·城市·可持续发展测评	陈忠暖、阎小培等 著	5	33.00	李海东
7-306-02695-X	批评视野中的语言研究	丁建新、廖益清 著	5	28.00	熊锡源
7-306-02696-8	城市·区域·可持续发展	阎小培、曹小曙等 著	5	46.00	李海东
7-306-02703-4	李延保教育文集	李延保 著	5	63.00	周建华
7-306-02691-7	经济法概论（第二版）	袁绍岐 主编	6	23.00	徐镜昌
7-306-02693-3	瞎堂诗集	（清）天然和尚 著；李福标、仇江 点校	6	23.00	刘翰飞、徐镜昌
7-306-02702-6	物业管理员（中级）上岗考证考前必读	冯秋萍 主编	6	32.00	刘学谦
7-306-02668-2	中山魂	易汉文 主编	7	48.00	钟永源
7-306-02707-7	项目管理教程新编	关老健 编著	7	23.00	徐镜昌
7-306-02708-5	大学计算机基础	陆志峰 主编	7	46.00	元阜
7-306-02710-7	法学教学的理论与实践	中山大学法学院 编	7	40.00	嵇春霞、王余幸
7-306-02711-5	公司法的现代化	张民安 著	7	49.90	浩然
7-306-02716-6	与时俱进 探索创新	黄紫华、吕志 主编	7	22.00	鲁佳慧
7-306-02719-0	计算机应用基础	李燕霞 主编	7	30.00	李文
7-306-02722-0	中国非物质文化遗产（第十辑）	中山大学中国非物质文化遗产研究中心 编	7	60.00	钟文、凌远清

ISBN	书名	作者	月	价格	责编
7-306-02723-9	人力资源管理	秦璐、王国颖 主编	7	32.80	刘学谦
7-306-02737-9	多奇历险记	王小平 著	7	48.00	钟永源
7-306-02744-1	小班幼儿读本	《幼儿读本》编委会 编	7	45.00	符琼菊
7-306-02745-X	中班幼儿读本	《幼儿读本》编委会 编	7	48.00	符琼菊
7-306-02746-8	大班幼儿读本	《幼儿读本》编委会 编	7	50.00	符琼菊
7-306-02747-6	学前班幼儿读本	《幼儿读本》编委会 编	7	45.00	符琼菊
7-306-02075-7	计算机基础教程 Windows 2000 与 Office2000	林卓然 编著	8	26.00	李文
7-306-02082-X	小学生轻松作文（第二版）	蔡德权、李友元 主编	8	40.00	小萌
7-306-02697-6	论衡（第三辑）	任剑涛、彭玉平 主编	8	39.00	王润
7-306-02697-6	论衡（第四辑）	任剑涛、彭玉平 主编	8	39.00	王润
7-306-02699-2	国际贸易，市场风险，要素流动与跨国公司	苏琦 著	8	16.00	徐诗荣
7-306-02720-4	《计算机应用基础》习题与实验	李燕霞 主编	8	16.00	李文
7-306-02725-5	中学生限字作文（共4册）	赵道夫 主编	8	48.00	王辉
7-306-02726-3	文言文全解（共2册）	赵道夫、柳秀勋 主编	8	43.00	嵇春霞
7-306-02728-X	小学生应用题大全（共4册）	任兴梅 编著	8	48.00	张松
7-306-02729-8	现代化进程中的城市图书馆建设	刘洪辉 主编	8	45.00	张礼凤
7-306-02730-1	现代人力资源测评理论与方法	刘小平、邓靖松 编著	8	25.00	张礼凤
7-306-02731-X	市场调查与预测	胡穗华、张伟今、谢虹 主编	8	38.00	刘学谦
7-306-02732-8	常见有毒化学品应急救援手册	伍郁静、何健民 主编	8	50.00	李文
7-306-02733-6	淘金式巧攻四级考试突击阅读	叶常青 主编	8	13.80	熊锡源、袁惠、肖海丽
7-306-02734-4	大学英语四级考试优化阅读	叶常青 编著	8	11.80	熊锡源、袁惠、白武俊
7-306-02735-2	淘金高阶1～6级考试巅峰作文	潘晓燕 主编	8	12.80	熊锡源、胡敏、肖海丽
7-306-02738-7	学生工作的释义与构建	广东省高校学生工作专业委员会 编	8	46.00	碧茗

7-306-02739-5	李承恩文集	李承恩 著	8	38.00	凌雪
7-306-02751-4	让心灵多一种舞姿	银龙 编著	8	20.00	深蓝
7-306-02763-8	英译汉实用教程	郑和平 编著	8	28.00	邓启铜
7-306-02764-6	企业公共关系新编	巴文华 编著	8	28.80	邓启铜
7-306-02766-2	外语课堂游戏	谢贵华 编著	8	38.00	邓启铜
7-306-01812-4	实验教学改革与探索（七）	林明河 主编	9	28.00	张礼凤
7-306-02370-5	中考快递（第三版）	李光 主编	9	13.80	王润
7-306-02618-6	医学生探索性科学研究与实践	王庭槐 主编	9	40.00	阮继
7-306-02709-3	《大学计算机基础》教学参考	张海笑 主编	9	29.00	元阜
7-306-02718-2	现代商务管理与实务	缪兴锋、李丽、叶小明 编著	9	35.00	熊锡源
7-306-02742-5	大学计算机基础	陈建勋、李顺新 主编	9	28.00	里引、周建华、唐源
7-306-02743-3	电视影像传播概论	王长潇 主编	9	32.00	邹岚萍
7-306-02750-6	生命的领地——风水与命运	冯锦山 著	9	18.00	董真
7-306-02759-X	寄语新同学	陈岸涛 主编	9	12.00	王辉
7-306-02762-X	管理学	喻旦辉、孙曼林、张韵君、方计国、高卫平 编著	9	42.80	邓启铜
7-306-02765-4	大学英语专业阅读教程	邓贤贵、孙广勇、张坚 主编	9	42.80	邓启铜
7-306-02771-9	高职体育与健康教程	刘德玲 主编	9	28.00	文文
7-306-02772-7	中职体育与健康教程	徐国强、曲明 主编	9	19.00	文文
7-306-02773-5	高校体育与健康教程	刘永峰、赵栩博、练更生 主编	9	29.50	文文
7-306-02083-8	小学生快乐作文（第二版）（共5册）	丁波、王海蓉 主编	10	60.00	微之
7-306-02144-3	财政学（第五版）	吴厚德 编著	10	38.00	方微之
7-306-02333-0	高考快递（第三版）	李光、杨清超等 主编	10	13.80	王润
7-306-02717-4	投射语言研究	曾蕾 著	10	20.00	熊锡源

书号	书名	作者	月	定价	责编
7-306-02736-0	淘金式英语专业四级词汇语境共现	伍乐其 主编	10	18.80	熊锡源、白武俊
7-306-02754-9	电子与传统服务质量对顾客信任感和忠诚感的影响研究	申文果、汪纯孝、谢礼珊 著	10	28.00	无名
7-306-02761-1	本科教学（研究）理论与实践	中山大学生命科学学院 编	10	25.00	邓启铜
7-306-02767-0	大学计算机及应用基础	崔洪芳、赵岳松、吴保荣 主编	10	28.00	里引、周建华、唐源
7-306-02770-0	饭店薪酬管理公平性对员工工作绩效的影响	伍晓奕、汪纯孝、谢礼珊、张秀娟 著	10	35.00	浩然
7-306-02777-8	广州南沙地区湿地生态系统研究	陈桂珠、彭友贵、吴乾钊、陈晹 编著	10	18.00	周建华
7-306-02781-6	广东省对外贸易发展的实证分析	黄静波等 著	10	26.00	杨捷
7-306-02782-4	精彩人生	陈家义 著	10	22.00	钟永源
7-306-02784-0	全球化和区域经济一体化中的香港经济	陈广汉、袁持平 主编	10	45.00	李海东
7-306-02786-7	MPA培养流程与课程研究	肖滨、蔡立辉 主编	10	28.00	刘学谦
7-306-02789-1	有礼任走天下	田长军 主编	10	20.00	葛洪
7-306-02790-5	网络学习时代	兰先芳 主编	10	20.00	葛洪
7-306-02791-3	一分钟的价值	张彦忠 主编	10	20.00	葛洪
7-306-02792-1	沟通助你成功	梁鹏 主编	10	20.00	葛洪
7-306-02793-X	磨砺思维之剑	冯亮 主编	10	20.00	葛洪
7-306-02794-8	成年后的责任	田长军 主编	10	20.00	葛洪
7-306-02796-4	公共管理的中国关怀	肖滨、蔡立辉 主编	10	36.00	张礼凤
7-306-02371-3	名师教你心算口算速算（第二版）	刘文鑫 主编	11	60.00	哲言
7-306-02604-6	国际财务报告准则（第二版）	（英）Robert Greenwood、（英）David Eyles 著	11	200.00	刘学谦
7-306-02748-4	幼儿读本教师参考用书	《幼儿读本》编委会 编	11	152.00	符琼菊、翁容
7-306-02752-2	公共管理学手册	（美）杰克·雷斌 主编；张梦中等 译	11	280.00	葛洪
7-306-02776-X	动物细胞培养技术	程宝鸾 主编	11	28.00	周建华
7-306-02780-8	职业经理的成长与民营企业的发展	储小平、王宣瑜 著	11	26.00	杨捷

书号	书名	作者	月	定价	责编
7-306-02795-6	肝脏移植麻醉学	黑子清 主编	11	75.00	阮继
7-306-02798-0	妇产科超声监测	周力学、刘颖琳 主编	11	98.00	鲁佳慧
7-306-02799-9	佛山市三水区血吸虫病流行与控制	徐勇忠、蔡文安 主编	11	98.00	杨捷
7-306-02802-2	后动寡头企业的战略营销	施卓敏 著	11	25.00	李海东
7-306-02805-7	功能语言学与翻译研究	王东风 主编	11	28.00	习元
7-306-02809-X	幸福是一项成就	谢友祥 著	11	20.00	董真
7-306-02810-3	金牌美容导师点石成金术	周菡 编著	11	30.00	嵇春霞
7-306-02811-1	扭转南中国海和泰国湾环境退化趋势	陈桂珠、兰竹虹、彭逸生 著	11	8.00	周建华
7-306-02812-X	康乐集	中山大学古文字研究所 编	11	98.00	裴大泉
7-306-02814-6	继续教育与英语教师的可持续发展	王哲、赖鹏 主编	11	23.00	葛洪
978-7-306-02727-6	中国非物质文化遗产（第十一辑）	中山大学中国非物质文化遗产研究中心 编	12	60.00	钟文、蔡明智
7-306-02755-7	超级学案 I	广东新课程高中教学研究课题组 编	12	160.00	鲁佳慧
7-306-02756-5	超级学案 II	广东新课程高中教学研究课题组 编	12	72.00	鲁佳慧
7-306-02774-3	中考作文（共4册）	刘英魁 主编	12	79.20	王辉
7-306-02775-1	高考作文（共4册）	刘英魁 主编	12	79.20	王辉
7-306-02779-4	插花，艺术与生活	林丹彤 编著	12	29.00	王润
7-306-02783-2	功能语言学与适用语言学	黄国文、常晨光、戴凡 主编	12	30.00	习元
7-306-02806-5	实用手术护理学	林岩 主编	12	78.00	钟永源、陈中新
7-306-02808-1	企业再造	彭玉冰 著	12	38.80	蔡浩然
978-7-306-02815-0	环境水文学	张仁铎 编著	12	32.00	李海东
7-306-02816-2	高考作文备考指南	孙丽红 主编	12	25.00	王辉
978-7-306-02822-8	计算机应用基础——实验指导与习题精选	尹灵枝、马兴健、陈伟杰、王盛 编著	12	19.80	翁容

2007 年

书号（ISBN）	书名	作者	出版月份	定价（元）	责任编辑
978-7-306-02438-1	中学生精品作文宝库（第二版）（共4册）	黎维斌 主编	1	119.20	嵇春霞
978-7-306-02439-8	小学生精品作文宝库（第二版）（共4册）	黎维斌 主编	1	119.20	小萌
978-7-306-02474-9	科技项目管理	陈省平、李子和、刘涛 编著	1	25.00	徐镜昌
978-7-306-02485-5	计算机应用初级教程——Windows XP+Office 2003 版	高鹰、陶志穗 主编	1	27.00	李海东
978-7-306-02486-2	计算机应用基础实验——Windows XP+Office 2003 版	高鹰、邬家炜 主编	1	13.00	李海东
978-7-306-02494-7	中国居民的收入分配和收入流动性研究	王海港 著	1	16.50	张礼凤
7-306-02662-3	高中教材一点通	李建平 主编	1	56.00	哲言
978-7-306-02778-8	学境	蔡鸿生 著	1	10.00	李海东
978-7-306-02797-9	名师教你英语精讲＋精练＋精解（共3册）	朱秀华 主编；（美）Carl Turner 审读	1	60.00	小萌
7-306-02817-0	广州市中考语文备考训练精选	广州市中考语文备考研究组 编	1	15.00	王辉
978-7-306-02818-1	新世纪高职高专英语综合教程课文辅导.2	杨应鹏 主编	1	15.80	熊锡源、白武俊
978-7-306-02819-8	初中升学复习指导（共6册）	周国强 主编	1	72.00	中原
978-7-306-02821-1	新探究导学·语文（共5册）	周国强 主编	1	55.00	中原
978-7-306-02823-5	英汉·汉英医学新词语	阎书凤 主编	1	30.00	阮继
978-7-306-02824-2	医学美容100答	陈永平 主编	1	19.80	阮继
978-7-306-02826-6	民族精神论	詹小美 著	1	38.00	李海东
978-7-306-02827-3	德育文化论	王仕民 著	1	38.00	李海东
978-7-306-02844-0	民法总论（第三版）	傅静坤 主编	1	28.90	蔡浩然
978-7-306-00573-1	猜词技巧（第二版）	邱若深 编著	2	20.00	刘学谦
7-306-01701-2	中国昆虫名录（第四卷）	华立中 编	2	295.00	周建华
978-7-306-02210-3	C程序设计基础（第二版）	黄远林、陈东方 主编	2	28.80	里引、唐源

下篇 30年出版成果简表

ISBN	书名	作者		定价	责编
978-7-306-02561-6	基础会计教程	苏淑欢、叶斌 主编	2	36.00	李文
978-7-306-02244-8	小学趣味数学（第二版）（共6册）	何燕成 主编	2	60.00	哲言
978-7-306-02496-1	英语·1	余卫华 主编	2	21.00	熊锡源
978-7-306-02497-8	《英语·1》学习辅导	余卫华、黄光大 主编	2	23.00	张礼凤
978-7-306-02498-5	英语·4	宫超英、曾白云 主编	2	26.00	刘学谦
978-7-306-02499-2	《英语·4》学习辅导	廖定中、夏家驷 主编	2	26.00	刘学谦
978-7-306-02501-2	作文素材锦囊（共4册）	李光 主编	2	100.00	王辉
978-7-306-02504-3	社会营销：献血者招募新方略	张清、周延风、高东英 编著	2	35.00	葛洪
978-7-306-02506-7	芳香乐园	江平、张延 主编	2	38.00	周建华
978-7-306-02649-1	新实用英语（第二版）（共3册）	本书编委会 编	2	68.00	张礼凤
978-7-306-02787-0	电视栏目与频道辨析	史可扬 著	2	31.00	邹岚萍
978-7-306-02820-4	中考总复习（共3册）	《中考总复习》编委会 编	2	30.00	原跻
978-7-306-02465-7	初中语文阅读总复习（第二版）	李光 主编	3	13.80	嵇春霞
978-7-306-02500-5	社会主义道德与市场经济统一性研究	吴育林 著	3	23.00	曾纪川
978-7-306-02502-9	现代学习理论与技术	郭清顺、苏顺开 主编	3	25.00	徐镜昌
978-7-306-02646-0	基于UML可视化设计实验教程（第二版）	衣杨、常会友、印鉴、路永和、肖志娇 编著	3	30.00	张礼凤
978-7-306-02704-7	大汕和尚集	（清）大汕和尚 著；万毅、杜霭华、仇江 点校	3	48.00	徐镜昌
978-7-306-02838-9	多校区的学生教育管理	中山大学学生处 主编	3	25.00	碧茗
978-7-306-02839-6	人性平衡论	唐雄山 著	3	20.00	朱霭华
978-7-306-02846-4	实用服装材料学	梁蓉、梁桂屏 编著	3	25.00	凌雪
978-7-306-02848-8	住房制度改革：政策创新与住房公平	朱亚鹏 著	3	48.00	李海东
978-7-306-02849-5	仰望天堂	杨芳 著	3	25.00	董真
978-7-306-01819-9	淘金式巧攻大学英语词汇·六级分册（第三版）	伍乐其 主编	4	14.80	熊锡源

ISBN	书名	作者		定价	
978-7-306-02825-9	临床人体解剖生理学	王启华、邱学才 主编	4	128.00	元阜
978-7-306-02840-2	红树林植物桐花树和白骨壤及其湿地系统	缪绅裕、陈桂珠、李海生 编著	4	38.00	周建华
978-7-306-02845-7	一区多校的学生教育管理	漆小萍、王自成 主编	4	15.00	邹岚萍
978-7-306-02854-9	行政职业能力测验	陈永祥 主编	4	39.00	金童
978-7-306-02855-6	申论	陈永祥 主编	4	38.00	金童
978-7-306-02856-3	公务员录用考试标准预测试卷（共2册）	陈永祥 主编	4	34.00	金童
978-7-306-02861-7	小学生安全教育读本·1～3年级	吴颖民 主编	4	4.80	曾纪川
978-7-306-02862-4	小学生安全教育读本·4～6年级	吴颖民 主编	4	6.50	曾纪川
978-7-306-02863-1	中学生安全教育读本·初中全一册	吴颖民 主编	4	7.00	曾纪川
978-7-306-02864-8	中学生安全教育读本·高中全一册	吴颖民 主编	4	7.50	曾纪川
978-7-306-01408-5	中国法律思想史纲（第二版）	马作武 著	5	22.00	王润
978-7-306-02603-3	祝福珠江——大型电视系列节目解说词	黄慰汕 主编	5	18.00	王润
978-7-306-02859-4	澳门特别行政区基本法论	邓伟平 著	5	39.00	杨捷
978-7-306-02871-6	英语·2	宫超英、何志平 主编	5	24.00	刘学谦
978-7-306-02872-3	《英语·2》学习辅导	廖定中 主编	5	24.00	刘学谦
978-7-306-02476-3	方以智与《周易时论合编》考	彭迎喜 著	6	20.00	方微之
978-7-306-02857-0	高校学生勤工助学实用指南	中山大学学生处 主编	6	16.00	碧茗
978-7-306-02860-0	中山大学生命科学学院（生物学系）编年史	冯双 编著	6	36.00	张礼凤
978-7-306-02867-9	数据库原理与应用教程	罗志高、张海康、李智波、苏恒阳、罗梓云 编著	6	36.00	曾纪川
978-7-306-02874-7	辅导员制度的设计与选择	广东高校学生工作专业委员会 主编	7	41.00	邹岚萍
978-7-306-02876-1	当代应用写作	陈子典 主编	7	26.80	嵇春霞
978-7-306-02877-8	数据库及其应用	袁蒲佳、顾兵、马娟 编著	7	26.00	里引、周建华、唐源
978-7-306-02884-6	实用运动休闲英语	高广末、吴秀、佘丹 编著	7	16.00	张礼凤

ISBN	书名	作者	月	定价	责编
978-7-306-02892-1	Visual Basic 程序设计	吴保荣 主编	7	27.00	里引、周建华、唐源
978-7-306-02898-3	高中数学基础知识及常见规律	宛军民 主编	7	20.00	李文
978-7-306-02901-0	产品责任立法中的利益衡平	周新军 著	7	25.00	张礼凤
978-7-306-02907-2	大学的侵权责任	张民安 主编	7	49.90	蔡浩然
978-7-306-02910-2	先唐颂体研究	陈开梅 著	7	18.00	徐诗荣
978-7-306-02320-9	师生互动（第三版）（共14册）	东方 主编	8	253.00	李海东
978-7-306-02333-9	高考快递：满分作文（第四版）	李光 主编	8	13.80	王润
978-7-306-02869-3	迪斯尼电影中的"他者"身份研究	彭宝良 著	8	26.00	熊锡源
978-7-306-02886-0	他者的形象	李渝风 著	8	26.00	熊锡源
978-7-306-02887-7	意义的构成	丁少彦 著	8	26.00	熊锡源
978-7-306-02891-4	冲突与互动	许和隆 著	8	38.00	曾纪川
978-7-306-02900-3	新商业广告学	王国全 著	8	38.00	邹岚萍
978-7-306-02904-1	市场经济伦理范畴论	章海山 著	8	39.00	施国胜
978-7-306-02906-5	全球化背景下的城市发展、规划与管制	阎小培 主编	8	100.00	李海东
978-7-306-02911-9	语文考点知识（袖珍本）	邓腊祥 编著	8	12.00	王辉
978-7-306-02912-6	实用文写作教程	蓝天 主编	8	32.00	嵇春霞
978-7-306-02914-0	法学概论	卢修敏 主编	8	36.00	嵇春霞
978-7-306-02921-8	物权法（第三版）	于海涌、丁南 主编	8	38.90	浩然
978-7-306-02923-2	现代中国对外贸易概论（第三版）	廖庆薪、廖力平 编著	8	34.90	浩然
978-7-306-02927-0	中国城市经营论	魏亚力 著	8	18.00	阁声
978-7-306-02928-7	军事理论教程	张湘伟 主编	8	24.80	张礼凤
978-7-306-02929-4	中学历史三维拓展（共8册）	《新知详解系列丛书》编委会 编	8	90.20	王辉
978-7-306-02934-8	地方立法的理想与现实	骆梅芬 著	8	18.00	阮继

ISBN	书名	作者	月	定价	责编
978-7-306-02937-9	英语·5	黄华、常晨光 主编	8	27.00	刘学谦
978-7-306-02947-8	粤韵风华十载情	廖衍宇 编	8	50.00	王睿
978-7-306-02370-4	中考快递：满分作文（第四版）	李光 主编	9	13.80	王润
978-7-306-02873-0	中国佛教文化常识	商景桂 编著	9	36.00	董真
978-7-306-02885-3	散户操盘利器——乾坤烛	李政平、蔡睿 著	9	38.00	钟永源
978-7-306-02888-4	新标准英语读写通	蔡德权、祝正洲 主编	9	45.80	刘学谦
978-7-306-02902-7	水明楼续集	邱世友 著	9	28.00	嵇春霞
978-7-306-02909-6	高校新生入学指引	中山大学学生处 编	9	12.00	碧茗
978-7-306-02918-8	杠杆外汇——输赢一线间	李政平、蔡睿 著	9	28.00	钟永源
978-7-306-02931-7	微波与射频技术实验教程	蒋鸿雁、龙云亮、潘楚华 编	9	20.00	李海东
978-7-306-02938-6	《英语·5》学习辅导	张立、汪晓明主编	9	27.00	刘学谦
978-7-306-02940-9	高校毕业生就业手册（第二版）	广东省高等学校毕业生就业指导中心等 编	9	8.00	李文
978-7-306-02943-0	《大学计算机基础》实验与习题	陈建勋、贺风云 主编	9	19.00	里引、唐源
978-7-306-02944-7	教育成功案例集	王小强 主编	9	9.10	王润
978-7-306-02946-1	大学新概念（共5册）	卢书欣 主编	9	40.00	王辉
978-7-306-02963-8	审美心理研究	潘智彪 著	9	24.00	嵇春霞
978-7-306-02922-5	进出口业务与报关（第六版）	廖力平、廖庆薪 编著	10	39.90	蔡浩然
978-7-306-02935-5	心理健康教育与训练	谭洛明、张荣烈 主编	10	25.00	嵇春霞
978-7-306-02939-3	广东省疟疾流行与控制	骆雄才、黄祺林、李建中 主编	10	168.00	杨捷
978-7-306-02954-6	英语语法学习指南	左边草 编著	10	30.00	张礼凤
978-7-306-02956-0	学林寄语——序言集	夏书章 著	10	39.90	施国胜
978-7-306-02958-4	公共管理与法律	罗森布鲁姆、奥利里 著；张梦中等 译	10	48.00	葛洪
978-7-306-02961-4	英语·3	苗群鹰、时梅 主编	10	25.00	刘学谦

ISBN	书名	作者	月	定价	责编
978-7-306-02962-1	《英语·3》学习辅导	袁晓燕、苗群鹰 主编	10	24.00	刘学谦
978-7-306-02883-9	科技编辑基础知识（共7册）	翁廉 主编	11	58.00	钟永源、李海东
978-7-306-02930-0	企业如何应对反倾销	梁耀文、黄永智、蔡镇顺 主编	11	25.00	王润
978-7-306-02959-1	中国大陆、香港与澳门商品房预售法律制度比较研究	周林彬、张永春 主编	11	39.00	王润
978-7-306-02964-5	天然药物化学实验教程	王军 主编	11	18.00	张礼凤
978-7-306-02966-9	脚印	王嘉伦 著	11	35.00	谢莹、邓启铜
978-7-306-02968-3	高考作文晋级指导	佛山市南海区高中语文中心组 编	11	25.00	王辉
978-7-306-02981-2	国际财务报告准则（中文）	罗伯特·格林伍德、苏淑欢、大卫·艾尔斯 著	11	60.00	李文
978-7-306-02992-8	当代城市规划法制建设研究	郑文武 著	11	36.00	李海东
978-7-306-02819-8	初中升学复习指导（第二版）（共6册）	周国强 主编	12	78.00	中原
978-7-306-02926-3	旅游文学写作教程	黄卓才、邢维 编著	12	29.90	蔡浩然
978-7-306-02976-8	李嘉人纪念文集	《李嘉人纪念文集》编辑委员会 编	12	30.00	蔡浩然
978-7-306-02991-1	朋辈心理辅导理论与技巧	颜农秋 编著	12	18.00	葛洪
978-7-306-02994-2	职业指导与训练	张平 主编	12	88.00	徐诗荣
978-7-306-02995-9	集成电路版图设计实验	谢德英、陈弟虎 编著	12	18.00	陈文杰
978-7-306-03003-0	苏轼文艺美论	王启鹏 著	12	36.00	王俊辉
978-7-306-03004-7	改善义务教育投融资体制研究	费菊瑛 著	12	20.00	张礼凤
978-7-306-03007-8	涉外警务英语语篇的功能语言学研究	廖传风、莫廉、曾蕾等 著	12	19.60	葛洪
978-7-306-03008-5	公共图书馆建设与服务	刘洪辉、叶敏 主编	12	58.00	张礼凤
978-7-306-03009-2	应用写作	程克江 主编	12	28.00	非戈
978-7-306-03010-8	地域社会与信仰习俗：立足田野的人类学研究	王建新、刘昭瑞 编	12	79.00	裴大泉
978-7-306-03026-9	体质弱势群体体育教程	刘成、李秀华 编著	12	32.00	周建华

2008 年

书号（ISBN）	书名	作者	出版月份	定价（元）	责任编辑
978-7-306-02485-5	计算机应用初级教程——Windows XP+Office 2003版（第二版）	高鹰、程安远 主编	1	27.00	李海东
978-7-306-02486-2	计算机应用基础实验——Windows XP+Office 2003版（第二版）	高鹰、邬家炜 主编	1	13.00	李海东
978-7-306-02496-1	英语·1（第二版）	余卫华、林耀群 主编	1	21.00	熊锡源
978-7-306-02497-8	《英语·1》学习辅导（第二版）	余卫华、陈晓茹 主编	1	23.00	张礼凤
978-7-306-02498-5	英语·4（第二版）	宫超英、曾白云 主编	1	26.00	刘学谦
978-7-306-02499-2	《英语·4》学习辅导（第二版）	廖定中、夏家驷 主编	1	26.00	刘学谦
978-7-306-02820-4	中考总复习（共3册）	《中考总复习》编委会 编	1	33.00	原跻
978-7-306-02982-9	当代亚太国际关系与地区合作	喻常森、黄云静、张祖兴、王学东 编著	1	30.00	李海东
978-7-306-02987-4	小学公共安全教育读本·1～3年级	中小学公共安全教育读本编委会 编	1	4.00	曾纪川
978-7-306-02988-1	小学公共安全教育读本·4～6年级	中小学公共安全教育读本编委会 编	1	5.00	曾纪川
978-7-306-02996-6	中国民意与公民社会	（美）唐文方 著；胡赣栋、张东锋 译	1	35.00	葛洪
978-7-306-03016-0	经济数学（1）	李绍明、郭子君 主编	1	18.00	李海东
978-7-306-03017-7	经济数学（1）辅导	向子贵、郭子君 主编	1	12.00	李海东
978-7-306-03001-6	经济数学（2）	王全递、赵延孟 主编	1	23.00	李海东
978-7-306-03002-3	经济数学（2）辅导	赵延孟、万细仔 主编	1	17.00	李海东
978-7-306-03013-9	战略创新与产业演进	刘江华、张强 著	1	40.00	方微之
978-7-306-03015-3	人力资源管理（第三版）	王国颖、陈天祥 著	1	39.00	章伟
978-7-306-03019-1	现代应用写作	陈妙云 主编	1	29.00	裴大泉
978-7-306-03023-8	初中生作文要略	陈方颖 编著	1	18.00	王辉
978-7-306-02997-3	港股投资快速入门	赖小平 编著	2	51.00	中原

ISBN	书名	作者	季度	定价	责编
978-7-306-02998-0	港股投资攻防策略	蔡睿 编著	2	49.80	中原
978-7-306-02999-7	"借船出海"港股炼金	梁涛 编著	2	46.80	中原
978-7-306-03028-3	医学统计学实习指导教程	郝元涛 主编	2	16.00	鲁佳慧
978-7-306-03029-0	淘金高阶考研英语词汇:联想+词根+幽默记忆口诀	伍乐其 主编	2	36.80	熊锡源、袁惠
978-7-306-03030-6	管理学主旨学派、L-思想与永恒权益经济学	苏琦 著	2	34.80	徐诗荣
978-7-306-02871-6	英语·2(第二版)	宫超英、何志平 主编	3	24.00	刘学谦
978-7-306-02872-3	《英语·2》学习辅导(第二版)	廖定中、欧阳旭东 主编	3	24.00	刘学谦
978-7-306-02993-5	民法基础理论与澳门民法的研究	唐晓晴 著	3	50.00	蔡浩然
978-7-306-03000-9	医药分子生物学实验教程	周勤 主编	3	25.00	张礼凤
978-7-306-03034-4	高等学校英语应用能力B级专项训练	古萍英、赵丽娜、李正锋 编著	3	26.00	熊锡源
978-7-306-03037-5	经济金融论丛(一)	杨羽飞 主编	3	33.80	骆益祥
978-7-306-03038-2	城市国学讲坛(第1辑)	李训贵、宋婕 主编	3	32.00	刘学谦
978-7-306-03039-9	电工与电子技术实验教程	刘传菊、肖明明 编著	3	29.00	张礼凤
978-7-306-03041-2	飞机电器	刘铭光 编著	3	36.00	曾纪川
978-7-306-03044-3	用汉语学英语	储卫星 著	3	28.00	熊锡源
978-7-306-03045-0	天然植物饲料添加剂	田允波、周家容 编著	3	45.00	中原、曾纪川
978-7-306-03051-1	词文化源考	王垂基 著	3	29.00	赵婷
978-7-306-03057-3	中国特色中小企业演进研究	姜海龙 著	3	25.00	鲁佳慧
978-7-306-03027-6	全面建设小康社会的文化自觉	叶启绩 主编	4	38.00	邹岚萍
978-7-306-03031-3	讲故事 学成语(上下册)	商景桂 编著;陈大庆 绘图	4	56.00	徐诗荣
978-7-306-03049-8	高等学校多校区财务管理模式研究	徐孝民、许家瑞、郭鹏、李善民 主编	4	28.00	周建华
978-7-306-03050-4	高等学校机关党建工作探索	罗镇忠 主编	4	15.00	王睿
978-7-306-03052-8	中国投资银行声誉机制研究	尹蘅 著	4	20.00	徐诗荣

ISBN	书名	作者	月	定价	责编
978-7-306-03054-2	高等学校英语应用能力B级最新真题与模拟训练	黎雁 主编	4	29.80	徐诗荣
978-7-306-03056-6	宣传、传播和舆论指南	（美）哈罗德·拉斯韦尔 等 著；王海等 译	4	79.00	施国胜
978-7-306-03061-0	我国高校本科教学评估实践与研究	李延保、李小梅、屈琼斐 著	4	42.00	紫苏
978-7-306-03079-5	计算机基础教程WindowsXP与Office200	林卓然、张兵、莫秉戈 编著	4	32.00	曾纪川
978-7-306-03086-3	组织内社会网络、中心性与工作绩效	刘楼 著	4	23.00	徐诗荣
978-7-306-02890-7	数控机床编程与加工实用教程	刘建萍、叶邦彦 编著	5	45.00	曾纪川
978-7-306-03036-8	辅导员的考核与管理	广东省高校学生工作专业委员会 编	5	40.00	邹岚萍
978-7-306-03059-7	家庭心理辅导·幼儿卷	颜农秋 主编	5	18.00	葛洪
978-7-306-03064-1	刑法学（第三版）	王仲兴 编著	5	49.90	王润
978-7-306-03068-9	苦旅留痕	甄人 著	5	31.80	董真
978-7-306-03088-7	寻访中山大学校友的足迹（1）	许东黎 主编	5	58.00	张礼凤
978-7-306-03095-5	精气神：中大学子气质大讨论文集	李汉荣 主编	5	38.00	姚明基
978-7-306-01819-9	淘金式巧攻大学英语词汇.六级分册（第四版）	伍乐其 主编	6	16.80	熊锡源
978-7-306-02135-9	淘金式巧攻大学英语词汇.四级分册（第三版）	伍乐其 主编	6	16.80	熊锡源
978-7-306-03058-0	日汉复指名词谓语句比较研究	杨金萍 著	6	18.00	葛洪
978-7-306-03067-2	广东残疾人口现状与发展研究	孙俊明 主编	6	230.00	王俊辉
978-7-306-03080-1	Visual Basic程序设计实验、实训与题解	李志辉 主编	6	20.00	里引、周建华、唐源
978-7-306-03081-8	谁能让语文变得有趣	崔干行 著	6	29.80	徐诗荣
978-7-306-03082-5	顾客满意、顾客忠诚和消费情感	刘清峰 著	6	20.00	徐诗荣
978-7-306-03083-2	前四史论赞研究	赵彩花 著	6	29.80	徐诗荣
978-7-306-03084-9	加里·斯奈德的生态伦理思想研究	陈小红 著	6	26.00	徐诗荣
978-7-306-03101-3	扭力中的思考	易江 著	6	28.00	邓启铜

ISBN	书名	作者	月	定价	责编
978-7-306-03102-0	教学理念的创新与实践·2	刘鸣 主编	6	25.00	刘伶凤
978-7-306-03104-4	小学生暑假园地（一年级）	广东省高等学校学术交流中心 编	6	8.00	王俊辉
978-7-306-03105-1	小学生暑假园地（二年级）	广东省高等学校学术交流中心 编	6	8.00	王俊辉
978-7-306-03106-8	小学生暑假园地（三年级）	广东省高等学校学术交流中心 编	6	8.00	王俊辉
978-7-306-03107-5	小学生暑假园地（四年级）	广东省高等学校学术交流中心 编	6	8.00	王俊辉
978-7-306-03108-2	小学生暑假园地（五年级）	广东省高等学校学术交流中心 编	6	8.00	王俊辉
978-7-306-03117-4	中国区域经济发展与泛珠三角区域合作	陈广汉、袁持平 主编	6	58.00	李海东
978-7-306-03124-2	女校特色教育研究与实践	吴宏岳 主编	6	33.00	杨永信
978-7-306-03125-9	社会问题对高校思想政治理论课教学的影响研究	韩东才、房慧玲 主编	6	28.00	王睿
978-7-306-03126-6	普通高中新课程各学习领域实施途径研究	林天卫、叶瑞祥 主编	6	45.00	刘伶凤
978-7-306-01812-0	实验教学改革与探索（八）	陈步云 主编	7	28.00	张礼凤
978-7-306-03077-1	数学软件教程	伍丽华、周玲丽 编著	7	28.00	李文
978-7-306-03119-8	肺癌临床CT诊断	陈境弟、柳学国、冯仕庭、许达生 主编	7	120.00	阮继
978-7-306-03123-5	大学文化视野下的学生工作	中山大学学生处 编	7	32.00	张礼凤
978-7-306-03127-3	感悟人生：让生有意义，死无恐惧	马东佑 著	7	23.00	钟永源
978-7-306-03135-8	春华秋实	广东省出版业协会 编	7	20.00	李海东
978-7-306-03148-8	地方政府竞争与资本形成	刘大志 著	7	28.00	鲁佳慧
978-7-306-02706-1	当代法律英语（修订）	黄瑶、陈东 主编	8	39.80	熊锡源
978-7-306-03085-6	当代经济写作（共2册）	陈子典 主编	8	35.00	嵇春霞
978-7-306-03093-1	美国名校巡礼	麦子 编著	8	12.00	孙新章
978-7-306-03094-8	国际贸易实务	丁行政 编著	8	32.80	刘学谦
978-7-306-03098-6	土木工程英语实用教程（共2册）	顾忆华、袁影辉 主编	8	50.00	熊锡源
978-7-306-03103-7	全脑激发的高效课堂	冯旭初 著	8	30.00	孙新章

ISBN	书名	作者	月	定价	责编
978-7-306-03118-1	临床妇产科诊断与治疗	谌小卫、杨越波、古健、尹玉竹 主编	8	48.00	嵇春霞
978-7-306-03129-7	婚姻家庭法（第三版）	卓冬青、刘冰、白云 主编	8	39.90	蔡浩然
978-7-306-03130-3	知识产权法（第三版）	李颖怡 主编	8	39.80	蔡浩然
978-7-306-03131-0	国际商法（第二版）	吴兴光 主编	8	34.90	蔡浩然
978-7-306-03141-9	分子微生物学：诊断原理与实践	（美）D.H.Persing 等 著；柯昌文等 主译	8	120.00	周建华
978-7-306-03149-5	中小学特色教育模式理论与实践	林冬桂、吴素芬 著	8	25.00	杨永信
978-7-306-03151-8	《语文》之阅读教程	曾洁 主编	8	29.80	钟永源
978-7-306-03152-5	英语基础写作教程	袁亚平、林敏 主编	8	32.00	张礼凤
978-7-306-03155-6	高考必备英语语法指南	庄志兴、庄雪芬 编著	8	20.00	熊锡源
978-7-306-03159-4	解放思想 科学发展	广州市社科院邓小平理论和三个代表重要思想研究组 编	8	48.00	章伟
978-7-306-03160-0	转换成本、战略锁定与企业间竞争行为	董俢 著	8	18.00	方微之
978-7-306-03161-7	大学生学习心理问题研究	许佩卿、叶瑞祥 主编	8	30.00	刘伶凤
978-7-306-03164-8	中国文学简史	范颖、亓丽 编著	8	29.80	熊锡源
978-7-306-03133-4	先秦审美意识的酝酿	陈立群 著	9	16.00	王俊辉
978-7-306-03143-3	大拯救	吴达明、吴海榕 著	9	30.00	王辉
978-7-306-03144-0	春风讲席	黎红雷、李宗桂、杨海文 主编	9	60.00	徐镜昌
978-7-306-03153-2	如歌的旅途	熊文辉 著	9	29.80	钟永源
978-7-306-03156-3	昆虫世界与人类社会（第二版）	陈振耀 编著	9	23.00	徐镜昌
978-7-306-03157-0	经济法概论（第三版）	袁绍岐 主编	9	23.00	徐镜昌
978-7-306-03158-7	新课标小学数学口算题卡（共6册）	月印臣 主编	9	60.00	张松
978-7-306-03163-1	高校毕业生就业手册（第三版）	广东省高等学校毕业生就业指导中心等 编	9	9.00	李文
978-7-306-03165-5	网络经济学：理论、模型和数理分析	袁申国、刘兰凤 编著	9	30.00	刘伶凤
978-7-306-03168-6	现代化进程中广东青年思想道德研究	黄紫华、吕志、刘小龙 著	9	20.00	杨永信

ISBN	书名	作者	月	定价	责任编辑
978-7-306-03169-3	当代大学生共产党员教育读本	冯国森 主编	9	16.00	嵇春霞
978-7-306-03178-5	网络教育大学英语考试大纲词汇手册	王哲 主编	9	36.00	葛洪
978-7-306-03179-2	灾后心理救援小组工作：理论与实务	颜农秋 编著	9	13.00	葛洪
978-7-306-03181-5	中国的欢乐谷	欢乐谷 著	9	34.00	杨捷
978-7-306-03182-2	远程学习方法与技术	丁新、赵过渡、曾祥跃、穆肃 编著	9	29.80	周建华
978-7-306-02209-7	申论写作技巧（第二版）	刘汉民 编著	10	29.00	邹岚萍
978-7-306-03154-9	郑豪：光华百年史料集	郑浩华 主编	10	198.00	钟永源
978-7-306-03180-8	《高等语文》辅导读本（第二版）	黄敬愚、倪彩霞 主编	10	18.00	嵇春霞
978-7-306-03183-9	大学英语词汇·四级	周力 主编	10	38.00	张礼凤
978-7-306-03191-4	创卫群英谱	广州市创建国家卫生城市指挥部办公室 编	10	48.00	王辉
978-7-306-03194-5	看不见的肉身之手	邱茂泽 著	10	18.00	王俊辉
978-7-306-03197-6	健康 TOP 10	陈跃龙 主编	10	32.00	郭云翔
978-7-306-03200-3	经济行为分析讲演录	易江 著	10	25.00	邓启铜
978-7-306-03201-0	网络大众论	孙翔云、陈英、江奇艳 著	10	24.00	杨永信
978-7-306-03205-8	资讯管理教育研究	邹永利、张洋 主编	10	56.00	王辉
978-7-306-02316-2	公务员录用面试技巧（第二版）	刘汉民 著	11	24.00	邹岚萍
978-7-306-02937-9	英语·5（第二版）	黄华、常晨光 主编	11	29.70	刘学谦
978-7-306-02938-6	《英语·5》学习辅导（第二版）	黄华 主编	11	29.30	刘学谦
978-7-306-03087-0	波音737飞机动力装置	宋静波 编著	11	35.00	邓启铜
978-7-306-03122-8	城市学院大讲堂	安少华、朱志德 主编	11	32.00	刘学谦
978-7-306-03147-1	当代报纸编辑学	甘险峰 著	11	46.00	邹岚萍
978-7-306-03199-0	浮生点滴	邹永 著	11	25.00	王俊辉
978-7-306-03206-5	振铎南天	本书编写组 编	11	80.00	刘学谦

书号（ISBN）	书名	作者	出版月份	定价（元）	责任编辑
978-7-306-03208-9	广州市中考备考精练（共3册）	郭敬璋、吴世延、张建奋 主编	11	45.00	陈文杰
978-7-306-03214-0	校本研究与英语教师的可持续发展	王哲 主编	11	25.00	葛洪
978-7-306-03215-7	消化系统药源性疾病	张世能、李国成 主编	11	98.00	钟永源
978-7-306-02819-8	初中升学复习指导（第三版）（共6册）	周国强 主编	12	78.00	钟永源
978-7-306-03019-1	现代应用写作（第二版）	陈妙云 主编	12	33.00	裴大泉
978-7-306-03048-1	C语言程序设计实验与题解（第二版）	黄远林、陈东方、李文杰、李顺新、王晓峰 编	12	19.00	里引、唐源
978-7-306-03193-8	美的形态学（第二版）	柯汉琳 著	12	34.00	王润
978-7-306-03218-8	孔子金言启示录	余伟康 编著	12	25.00	鲁佳慧
978-7-306-03219-5	家庭心理辅导·初中卷	颜农秋 主编	12	18.00	王润
978-7-306-03220-1	中山大学工会、教代会年鉴·2007	中山大学工会办公室 编	12	48.00	王睿
978-7-306-03221-8	爱的烙印	李逸 著	12	19.80	钟永源
978-7-306-03224-9	用耳朵听最感人的故事	张淑芳、张瑞琪 编	12	29.80	黎恋恋
978-7-306-03225-6	用耳朵听传奇人物故事	徐黎娟 编	12	29.80	黎恋恋
978-7-306-03226-3	疯狂英语·从ABC到英语口语	武玥、汪倩 编	12	35.00	黎恋恋
978-7-306-03227-0	疯狂英语·口语绝招	丁林棚、朱红梅、（美）递萨特、（英）斯科特 编	12	35.00	黎恋恋
978-7-306-03228-7	大师的四十堂课	沈晓纯、张淑芳 编	12	29.80	黎恋恋
978-7-306-03229-4	用耳朵听最惊奇的故事	祝梅 编	12	29.80	黎恋恋

2009年

书号（ISBN）	书名	作者	出版月份	定价（元）	责任编辑
978-7-306-02641-5	淘金高阶考研英语全真题典	钦寅 主编	1	29.80	熊锡源
978-7-306-02820-4	中考总复习（共3册）	《中考总复习》编委会 编	1	39.00	钟永源
978-7-306-03195-2	李佳白与清末民初的中国社会	胡素萍 著	1	28.00	王俊辉

ISBN	书名	作者		定价	责编
978-7-306-03222-5	文艺学新论	郭正元 著	1	39.80	施国胜
978-7-306-03231-7	教育服务产品理论研究	李江帆 主编	1	69.00	张礼凤
978-7-306-03232-4	上校话人生	张学东 著	1	25.00	王俊辉
978-7-306-03239-3	后奥运时代的中国体育	张新萍 著	1	33.00	李海东
978-7-306-03250-8	和谐共进中的政府协调	王枫云 著	1	29.80	施国胜
978-7-306-03324-6	中国天牛（1406种）彩色图鉴	华立中、（日）奈良一、（美）塞缪尔森等 编	1	500.00	周建华
978-7-306-03325-3	重大活动卫生保障工作手册	黄飞 主编	1	22.00	周建华
978-7-306-03188-4	广州市近十年中考语文试题详解优秀例文	广州市中考语文备考研究组 编	2	12.00	王辉
978-7-306-03199-0	浮生点滴	邹永 著	2	35.00	王俊辉
978-7-306-03203-4	身体意识形态	朱崇科 著	2	23.00	嵇春霞
978-7-306-03216-4	哲学与生活	杨玉昌 编著	2	24.00	嵇春霞
978-7-306-03217-1	休闲学	陈来成 著	2	23.00	嵇春霞
978-7-306-03233-1	荀韩——人性论与社会历史哲学	周炽成 著	2	38.00	刘翰飞、钟永源
978-7-306-03241-6	若草文集	司徒彤 著	2	28.00	钟永源
978-7-306-03243-0	大学生信息素养教程	陈农心、李雪冰、廖志刚 编	2	44.80	王俊辉
978-7-306-03245-4	商务技能实训	蒋庆荣 主编	2	30.00	刘学谦
978-7-306-03246-1	石头红楼典	吴椿荣 著	2	18.00	章伟
978-7-306-03207-2	英语名言引喻典故	陈珍广、祁庆生 编著	3	68.00	熊锡源
978-7-306-03248-5	全国高等学校英语应用能力考试A级全真模拟试题及详解	方向真 主编	3	28.00	章伟
978-7-306-03249-2	全国高等学校英语应用能力考试B级全真模拟试题及详解	方向真 主编	3	28.00	章伟
978-7-306-03269-0	新营销策划：思路 创意 技巧	潘小珍、李艳娥、赵江安、王国全 编著	3	38.00	邹岚萍
978-7-306-03271-3	美好心灵 文明广州	冯建标、张润华 主编	3	28.00	张礼凤

ISBN	书名	作者		定价	责编
978-7-306-03272-0	九十年代美国情景喜剧中的种族性再现	彭启贵 著	3	26.00	熊锡源
978-7-306-03277-5	剑桥商务英语BEC典型试题与答案解析 中级	胡安奇、张昕 主编	3	28.00	杨捷
978-7-306-03280-5	香港回归后社会经济发展的回顾与展望	陈广汉、刘祖云、袁持平 主编	3	60.00	李海东
978-7-306-03281-2	高校辅导员的校本培训	广东省高校学生工作专业委员会 编	3	29.80	张礼凤
978-7-306-03240-9	多奇历险记（第二版）（共5卷）	王小平 著	4	80.00	钟永源
978-7-306-03275-1	基函数神经网络及应用	邹阿金、张雨浓 著	4	28.00	张礼凤
978-7-306-03279-9	考释百家姓	沙舟 著	4	23.00	施国胜
978-7-306-03282-9	资讯管理研究	肖永英、潘燕桃、陈定权、路永和、黄广琴、许云 著	4	58.00	王辉
978-7-306-03284-3	词语·表达与鲁迅的"思想"	曹清华 著	4	20.00	嵇春霞
978-7-306-03285-0	幸余生：抗日时期难童人生纪实	李涓 编著	4	48.00	王睿
978-7-306-03286-7	城市国学讲坛（第二辑）	李训贵、宋婕 主编	4	32.00	刘学谦
978-7-306-03288-1	大学英语四级考试80天突破	陈剑波 主编	4	39.00	杨捷
978-7-306-03305-5	美国华人群英录	麦子 编	4	20.00	王辉
978-7-306-03306-2	早期香港的社会和语言（1841—1884）	张振江 著	4	38.00	徐诗荣
978-7-306-03310-9	马克思主义中国化概论	陈岸涛 主编	4	25.00	鲁佳慧
978-7-306-03313-0	科技成果转化及其对经济增长效应研究	徐辉、费忠华 著	4	25.00	徐诗荣
978-7-306-03318-5	剑指亚丁湾：中国海军远洋亮剑	黄立 著	4	38.00	董真
978-7-306-03307-9	珠玑古巷论因明：首届全国因明学培训班论文集	肖平 主编	5	25.00	葛洪
978-7-306-03311-6	经济管理类专业概论与职业导论	蔡勇、赵前斌 主编	5	35.00	张礼凤
978-7-306-03312-3	艺术设计类专业概论与职业导论	李欣 主编	5	45.00	张礼凤
978-7-306-03317-8	控制烟草消费和税收政策研究	刘虹 著	5	35.00	刘学谦
978-7-306-03319-2	组织公平性、组织公民行为与服务公平性的关系	邓桂枝 著	5	39.80	钟永源
978-7-306-03321-5	影响人类健康的常见人兽共患病	陆家海、栾玉明 主编	5	39.80	张礼凤

ISBN	书名	作者	月	定价	责编
978-7-306-03323-9	机电技术类专业概论与职业导论	廖红宜 主编	5	39.80	李海东
978-7-306-03290-4	信息资源检索与利用	赵玉东 主编	6	39.80	王俊辉
978-7-306-03303-1	权演论	尚文化 著	6	28.00	王俊辉
978-7-306-03322-2	人力资源管理模拟实训教程	单国旗、饶惠霞 主编	6	32.00	王润
978-7-306-03327-7	叫醒耳朵·韩语会话通	李芳、（韩）申师明 编著	6	29.80	黎恋恋
978-7-306-03328-4	叫醒耳朵·日语会话通	王淑兰、赵冬茜 编著	6	29.80	黎恋恋
978-7-306-03329-1	叫醒耳朵·英语会话通	臧博 编著	6	29.80	黎恋恋
978-7-306-03330-7	我在意大利做交换生	刘彻 著	6	29.80	徐诗荣
978-7-306-03340-6	股票市场可预测性研究	何兴强 著	6	20.00	李海东
978-7-306-03344-4	教育类专业概论与职业导论	何进军 主编	6	42.00	张礼凤
978-7-306-03345-1	难忘的岁月	关尔强 编著	6	39.00	王睿
978-7-306-03348-2	中职毕业生劳动力市场研究	朱宁洁、王小忠 著	6	23.00	王俊辉
978-7-306-03349-9	数字化语文教与学诀窍	胡仕金 著	6	19.00	杨捷
978-7-306-03359-8	电子与信息技术类专业概论与职业导论	黄凤玲、段传林 主编	6	45.00	张礼凤
7306·38	中山大学当年今日·2010年日历	易汉文、闫红丽 编	6	20.00	钟永源
978-7-306-03263-8	体验课堂：高中语文·必修1	人大附中语文教研组 编	7	30.00	曾纪川
978-7-306-03338-3	新公共管理视域下的中国行政改革研究	徐增辉 著	7	18.00	李海东
978-7-306-03343-7	言语动词的隐喻性评价研究	金娜娜 著	7	26.00	熊锡源
978-7-306-03347-5	市场营销综合实验教程	鲁汉玲 主编	7	28.00	王润
978-7-306-03358-1	实用推销学	樊哲银 编著	7	28.00	刘学谦
978-7-306-03363-5	珠水诗心共悠悠	区鉷 主编	7	35.00	熊锡源
978-7-306-03372-7	武当山千古之谜	孔德 著	7	23.00	丁俭
978-7-306-03373-4	武当道教暨神仙人物	孔德 著	7	16.00	丁俭

ISBN	书名	作者	月	定价	责编
978-7-306-03380-2	体验课堂：高中历史·必修1（岳麓版）	人大附中历史教研组 编	7	33.00	曾纪川
978-7-306-03381-9	体验课堂：高中物理·必修1	人大附中物理教研组 编	7	38.00	曾纪川
978-7-306-03382-6	体验课堂：高中英语·必修1	人大附中英语教研组 编	7	36.00	曾纪川
978-7-306-03389-5	普通话水平基础训练及考试教程	罗彤、骆厚发 主编	7	22.00	曾纪川
978-7-306-03390-1	体验课堂：高中化学·必修1	人大附中化学教研组 编	7	28.00	曾纪川
978-7-306-03391-8	体验课堂：高中地理·必修1	人大附中地理教研组 编	7	31.00	曾纪川
978-7-306-03392-5	体验课堂：高中生物·必修1	人大附中生物教研组 编	7	30.00	曾纪川
978-7-306-03393-2	体验课堂：高中思想政治·必修1	人大附中思想政治教研组 编	7	28.00	曾纪川
978-7-306-03394-9	体验课堂：高中数学·必修1	人大附中数学教研组 编	7	26.00	曾纪川
978-7-306-03395-6	乡村中国变迁中的地方政府与市场经济	黄玉 著	7	19.80	黄少伟
978-7-306-03396-3	华南日本研究·第2辑	佟君 主编	7	69.00	熊锡源
978-7-306-03162-4	高中数学基础知识及常见规律（第二版）	宛军民 主编	8	28.00	李文
978-7-306-03339-0	广东省土地开发整理工程建设标准研究	曹小曙、苏少青、李永涛、陈子平等 编著	8	46.00	李海东
978-7-306-03355-0	大学语文	杨芙蓉 主编	8	26.00	鲁佳慧
978-7-306-03370-3	高职生心理健康自助读本	盛建军、王维英、霍彧 主编	8	25.00	嵇春霞
978-7-306-03375-8	艾滋病预防控制工作指南	黄飞 主编	8	40.00	李海东
978-7-306-03387-1	心灵感应蒲园集：粤港澳诗情文谈随录	陈颂声 著	8	50.00	钟永源
978-7-306-03406-9	现代商务管理与实务（第二版）	缪兴锋、叶小明 编著	8	45.00	熊锡源
978-7-306-03414-4	高职高专英语读写教程	杨丽娟、夏铭 主编	8	29.50	熊锡源
978-7-306-03439-7	师友如是说：高分背后是什么	黄训堂、邹隆花 著	8	25.80	王睿
978-7-306-03464-9	数据库原理与应用实验及习题解析	罗志高、苏恒阳、陈斌、莫秉戈、罗梓元、李智波 著	8	46.00	邓启铜
978-7-306-03374-1	2010年高考数学考点透析与预测	曹永生、江玉军 主编	9	45.00	李文
978-7-306-03377-2	疯狂英语·口语中级基础	樊玲、牛慧霞 主编	9	39.80	黎恋恋

ISBN	书名	作者	月	定价	责编
978-7-306-03378-9	疯狂英语·口语初级入门	姚佳斯 主编	9	39.80	黎恋恋
978-7-306-03397-0	疯狂英语·听力初级入门	李俊青 主编	9	35.00	黎恋恋
978-7-306-03398-7	疯狂英语·听力中级基础	李俊青 主编	9	35.00	黎恋恋
978-7-306-03399-4	疯狂英语·听力高级飞跃	李俊青 主编	9	35.00	黎恋恋
978-7-306-03402-1	疯狂英语·口语高级飞跃	张淑芳、樊玲 主编	9	39.80	黎恋恋
978-7-306-03405-2	民主治理与公共服务价值的重塑	郑德涛、欧真志 主编	9	40.00	王俊辉
978-7-306-03409-0	大学生心理健康教育与素质拓展	韦荣 主编	9	34.80	王俊辉
978-7-306-03436-6	统计学原理解题思路与方法（第三版）	黄思霞 主编	9	12.00	邹岚萍
978-7-306-03440-3	南方石油勘探开发有限责任公司历史沿革及大事记	南方公司综合办公室 编	9	42.00	李文
978-7-306-03442-7	《道德经》新译与道论	宫哲兵 著	9	48.00	丁俭
978-7-306-03443-4	问鲁迅 汉字何罪	张东宝 著	9	32.00	丁俭
978-7-306-03449-6	《乐育堂语录》新译	（清）黄元吉 著；孔德 译	9	48.00	丁俭
978-7-306-03450-2	炒股不亏钱的智慧	刘竞涛 著	9	30.00	钟永源
978-7-306-03451-9	英语词语陷阱	曹路漫 编著	9	28.00	刘学谦
978-7-306-03463-2	震撼	李泓业 著	9	23.00	钟永源
978-7-306-03466-3	劳动合同与劳动争议法律制度	刘志永 主编	9	35.80	王睿
978-7-306-03479-3	职业人格教育模式论	邓庆宁 主编	9	35.00	嵇春霞
978-7-306-03481-6	平版印刷工（中高级）职业技能鉴定培训教材	陈海生、官燕燕 主编	9	35.00	张礼凤
978-7-306-03488-5	到天堂隔壁	方向真 著	9	19.80	章伟
978-7-306-03540-0	劳动争议案例评析100例	曹晓宏 编著	9	24.00	姚明基
978-7-306-03063-4	黄道婆传奇（繁体）	庄黎黎、陈端鸿 著	10	43.00	曾纪川、钟永源
978-7-306-03437-3	南方花生产业技术学	郑奕雄等 编著	10	48.00	曾纪川
978-7-306-03441-0	我所认识的武林内功高手	林星 著	10	28.00	丁俭

ISBN	书名	作者	月	定价	责编
978-7-306-03454-0	分子生态学	(美)比毕(T.J.C.Beebee)、(英)罗(G.Rowe) 著；张军丽、廖斌、王胜龙 译	10	48.00	周建华
978-7-306-03467-0	英语应用文写作	黄洋楼、李碧海、曹广涛 主编	10	19.00	熊锡源
978-7-306-03499-1	现代爱情科学	张国超 编著	10	169.00	张礼凤
978-7-306-03501-1	中国养老保险隐性债务问题研究	申曙光、彭浩然 著	10	29.80	张礼凤
978-7-306-03503-5	广州亚运会志愿者通用读本	第16届亚洲运动会组织委员会 编	10	29.00	周建华
978-7-306-03507-3	陈锡祺先生追思录	孙中山故居纪念馆、中山大学历史系 编	10	50.00	王俊辉
978-7-306-03508-0	孙中山与中国社会：博士论坛论文选集	林家有、萧润君 主编	10	58.00	王俊辉
978-7-306-03509-7	舞出我天地：中山大学舞蹈团文集	武昌林 主编	10	99.00	王俊辉
978-7-306-03407-6	行政改革与社会政策模式的创新	郑德涛、欧真志 主编	11	40.00	王俊辉
978-7-306-03428-1	体验课堂：高中语文（必修2）（配人教版）	白辽玲 主编	11	32.00	曾纪川
978-7-306-03429-8	体验课堂：高中数学（必修2）（配人教版）	仇金家 主编	11	30.00	曾纪川
978-7-306-03430-4	体验课堂：高中物理（必修2）（配人教版）	李晓东 主编	11	24.00	曾纪川
978-7-306-03431-1	体验课堂：高中生物（必修2）（配人教版）	黄森 主编	11	27.00	曾纪川
978-7-306-03432-8	体验课堂：高中地理（必修2）（配人教版）	王海玲 主编	11	31.00	曾纪川
978-7-306-03433-5	体验课堂：高中历史（必修2）（配岳麓版）	李晓风 主编	11	26.00	曾纪川
978-7-306-03434-2	体验课堂：高中思想政治（必修2）（配人教版）	段启兰 主编	11	26.60	曾纪川
978-7-306-03435-9	体验课堂：高中英语（必修2）（配人教版）	程岚 主编	11	32.00	曾纪川
978-7-306-03475-5	犯罪论前沿问题研究	李永升 著	11	43.00	嵇春霞
978-7-306-03480-9	柑橘害虫研究	黄明度 主编	11	99.00	蔡浩然
978-7-306-03510-3	实用英语语音简明教程	龙和文 主编	11	18.00	刘学谦
978-7-306-03511-0	公仆型领导对服务氛围与服务质量的影响	凌茜、汪纯孝、张秀娟、黄慧玲 著	11	59.00	杨捷
978-7-306-03514-1	折射：当代中国社会变迁研究	李若建 著	11	39.00	周建华

书号(ISBN)	书名	作者	出版月份	定价(元)	责任编辑
978-7-306-03527-1	心灵的对话：大学生人生困惑探解	刘洁、郑文姬、李运兰、陈佩华 编著	11	18.00	刘学谦
978-7-306-03528-8	王继中新声韵诗词102首	王继中 著	11	20.00	葛洪
978-7-306-03534-9	高职院校学生入党教育读本	朱文坚 主编	11	15.00	刘学谦
978-7-306-03541-7	现代生产与运作管理（第二版）	陈志祥 编著	11	56.00	李海东
978-7-306-02819-8	初中升学复习指导（第四版）（共6册）	周国强 主编	12	116.00	钟永源
978-7-306-03283-6	大学生思想政治教育论丛	郑永廷 主编	12	45.00	王俊辉
978-7-306-03360-4	东莞市凤岗镇志	《东莞市凤岗镇志》编纂委员会 编	12	180.00	鲁佳慧
978-7-306-03427-4	体验课堂：高中化学（必修2）	人大附中化学教研组 编	12	28.00	曾纪川
978-7-306-03472-4	广东疾病控制工作年鉴·2009	广东省疾病预防控制中心 编	12	100.00	李文
978-7-306-03474-8	创新智能教学理论与实践研究	叶瑞祥、鲁澄南、林天卫、柯炳嘉 主编	12	45.00	王润
978-7-306-03494-6	现代思想史家杨荣国	李锦全 著	12	13.00	徐镜昌
978-7-306-03512-7	足目集	共青团中山大学委员会 编	12	60.00	王润
978-7-306-03545-5	明末清初广东文人年表	李君明 著	12	38.00	章伟
978-7-306-03548-6	清洁生产理论与实务	曹英耀、曹曙、李志坚 编著	12	25.00	赵婷
978-7-306-03573-8	教育学纲要	王卫东、田秋华 主编	12	45.00	鲁佳慧

2010年

书号(ISBN)	书名	作者	出版月份	定价(元)	责任编辑
978-7-306-03121-1	小学公共安全教育读本：全一册	中小学公共安全教育读本编委会 编	1	4.23	曾纪川
978-7-306-03444-1	国学教育经典读本·论语（共2册）	张志臻、马海军 编解	1	76.00	熊锡源
978-7-306-03445-8	国学教育经典读本·弟子规·三字经·千字文·孝经·笠翁对韵	张志臻、马海军 编解	1	56.00	熊锡源
978-7-306-03477-9	国学教育经典读本·易经（共3册）	张志臻、马海军 编解	1	108.00	熊锡源

ISBN	书名	作者	版次	定价	责任编辑
978-7-306-03478-6	国学教育经典读本·大学·中庸·道德经	张志臻、马海军 编解	1	46.00	熊锡源
978-7-306-03516-5	疯狂英语·我的第一本音标书	李建萍、李媛 主编	1	24.80	赖艳艳
978-7-306-03518-9	狗道无敌：解码中小企业创新成长的九大基因	江东臻、孙图星 著	1	26.80	钟永源
978-7-306-03543-1	大学生国家助学贷款手册	中山大学学生处 编	1	20.00	邹岚萍
978-7-306-03577-6	疯狂英语·我的第一本日记书	赵章山 主编	1	32.80	赖艳艳
978-7-306-03578-3	我的单词笔记·初中	张淑芳、牛慧霞 主编	1	24.80	钟婕
978-7-306-03579-0	重新回来学英语·阅读篇	徐黎鹃、曹晓蕾 主编	1	39.80	钟婕
978-7-306-03580-6	实用医学细胞培养技术	吴燕峰、黎阳 主编	1	98.00	阮继
978-7-306-03600-1	重新回来学英语·初级入门	张淑芳、吴迪 主编	1	39.80	赖艳艳
978-7-306-03517-2	名正业顺：为企业备好通往大市场的护照	向群 著	2	25.80	钟永源
978-7-306-03537-0	大学文化理想与现实的冲突	吴勇 著	2	36.00	曾纪川
978-7-306-03591-2	体验课堂：高中地理·必修1	王海玲 主编	2	31.00	曾纪川
978-7-306-03592-9	体验课堂：高中化学·必修1	乐进军 主编	2	28.00	曾纪川
978-7-306-03593-6	体验课堂：高中物理·必修1	李晓东 主编	2	38.00	曾纪川
978-7-306-03594-3	体验课堂：高中历史·必修1	李晓风 主编	2	33.00	曾纪川
978-7-306-03595-0	体验课堂：高中生物·必修1	黄森 主编	2	30.00	曾纪川
978-7-306-03596-7	体验课堂：高中思想政治·必修1	段启兰 主编	2	28.00	曾纪川
978-7-306-03597-4	体验课堂：高中英语·必修1	程岚 主编	2	36.00	曾纪川
978-7-306-03598-1	体验课堂：高中数学·必修1	仇金家 主编	2	26.00	曾纪川
978-7-306-03599-8	体验课堂：高中语文·必修1	白辽玲 主编	2	30.00	曾纪川
978-7-306-03607-0	支持型领导与授权氛围对旅游企业员工角色压力和工作绩效的影响	林美珍、汪纯孝、张秀娟、刘小平 著	2	79.00	徐诗荣
978-7-306-03252-2	周期波动节律：破解股市升跌玄机	黄智华 著	3	28.80	钟永源

ISBN	书名	作者		定价	责编
978-7-306-03253-9	如何判断牛市和熊市	黄智华 著	3	29.80	钟永源
978-7-306-03526-4	狂犬病防制百问	何剑峰、林锦炎、李建中 主编	3	10.00	李文
978-7-306-03590-5	疯狂英语·我的第一本作文书	邓永秀 主编	3	32.80	钟婕
978-7-306-03603-2	动态认知逻辑专题研究 Topics on Dynamic Epistemic Logic	李小五 著	3	46.00	李文
978-7-306-03608-7	上市公司董事监事高级管理人员自律手册	李光 主编	3	18.00	王睿
978-7-306-03612-4	中学英语书面表达能力训练	文传盛 主编	3	32.00	刘学谦
978-7-306-03613-1	现代教育技术实用教程	范剑文 主编	3	42.00	翁慧怡
978-7-306-03618-6	高校保卫工作论坛	广东省高教学会保卫学专业委员会 编	3	58.00	翁慧怡
978-7-306-03619-3	高校辅导员工作手册	广东省高校学生工作专业委员会 编	3	24.00	邹岚萍
978-7-306-03621-6	广东省高考文科模拟训练试卷（共6本）	广东省教育厅教研室 编	3	45.00	邓启铜
978-7-306-03622-3	广东省高考理科模拟训练试卷（共6本）	广东省教育厅教研室 编	3	45.00	邓启铜
978-7-306-03483-0	疯狂英语·上班偷着学英语	陈隽、刘智欢 主编	4	39.80	赖艳艳
978-7-306-03630-8	中山大学工会、教代会年鉴·2008	中山大学工会办公室 编	4	48.00	翁慧怡
978-7-306-03635-3	城市国学讲坛·第三辑	李训贵、宋婕 主编	4	32.00	刘学谦
978-7-306-03638-4	最爱英文儿歌·蓝色篇	刘伟、杨红 主编	4	25.80	钟婕
978-7-306-03639-1	最爱英文儿歌·绿色篇	刘伟、徐娟 主编	4	29.80	钟婕
978-7-306-03640-7	买卖都在转折点上	金谷明 著	4	30.00	钟永源
978-7-306-03642-1	沿着中国特色社会主义道路前进	郭大成 主编	4	40.00	葛洪
978-7-306-03628-5	海关报关实务	周劲、缪晨刚 编著	5	39.00	熊锡源
978-7-306-03634-6	高校学生工作案例选编	广东省高校学生工作专业委员会 编	5	21.00	王小莉
978-7-306-03636-0	广州市老年人生活状况调查	广州老年学会 编著	5	26.00	王睿
978-7-306-03641-4	共青团维护青少年权益研究	谭杰、陈有志 主编	5	13.00	刘丽丽
978-7-306-03645-2	晚清演剧研究	曾凡安 著	5	35.00	嵇春霞

978-7-306-03421-2	体验课堂：高中思想政治·必修3	段启兰 主编	6	21.00	曾纪川
978-7-306-03422-9	体验课堂：高中历史·必修3（配岳麓版）	李晓风 主编	6	25.00	曾纪川
978-7-306-03423-6	体验课堂：高中生物·必修3	黄森 主编	6	24.00	曾纪川
978-7-306-03424-3	体验课堂：高中地理·必修3	王海玲 主编	6	21.00	曾纪川
978-7-306-03425-0	体验课堂：高中数学·必修3	仇金家 主编	6	21.00	曾纪川
978-7-306-03426-7	体验课堂：高中语文·必修3	白辽玲 主编	6	23.00	曾纪川
978-7-306-03465-6	体验课堂：高中历史·必修1（配人教版）	李晓风 主编	6	25.00	曾纪川
978-7-306-03505-9	普通高中新课程标准实验教科书同步辅导与训练丛书·高中物理·必修1（配粤教版）	李晓东 主编	6	23.00	曾纪川
978-7-306-03506-6	普通高中新课程标准实验教科书同步辅导与训练丛书·高中语文·必修1（配粤教版）	白辽玲 主编	6	25.00	曾纪川
978-7-306-03507-3	陈锡祺先生追思录（修订版）	孙中山故居纪念馆、中山大学历史系 编	6	55.00	王俊辉
978-7-306-03553-0	普通高中新课程标准实验教科书同步辅导与训练丛书·高中物理·必修2（配粤教版）	李晓东 主编	6	23.00	曾纪川
978-7-306-03586-8	普通高中新课程标准实验教科书同步辅导与训练丛书·高中语文·必修2（配粤教版）	白辽玲、龙飞鹏 主编	6	29.80	曾纪川
978-7-306-03623-0	我的单词笔记·高中	崔文琦、黄欣 主编	6	29.80	赖艳艳
978-7-306-03625-4	我的单词笔记·大学	黄欣、张淑芳 主编	6	29.80	钟婕
978-7-306-03659-9	韩语故事会·初级	乔娟、唐研 主编	6	29.80	赖艳艳
978-7-306-03660-5	后现代语境下的福克纳文本	管建明 著	6	28.00	赖艳艳
978-7-306-03662-9	我的中大EMBA生活	刘志伟 著	6	79.00	徐诗荣
978-7-306-03669-8	深入内在世界：罗伯特·勃莱"深层意象"诗歌研究	肖小军 著	6	25.00	钟婕
978-7-306-03670-4	陶园心草	陈其光 著	6	36.00	马霄行

ISBN	书名	作者	月	定价	责编
978-7-306-03671-1	广东省卫生监督体制改革研究报告	广东省卫生监督体制改革研究课题组 编	6	28.00	张礼凤
978-7-306-03677-3	城市管理学新编	王枫云 编著	6	38.00	施国胜
978-7-306-03687-2	腹股沟疝的TEP手术	陈双、戎祯祥 主编	6	15.00	钟永源
978-7-306-03420-5	体验课堂：高中英语·必修3	程岚 主编	7	29.80	曾纪川
978-7-306-03468-7	体验课堂：高中语文·必修4	白辽玲 主编	7	23.00	曾纪川
978-7-306-03500-4	电子商务交易协议理论与验证方法	王茜 著	7	23.00	王睿
978-7-306-03532-5	中山大学生命科学学院校友名录	松阳洲、武少新、冯双 主编	7	80.00	张礼凤
978-7-306-03658-2	天然之光	杨权 主编	7	40.00	徐镜昌
978-7-306-03674-2	鹅反季节饲养繁殖技术	田允波、黄运茂、许丹宁 编著	7	25.00	翁慧怡
978-7-306-03675-9	西方文化史（第三版）	沈之兴 主编	7	40.00	刘学谦
978-7-306-03691-9	农村群体性事件法律研究	李国波 著	7	32.00	杨捷
978-7-306-03699-5	疯狂英语·脱口而出·高级	张淑芳 主编	7	39.80	马霄行
978-7-306-03704-6	教学理念的创新与实践·3	朱竑 主编	7	30.00	鲁佳慧
978-7-306-02989-8	中学公共安全教育读本·初中全一册	中小学公共安全教育读本编委会 编	8	4.47	曾纪川
978-7-306-03455-7	广东省普通高中学业水平考试复习指导·思想政治（修订）	广东省教育厅教研室 编	8	26.80	曾纪川
978-7-306-03456-4	广东省普通高中学业水平考试复习指导·物理(修订)	广东省教育厅教研室 编	8	28.00	曾纪川
978-7-306-03457-1	广东省普通高中学业水平考试复习指导·化学(修订)	广东省教育厅教研室 编	8	22.00	曾纪川
978-7-306-03458-8	广东省普通高中学业水平考试复习指导·生物(修订)	广东省教育厅教研室 编	8	22.60	曾纪川
978-7-306-03459-5	广东省普通高中学业水平考试复习指导·历史(修订)	广东省教育厅教研室 编	8	26.80	曾纪川
978-7-306-03460-1	广东省普通高中学业水平考试复习指导·地理(修订)	广东省教育厅教研室 编	8	18.00	曾纪川
978-7-306-03469-4	体验课堂：高中数学·必修4（配人教版）	仇金家 主编	8	22.00	曾纪川
978-7-306-03470-0	体验课堂：高中英语·必修4	人大附中英语教研组 编	8	24.00	曾纪川

ISBN	书名	作者		定价	责任编辑
978-7-306-03471-7	体验课堂：高中思想政治·必修4	段启兰 主编	8	26.00	曾纪川
978-7-306-03495-3	体验课堂：高中英语·必修5（配人教版）	程岚 主编	8	27.00	曾纪川
978-7-306-03496-0	体验课堂：高中数学·必修5	仇金家 主编	8	22.00	曾纪川
978-7-306-03497-7	体验课堂：高中语文·必修5	白辽玲 主编	8	24.00	曾纪川
978-7-306-03597-4	体验课堂：高中英语·必修1	程岚 主编	8	29.80	曾纪川
978-7-306-03679-7	初中语文学与练·八年级上册	涂木年 主编	8	19.00	邹岚萍
978-7-306-03680-3	机械加工与焊接技术实训	刘文虎 主编	8	32.00	陈文杰
978-7-306-03683-4	初中数学学与练·九年级上册	廖芳 主编	8	18.00	李文
978-7-306-03688-9	初中数学学与练·八年级上册	徐晓辉 主编	8	15.00	李文
978-7-306-03689-6	初中数学学与练·七年级上册	李宁 主编	8	13.00	李文
978-7-306-03696-4	大学生朋辈心理咨询手册	吕燕青 编	8	18.00	刘丽丽
978-7-306-03698-8	初中语文学与练·七年级上册	陈祥春 主编	8	18.00	王小莉
978-7-306-03700-8	市场调查与预测（第二版）	胡穗华、张伟今、谢虹 主编	8	38.00	刘学谦
978-7-306-03703-9	初中语文学与练·九年级上册	涂木年、曹晓军 编	8	18.00	赵婷
978-7-306-03706-0	Android 应用开发	隆益民 著	8	25.00	李文、黄龙飞
978-7-306-03707-7	幻方传说	岑湛标 著	8	20.00	张礼凤、黄龙飞
978-7-306-03709-1	一代象棋宗师杨官璘	周镇明 编著	8	32.00	魏来、鲁佳慧
978-7-306-03711-4	危机心理援助：理论与探索	颜农秋 著	8	28.00	葛洪
978-7-306-03713-8	全脑激发的高效课堂教案实施	王敬民 主编	8	49.80	孙新章
978-7-306-03714-5	应用数学·经管类	黄国荣 主编	8	42.00	李文
978-7-306-03715-2	应用数学·理工类	吴静 主编	8	48.00	李文
978-7-306-03728-2	三十而立	梁钟荣 主编	8	30.00	邓启铜
978-7-306-03737-4	肉鸭健康养殖技术	许丹宁、田允波、黄运茂 编著	8	25.00	曾纪川

ISBN	书名	作者	月	定价	责编
978-7-306-03589-9	高中语文·必修5（配粤教版）	白辽玲、龙飞鹏 主编	9	29.80	曾纪川
978-7-306-03708-4	中国药典2010年版（一部）化学成分分析简明手册	曾元儿 主编	9	58.00	鲁佳慧
978-7-306-03710-7	生产理论	（德）约亚钦·施瓦尔巴赫 著；苏琦 译著	9	22.00	徐诗荣
978-7-306-03719-0	初中英语学与练·八年级上册	冯翊 主编	9	16.00	熊锡源
978-7-306-03721-3	初中英语学与练·七年级上册	刘芳 主编	9	16.00	熊锡源
978-7-306-03729-9	风险投资引导基金研究	何国杰 主编	9	41.80	钟永源
978-7-306-03730-5	本土风险投资实务	何国杰 主编	9	30.00	钟永源
978-7-306-03738-1	广东教育年鉴·2009	广东省教育厅 编	9	260.00	马霄行
978-7-306-03533-2	趣谈人兽共患病	陆家海、陈建波 主编	10	29.80	张礼凤
978-7-306-03693-3	2011年广东高考考点透析与预测·文科数学	曹永生、江玉军 主编	10	36.00	李文
978-7-306-03694-0	2011年广东高考考点透析与预测·理科数学	曹永生、江玉军 主编	10	38.00	李文
978-7-306-03718-3	《行政管理学》学习辅导：习题与案例	陈瑞莲等 编著	10	38.00	施国胜
978-7-306-03733-6	外科学临床见习精要	陈创奇、赖佳明 主编	10	28.00	鲁佳慧
978-7-306-03739-8	大学英语四级考试80天突破（第二版）	陈剑波 主编	10	39.00	杨捷
978-7-306-03740-4	教余漫笔	汪淑钧 著	10	19.90	施国胜
978-7-306-03747-3	神经网络权值直接确定法	张雨浓、杨逸文、李巍 著	10	38.00	张礼凤
978-7-306-03749-7	广州文化软实力研究·第一辑	孙云 主编	10	24.00	李海东
978-7-306-03758-9	现代城市物流问题仿真研究	陈刚 编著	10	28.00	李海东
978-7-306-03762-6	学涯拾零	李小梅 著	10	50.00	嵇春霞
978-7-306-03760-2	你不知道的健康运动秘诀	（美）刘展 著	11	28.00	鲁佳慧
978-7-306-03761-9	实用汽车日语	陈要勤 主编	11	18.00	刘学谦
978-7-306-03777-0	岭表哲思	中山大学哲学系学术委员会 主编	11	98.00	王小莉

书号（ISBN）	书名	作者	出版月份	定价（元）	责任编辑
978-7-306-03587-5	普通高中新课程标准实验教科书同步辅导与训练丛书·高中语文·必修3（配粤教版）	白辽玲 主编	12	27.00	曾纪川
978-7-306-03588-2	普通高中新课程标准实验教科书同步辅导与训练丛书·高中语文·必修4（配粤教版）	白辽玲 主编	12	28.00	曾纪川
978-7-306-03780-0	和谐社会构建与公共服务新探索	郑德涛、欧真志 主编	12	40.00	赵婷
978-7-306-03781-7	行政管理改革与公共政策新导向	郑德涛、欧真志 主编	12	40.00	王俊辉
978-7-306-03782-4	广东残疾人保障和服务研究	张永安 主编	12	65.00	王俊辉
978-7-306-03783-1	谭祥金赵燕群文集（上下卷）	谭祥金、赵燕群 著	12	390.00	王俊辉
978-7-306-03786-2	肉鸡高效饲养技术	田允波、林树茂 编	12	20.00	曾纪川
978-7-306-03788-6	公共事务类人才培养模式的探索与思考	马骏、倪星 主编	12	58.00	嵇春霞
978-7-306-03795-4	电子信息类专业实践教程	肖明明、王员根、刘毅、刘云、倪宇、岳洪伟 编著	12	69.80	马霄行
978-7-306-03799-2	蒲龄恩诗选	区鉷 主编	12	25.00	熊锡源
978-7-306-03800-5	资讯管理研究进展	曹树金 主编	12	38.00	王俊辉
978-7-306-03810-4	传媒的宣导抚慰功能研究	谭昆智 主编	12	49.80	章伟
978-7-306-03811-1	十年一粟	余志、蔡铭 编	12	200.00	周建华
978-7-306-03818-0	中山大学工会、教代会年鉴·2009	中山大学工会办公室 编	12	48.00	章伟

2011 年

书号（ISBN）	书名	作者	出版月份	定价（元）	责任编辑
978-7-306-03661-2	疯狂英语故事袋·高级	黄银蒲、郝静 主编	1	38.80	钟婕
978-7-306-03676-6	疯狂英语故事袋·初级	高井荣 主编	1	38.80	赖艳艳
978-7-306-03717-6	疯狂英语·脱口而出·中级	黄银蒲 主编	1	39.80	黄龙飞
978-7-306-03724-4	疯狂英语故事袋·中级	高井荣、刘晶 主编	1	38.80	赖艳艳

ISBN	书名	作者	版次	定价	责编
978-7-306-03750-3	疯狂英语·跟美国学生一起学英语（初级版）	黄玉虹 主编	1	32.80	钟婕
978-7-306-03751-0	疯狂英语·跟美国学生一起学英语（中级版）	张蕾 主编	1	32.80	钟婕
978-7-306-03752-7	疯狂英语·跟美国学生一起学英语（高级版）	张婉 主编	1	32.80	黎恋恋
978-7-306-03753-4	疯狂英语·脱口而出·初级	吴丹 主编	1	39.80	钟婕、黄龙飞
978-7-306-03756-5	层叠的现代——《现代》杂志研究	颜湘茹 著	1	30.00	李海东
978-7-306-03785-5	疯狂英语·一句话英语口语	郑珠利 著	1	24.80	刘学谦、黄龙飞
978-7-306-03790-9	疯狂英语·三句话英语口语	郑珠利 著	1	24.80	刘学谦
978-7-306-03801-2	工商行政管理教程（第二版）	曹英耀、曹毅 编著	1	25.00	赵婷
978-7-306-03817-3	广州市海珠区名校长名教师风采录（上下册）	广州市海珠区教育局 编	1	70.00	李文、马霄行
978-7-306-03754-1	美国监狱私有化研究	王廷惠 著	2	20.00	徐诗荣
978-7-306-03815-9	潮菜天下（上下册）	张新民 著	2	120.00	李海东
978-7-306-03820-3	公共危机传播管理	廖为建 主编	2	69.80	章伟
978-7-306-03763-3	综合英语教学原理	王进军 编著	3	30.00	葛洪
978-7-306-03784-8	梁诚与近代中国	梁碧莹 著	3	45.00	王俊辉
978-7-306-03839-5	高速公路建设与管理	赵书玲、许伦辉、汪锋锁 主编	3	28.00	刘学谦
978-7-306-03843-2	润物有声	吴房添 编著	3	25.00	马霄行、黄龙飞
978-7-306-03848-7	中国流动人口公共卫生现状报告	凌莉、岳经纶 主编	3	21.00	马霄行、林彩云
978-7-306-03849-4	传承与创新：高校统战工作探索	郑德涛 主编	3	39.00	马霄行
978-7-306-03765-7	写作大要新编（第二版）	陈子典 主编	4	35.00	邹岚萍
978-7-306-03779-4	广东疾病控制工作年鉴·2010	广东省疾病预防控制中心 编	4	100.00	李文
978-7-306-03789-3	区域纺织业发展实证研究：基于集聚、规模与效率	吴迎新 著	4	39.00	嵇春霞
978-7-306-03803-6	近60年来中国公共图书馆思想研究 1949-2009	潘燕桃 著	4	40.00	赵婷
978-7-306-03833-3	广东民生报告·2009	蔡禾 主编	4	48.00	王润

ISBN	书名	作者	月	定价	责编
978-7-306-03852-4	企业R&D创新投入的风险与有效性研究	唐清泉 著	4	68.00	张礼凤
978-7-306-03856-2	私募股权投资与创业投资	林金腾 编著	4	38.00	徐诗荣
978-7-306-03858-6	先行先试：深圳社工专业闪亮点	香港·社会服务发展研究中心 著	4	30.00	葛洪
978-7-306-03791-6	国际汉语·第一辑	周小兵 主编	5	16.00	李海东
978-7-306-03853-1	2012高考金牌有效复习·文科数学（第一轮）	华师宏达高考研究组 编	5	69.80	赵婷
978-7-306-03857-9	儒学墨韵	陈之泉 著	5	39.80	钟永源
978-7-306-03859-3	疯狂英语·甜心兔超萌口语	宋健榕 编著	5	24.80	刘学谦、林彩云
978-7-306-03860-9	疯狂英语·从单词到地道英语	王福祯 主编	5	24.80	刘学谦
978-7-306-03863-0	疯狂英语·口语达人秀	宋健榕 编著	5	32.00	刘学谦
978-7-306-03865-4	城市色彩讲坛（第二辑）	李训贵 主编	5	38.00	赵婷
978-7-306-03866-1	2012高考金牌有效复习·理科数学（第一轮）	华师宏达高考研究组 编	5	69.80	赵婷
978-7-306-03867-8	公立医院规模持续扩张机制与调控策略	匡莉 著	5	28.00	鲁佳慧
978-7-306-03869-2	内科医生实用装备手册	林菁华 主编	5	15.00	马霄行
978-7-306-03872-2	英汉汉英医学新术语	阎书凤、钟惟德 主编	5	49.80	鲁佳慧
978-7-306-03875-3	校企一体职业教育模式论——深圳市宝安职业技术学校办学实践探索	吕静锋、朱雪梅、张运红、冯增俊 著	5	50.00	嵇春霞
978-7-306-03879-1	海泉湾度假区海洋温泉管理实务手册	刘凤波 主编	5	39.80	翁慧怡
978-7-306-03850-0	《精选名儒草堂诗馀》校注	陈水根 校注	6	31.00	丁俭
978-7-306-03878-4	从精英主导型社区整合到半契约型社区整合	倪晓锋 著	6	28.00	张礼凤
978-7-306-03881-4	初中语文精练·八年级（上册）	花城初中语文中心备课组 编	6	25.00	钟永源
978-7-306-03882-1	初中语文精练·七年级（上册）	花城初中语文中心备课组 编	6	25.00	钟永源
978-7-306-03883-8	初中语文精练·九年级（全一册）	花城初中语文中心备课组 编	6	26.00	钟永源
978-7-306-03884-5	信息工程专业英语教程 An English Course for Information Engineering	刘传菊、王员根、唐宇 编著	6	13.80	刘学谦

ISBN	书名	作者	月	定价	责编
978-7-306-03888-3	中山大学工会编年史（1949～2010）	罗永明 主编	6	120.00	章伟
978-7-306-03898-2	中山大学国际汉语教育三十年教师论文集	周小兵 主编	6	46.00	李海东
978-7-306-03905-7	王继中诗词（第二集）	王继中 著	6	25.00	葛洪
978-7-306-03906-4	中国民众政治支持的测量与分析 Popular Political Support in Urban China	陈捷 著；安佳 译	6	25.00	葛洪
978-7-306-03908-8	2.0的图书馆	杨新涯、彭晓东 著	6	25.00	赵婷
978-7-306-03915-6	广东教育年鉴·2010	广东省教育厅 编	6	260.00	马霄行
978-7-306-03925-5	新南玉研究与鉴赏	郭清宏、周永章、曹姝旻 著	6	30.00	李海东
978-7-306-03831-9	黑石顶大型真菌图鉴	李方 著	7	50.00	马霄行
978-7-306-03861-6	英美幽默故事选编（英汉对照）	汪淑钧 编译	7	19.90	施国胜
978-7-306-03864-7	醍醐集——大学生安全纪律教育读本	陈建存 主编	7	16.80	王小莉
978-7-306-03880-7	科学发展 共建和谐：中山大学工会"教职工之家"建设工作文集	罗永明 主编	7	36.00	赵婷
978-7-306-03885-2	杨海蒂英文单词神奇记忆法（共4册）	杨海蒂（杨兰英） 编著	7	680.00	章伟
978-7-306-03891-3	翻译原型研究	龙明慧 著	7	20.00	熊锡源
978-7-306-03892-0	基于语料库的汉语医患会话修正研究	杨石乔 著	7	20.00	熊锡源
978-7-306-03900-2	声音与姿态：中国女性小说叙事形式演变	陈淑梅 著	7	22.00	刘丽丽
978-7-306-03904-0	历程·风采：中山大学工会60周年纪念专刊	罗永明 主编	7	150.00	徐诗荣
978-7-306-03914-9	豁达人生	梁达松 著	7	50.00	李文
978-7-306-03920-0	我所认识的武林内功高手（第二版）	林星 著	7	32.00	丁俭
978-7-306-03930-9	自主探究学习与评价	梁达雄 主编	7	72.00	熊锡源
978-7-306-03903-3	经济学基础：项目化教程	杨兴、张泽华 主编	8	29.80	徐诗荣
978-7-306-03918-7	组合信用风险管理研究	樊婷婷、李仲飞 著	8	25.00	鲁佳慧

ISBN	书名	作者		定价	
978-7-306-03919-4	外贸函电实训教程	郭航、梁志华 主编	8	28.00	刘学谦
978-7-306-03921-7	问鲁迅 汉字何罪（第二版）	张东宝 著	8	32.00	丁俭
978-7-306-03929-3	计算机组装与维护实训教程	张宏杰、陈燕升 主编	8	28.00	张礼凤
978-7-306-03931-6	几何画板5.0从入门到精通	江玉军 编著	8	45.00	李文
978-7-306-03933-0	英语专业4级标准阅读180篇	叶常青 主编	8	26.80	熊锡源、区志承
978-7-306-03936-1	大学军事理论简明教程	卢黄煕 主编	8	23.00	刘学谦
978-7-306-03937-8	高校学生干部工作手册	丁小球 主编	8	22.00	赵婷
978-7-306-03938-5	水资源与水环境保护求实务新说	汪达、汪丹 著	8	28.00	马霄行
978-7-306-03940-8	文化批评视野中的文学生态和文学话语	范颖 著	8	30.00	熊锡源
978-7-306-03944-6	初中英语精练·八年级（上册）	花城初中英语中心备课组 编	8	22.00	熊锡源
978-7-306-03945-3	初中英语精练·七年级（上册）	花城初中英语中心备课组 编	8	22.00	熊锡源
978-7-306-03948-4	追随可能性：罗伯特·克里利诗歌尺度研究 Following Possibilities: On Robert Creeley's Poetic Measures	刘朝晖 著	8	20.00	熊锡源
978-7-306-03953-8	华南师范大学2010年顶岗实习优秀征文选	华南师范大学教务处 编	8	50.00	王睿
978-7-306-03955-2	当代西方价值教育思潮	杨超 著	8	25.00	王俊辉
978-7-306-03957-6	黄冈串讲文言文·初中版	黄冈名师团 编	8	35.00	钟永源
978-7-306-03958-3	中医诊疗歌括	陈世伦 编著	8	15.00	鲁佳慧
978-7-306-03961-3	古诗文阅读教学课型结构的学理分析	陈祥春 编著	8	25.00	章伟
978-7-306-03963-7	中国文学名作鉴赏	范颖、方燕妹、亓丽 主编	8	29.00	熊锡源
978-7-306-03964-4	迈向服务经济：广州的实践与思考·2011	刘江华、张强、欧开培等 著	8	39.80	章伟
978-7-306-03965-1	网络远程教育生态学	曾祥跃 著	8	20.00	林彩云
978-7-306-03966-8	远程教育学研究导论	张秀梅 著	8	25.00	施兰娟
978-7-306-03967-5	大学生职业生涯规划	黄观德、王颖、苏小明 主编	8	30.00	邓启铜

978-7-306-03968-2	人的价值及其实现	易江 著	8	25.00	邓启铜
978-7-306-03890-6	课时同步教与学	陈启华 主编	9	96.60	马霄行
978-7-306-03894-4	读行茂名	李清汉 主编	9	38.00	李文
978-7-306-03922-4	《溪堂集》《竹友集》校勘	上官涛 校勘	9	36.00	丁俭
978-7-306-03932-3	英语专业8级标准阅读180篇	刘绍龙 主编	9	26.80	熊锡源、张玉珊
978-7-306-03950-7	如何防治肥胖诱发的中老年慢性病	熊希民 编著	9	15.00	马霄行
978-7-306-03951-4	秘书规范	廖金泽 著	9	20.00	邹岚萍
978-7-306-03956-9	通用秘书手册	廖金泽 著	9	22.00	赵婷
978-7-306-03959-0	好莱坞大片《雪花秘扇》幕后故事：女书交往 老同命运	宫哲兵 著	9	33.00	丁俭
978-7-306-03973-6	直击中考·语文考点知识	花城中考语文中心组 编	9	15.80	钟永源
978-7-306-03983-5	疯狂英语·我最喜欢的简明语法书	王福祯、张翠珍 主编	9	20.00	刘学谦
978-7-306-04057-2	南方论丛·第一辑	中山大学南方学院 编	9	35.00	赵丽华、曹丽云
978-7-306-03947-7	循环经济读本	杨建初 主编	10	30.00	嵇春霞
978-7-306-03976-7	李白桃红	刘雪庚 著	10	35.00	刘丽丽
978-7-306-04001-5	超级大脑训练营：逻辑推理篇	红星工作室 编	10	10.00	钟永源
978-7-306-04002-2	超级大脑训练营：形象思维篇	红星工作室 编	10	10.00	张礼凤
978-7-306-04003-9	超级大脑训练营：右脑开发篇	红星工作室 编	10	10.00	余泓颖
978-7-306-04004-6	超级大脑训练营：观察力篇	红星工作室 编	10	10.00	张礼凤
978-7-306-04005-3	超级大脑训练营：发散思维篇	红星工作室 编	10	10.00	李文
978-7-306-04006-0	超级大脑训练营：创造力篇	红星工作室 编	10	10.00	徐诗荣
978-7-306-04007-7	超级大脑训练营：记忆力篇	红星工作室 编	10	10.00	张礼凤
978-7-306-04008-4	劳动争议案例评析100例（一）	曹晓宏 编著	10	12.00	李海东
978-7-306-04009-1	劳动争议案例评析100例（二）	曹晓宏 编著	10	12.00	李海东

ISBN	书名	作者		定价	责任编辑
978-7-306-04010-7	心理健康的自我调节与保健	陈瑜 主编	10	15.00	翁慧怡
978-7-306-04011-4	家庭用药知识240问	李健康 主编	10	15.00	鲁佳慧
978-7-306-04012-1	农谚·民谣·新农村建设诗歌	蔡捷 编	10	15.00	刘丽丽
978-7-306-04013-8	教育成功案例集	王小强 主编	10	10.00	王润
978-7-306-04014-5	鹅反季节饲养繁殖技术（二）	田允波、黄运茂、许丹宁 编著	10	13.00	翁慧怡
978-7-306-04015-2	鹅反季节饲养繁殖技术（一）	田允波、黄运茂、许丹宁 编著	10	12.00	翁慧怡
978-7-306-04018-3	武术与健康	李旺华 主编	10	13.00	曾育林
978-7-306-04019-0	中小学校园安全规程及安全教育读本：兼析校园伤害疑难案例	谭晓玉 编著	10	15.00	杨文泉
978-7-306-04020-6	人口普查资料分析研究与开发利用	彭启鹏 主编	10	20.00	赵丽华
978-7-306-04026-8	儿童哮喘的家庭护理	陈壮桂 编	10	15.00	赵丽华、张海昕
978-7-306-04028-2	小学生注音看图作文：想象篇	吴庆芳 主编	10	10.00	杨文泉
978-7-306-04029-9	小学生注音看图作文：写景篇	吴庆芳 主编	10	10.00	杨文泉
978-7-306-04030-5	小学生阅读总复习	李友元 主编	10	14.00	赵婷
978-7-306-04031-2	中学生限字作文：700字	赵道夫 主编	10	14.00	施兰娟
978-7-306-04032-9	中学生限字作文：600字	赵道夫 主编	10	14.00	林彩云
978-7-306-04033-6	中学生限字作文：800字	赵道夫 主编	10	14.00	施兰娟
978-7-306-04034-3	孕产妇保健知识	史蕾、张立力 编著	10	15.00	董真
978-7-306-04036-7	中考快递：满分作文	李光 主编	10	14.00	王润
978-7-306-04037-4	高考快递：满分作文	李光 主编	10	14.00	王润
978-7-306-04038-1	中学生限字作文：900字	赵道夫 主编	10	14.00	林彩云
978-7-306-04040-4	朝花夕拾 呐喊	鲁迅 著；尤可 编解	10	15.00	潘隆
978-7-306-04041-1	家庭救护常识	林劲秋、张立力 主编	10	15.00	丁俭

ISBN	书名	作者	月	定价	责编
978-7-306-04042-8	慢性病家庭预防与保健常识	闭晓君、张立力 主编	10	15.00	丁俭
978-7-306-04043-5	阿婆西施	舒园 改编；邱蔚琳 绘画	10	15.00	赵婷
978-7-306-04044-2	农民阅读和农家书屋服务	舒岩、冯建福、何建新、吴小清、颜运梅 编著	10	15.00	曹丽云、李霞
978-7-306-04045-9	农村阅读	冯建福、张材鸿 著	10	15.00	董真
978-7-306-04046-6	轻松作文200字	蔡德权、李友元 主编	10	10.00	王睿
978-7-306-04047-3	轻松作文300字	蔡德权、李友元 主编	10	10.00	王睿
978-7-306-04048-0	读·酒	舒园、鲁风 编	10	15.00	陈霞
978-7-306-04049-7	百花谱	舒岩、鲁风 编	10	15.00	余泓颖
978-7-306-04052-7	李华伟文集（上下卷）	谭祥金 主编	10	460.00	王俊辉
978-7-306-04073-2	中国创业投资蓝皮书·2011	徐勇 主编	10	180.00	施兰娟、陈珂
978-7-306-03877-7	性智慧与性崇拜：男性篇	宫哲兵 著	11	29.80	丁俭
978-7-306-03962-0	中山大学国际汉语教育三十年硕士学位论文选	周小兵 主编	11	68.00	李海东
978-7-306-03986-6	《英语1》学习辅导（第二版）	袁晓燕、陈晓茹 主编	11	25.00	张礼凤
978-7-306-03987-3	英语1（第二版）	苗群鹰、胡萍 主编	11	26.00	刘学谦
978-7-306-03988-0	科学与中国现代思想	吴炜 著	11	23.00	翁慧怡
978-7-306-03994-1	回应型政府建设的理论与实践	卢坤建、苗月霞 著	11	36.00	张礼凤
978-7-306-04055-8	新浪潮英语·中学英语单词书	魏长旺 编著	11	49.80	熊锡源
978-7-306-04056-5	春风化雨 山高水长	黄昭 主编	11	100.00	李文
978-7-306-04059-6	觉悟者的心中月：汉英对照	释万行 著；智伟 译	11	38.00	施兰娟
978-7-306-04060-2	医务人员行医行为规范体系研究	严金海、肖健、吕群蓉 编著	11	38.00	张礼凤
978-7-306-04064-0	孙子兵法井田阵	邓斌、邓飞、范信琼 著	11	48.00	朱鹭华
978-7-306-04070-1	中国植绥螨研究与应用	黄明度 主编	11	59.00	蔡浩然
978-7-306-04072-5	治道新诠：中山大学中国管理哲学学科创立二十周年纪念文集	黎红雷 主编	11	198.00	余泓颖、周建华

书号（ISBN）	书名	作者	出版月份	定价（元）	责任编辑
978-7-306-04075-6	民生政府建设和公共政策之路	郑德涛、欧真志 主编	11	36.00	刘丽丽
978-7-306-03851-7	广东地税调研报告·2010	王南健 主编	12	35.00	王俊辉
978-7-306-04058-9	新编医院会计实务指南	徐力新 主编	12	45.00	李文
978-7-306-04076-3	九宫论语阵	范信琼、邓斌 著	12	48.00	朱霭华
978-7-306-04081-7	艾滋病病例综合管理理论与实践	徐慧芳 主编	12	45.00	曹丽云

2012年

书号（ISBN）	书名	作者	出版月份	定价（元）	责任编辑
978-7-306-03524-0	古代命理学研究·命理格局	凌志轩 著	1	42.00	丁俭
978-7-306-04066-4	欧洲硅藻鉴定系统	（德）克拉默(Krammer, K.)、（德）兰格－贝尔塔洛(Lange-Bertalot, H.) 著；刘威、朱远生、黄迎艳 译	1	130.00	赵丽华
978-7-306-04077-0	华南青年学者日本研究集萃	陈多友 主编	1	50.00	廖丽玲
978-7-306-04080-0	社会管理创新与公共服务优化	郑德涛、欧真志 主编	1	40.00	曾育林
978-7-306-04084-8	物业服务早期介入	高荣江、徐晓良、崔太群 编著	1	60.00	张礼凤
978-7-306-04085-5	《英语3》学习辅导（第二版）	时梅、彭念凡 主编	1	27.00	刘学谦
978-7-306-04086-2	英语3（第二版）	何志平、欧阳旭东 主编	1	28.00	刘学谦
978-7-306-04087-9	《英语2》学习辅导（第二版）	廖定中、谢宝霞 主编	1	26.00	刘学谦
978-7-306-04088-6	英语2（第二版）	宫超英、杨春丽 主编	1	27.00	刘学谦
978-7-306-04090-9	基督教与西方文学	夏茵英 著	1	39.00	邹岚萍
978-7-306-04091-6	犹太人的智慧	黑马大叔 绘	1	20.00	曾育林
978-7-306-04092-3	暴风英语·英语听说训练全真模拟测试	陈瑜琳、梁兴国 编著	1	28.80	林彩云
978-7-306-04093-0	赢在写作	黎均胜、雷莹 主编	1	28.80	施兰娟
978-7-306-04099-2	谈海事科学发展：广东海事局学习胡锦涛总书记"七一"讲话征文和演讲比赛获奖文集	梁建伟、陈毕伍 主编	1	25.00	翁慧怡

ISBN	书名	作者		定价	责编
978-7-306-03611-7	广东民生报告·2010	蔡禾 主编	2	49.90	王润
978-7-306-03626-1	中国证券登记结算制度研究	张国平 著	2	58.00	王润、赵丽华
978-7-306-04102-9	旅游服务礼仪	张文、周书云、唐召英 主编	2	29.80	嵇春霞
978-7-306-04112-8	社会管理与公共行政实践的创新	郑德涛、欧真志 主编	2	45.00	赵婷
978-7-306-03934-7	英蕊乐园游历记（全12册）	（澳）张浚 主编	3	298.00	刘学谦
978-7-306-04107-4	英语词汇随身记·高中3700	《英语词汇随身记》编写组 主编	3	15.80	施兰娟
978-7-306-04108-1	水果杀手：果实蝇观察与监测	毛润乾 主编	3	12.80	赵丽华
978-7-306-04116-6	科学管理与政府行政能力的提升	郑德涛、欧真志 主编	3	40.00	赵婷
978-7-306-04120-3	万泉河传	黎国器 著	3	39.80	李霞
978-7-306-04121-0	2012年全国成人高考广东省专用备考辅导教材（专科起点升本科）·大学语文	广州成考网教研委员会命题研究组 编	3	30.00	赵丽华
978-7-306-04122-7	2012年全国成人高考广东省专用备考辅导教材（专科起点升本科）·政治、英语、高等数学（二）	广州成考网教研委员会命题研究组 编	3	90.00	赵丽华、李文施兰娟
978-7-306-04123-4	2012年全国成人高考广东省专用备考辅导教材（高中起点升专/本科）·语文、数学、英语	广州成考网教研委员会命题研究组 编	3	90.00	赵丽华、李文、林彩云
978-7-306-04124-1	大学英语四级通关专项精练	孙爱娜、胡文育 编著	3	28.00	刘学谦
978-7-306-03776-3	概率的哲学理论 Philosophical Theories of Probability	（英）吉利斯（Gillies、D.）著；张健丰、陈晓平 译	4	38.00	马霄行
978-7-306-04039-8	职业生涯规划、就业与创业指导	邱广林 主编	4	30.00	翁慧怡
978-7-306-04109-8	南中国生物防治之父——蒲蛰龙院士	古德祥、冯双 主编	4	112.00	张礼凤
978-7-306-04126-5	广东教育年鉴2011	广东省教育厅 编	4	260.00	李霞、周建华
978-7-306-04143-2	数据结构实验指导	刘佳、吴志芳 主编	4	18.00	张礼凤
978-7-306-04144-9	心理减压室——完美高中生活指南	蔡志红 著	4	34.00	嵇春霞

ISBN	书名	作者	月	定价	责编
978-7-306-04145-6	腕关节外科手术学	李智勇 主编	4	25.00	曾育林
978-7-306-04146-3	春风化雨 润物无声：广东理工职业学院学生工作案例精选	余嘉强 主编	4	60.00	尚于力
978-7-306-04132-6	中国社会工作实务纵深	朱静君 主编	5	25.00	邹岚萍
978-7-306-04137-1	疯狂英语·900句·提高篇	李因、张纯、牛雪莲 主编	5	39.80	熊锡源
978-7-306-04138-8	疯狂英语·900句·基础篇	李因、孙艳 主编	5	39.80	林彩云
978-7-306-04139-5	疯狂英语·900句·入门篇	李因、李俊青 主编	5	39.80	林彩云
978-7-306-04142-5	别怕！一天搞定日语会话	宝铁梅、赵慧 主编	5	39.80	廖丽玲
978-7-306-04148-7	中山大学网络教育入学考试辅导用书2（大学英语、大学语文·专科起点报考本科用）	王哲、倪彩霞 编	5	10.00	嵇春霞、陈珂
978-7-306-04149-4	中山大学网络教育入学考试辅导用书1（英语、语文·高中起点报考专科用）	王哲、王辉 编	5	10.00	嵇春霞、陈珂
978-7-306-04152-4	大学体育与健康	黄茂武、陈智勇 总主编	5	32.00	宋辉
978-7-306-04155-5	乌合之众：大众心理研究	（法）古斯塔夫·勒庞 著；艾之凡 译	5	29.80	杨旭光
978-7-306-04158-6	人人说英语	京珍文 主编	5	39.80	施兰娟
978-7-306-04159-3	职来职往——我的英语学习书	祝莉丽 主编	5	39.80	林彩云
978-7-306-04172-2	计算机应用基础	张明、李权、杨华安 主编	5	32.00	张礼凤
978-7-306-04202-6	普通高校毕业生就业支持体系研究	梁远海 著	5	35.00	陈珂
978-7-306-04206-4	递推数列	方志平 主编	5	20.00	李文
978-7-306-04160-9	曾胡治兵语录	蔡锷 编；卫海霞、阮发俊 译注	6	26.80	陈珂
978-7-306-04166-1	英文诵典	张琬 主编	6	35.00	林彩云
978-7-306-04173-9	农民工公共服务	岳经纶 主编	6	38.00	邹岚萍
978-7-306-04182-1	完美读法：高中英语专项突破	黄泽玉、林仕旋 主编	6	28.80	林彩云
978-7-306-04183-8	最新高考英语听说全面突破	裴海燕、陈霖 主编	6	45.00	林彩云

下篇 30年出版成果简表

ISBN	书名	作者	月	定价	责任编辑
978-7-306-04187-6	孩子可以这样教——班主任工作手记	邓昌焱 著	6	19.80	徐诗荣
978-7-306-04193-7	语言探索与文学论评	方汉泉 著	6	30.00	熊锡源
978-7-306-04194-4	引领·锤炼·成长：中山大学学生党建精品活动与优秀学生党员事迹选编	中山大学党委组织部 组织编写	6	68.00	徐诗荣
978-7-306-04196-8	环境监测实验教程	陈玉娟 主编	6	15.00	鲁佳慧
978-7-306-04192-0	英语专业综合教程课文辅导详解1	游玉祥、伍乐其 主编	7	35.80	熊锡源、姚待春
978-7-306-04204-0	我的大学新篇章	赵锦权 主编	7	29.00	周建华、廖丽玲
978-7-306-04205-7	大学生就业指导	张斌、何翠萍 主编	7	18.00	宋辉
978-7-306-04210-1	中山大学工会教代会年鉴（2010）	中山大学工会办公室 编	7	48.00	章伟
978-7-306-04211-8	内科医生实用装备手册（第二版）	林菁华 主编	7	15.00	鲁佳慧
978-7-306-04240-8	生态线索与人居环境研究——以贵州喀斯特高原为例	周晓芳、周永章、郭清宏 著	7	30.00	李海东
978-7-306-04242-2	淘金英语专业4级语法与词汇	伍乐其 主编	7	25.80	熊锡源、徐焰龙
978-7-306-04243-9	淘金英语专业8级人文知识	伍乐其 主编	7	24.80	熊锡源、区志承
978-7-306-04248-4	淘金英语专业8级改错	曹红霞 主编	7	24.80	熊锡源、莫文瑾、彭海琳
978-7-306-04161-6	档案与信息管理	林苏、黄爱华 主编	8	30.00	赵丽华
978-7-306-04164-7	广东地税调研报告2011	王南健 主编	8	38.00	李霞
978-7-306-04168-5	唯道论——质疑中国哲学史"唯物""唯心"体系	宫哲兵 编著	8	48.00	丁俭
978-7-306-04180-7	中山市五桂山昆虫彩色图谱	古建明 主编	8	150.00	赵丽华、曹丽云
978-7-306-04186-9	实用文写作	蓝天 主编	8	35.00	赵丽华
978-7-306-04200-2	新编实用写作	余少文、曹艳红 主编	8	35.00	赵丽华
978-7-306-04201-9	计算机应用基础上机指导	苏云、郭禧珍 主编	8	19.00	张礼凤
978-7-306-04203-3	高考英语掌中宝	郭细喜 编著	8	10.00	刘学谦
978-7-306-04212-5	全球商务管理 Global Business Management	胡松华 编著	8	48.00	张礼凤

ISBN	书名	作者	月	定价	责编
978-7-306-04229-3	建设工程经济	张豫、廖方勤 主编	8	32.00	徐诗荣
978-7-306-04230-9	英语	广东省普通高等学校专插本招生考试命题研究组、广东省普通高等学校专插本招生考试命题研究中心 组编	8	58.00	施兰娟
978-7-306-04233-0	管理学	广东省普通高等学校专插本招生考试命题研究组、广东省普通高等学校专插本招生考试命题研究中心 组编	8	58.00	曾育林
978-7-306-04234-7	政治理论	广东省普通高等学校专插本招生考试命题研究组、广东省普通高等学校专插本招生考试命题研究中心 组编	8	58.00	曾育林
978-7-306-04237-8	高考英语短语分类记忆	郭细喜 编著	8	12.00	刘学谦
978-7-306-04238-5	高等数学	广东省普通高等学校专插本招生考试命题研究组、广东省普通高等学校专插本招生考试命题研究中心 组编	8	48.00	张礼凤
978-7-306-04239-2	关注国防 心系家园：大学军事理论课辅助教材	卢黄熙 主编	8	19.80	刘学谦
978-7-306-04241-5	音乐院校思想政治理论课教学资料与案例选编	陈平 主编	8	24.00	熊锡源
978-7-306-04244-6	大学语文	广东省普通高等学校专插本招生考试命题研究组、广东省普通高等学校专插本招生考试命题研究中心 组编	8	58.00	凌文娟
978-7-306-04245-3	笑绘健康：《漫画健康养生手册》（升级版）	笑脸兔（邝祖海）编绘	8	30.00	曾育林
978-7-306-04249-1	跨境经济带发展规划研究	王磊、李建平 主编	8	39.00	王睿
978-7-306-04250-7	大学体育与健康	江新华、刘新红 主编	8	29.80	宋辉
978-7-306-04251-4	女性主义专题研究	庄园 著	8	36.00	余泓颖
978-7-306-04258-3	医院社会责任研究	王双苗 著	8	32.00	曾育林
978-7-306-04266-8	系统功能语法的存在句研究	邓仁华 著	8	20.00	熊锡源
978-7-306-04274-3	阅读巅峰·高中英语阅读步步高（高一上）	白生虎、曾少萍 主编	8	18.00	林彩云
978-7-306-04275-0	阅读巅峰·高中英语阅读步步高（高二上）	刘振锋、吕晓云 主编	8	18.00	林彩云

ISBN	书名	作者	月	定价	责编
978-7-306-04281-1	职业指导与训练（共6册）	张平 主编	8	120.00	曾育林、陈霞
978-7-306-04094-7	阅读巅峰	白生虎、林静凤 主编	9	28.80	林彩云
978-7-306-04197-5	本土意识与文学研究	高文平、黎志敏 主编	9	30.00	熊锡源
978-7-306-04253-8	语篇中的衔接和语篇主旨大意的关系 Cohesion in Text and Text Aboutness	李元科 著	9	24.00	熊锡源
978-7-306-04260-6	普通话口语交际教程	蓝师科 主编	9	21.50	陈霞
978-7-306-04265-1	广东疾病控制工作年鉴·2011	广东省疾病预防控制中心 编	9	170.00	李文
978-7-306-04267-5	徜徉在大洋彼岸	叶永刚 著	9	50.00	熊锡源
978-7-306-04276-7	赢在写作·高中英语写作指导训练·提升篇	冯晓林、赵玉书 主编	9	18.00	施兰娟
978-7-306-04277-4	赢在写作·高中英语写作指导训练·基础篇	刘贵发、吕晓云 主编	9	18.00	施兰娟
978-7-306-04290-3	体验与感悟——华南师范大学2011年顶岗实习优秀征文选	华南师范大学教务处 编	9	50.00	王睿
978-7-306-04292-7	口语无忧·英语听说训练学习手册·高一（上）	周溢、殷庆国 主编	9	25.00	林彩云
978-7-306-04293-4	口语无忧·英语听说训练学习手册·高二（上）	朱丽萍、周碧红 主编	9	25.00	林彩云
978-7-306-04294-1	大学英语四级考试60天轻松过关	陈剑波 主编	9	32.00	刘学谦
978-7-306-04295-8	中国特色社会主义理论与实践研究	郭文亮、杨菲蓉 主编	9	39.00	李霞、周建华
978-7-306-04297-2	黄焕秋文集	黄焕秋 著	9	95.00	余泓颖
978-7-306-04310-8	高中英语字帖训练	熊清明 主编	9	12.00	林彩云
978-7-306-04315-3	暴风英语·中考新突破·短文填空	彭琼红、胡桂雄 主编	9	19.80	施兰娟
978-7-306-04317-7	暴风英语·中考新突破·听力指导	林健、缪红虹 主编	9	28.80	林彩云
978-7-306-04319-1	普通高中学业水平测试·过关冲刺·英语	谭文庆、高亚衡 主编	9	16.80	施兰娟
978-7-306-04320-7	数学地球科学	周永章、王正海、侯卫生 编著	9	33.00	李海东
978-7-306-04321-4	刘尚礼博士诗词集	刘尚礼 著	9	30.00	鲁佳慧
978-7-306-04119-7	深圳媒介生物及其防制	张韶华、马汉武、贾凤龙 主编	10	68.00	曹丽云

ISBN	书名	作者	月	定价	责编
978-7-306-04256-9	新闻文集（共四卷）	谭沃森 著	10	100.00	嵇春霞
978-7-306-04316-0	中考语文专题复习效果检测	中考语文题研究组 编著	10	29.80	熊锡源
978-7-306-04323-8	烟花里的身影	王瑞璋 著	10	25.00	林彩云
978-7-306-04327-6	语法在握：高中英语语法表解与阶梯训练	宋定鸿 编著	10	29.80	施兰娟
978-7-306-04330-6	研究方法论	易江 著	10	25.00	邓启铜
978-7-306-04331-3	中山大学肿瘤防治中心药物临床试验常用制度/SOP汇编	洪明晃 主编	10	35.00	嵇春霞
978-7-306-04333-7	三网融合的云浮模式：欠发达地区信息化推动新"两化"的研究	王蒙徽、赵仲明 编著	10	32.00	王睿
978-7-306-04335-1	当代中国志愿服务研究	谭建光、杨旭 主编	10	50.00	熊锡源
978-7-306-04337-5	初中考点新突破·课时过关8分钟·七年级英语（上册）	暴风英语编写组 主编	10	15.80	施兰娟
978-7-306-04325-2	李德竹文集	李德竹 著	11	238.00	王俊辉
978-7-306-04339-9	初中考点新突破·课时过关8分钟·九年级英语（全一册）	暴风英语编写组 主编	11	19.80	施兰娟
978-7-306-04340-5	广东医生：新时期医务工作者职业精神教育读本	《广东医生》编写组 编	11	38.00	赵丽华、张海昕
978-7-306-04342-9	客方言标准音词典	张维耿 编著	11	68.00	李海东
978-7-306-04347-4	初中英语毕业总复习	花城初中英语中心备课组 编著	11	29.80	施兰娟
978-7-306-04348-1	中考连线·中考总复习（英语）	姚欢 主编	11	39.80	林彩云
978-7-306-04349-8	英语箴言选编（英汉对照）	汪淑钧 编译	11	19.90	施国胜
978-7-306-04352-8	国际汉语·第二辑	周小兵 主编	11	20.00	李海东
978-7-306-04372-6	暴风英语·最新高考听力指导	刘德刚、张琴 主编	11	38.80	林彩云
978-7-306-04282-8	日语900句：潮购闲聊篇	赵慧、宝铁梅、张金艳 主编	12	39.80	廖丽玲
978-7-306-04283-5	日语900句：衣食住行篇	赵慧、宝铁梅、张金艳 主编	12	39.80	廖丽玲
978-7-306-04351-1	中学作文创新技法	胡仕金 编著	12	20.00	刘丽丽

书号（ISBN）	书名	作者	出版月份	定价（元）	责任编辑
978-7-306-04353-5	幼儿英语故事100篇：待人接物篇	肖艳 主编	12	45.00	林彩云
978-7-306-04354-2	幼儿英语故事100篇：个人品质篇	肖艳 主编	12	45.00	林彩云
978-7-306-04355-9	幼儿英语故事100篇：启发教育篇	肖艳 主编	12	45.00	林彩云
978-7-306-04362-7	劳动者权益维护100问	曹晓宏 编著	12	24.00	王睿
978-7-306-04363-4	劳动者权益维护案例评析100例	曹晓宏 编著	12	28.00	王睿
978-7-306-04380-1	口语无忧·英语听说训练学习手册（高一下）	李胜坚、张顺均 主编	12	25.00	林彩云
978-7-306-04384-9	口语无忧·英语听说训练学习手册（高二下）	梁颖婵、李再廷 主编	12	25.00	林彩云
978-7-306-04385-6	阅读巅峰·高中英语阅读步步高（高一下）	白生虎、林利生 主编	12	18.00	施兰娟
978-7-306-04386-3	阅读巅峰·高中英语阅读步步高（高二下）	王慧、张艳琳 主编	12	18.00	施兰娟
978-7-306-04398-6	领航中考·语文	邓绍志 主编	12	39.80	曾育林
978-7-306-04400-6	词牌全书	谢国康 著	12	48.00	章伟
978-7-306-04408-2	留光轶彩：我们的留学交换生活	陈有志、叶玮茵 主编	12	25.00	赵婷
978-7-306-04416-7	领航中考·数学	徐恩兵 主编	12	39.80	周建华
978-7-306-04417-4	领航中考·名著训练	李剑平 主编	12	36.80	曾育林
978-7-306-04420-4	全面突破·高中语文专项突破一本通	曾小英、张东升 主编	12	39.80	余声豪
978-7-306-04423-5	一个人，温暖一座城	草野路人 著	12	22.00	熊锡源
978-7-306-04426-6	中考新突破·语文考前冲刺48天	中考新突破编写组 主编	12	19.80	曾育林

2013年

书号（ISBN）	书名	作者	出版月份	定价（元）	责任编辑
978-7-306-04303-0	文化塑校——李训贵教育文集	李训贵 著	1	60.00	刘学谦
978-7-306-04350-4	常见疾病治病解说	张永朝、张侠 编著	1	30.00	曾育林
978-7-306-04368-9	外教口语教材（初级）	（美）大卫·奥马尼 著；金烨 译	1	45.00	施兰娟

ISBN	书名	作者	版次	定价	责编
978-7-306-04369-6	外教口语教材（中级）	（美）大卫·奥马尼 著；金烨 译	1	39.80	林彩云
978-7-306-04383-2	证券投资实务	刘梁炜、刘喜民、肖本海 主编	1	32.00	廖丽玲
978-7-306-04397-9	远程教育论稿	龚志武 主编	1	24.00	翁慧怡
978-7-306-04402-0	实用医学数学	陈锦燕 主编	1	23.00	刘学谦
978-7-306-04412-9	经济法	王成芬、陈弓 主编	1	29.00	周建华
978-7-306-04413-6	金指课堂·九年级同步检评	舒晓辉、周敢元 主编	1	28.20	林彩云
978-7-306-04414-3	金指课堂·八年级同步检评	舒晓辉、周敢元 主编	1	23.20	林彩云
978-7-306-04415-0	金指课堂·七年级同步检评	舒晓辉、周敢元 主编	1	21.20	林彩云
978-7-306-04425-9	中考新突破·英语考前冲刺48天	中考新突破编写组 主编	1	39.80	林彩云
978-7-306-04427-3	全面突破·高中英语专项突破一本通	新思维英语教室编写组 主编	1	39.80	林彩云
978-7-306-04428-0	十三卷·高考英语考前冲刺	非凡英语编写组 主编	1	26.00	林彩云
978-7-306-04430-3	少儿趣味武术	陈媚 编著	1	40.00	熊锡源
978-7-306-04431-0	国际贸易函电	刘铁霖、于丹 主编	1	33.00	周建华
978-7-306-04434-1	化雨春风——吴房添教育科研成果选编（一）	吴房添 著	1	30.00	李文
978-7-306-04436-5	市场调查方法与应用	许伟、刘春 主编	1	35.00	曾育林
978-7-306-04437-2	神经免疫性疾病新进展	胡学强 主编	1	50.00	曾育林
978-7-306-04447-1	儒家五百年思想活水的源头——王阳明	李晃生、李仲熙 著	1	36.00	丁俭
978-7-306-04178-4	艺术欣赏	陈婉娴、蓝天、罗泽凤 编著	2	38.00	赵丽华
978-7-306-04429-7	高效中考物理总复习	徐菊仙、钟伟群 主编	2	33.00	赵丽华
978-7-306-04433-4	水环境、环境评价与环境规划：汪晋三教授论文集	《汪晋三教授论文集》编委会 编	2	88.00	李海东
978-7-306-04435-8	简明工业技术学	曹英耀 主编	2	39.80	曹丽云
978-7-306-04445-7	会计学原理	周姣、朱义令 主编	2	29.00	赵继香
978-7-306-04446-4	土木工程材料	夏伯才 主编	2	45.00	赵继香

ISBN	书名	作者		定价	
978-7-306-04448-8	微观经济学原理及运用	吕秉梅 主编	2	33.00	赵继香
978-7-306-04449-5	十三卷·中考英语考前冲刺	暴风教育编写组 主编	2	22.00	林彩云
978-7-306-04455-6	广州小学国学环保教育与家校联系本（共2册）	柯可、杨静山 编	2	10.00	余泓颖
978-7-306-04457-0	大学生心理健康	马荣华 主编	2	34.50	张礼凤
978-7-306-04458-7	考研英语（二）阅读	华研外语 主编	2	49.80	熊锡源、莫文瑾
978-7-306-04459-4	考研英语（二）历年真题	华研外语 主编	2	49.80	熊锡源、区志承
978-7-306-04477-8	管理学基础	王平、季文光 主编	2	29.00	赵继香
978-7-306-04515-7	教育学	王萌、张春艳 主编	2	36.00	赵继香
978-7-306-04450-1	怎样与业主有效沟通	高荣江、赖滨 著	3	45.00	张礼凤
978-7-306-04469-3	普通话测试与口语表达	黄敏、曾春燕 主编	3	35.00	周玢
978-7-306-04471-6	古代命理学研究·命理基础	凌志轩 著	3	39.80	钟永源
978-7-306-04475-4	产业用地后评估技术及应用研究	曹小曙、林锡艺、郑延敏、黄鹏 编著	3	35.00	王睿
978-7-306-04495-2	EDA技术基础	高飞 主编	3	29.00	赵继香
978-7-306-04498-3	初中考点新突破·课时过关8分钟·英语（七年级下册）	暴风教育编写组 主编	3	16.80	林彩云
978-7-306-04506-5	高考备考指南·文科综合·地理分册配套训练用书（第五版）	广州市教育局教研室 编	3	15.00	兰新文
978-7-306-04507-2	高考备考指南·文科综合·地理分册系统复习用书（第五版）	广州市教育局教研室 编	3	16.50	兰新文
978-7-306-04508-9	心脏病学进展	林曙光 主编	3	150.00	鲁佳慧
978-7-306-04509-6	中西医结合心脏病学进展	林曙光、张敏州 主编	3	100.00	鲁佳慧
978-7-306-04512-6	高考连线·高考总复习·文科数学	新思维数学教室编写组 编	3	68.00	李星辉、周建华
978-7-306-04516-4	计算机实用基础	宋豫军 主编	3	38.00	赵继香
978-7-306-04259-0	全国缺血性脑卒中抗栓治疗优秀病例汇编	李立、曾进胜 主编	4	15.00	鲁佳慧

ISBN	书名	作者	月	定价	责编
978-7-306-04300-9	廉政建设与政府管理经验的启示	郑德涛、欧真志 主编	4	38.00	赵婷
978-7-306-04510-2	付费电视的购买意愿研究	曾凡斌 著	4	39.00	王睿
978-7-306-04513-3	基于博弈论之日语称赞发话行为研究	甘能清 著	4	35.00	廖丽玲
978-7-306-04522-5	语文教学的智慧	廖忠良 著	4	30.00	徐诗荣
978-7-306-04524-9	鲤鱼墩：一个华南新石器时代遗址的生物考古学研究	李法军、王明辉、朱泓、陈博宇、陈伟驹等 著	4	45.00	徐诗荣
978-7-306-04526-3	岁月物语——润禾堂文钞	秦柏柳 著	4	25.00	熊锡源
978-7-306-04527-0	病理学学习指导与习题精编	杨巧红 主编	4	25.00	鲁佳慧
978-7-306-03902-6	在职攻读教育硕士专业学位全国联考考前辅导——教育学·心理学	张向鸣、吴晶 主编	5	48.00	施兰娟
978-7-306-04501-0	铅	陈英、郭艳平 主编	5	60.00	嵇春霞
978-7-306-04511-9	高考连线·高考总复习·理科数学	新思维数学教室编写组 编	5	68.00	李星辉
978-7-306-04542-3	英语词汇随身记·初中2000	王华武 主编	5	12.80	施兰娟
978-7-306-04545-4	粮草先行：中山大学后勤集团改革发展论文集	阮映东 主编	5	35.00	徐诗荣
978-7-306-03943-9	初中英语精练·九年级·上册	花城初中英语中心备课组 主编	6	22.00	施兰娟
978-7-306-04491-4	李宝健传	冯双、贺竹梅、武少新 编著	6	89.00	张礼凤
978-7-306-04492-1	国医大师邓铁涛教授医案及验方（脾胃肌肉病篇）	杨晓军、刘凤斌 主编	6	30.00	赵丽华
978-7-306-04496-9	中国养老服务的挑战与选择——基于南海区的实证研究	陈永杰、卢施羽 著	6	32.00	翁慧怡
978-7-306-04502-7	中考2300词汇长度分级记忆秘笈	朱信明 主编	6	15.00	杨文泉、曾育林
978-7-306-04503-4	高考4000词汇长度分级记忆秘笈	朱信明 主编	6	20.00	林彩云
978-7-306-04532-4	英语入门单词2000	ALC高校教材编集部 编著	6	29.80	赖艳艳
978-7-306-04533-1	初中英语单词1600	屈光涛、夏文英 主编	6	24.80	赖艳艳
978-7-306-04534-8	高中英语单词3500	吴芬 主编	6	29.80	赖艳艳
978-7-306-04535-5	电磁场与电磁波	张育、张福恒、王磊 编著	6	39.80	曹丽云

ISBN	书名	作者	月	定价	责编
978-7-306-04537-9	广东教育年鉴2012	广东省教育厅 编	6	260.00	李霞、周建华
978-7-306-04541-6	计算机应用基础	陈文冠、黄敏 主编	6	29.00	张礼凤
978-7-306-04552-2	远程学习方法与技术（第二版）	丁新、赵过渡、曾祥跃、穆肃 编著	6	30.00	赵丽华
978-7-306-04554-6	阴阳会通解伤寒论	彭家柱 著	6	35.00	鲁佳慧
978-7-306-04555-3	语文 基础模块（上册）	梁慧、刘松龙 主编	6	24.50	曾育林
978-7-306-04557-7	大都市的公共图书馆事业——国际学术研讨会论文集	方家忠 主编	6	62.00	张礼凤
978-7-306-04579-9	德育研究：第1辑	王仕民 主编	6	38.00	李海东
978-7-306-04615-4	少儿形体舞启蒙	胡峥嵘 主编	6	20.00	熊锡源
978-7-306-04499-0	一混三千年	刘黎平 著	7	36.00	熊锡源
978-7-306-04582-9	内科常见病的护理与健康教育	郭秀珍、慕容轩 主编	7	34.80	张礼凤
978-7-306-04583-6	五官科常见病的护理与健康教育	吴惠霞、陈淑霞 主编	7	39.80	张礼凤
978-7-306-04584-3	常见肿瘤的护理与健康教育	秦元莉、孙永翠 主编	7	34.80	赵丽华
978-7-306-04585-0	儿科常见病的护理与健康教育	张新梅、田召焕 主编	7	29.80	周玢
978-7-306-04586-7	妇产科常见病的护理与健康教育	曹玲、芦红涛 主编	7	39.80	赵丽华
978-7-306-04587-4	外科常见病的护理与健康教育	刘叶荣、苗晓琦 主编	7	34.80	鲁佳慧
978-7-306-04588-1	常见病的护理与健康教育概论	李琰、苏惠琴 主编	7	29.80	曾育林
978-7-306-04589-8	骨科常见病的护理与健康教育	杨小芳、邵继萍 主编	7	34.80	曹丽云
978-7-306-04590-4	常见老年病的护理与健康教育	刘琳、刘会英 主编	7	29.80	曾育林
978-7-306-04591-1	急救科常见病的护理与健康教育	张中华、买晓霞 主编	7	39.80	鲁佳慧
978-7-306-04598-0	完美读法·初中英语专项突破	杨焜 主编	7	19.80	施兰娟
978-7-306-04602-4	赢在写作·高中语文热点素材多维解读与运用	曾小英、张东升 主编	7	29.80	李星辉
978-7-306-04610-9	思维训练学科案例集萃	梁利龙、张东升 主编	7	58.00	赵丽华、曾育林
978-7-306-04612-3	少儿武术（上）	陈媚 著	7	20.00	熊锡源

ISBN	书名	作者	月	定价	责编
978-7-306-04613-0	幼儿文学教程	翟云 主编	7	36.00	周建华
978-7-306-04622-2	随堂英文字帖（高二上）	白静 主编	7	16.80	施兰娟
978-7-306-04624-6	广东大学生就业研究	廖根深 著	7	28.00	刘丽丽
978-7-306-04632-1	经济应用数学基础——微积分	艾艺红 主编	7	34.00	赵继香
978-7-306-04633-8	大学英语快速阅读教程	赵晓凤 主编	7	28.00	赵继香
978-7-306-04634-5	大学文科数学	王虹、程东旭 主编	7	28.00	赵继香
978-7-306-04635-2	概率论与数理统计	张建林、张喆 主编	7	29.00	赵继香
978-7-306-04134-0	法制建设与和谐社会治理的完善	郑德涛、欧真志 主编	8	40.00	赵婷
978-7-306-04544-7	我的大学我作主——大学生职业发展手册	李峻、卜佳锐 主编	8	29.00	翁慧怡
978-7-306-04556-0	应用数学及实验	于红霞 主编	8	29.80	赵丽华
978-7-306-04608-6	实用经济法教程	徐波 主编	8	39.00	刘学谦
978-7-306-04617-8	路由交换技术实训教程	徐小娟、李权 主编	8	28.00	杨文泉
978-7-306-04618-5	网络综合布线	刘斌、杨华安 主编	8	24.00	杨文泉
978-7-306-04619-2	网页设计与制作——Dreamweaver	钟泽友、李强 主编	8	32.00	杨文泉
978-7-306-04623-9	爱的诉说：三行情书集	李庆双 主编	8	20.00	赵婷
978-7-306-04625-3	高考语文知识速查手册	刘敬飞 主编	8	30.00	曾育林
978-7-306-04626-0	速记单词串记法·小学英语	林润南 编著	8	28.00	林彩云
978-7-306-04627-7	ERP沙盘模拟综合实训	谭湘、林洁珊 主编	8	26.00	曾育林
978-7-306-04628-4	计算机应用基础	蒋宇航 主编	8	27.00	曹丽云
978-7-306-04630-7	教师讲演与口才艺术	朱月明 主编	8	29.00	周玢
978-7-306-04631-4	心力衰竭——基础到临床	高修仁、许顶立 主编	8	180.00	鲁佳慧
978-7-306-04638-3	生物化学实验	毛水龙、李毅 主编	8	19.00	赵继香
978-7-306-04639-0	军事理论教程	王忠宝、王芳 主编	8	35.00	周建华、廖丽玲

ISBN	书名	作者	月	价格	责编
978-7-306-04644-4	应用写作项目式实用教程	唐莉、李致、王艳春 主编	8	29.00	廖丽玲
978-7-306-04651-2	审计学——轻轻松松学审计	丁朝霞 主编	8	67.00	熊锡源
978-7-306-04652-9	工程经济学	李圆 主编	8	36.00	赵继香
978-7-306-04653-6	建筑工程制图	周旭 主编	8	33.00	赵继香
978-7-306-04657-4	教·学一体化化学·九年级	陈瑞 主编	8	36.00	叶新斌、李文
978-7-306-04658-1	随堂英文字帖（高一上）	赵宗开 主编	8	16.80	施兰娟
978-7-306-04667-3	发现藏茶	雷波 著	8	19.80	熊锡源
978-7-306-04668-0	英语专业4级完型填空	华研外语 主编	8	25.80	熊锡源、郭中恺
978-7-306-04674-1	广东粮食安全报告2011	广东粮食安全报告课题组 著	8	82.00	熊锡源
978-7-306-04675-8	机械设计基础实验教程	钱利霞 主编	8	24.00	赵继香
978-7-306-04676-5	现代市场营销学	江渭 主编	8	34.00	赵继香
978-7-306-04677-2	广东省教师招聘考试应试专用教材：教育理论综合知识（通用版）	广东省教师招聘考试命题研究组 编	8	58.00	赵丽华
978-7-306-04678-9	广东省教师招聘考试历年真题精选及考前冲刺密押试卷	广东省教师招聘考试命题研究组 编	8	30.00	赵丽华
978-7-306-04684-0	建筑工程概预算与招投标	高洁 主编	8	33.00	赵继香
978-7-306-04689-5	道德可教的涵义与方式	潘希武 著	8	35.00	葛洪
978-7-306-04074-9	作为社会实践的语码转换：中文报章汉英语码转换的系统功能语言学研究	王瑾 著	9	24.00	熊锡源
978-7-306-04664-2	澳门在珠三角经济区合作发展研究	周运源 著	9	28.00	张礼凤
978-7-306-04666-6	真情实录集：1949—2012	段盈凯 著	9	20.00	李文
978-7-306-04669-7	人文艺术欣赏	谢蕊霞、刘忠华 主编	9	31.00	曾育林
978-7-306-04671-0	计算机应用基础Windows 7+Office 2010	田玉晶 主编	9	30.00	陈霞
978-7-306-04672-7	基于产品内分工的服务业发展差异研究	李文珍 著	9	25.00	陈霞
978-7-306-04681-9	口语无忧·高中英语听说教程（基础篇）	杨焜、戴都龙 主编	9	45.00	施兰娟

ISBN	书名	作者	月	定价	责编
978-7-306-04685-7	体育与健康	刘海丰、黄玉山 主编	9	32.00	翁慧怡
978-7-306-04686-4	桃李芳菲	陈少夫 编著	9	28.00	刘丽丽
978-7-306-04690-1	建设工程合同管理实践	冯清亮 著	9	35.00	周玢
978-7-306-04691-8	计算机通信	郭常盈、路新华 主编	9	34.00	赵继香
978-7-306-04706-9	黄冈串讲文言文（必修版）	黄冈名师团 编著	9	35.00	李霞
978-7-306-04711-3	政治公平与经济效率学概论：被社会承认的行为创造价值的理论	雷晓明 著	9	69.00	蔡浩然
978-7-306-04712-0	土力学	杨悦 主编	9	29.00	赵继香
978-7-306-04713-7	大学计算机基础	吴汝明、辛小霞、黄鹤 主编	9	39.00	赵继香
978-7-306-04720-5	正方吟草	回宗普 著	9	50.00	曾育林
978-7-306-04480-8	南粤名师导航：广东省中考总复习·思想品德	谢绍嬉 主编	10	26.00	刘丽丽
978-7-306-04481-5	南粤名师导航：广东省中考总复习·英语	黄丽燕、黄锦蓉、严钦熙 主编	10	33.00	林彩云
978-7-306-04565-2	生物样本库建设与实践	张勇 主编	10	68.00	曹丽云
978-7-306-04577-5	组织行为动力、模式、类型与效益研究：以佛山市妇联为主要考察对象	唐雄山、罗胜华、王伟勤等 著	10	49.00	杨文泉
978-7-306-04649-9	电视访谈语篇：合作与对抗的协商——以 Larry King Live 访谈节目为例	廖海青 著	10	20.00	熊锡源
978-7-306-04682-6	客户沟通技巧	华婷、刘艳桃 编著	10	28.00	曾育林
978-7-306-04709-0	大学生公益活动实务	钟一彪 主编	10	22.00	刘丽丽
978-7-306-04714-4	文化视域：大学生心理健康教育	王仕民等 著	10	38.00	李海东
978-7-306-04715-1	中国叙事通义	邱茂泽 著	10	20.00	刘丽丽
978-7-306-04718-2	广东省贵金属交易中心从业资格教程	蔡睿 编著	10	80.00	钟永源、杨文泉
978-7-306-04409-9	突破大学英语四级考试全新题型	孙爱娜、胡文育 主编	11	35.00	刘学谦
978-7-306-04478-5	南粤名师导航：广东省中考总复习·语文	冯善亮、余育民 主编	11	36.00	刘丽丽

ISBN	书名	作者	月	定价	责编
978-7-306-04479-2	南粤名师导航：广东省中考总复习·数学	吴有昌 主编	11	28.00	曾纪川
978-7-306-04482-2	南粤名师导航：广东省中考总复习·物理	姚跃涌 主编	11	32.00	曾纪川
978-7-306-04484-6	南粤名师导航：广东省中考总复习·生物	杨计明 主编	11	30.00	刘丽丽
978-7-306-04485-3	南粤名师导航：广东省中考总复习·历史	魏恤民 主编	11	30.00	杨文泉
978-7-306-04486-0	南粤名师导航：广东省中考总复习·地理	周顺彬 主编	11	28.00	杨文泉
978-7-306-04663-5	广东对外投资新机遇——海外并购	广东省人民政府国有资产监督管理委员会·海外并购课题组 著	11	68.00	何娴、熊锡源
978-7-306-04716-8	实践·感悟·成长：华南师范大学2012年顶岗实习优秀征文汇编	华南师范大学教务处 主编	11	50.00	廖丽玲
978-7-306-04721-2	茶福	陈镜雄 著	11	28.00	曹丽云
978-7-306-04483-9	南粤名师导航：广东省中考总复习·化学	韩凌 主编	12	28.00	曾纪川
978-7-306-04719-9	中山大学管理案例研究——EMBA十周年专辑	陈珠明、朱沆 主编	12	39.80	廖丽玲
978-7-306-04729-8	探寻远去的文明	唐光明 著	12	29.80	曹丽云
978-7-306-04732-8	聚氨酯软泡材料热解与阴燃特性	雷毅、梁栋 著	12	29.00	赵丽华
978-7-306-04734-2	高校学生事务管理精品项目	广东省高等学校思想政治教育研究会 编	12	35.00	赵婷
978-7-306-04742-7	思·未阑 Silver Lines	魏嘉 著	12	28.00	施兰娟
978-7-306-04743-4	砷	陈英、钟真宜 主编	12	38.00	嵇春霞
978-7-306-04747-2	冼夫人文化讲座	张均绍 著	12	25.00	赵婷
978-7-306-04749-6	康乐漫记：王永锐教授随笔集	王永锐 著	12	28.00	杨文泉
978-7-306-04755-7	《行政管理学》学习辅导：习题与案例（第二版）	陈瑞莲等 编著	12	39.80	施国胜
978-7-306-04757-1	中国农村政治文明建设理论研究	余林媛等 著	12	32.00	施国胜
978-7-306-04764-9	推动另一朵云——中山大学附属中学教师论文撷英	廖珂 主编	12	78.00	曾育林
978-7-306-04782-3	我踏过东西半球	叶永刚 著	12	23.00	熊锡源
978-7-306-04791-5	经济学：基本原理与应用	张亚丽、陈端计 编著	12	49.00	蔡浩然

注：表中的"—"，表示版权页上无此项或者档案里无此项。

后记

"三十年出版之路,起伏无惧,赢得南国一片天;百余人耕耘其间,风雨相扶,彩虹留待后来人。"这便是《书缘书镜——中山大学出版社30年出版成果汇编》一书的出版目的与意义。

本书是集体奉献与智慧的结晶。回首本书编撰之路,和大家一起精诚合作的情景一一浮现于眼前,也温暖在心头。借此机会,向为本书提供各种支持与帮助的领导、同事表示诚挚的谢意。这也是另外一种意义上的书缘与书镜。我会长存心中,时时回味。

"30年出版成果汇编",虽然属于资料整理工作,但因为时间跨度较大,不同时期历史资料保存的版本不一,甚至保存标准也不同,这使得部分资料的信息不尽完善,这也直接导致这项本应简单的工作陡然变得琐碎与繁杂。

但这份繁杂的工作却伴随着一路的温情。

一是书稿资料的提供。刚接受这项工作时,我面对那些历史文献很茫然,面对缺失的资料也很无奈。但在我深感茫然之际,同事们及时伸出了援助之手,提供了各种资料,如此才使这项工作有了头绪、有了思路,才使我有了做下去的勇气和信心。他们是:总编办高惠贞、丘力芬、潘汉民,原编务室孙新章,营销中心梁惠芳、张卞超,出版科何雅涛,图书封面设计人员方楚娟、朱霭华、孔丽红、贾萌、曹巩华、林绵华、曾斌等,以及相关编辑。

二是书稿体例的编排。我在对上述人员提供的资料进行审读与分析的基础上,本着"内容齐全、分类合理,繁简有别、突出特色,时间为序、方便查看"的原则,将全书分为上下两篇,即"上篇 30年出版成果择录回眸"与"下篇 30年出版成果简表"。其中,对于图书的分类、选择与编排,徐劲社长、周建华总编辑给予了重要的指导性意见,一些同事也提出了许多建议。

三是书稿资料的汇编。本书的两篇,虽然内容不同,但均需要编者花费大量的时间与精力按照每本图书的条目来输入、整理与编排。其中，刘学谦帮忙输入并整理了"厚重的学术　精品的文化"中的部分图书，丘力芬核实并处理了上下篇中的遗留问题；而关于上篇中的封面，除了他人提供的，曾斌花费了大量的时间在网上搜索下载与编排。

四是书稿的审核。本书初稿成后，编者将第一部分入选的图书资料按照责任编辑进行分类，由总编办潘汉民分发给各位责任编辑审核。许多编辑针对自己的图书进行了审核、修改或者补充；蔡浩然编审、钟永源副编审对书稿更是费心至多，分别对书稿进行了终审，提出了不少增删与修改意见，并从目录编排到书目选择与分类等方面严格审核，把守质量关。

30年的出版成果，可谓丰硕喜人。需要说明的是，本书的编撰资料主要来源于编务档案，但是由于历史上每一阶段对图书信息收集、整理的要求与标准不同，出现了图书资料某些信息欠缺或者与实际不符的情况。我们在尊重历史的前提下，做了一些力所能及的修订；但是，书中难免还有疏漏甚至错误，恳请各位同人与读者给予批评指正。

只有一个出色的开始，才会带来一种自觉的追随；拥有一个宏大的理想，才会拥有一片璀璨的天空。让我们携手同行，努力再创属于自己的新的辉煌。

稽春霞
2014年8月